计算机辅助工业设计综合表达方法与实例

主　编：耿葵花
副主编：李　亮　罗丛敏
参　编：尹翠君　蓝淑渊　杨永福
　　　　李丰延　谢佳宾　邹志娟

科学出版社
北　京

内 容 简 介

本书立足于工业设计及相关专业常用的平面图、效果图和三维表现等综合表达的计算机应用技术，重点介绍在产品设计过程和效果图制作过程中涉及的常用软件之间的衔接、配合和处理技巧。全书包括计算机辅助工业设计简介、常用 CAID 应用软件的数据接口及转换方法、计算机辅助工业设计表达实例、应用数位板绘制产品效果图 4 章。

本书的侧重点不在于单个软件的应用，而在于多个软件综合运用的技巧，通过多个综合实例制作演示，详细地向读者传授如何结合实际情况，灵活利用各种设计软件的优势，取长补短，制作出理想的效果图，从而掌握工业设计及相关专业计算机应用软件综合运用的技能。此外，本书配有丰富的教学辅助资源，包括与本书配套的 PPT 课件、各案例的源文件和设计结果文件。

本书可作为工业设计专业、艺术设计专业以及其他相关专业本科生的教材，也可以作为工业设计师、艺术设计人员的培训教材和参考书。

图书在版编目(CIP)数据

计算机辅助工业设计综合表达方法与实例 / 耿葵花主编. —北京：科学出版社，2014.8

ISBN 978-7-03-041647-6

Ⅰ. ①计… Ⅱ. ①耿… Ⅲ. ①工业设计－计算机辅助设计－高等学校－教材 Ⅳ. ①TB47-39

中国版本图书馆 CIP 数据核字(2014)第 190355 号

责任编辑：毛 莹 朱晓颖 / 责任校对：张小霞
责任印制：张 伟 / 封面设计：迷底书装

科学出版社出版
北京东黄城根北街 16 号
邮政编码：100717
http://www.sciencep.com
北京中石油彩色印刷有限责任公司 印刷
科学出版社发行 各地新华书店经销
*
2014 年 8 月第 一 版 开本：787×1092 1/16
2023 年12月第八次印刷 印张：15
字数：393 000

定价：69.00 元

(如有印装质量问题，我社负责调换)

前　言

设计表达是工业设计师最基本的技能，过去的设计师主要通过手绘图来表达设计思想、设计方案，现代设计师大多运用计算机绘图技术来表达设计思想、设计方案。现在用于设计表达的应用软件很多，但单个软件只侧重解决某个方面的问题，要让设计达到理想的效果，往往要运用多种软件。因此，设计师除了要熟练掌握单个设计软件的运用以外，还需要知道如何在各类应用软件之间传递设计信息，取长补短地发挥各类软件的优势来完成设计目标，目前综合运用各类设计软件来表达设计已成为现代设计师不可欠缺的技能。

当前介绍设计表达软件的教材基本上都是立足于单个软件的，把多个软件综合起来运用的教材极为少见。本书通过多个在教学实践中精选出的软件综合应用制作实例，详细介绍如何在软件之间进行设计信息衔接，如何结合实际情况，灵活利用各种设计软件的优势制作出理想的设计效果图。本书的综合应用制作实例已在多届本科生实际教学中应用过，读者只要按本书的实例介绍操作就可掌握多个软件综合应用的技巧。

本书的编写思路来源于广西大学“工业设计综合表达技术”实验独立设课的教学改革实践，本书的编写人员多年来均在一线从事工业设计专业的教学、科研和设计实践工作。本书由广西大学耿葵花教授担任主编，广西大学李亮副教授、罗丛敏副教授担任副主编。各章的编写分工如下：第 1 章和第 2 章由广西大学耿葵花编写，第 3 章中的实例 1 由广西大学尹翠君编写，第 3 章中的实例 2 由广西大学罗丛敏编写，第 3 章中的实例 3 由广西水利电力职业技术学院谢佳宾编写，第 3 章中的实例 4 由广西大学行健文理学院杨永福编写，第 3 章中的实例 5、实例 8 由广西大学蓝淑渊编写，第 3 章中的实例 6、实例 7 由广西大学李亮编写，第 4 章由广西大学李丰延编写，随书附赠的教学辅助资源由桂林理工大学邹志娟编辑。全书由耿葵花统稿。

附赠教学辅助资源包括 PPT 课件，各案例的源文件和设计结果文件。获取教学辅助资源请打开网址 www.ecsponline.com，在页面最上方注册或通过 QQ、微信等方式快速登录，在页面搜索框输入书名，找到图书后进入图书详情页，在“资源下载”栏目中下载。

在本书的编写过程中，参考和借鉴了国内外众多专家学者的著作或研究成果的相关理论依据，编者已尽可能详细地在参考文献中列出，在此对所引用书籍和论文的作者表示崇高的敬意和衷心的感谢！如果由于个人疏忽遗漏了引用资料的出处，在此向专家、学者表示万分的歉意。

由于编者水平有限，书中难免存在不足之处，恳请同行及读者批评指正，以便在今后的修订中不断改进和完善。

编　者

2014 年 4 月

目　　录

第 1 章　计算机辅助工业设计简介

工业设计技术是指一个构思与表达的过程。不管是传统的工业设计方法，还是引入先进的 CAID 技术的工业设计方法，都不可避免地涉及设计思想的表达问题，把设计师头脑中的设计方案表达出来，以便与其他人进行沟通和交流，这是产品开发的关键一环，娴熟的设计表达能力既是设计师表达自己的设计方案、体现自己的想象力和创造力最便捷的一种方法，也是设计师进行设计、与客户和受众沟通、展现设计成果所应掌握的一种基本技能。

1.1　设计表达的基础知识

1.1.1　设计表达的定义

所谓设计表达，就是在产品设计的过程中，为了达到预定的设计目标，运用各种介质、材料、技法和手段，以二维或者三维的形式对设计构想进行形象、逼真的视觉化说明，从而使设计信息得以有效传达的一种创造性活动。

设计表达其实是一个十分宽泛的概念，它的目的是采用最佳的表现方式，完全、准确地传达和展示设计者的设计方案和设计理念。其适应范围广，包括产品设计、建筑设计、室内设计、服装设计等。借助设计表达可以把设计构思不断地扩张、推动、评估和完善。

1.1.2　设计表达方法的分类

按表达的方式不同，常用设计表达方法可分为文字表达、手绘图示表达、计算机辅助表达和模型表达。后三种是产品造型方案的专业性的表达方法，它们不受语言文字的限制，准确地传达产品信息，是工业设计师的通用设计语言。

1. 手绘图示表达

图示表达是设计构思阶段最常用的表达方法，尤其是草图表达。传统的手绘效果图能够很快地传达设计意图，将设计师发散式的思维迅速记录下来，帮助设计师捕捉设计灵感。这种表达方式旨在使原始构思进一步明确化，建立方案设计的视觉形象，探索面临的设计问题，以便进行后续的设计。但是这种表达方法对设计者的手绘能力要求很高，限制了更多的人参与设计，而且修改方案或方案评价时效率低且精度不高。

2. 计算机辅助表达

计算机辅助表达方法分为计算机辅助二维表达、计算机辅助三维表达、动画表达、虚拟展示表达等。计算机辅助二维表达主要是指计算机辅助平面设计，它在标志、包装、书籍装帧、招贴设计，以及手机等电子产品设计中应用广泛。而计算机辅助三维表达在一定程度上融合了图示表达和模型表达的优点，使抽象的产品设计变得更加具体和直观，表达更加精准。计算机辅助效果图不但能全面地、直观地、立体化地表达产品造型的总体效果，而且还能清晰地反映各种结构或者形体的空间关系和连接关系，另外通过赋予材质和渲染等手段还可以表现产品的质感，从而给设计方案的分析比较、征询和进一步改进提供有利条件。动画表达和虚拟展示表达则是更高层次的计算机辅助表达方式，利用动画和多媒体技术使产品表达更加生动、更具真实感和体验感。可以认为，计算机辅助表达正成为当今应用最广、最具发展潜力和优势的表达方式。

3. 模型表达

模型表达主要以手工制作为主，它是以三维实体为基础的包括物理信息、工艺信息、成本信息、装配信息和其他管理信息集成的模型，能够真实地反映产品的全貌、大体比例、尺度和基本结构，因此具有很强的直观性和体验性。利用三维实体模型，设计师可以更有效地对产品细部进一步推敲和修改，有利于设计概念的进一步完善。模型表达法常用于技术先进、功能复杂、曲面造型富于变化的汽车等产品的设计评估阶段。

1.2　计算机辅助工业设计技术

1946 年，美国宾夕法尼亚大学莫尔电工学院制造出了世界上第一台电子数字计算机 ENIAC，此后计算机技术以惊人的速度飞快发展，改变了人们的工作和生活方式，给人类带来巨大的影响和利益。20 世纪 70 年代后期以来，以计算机辅助设计(Computer Aided Design，CAD)技术为代表的新技术改革浪潮席卷了全世界，CAD 技术广泛应用于机械、电子、建筑、航空、航天、船舶、汽车、化工、冶金、环境工程、水利工程和交通工程等领域，计算机辅助设计技术的水平成了衡量一个国家、一个企业工业技术水平的重要标志。随着 CAD 技术逐渐渗透到工业设计领域，它对工业设计的发展产生了巨大的影响，于是出现了计算机辅助工业设计(Computer Aided Industrial Design，CAID)。

1.2.1　计算机辅助设计

计算机辅助设计指利用计算机及其图形设备帮助设计人员进行工程和产品设计的一种方法和技术。它用计算机代替传统的图板和绘图工具，借助计算机的快速计算、大容量存储、强大的工程分析和图形图像处理功能使人从繁重的绘图、计算中解脱出来，使设计者把更多的时间和精力放在思考、判断等创造性的工作上。随着网络技术的发展，利用 CAD 技术还可以实现远程传输、资源共享、分布式数据处理和并行设计等，这是传统尺规设计方法所不能达到的。在短短几十年间，CAD 由支持纯几何设计扩展到非纯几何设计，进而发展到基于知识和人工智能的设计，其发展历程主要经历了以下几个时期。

1. 孕育和诞生时期(20 世纪 40 年代末至 50 年代末)

20 世纪 50 年代在美国诞生第一个计算机绘图系统，开始出现具有简单绘图输出功能的被动式计算机辅助设计技术。那时候的计算机由电子管组成，用机器语言编程，主要用于科学计算，图形设备仅具有输出功能，CAD 技术处于酝酿和准备阶段。20 世纪 50 年代末，美国麻省理工学院在 Whirlwind 计算机上开发了 SAGE 战术防空系统，第一次使用了具有指挥功能和控制功能的阴极射线管(Cathode Ray Tube，CRT)，操作者可以用光笔在屏幕上确定目标。它预示着交互式图形生成技术的诞生，为 CAD 技术的发展作了必要的准备。

2. 成长发展并进入应用时期(20 世纪 50 年代末至 60 年代)

20 世纪 60 年代初，美国麻省理工学院的博士生 Ivan Sutherland 研制出世界上第一台利用光笔的交互式图形系统 SKETCHPAD。60 年代研制成功的图形显示系统由与计算机连接的阴极射线管和光笔组成。它解决了在计算机上处理图形的问题。与此同时，自动绘图机的出现也解决了图形输出的问题。但这一时期由于计算机及图形设备价格昂贵，技术复杂，只有一些实力雄厚的大公司才能使用这一技术。作为 CAD 技术的基础，计算机图形学在这一时期得到了很快的发展。20 世纪 60 年代中期出现了商品化的 CAD 设备，CAD 技术开始进入发展和应用阶段。

3. 广泛应用时期(20 世纪 70 年代)

20 世纪 70 年代推出了以小型机为平台的 CAD 系统。同时，图形软件和 CAD 应用支撑软件也不断充实提高。人机图形交互设备已由操纵杆、鼠标器、图形输入板、数字化仪器等取代使用不便、易于损坏的光笔。而光栅扫描图形显示器(彩色图像终端)的出现使计算机图形生成技术和现有的电视技术衔接，使图形更加形象、逼真。计算机控制的精密绘图机能高速地输出高质量的设计图纸，并能对图形进行缩放处理。可以说，图形信息处理技术问题已基本解决。于是，20 世纪 70 年代出现了面向中小企业的 CAD 商品化系统。

4. 突飞猛进时期(20 世纪 80 年代)

20 世纪 80 年代，大规模和超大规模集成电路、工作站和 RISC(精简指令集计算机)等的出现使 CAD 系统的性能大大提高了一步，CAD 技术在中小型企业逐步普及。与此同时，图形软件更趋成熟，二维、三维图形处理技术，真实感图形技术，以及有限元分析、优化、模拟仿真、动态景观、科学计算可视化等方面都已进入实用阶段。包括 CAD/CAE/CAM 一体化的综合软件包使 CAD 技术又上了一个层次。图 1-2-1 所示为运用模拟仿真技术进行的汽车侧面碰撞模拟实验。

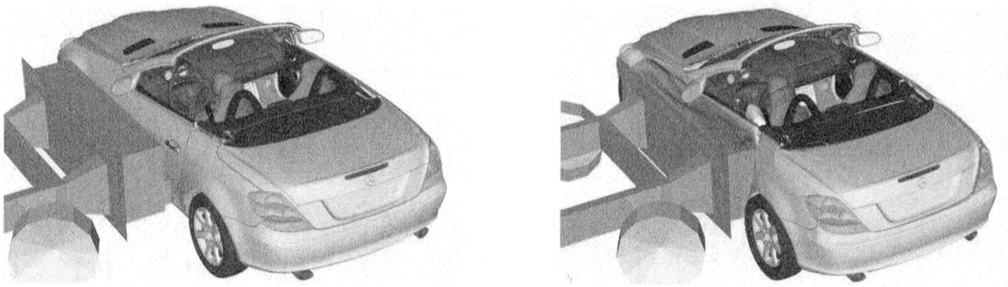

图 1-2-1　汽车侧面碰撞模拟实验

5. 日趋成熟时期(20 世纪 90 年代)

20 世纪 90 年代以来，CAD 技术向标准化、集成化、智能化方向发展。一些标准的图形接口软件和图形功能相继推出，为 CAD 技术的推广、软件的移植和数据共享起了重要的促进作用；系统构造由过去的单一功能变成综合功能，出现了计算机辅助设计与辅助制造连成一体的计算机集成制造系统；固化技术、网络技术、多处理机和并行处理技术在 CAD 中的应用，极大地提高了 CAD 系统的性能；人工智能和专家系统技术引入 CAD，出现了智能 CAD 技术，使 CAD 系统的问题求解能力大为增强，设计过程更趋自动化。现在，CAD 已在电子和电气、科学研究、机械设计、软件开发、机器人、服装业、出版业、工厂自动化、土木建筑、地质、计算机艺术等各个领域得到广泛应用。

1.2.2　工业设计

工业设计(Industrial Design，ID)是 20 世纪工业高速发展产生的一门新学科。它集科学技术和艺术于一体，综合性强，具有多学科交叉渗透、研究范围广泛的特点，是运用创造性的设计思维方法将造型美学、工程技术、生产制造、市场营销与系统决策相结合的产物。不同时期、不同国家对工业设计所下的定义不尽一致。1980 年国际工业设计协会联合会在巴黎举行的第十一次年会上对工业设计的定义作了进一步修正：“就批量生产的产品而言，凭借训练、技术知识、经验及视觉感受，而赋予材料、结构、形态、色彩、表面加工以及装饰以新的品质和规格，叫做工业设计。”《简明不列颠百科全书》为工业设计所下的定义如下：“工业设计是工业制造和艺术设计的重新结合。这是一项有计划的、综合了各门学科成果的、创造性的活动。不仅决定了工业生产过程中产品的材料、结构、功能、形状、颜色和表面装饰，还要解决包装、广告、展览和市场等问题。”

ID 的范畴相当广泛，从生活用品、交通工具、家具、电器、工具器械的产品设计到产品的包装、广告宣传、企业形象、展示陈列等的视觉传达设计，以及人们的生产、生活、工作、社区、城市等的环境规划设计，都属于工业设计的研究范畴。一般来说，广义的工业设计包括以下三大方面：产品设计、传达设计、环境设计。狭义的工业设计就是工业产品的造型设计。工业设计师可以从事的工作有产品设计(包括产品外形设计)、产品宣传策划、包装设计、展示设计、广告设计、平面设计、企业形象设计、室内设计、环境设计、家具设计等。工业设计是解决人造物与人之间的关系问题，即解决“人与物”的关系问题，它是从人的需求、市场的需求、人的生活和工作方式与质量的角度出发，全面提高产品的质量。而不像工程设计那样，主要是解决人造物中“物与物”之间的关系问题。

图 1-2-2　设计师手绘设计效果图

在 CAD 技术没有发展起来以前，工业设计师是靠手绘草图、模型、手绘效果图来进行设计思想的表达和交流，如图 1-2-2～图 1-2-4 所示，设计方案和设计数据的表达、存储、修改、传输，以及设计成果的二次利用都很困难，这种传统设计方法对曲面的表达尤其是对双曲面、自由曲面的表达非常麻烦，往往需要制作实体模型才能表达清楚，图 1-2-5 所示为设计师制作汽车油泥模型。而从模型到绘制工程图以便进行生产，又是一个耗时耗工的困难的过程，传统方法通常是用标高投影法，用特定的方法求得曲面的型线和型值点，由这些型线和型值点确定复杂曲面的空间形状。由于自由曲面在设计、表达和制造上都很困难，所以设计师在设计中尽量避免使用自由曲面，这使得设计变得保守，产品造型的艺术性受到很大的制约。随着 CAD 技术不断地应用到 ID 领域，这一切的困难都不复存在了，CAD 技术为工业设计注入了新的技术力量，也激发了工业设计的艺术活力，由此催生了计算机辅助工业设计(CAID)。计算机辅助工业设计不仅使设计变得自由轻松，还使设计与制造的关系更加紧密了。

图 1-2-3　宝马原厂设计草图

图 1-2-4　法拉利原厂汽车外形设计效果图

图 1-2-5　设计师制作汽车油泥模型

1.2.3　计算机辅助工业设计

计算机辅助工业设计是在计算机技术和工业设计相结合形成的系统支持下，进行工业设计领域内的各种创造性活动。与传统的工业设计相比，CAID 在设计方法、设计过程、设计质量和设计效率等各方面都发生了质的变化，它涉及 CAD 技术、人工智能技术、多媒体技术、虚拟现实技术、敏捷制造、优化技术、模糊技术、人机工程等许多信息技术领域，是一门综合的交叉性学科。

CAID 以工业设计知识为主体，以计算机和网络等信息技术为辅助工具，实现产品形态、色彩、宜人性设计和美学原则的量化描述，从而设计出更加实用、经济、美观、宜人和创新的新产品，满足不同层次人们的需求。普通的 CAD 工具主要用来进行制作产品内部零部件设计图的制图等，而 CAID 工具的主要着眼点是开发设计全体的形状和外观，它装载了面向工业设计的建模功能和绘制完整图像的功能等。

计算机辅助工业设计是工业设计领域的前沿，它的出现不仅改变了工业设计的手段，同时改变了工业设计的思维方式。CAID 系统是按照系统工程的思想，以工业设计理论和方法为指导的智能型创新性的产品开发设计系统。首先是利用各种信息，在 CAID 系统平台里利用真实感造型设计系统进行形态设计、色彩设计、材质设计和人机设计等方面的语

图 1-2-6 计算机辅助汽车设计

义设计；其次在数字装配系统中实现数字化装配，在综合评价系统中进行美学、语义学等方面的分析评价，提出产品造型方案；最后将最终方案输出到加工设备，加工出产品，投放到市场，之后再收集有关信息，反馈到CAID平台，实现再设计，如图1-2-6所示。这种方法把网络和其他平台相连接，使设计人员从一开始就考虑产品生命周期的所有环节，把设计、制作、使用等方面合理组织起来，及时解决不同环节之间的冲突，充分调动了所有人的积极性和创造性，并使工业产品的设计周期大大缩减，适应了市场快速变化的需求。

当前，国内外关于CAID的研究主要集中在计算机辅助造型技术、人机工程技术、智能技术和新兴技术等方面。

1. 计算机辅助造型技术的研究

计算机辅助造型技术经过20多年的探索，已发展到特征造型和参数化、变量化设计阶段，为实体模型向产品模型的转化铺平了道路。同时，计算机集成制造系统(CIMS)、并行工程、虚拟制造等设计制造模式的发展，使产品模型必须实现全生命周期中的信息共享、各种模型数据的转换，并解决网络传输等问题。这些都对计算机辅助造型技术提出了更高的要求。

(1)自由曲面设计。在CAID技术领域，计算机辅助造型技术的研究主要体现在造型的自由曲面设计和草图设计等方面。产品外形自由曲面设计的研究是CAID的一个重要内容。采用曲面特征设计(surface feature design)是自由曲面设计的一个重要发展。曲面特征设计包括三部分，即基本表面、移动特征和串通图形。

(2)草图设计。草图设计技术是随着实体造型技术的发展，为满足工业设计师传统的手绘习惯而发展起来的造型技术。它是用来弥补传统CAD系统与工业设计之间鸿沟的有效手段。该技术的重点在于：一是设计过程中的人机交互技术，即设计系统如何有效地模拟手绘设计；二是草图重建技术。

2. 人机工程技术的研究

当前，人体标准数据库、三维人体模型以及一些人机设计系统、评估系统已得到广泛应用。在CAID技术领域，人机交互技术的研究主要体现在人机交互界面技术和虚拟仿真技术等方面。

(1)人机交互界面技术。随着计算机技术尤其是多媒体、虚拟现实等技术的发展，人机交互界面已发生了巨大变化。当前，人机界面模型、虚拟界面、多用户界面、多感官界面是人机界面技术的几个重要研究方向。

(2)虚拟仿真技术。通过计算机软硬件系统的虚拟仿真，可以有效地进行人机关系的设计、评估、检验等工作。当前，虚拟仿真技术的研究主要体现在触觉反馈、压力反馈等基础技术，以及人机交互的模拟、人机虚拟环境的构建等方面。

3. CAID 中智能技术的研究

当前，智能 CAD 已有了相当程度的发展。集成化智能设计系统可对设计全过程提供一体化的计算机支持。在工业设计中，由于涉及创造性思维和频繁的人机交互，尤其需要人工智能技术的辅助。

(1) 创造性设计思维。在工业设计过程中，设计师将其构想快速转化为草图的过程是一种相当复杂的行为，这一过程称为观念作用阶段。不少学者针对设计师的创造性设计思维、设计知识的表达，对观念作用阶段进行了研究，并结合草图设计，提出了自己的见解。

(2) 设计文法。设计文法是从设计方法学的角度，对物体的造型、色彩、形状等构成要素及其生成原理进行提炼、抽象而形成的形式化描述方法。它是实现智能设计系统的基础之一。当前，工业设计界学者提出的设计文法主要包括造型文法、色彩文法、形状文法和造型转换文法等。

(3) 创新设计。在创新设计过程中，设计师的创造性思维、设计经验和领域知识等内容处于相当重要的地位。因此，不少学者从人工智能角度出发，进行产品创新技术的研究。当前，主要体现在对产品创新原理、创新过程的描述模型和计算模型等建模技术的研究上。

4. CAID 中新兴技术的应用研究

当前，虚拟现实、神经网络、遗传算法等新兴技术，以及并行设计、协同设计等设计方法是广大学者研究的热点。将这些技术引入 CAID 领域，并结合传统的优化设计、模糊技术、智能技术等进行 CAID 的研究也逐渐受到学者的关注。

(1) 面向并行、协同的工业设计。并行设计、协同设计是现代设计的发展趋势之一。在工业设计领域，特别是产品设计方面，必须研究产品的功能、原理、布局、形态等各方面之间的并行设计和协同设计机制。一些学者从并行工程的角度，对并行环境下的设计过程、设计策略以及面向并行工程的造型设计技术进行了深入探讨；还有一些学者从计算机支持协同工作(CSCW)的思想出发，分析了协同设计过程中的各种角色，提出了工程设计与工业设计的协同工作模型，同时分析了协同设计中人的作用。

(2) 基于虚拟现实的产品设计。当前，虚拟设计、敏捷设计已有了很大程度的发展。在产品设计领域，虚拟现实技术同样受到了众多学者的关注，他们将虚拟现实(Virtual Reality，VR)技术引入形状设计、结构设计等过程中，并开发出一些基于 VR 的设计系统，如 3-DRAW、JDCAD、COVIRODS 等。

(3) 绿色设计。绿色设计(Green Design)是当前倍受关注的一个产品设计方向，它与工程设计界提出的全生命周期工程设计(Life Cycle Engineer Design，LCED)在本质上是一致的。其中的关键技术有面向再生的设计技术(Design For Recycling，DFR)、面向装配的设计技术(Design For Disassembly，DFD)、面向生命周期的评估(Life Cycle Assessment，LCA)等。

5. 商品化软件中的工业设计模块

当前，世界上大型的 CAD/CAM/CAE 软件系统，如 Pro/Engineer、UG、EDS Unigraphics、

EUCLID、Autodesk 等都提供了有关产品早期设计的系统模块，称为工业设计模块、概念设计模块或草图设计模块。

(1) Pro/Engineer(Pro/E)。Pro/Engineer 包含一个工业设计模块 Pro/Design，用于支持自上而下的投影设计，以及在复杂产品的设计中所包含的许多复杂任务的自动设计。此模块工具包括用于产品设计的二维非参数化装配布局编辑器，用于概念分析的二维参数模型的布局以及用于组件的三维布局编辑器。

(2) EDS Unigraphics。EDS Unigraphics 从 V13 版本后推出了概念设计技术，它为协同概念设计提供了强大的技术支持，使不同部门的工程师在设计的早期阶段就可以站在系统工程的角度，同时针对多种可选的设计方案进行评估。将设计意图组织到相关的控制结构(associative control structure)中，可使设计师十分有效地控制各种设计变更。此外，WAVE 也支持“概念设计到详细设计工程”(concept to detail engineering)，即先作出设计决策，然后设计细节。

1.3 CAID 系统的构成

1.3.1 CAID 系统的内容

CAID主要包括数字化建模、数字化装配、数字化评价、数字化制造和数字化信息交换等方面的内容。数字化建模是由编程者预先设置一些几何图形模块，设计者在造型建模时可以直接使用，通过改变一个几何图形的相关尺寸参数可以产生其他几何图形，任由设计者发挥创造力。数字化装配是在所有零件建模完成后，可以在设计平台上实现预装配，可以获得有关可靠性、可维护性、技术指标、工艺性等方面的反馈信息，便于及时修改。数字化评价是该系统中集中体现工业设计特征的部分，它将各种美学原则、风格特征、人机关系等语义性的东西通过数学建模进行量化，使工业设计的知识体系对设计过程的指导真正具有可操作性。例如，生成的渲染效果图或实体模型，可以进行机构仿真、外形、色彩、材质、工艺等方面的分析评价，更直观且经济实用。数字化制造是在数字化工厂中完成的，它能自动生成自动识别加工特征、工艺计划，自动生成 NC 刀具轨迹，并能定义、预测、测量、分析制造公差等。数字化信息交换是基于网络，使该设计平台能够实现与其他平台的信息资源共享。

1.3.2 CAID 系统的组成

CAID系统由硬件系统、软件系统和操作者(设计师)三方面构成，在系统构成中，操作者处于系统的核心位置，起主导作用，其他的两个部分都是为操作者服务的，也就是说，硬件系统和软件系统是为人服务的，为人更好地发挥创新性、创造力服务的。本节主要介绍 CAID 的软硬件系统。

1. CAID 硬件系统

在传统设计中，设计师依靠笔、纸、尺规和图板等工具进行设计、绘制草图、效果图和工程图；在 CAID 系统中，设计师则使用系统配套的输入设备和输出设备，借助相应的软件来完成上述工作。输入设备、主机、存储设备和输出设备组成了 CAID 的硬件系统。

1) 输入设备

通用的输入设备包括键盘、鼠标、光驱、软驱、移动式存储器、视频捕捉卡、操纵杆、扫描仪、触摸屏、话筒、光笔、数位板、数码相机和网线等。

2) 主机

主机指计算机用于放置主板及其他主要部件的容器(mainframe)。通常包括 CPU、内存、硬盘、光驱、电源以及其他输入/输出控制器和接口，如 USB 控制器、显卡、网卡、声卡等。通常，主机自身就是一台能够独立运行的计算机系统，它是整个 CAID 系统的核心部分。

3) 存储设备

存储设备是用于储存信息的设备，通常是将信息数字化后再利用电、磁或光学等方式的媒体加以存储。常见的存储设备有利用电能方式存储信息的 RAM、ROM等；利用磁能方式存储信息的硬盘、U 盘等；利用光学方式存储信息的CD或DVD；利用磁光方式存储信息的MO(磁光盘)等；以及专用存储系统。

4) 输出设备

输出设备(output device)是计算机的终端设备，用于接收计算机数据的输出，如显示、打印、声音、控制外围设备操作等，可以把各种计算结果，如数据或信息以数字、字符、图像、声音等形式表示出来。常见的输出设备有显示器、打印机、绘图仪、影像输出系统、语音输出系统、磁记录设备等。

2. CAID 软件系统

与其他 CAD 软件系统一样，CAID 软件系统由系统软件、支撑软件和应用软件组成，包括操作系统、语言处理系统、数据库系统、分布式软件系统和人机交互系统等。

1) 系统软件

系统软件主要用于计算机的管理、维护、控制，以及计算机程序的翻译、装入和运行，它是控制和协调计算机及外部设备，支持应用软件开发和运行的系统，是无需用户干预的各种程序的集合。系统软件提供应用软件运行的环境，它使得计算机使用者和其他软件将计算机当成一个整体而不需要顾及底层每个硬件是如何工作的。目前流行的系统软件有 Windows、Macintosh、OS/2、UNIX 等，其中以 Windows 在 CAID 系统中应用最广泛，许多基于 Windows/Intel 的图形工作站，如 HP 和 IBM 的产品都选择这种操作系统，而且大多数的 CAD/CAID 软件也都是基于 Windows 进行开发和测试的，易学易用。

2) 支撑软件

支撑软件是支撑各种软件的开发与维护的软件，又称为软件开发环境(SDE)。主要包括环境数据库、各种接口软件和工具组。著名的软件开发环境有 IBM 公司的 Web Sphere，微软公司的 Microsoft Visual Studio.NET 等。包括一系列基本的工具(如编译器、数据库管理、存储器格式化、文件系统管理、用户身份验证、驱动管理、网络连接等方面的工具)。

3)应用软件

系统软件并不针对某一特定应用领域。而应用软件则相反，应用软件是为了某种特定的用途而开发的软件。不同的应用软件根据用户和所服务的领域提供不同的功能，它可以是一个特定的程序，如一个图像浏览器；也可以是一组功能联系紧密，可以互相协作的程序的集合，如微软的 Office 软件；还可以是一个由众多独立程序组成的庞大的软件系统，如数据库管理系统。

目前 CAID 应用软件的分工越来越细，主要有以下两类。

(1)平面设计软件。

图形绘制软件：CorelDRAW、Illustrator、Freehand、AutoCAD。

图像处理软件：Photoshop、Photopaint、Painter、Corel-photopaint、Paintshop。

桌面排版软件：Pagemaker、Quarkxpress、Office。

(2)三维设计软件。

工程三维建模及分析软件：AutoCAD、Pro/E、UG、SolidWorks、SolidEdge、I-DEAS、Adams、Ansys 等。

三维建模、渲染及动画软件：3DS MAX、3DS VIZ、FormZ3D、Alias、Rhino、MAYA 等。

单独的某一个应用软件不可能完成工业设计的全部工作，只能在某一个或者某几个方面进行辅助设计，它们各有侧重，在实际设计中应该根据各软件的特点，结合实际工作需要，综合运用这些软件。

1.4 CAID 的流程

传统的工业设计过程各阶段单向串联进行，前一个阶段的工作结束后才能转入下一个工作内容，前一个工作阶段的内容没有完成之前，下一个阶段的工作无法开展，这样就导致整个开发周期很长，不能快速响应市场的需求；而且由于各阶段工作内容性质不同，各工作阶段的结果转入下一阶段时需作相应的交接和变换(包括工作结果的变换和设计思维的变换)，这种交接和变换一方面增加了本阶段的工作时间，另一方面还影响了设计结果的精度。因此，各阶段工作的继承性差、工作重复性高，也导致了产品设计的低效率、高成本。

CAID 技术自身的发展及其应用推广潜移默化地改变着传统设计流程，计算机辅助工业设计通常是在一个共享的设计平台上进行的，这使得工业设计从一个串行的流程逐步向并行的流程过渡，并将其涉及的范围延伸到更多的领域。利用 CAID 技术，不同的设计团队和设计师可以同时进行同一个产品的不同内容的设计，不同的人员和不同的部门遵循统一的原则和标准，使设计人员与制造、市场等部门之间的信息和数据交换畅通无阻、准确快速，这种并行设计方法使得产品开发效率高、成本低，提高了企业的市场竞争力。

一般来讲，产品开发过程可分为顺向工程和逆向工程。顺向工程与逆向工程的主要差别在于顺向工程由概念设计、产品设计图到建立三维 CAD 模型，而逆向工程则是实物或模型经测量得到的数据反求得到三维 CAD 模型。根据不同的产品选择不同的产品设计流程，如电动工具及一般工业产品均可采用顺向工程，逆向工程一般用于客户只提供产品实物样品，对现有产品的关键数据进行改良，或者一些带有复杂功能曲面的形体(如汽车等)，一般不易建立 CAD 模型，而是直接使用油泥模型塑造外观形态，即先制造三维模型，再经过逆向工程建立产品三维 CAD 模型。

总结当前 CAID 技术在顺向工程产品开发中的实际应用情况，可将其开发流程归为两类。

1.4.1　基于 CAID 的顺向工程开发流程 I

通过产品开发前的市场调研分析，对产品的概念、功能、价值等作进一步的规划，然后由工业设计师绘出多幅概念图(直接手绘或利用 CAID 平面设计软件)，通过评价—设计—再评价—再设计这一过程，选出最终方案。接下来根据最后的效果图，用 CAD 软件的 CAID 模块进行产品三维外形设计，再利用 CAD 软件进行内部结构、模具、组装等生产前的各项设计，直至产品投产。图 1-4-1 是采用这个流程设计的电吹风简易流程。

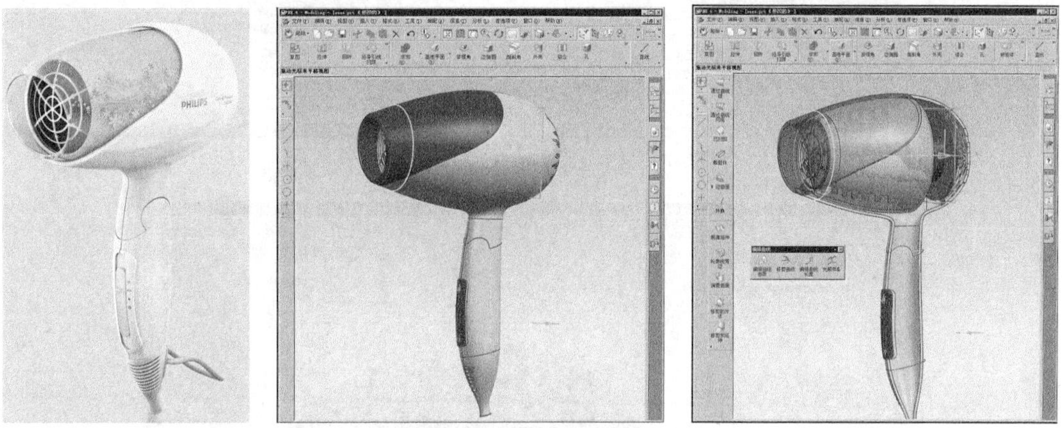

(a) 创意阶段(Photoshop 等)　　(b) 外观建模阶段(UG)　　(c) 结构设计阶段(UG)

图 1-4-1　电吹风简易流程

目前，大多数企业采用这种产品开发流程。这一流程中概念设计、效果图等创造性设计由工业设计人员完成，发挥了工业设计的专业水准，外形建模结构设计由机械工程师采用 CAD 软件完成，发挥了机械工程师对产品的可制造性的理解，确保了产品的制造工艺。另外，这种流程可以直接用一种软件完成从产品外形设计到结构设计，直至投产，不存在因不同软件间的数据传输产生面的破损需要修改等问题，也节省了时间。

1.4.2　基于 CAID 的顺向工程开发流程 II

在这一流程中，工业设计师从概念设计阶段就采用专门的 CAID 三维软件(如 Alias、Rhino 等)来完成概念设计、外形设计，然后将三维数据导入 CAD 软件中作内部结构等生产前的各项设计。图 1-4-2 是采用这个流程设计的吸尘器简易流程图。这种设计流程的优点是用 CAID 绘制产品外形可保持设计概念的延续性，不会破坏创作意图，但存在工业设计人员一般很难确保产品的可制造性问题，会造成产品的反复修改。另外，目前 CAID 与 CAD 软件间的接口并未完善，有可能出现信息丢失问题。然而随着技术的发展，工业设计人员对产品制造工艺过程的深入理解及 CAID 软件的进一步完善，这种产品开发流程必将被越来越多的企业采用。

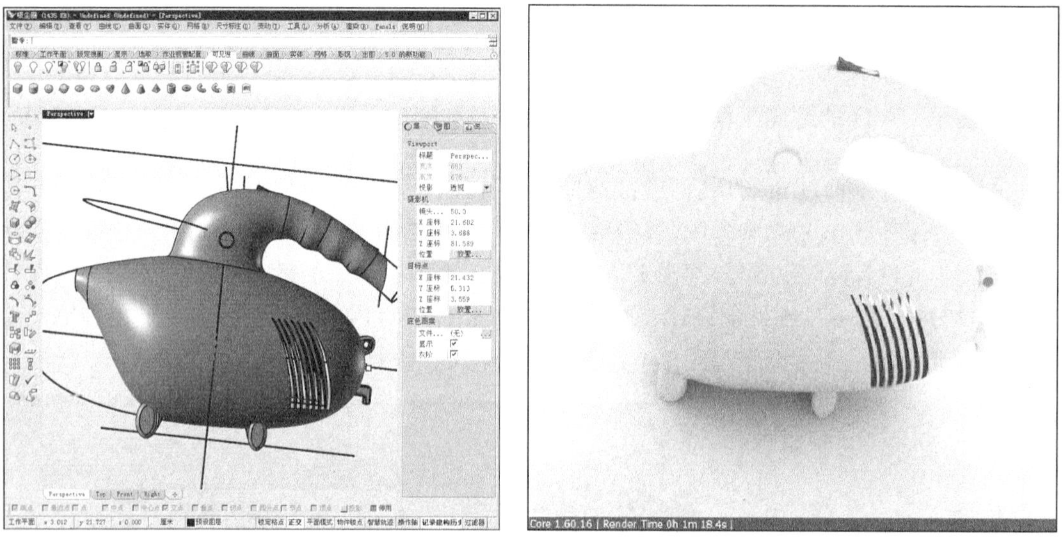

(a) 吸尘器外观建模阶段(Rhino)

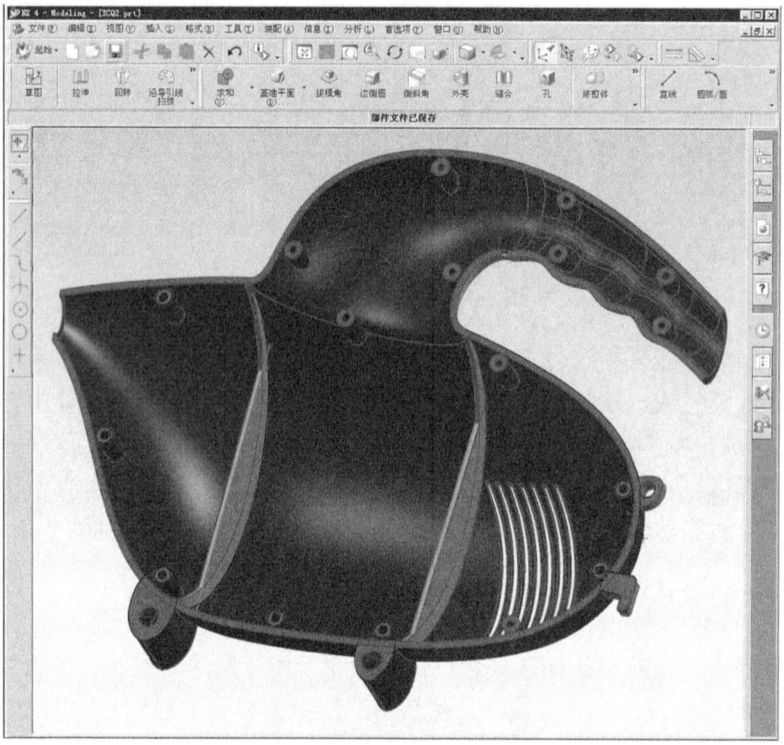

(b) 吸尘器结构设计阶段(UG)

图 1-4-2　吸尘器设计流程

第 2 章　常用 CAID 应用软件的数据接口及转换方法

软件是 CAID 系统的核心，在 CAID 系统中，软件配置水平决定着整个 CAID 系统的性能优劣。中国有句古话“工欲善其事，必先利其器”，对于广大的设计者来说，CAID 应用软件就好像手头的“器”，要会选择适合的应用软件进行设计，还要学会综合运用各种应用软件提高设计效率和设计效果。本章着重介绍常用的 CAID 应用软件以及它们之间的数据接口和转换方法。

2.1　CAID 应用软件分类

CAID 是在 CAD 的基础上发展起来的，因此许多 CAID 软件与通用 CAD 软件有着紧密联系，世界上大型的 CAD/CAM/CAE 软件系统，如 Pro/Engineer、EDS Unigraphics、EUCLID、Autodesk、SolidWorks 等 CAD 软件都提供了用于产品前期设计的系统模块，称为工业设计模块(概念设计模块)，因此这些软件也逐渐发展成为了 CAID 软件。但是这些软件研发的出发点还是在解决工程技术领域的问题，其使用方式和操作程序上更多的是考虑工程师的工作需要和思维模式，工业设计师在使用这些软件进行设计时要辅以其他的专业软件才能更好地达到效果。此外，还有一类 CAID 软件是针对工业设计的需求而研发的，它们在产品模型的表现方面比通用 CAD 软件优秀，在操作程序上也比较能够符合多数工业设计师的思维模式。如 Alias、Rhino、3DS MAX 等，它们所具备的材质贴图、光景表现和背景环境等渲染功能，使得产品的造型设计能够得到更加生动和充分的表现，这类软件使工业设计师更加容易发挥他们的创造性形象思维和三维形体塑造的能力，但是这类软件所能提供的数据信息还不能够满足制造、装配和销售等产品开发的其他环节的需要，因此也要配合其他工程软件的使用才能完成整个产品开发周期的任务。由此，把 CAID 软件分为侧重工程的 CAID 软件和侧重造型表现的 CAID 软件，其中又有二维软件和三维软件之分。开发流程中每个阶段所用到的软件见表 2-1-1。

- CAID软件
  - 侧重工程的CAID软件
    - 二维软件：AutoCAD、CAXA…
    - 三维软件：Pro / E、UG、Autodesk、SolidWorks…
  - 侧重造型表现的CAID软件
    - 二维软件：Photoshop、CorelDRAW…
    - 三维软件：Alias、Rhino、3DS MAX…

表 2-1-1　开发流程中每个阶段所用到的软件

阶　段	顺向设计		逆向设计
	流程 I	流程 II	
创意及设计演进阶段	Photoshop CorelDRAW 3DS MAX Freehand Illustrator …	Alias Rhino ICEM CDRS …	产品实物样品 油泥模型

续表

阶　段	顺向设计		逆向设计
	流程 I	流程 II	
外观建模阶段	UG Pro/E CATIA SolidWorks …		Pro/E UG
结构设计及制造阶段	UG Pro/E CATIA SolidWorks AutoCAD …	UG Pro/E CATIA AutoCAD …	快速原形技术 UG Pro/E CATIA AutoCAD
销售推广阶段	Photoshop 3DS MAX VRML Dreamweaver Flash …	Photoshop 3DS MAX VRML Dreamweaver Flash …	Photoshop Rhino VRML Dreamweaver Flash …

2.2　常用 CAID 应用软件介绍

2.2.1　二维 CAID 软件

1. 侧重工程的二维 CAID 软件

1) AutoCAD

AutoCAD 是由美国Autodesk 公司于 20 世纪 80 年代初为计算机上应用 CAD 技术而开发的计算机绘图软件包，用于二维绘图、详细绘制、设计文档和基本三维设计。经过不断完善，现已经成为国际上广为流行的绘图工具，是当今最优秀的设计与绘图软件之一。其文件格式*.dwg 为二维绘图的事实标准格式。

AutoCAD 具有良好的用户界面，通过交互菜单或命令行方式可以进行各种操作。它的多文档设计环境，让非计算机专业人员也能很快地学会使用。在不断实践的过程中更好地掌握它的各种应用和开发技巧，从而不断提高工作效率。AutoCAD 具有广泛的适应性，它可以在各种操作系统支持的微型计算机和工作站上运行，并支持分辨率由 320×200 像素到 2048×1024 像素的各种图形显示设备 40 多种，以及数字化仪器和鼠标 30 多种，绘图仪和打印机数十种，这就为 AutoCAD 的普及创造了条件。

AutoCAD 软件具有如下特点：

(1) 具有完善的图形绘制功能。

(2) 具有强大的图形编辑功能。

(3) 可以采用多种方式进行二次开发或用户定制。

(4) 可以进行多种图形格式的转换，具有较强的数据交换能力。

(5) 支持多种硬件设备。

(6) 支持多种操作平台。

(7) 具有通用性、易用性，适用于各类用户。

2) CAXA

依托北京航空航天大学的科研实力，北京北航海尔软件有限公司推出了中国第一款完全自主研发的 CAD 产品——CAXA。CAXA 是我国制造业信息化CAD/CAM/PLM 领域自主知识产权软件的优秀代表和知名品牌，所开发出的 20 多个 CAD、CAPP、CAM、DNC、PDM、MPM 等 PLM 系列软件产品，覆盖了制造业信息化设计、工艺、制造和管理四大领域，其中 CAXA 电子图板是国产著名的工程设计专业绘图工具和辅助设计工具。CAXA 四个字母，读作“卡萨”，是由 C-Computer(计算机)，A-Aided(辅助的)，X(任意的)，A-Alliance(联盟、领先)四个字母组成的，其涵义是“领先一步的计算机辅助技术和服务”(Computer Aided X Alliance - Always a Step Ahead)。

CAXA 的特点：

(1) 设计、编程集成化。

(2) 更完善的数据接口。

(3) 图纸、代码的打印。

(4) 互交式的图像矢量化功能。

(5) 齿轮、花键加工功能。

(6) 完善的通信方式。

(7) 附送电子图板。

2. 侧重造型表现的二维 CAID 软件

1) Photoshop

Photoshop 是Adobe公司旗下最为出名的图像处理软件之一，是集图像扫描、编辑修改、图像制作、广告创意、图像输入和输出于一体的图形图像处理软件，深受广大平面设计人员和计算机美术爱好者的喜爱。Photoshop 的应用领域是很广泛的，在图像、图形、文字、视频、出版各方面都有涉及。

Photoshop 的应用领域：

(1) 平面设计领域，广泛用于图书封面、招贴、海报等设计。

(2) 具有强大的图像修饰功能，常用于修复照片、婚纱照片设计。

(3) 广告摄影。

(4) 影像创意。

(5) 艺术文字。

(6) 网页制作。

(7) 建筑效果图后期修饰。

(8) 绘画。

(9) 绘制或处理三维贴图。

(10) 视觉创意。

(11) 图标制作。

(12) 界面设计。

从功能上看，Photoshop 可分为图像编辑、图像合成、校色调色和特效制作等部分。

2) CorelDRAW

CorelDRAW Graphics Suite 是加拿大Corel 公司开发的一款图形图像软件，这个矢量图形制作工具软件为设计师提供了矢量动画、页面设计、网站制作、位图编辑和网页动画等多种功能。其非凡的设计能力广泛地应用于商标设计、标志制作、模型绘制、插图描画、排版和分色输出等诸多领域。

软件功能：

(1) 矢量绘画工具。

(2) 版面设计能力。

(3) 增强数字图像。

(4) 位图图像转换为矢量文件。

2.2.2 三维 CAID 软件

1. 侧重工程的三维 CAID 软件

1) Pro/Engineer

Pro/Engineer (Pro/E) 软件是美国参数技术公司 (PTC) 旗下的 CAD/CAM/CAE 一体化的三维软件。Pro/E 软件以参数化著称，是参数化技术的最早应用者，在目前的三维造型软件领域中占有重要地位，Pro/E 作为当今机械 CAD/CAE/CAM 领域的新标准而得到业界的认可和推广。它是现今主流的 CAD/CAM/CAE 软件之一，特别是在国内产品设计领域占据重要位置。

Pro/E 第一个提出了参数化设计的概念，并且采用了单一数据库来解决特征的相关性问题。另外，它采用模块化方式，用户可以根据自身的需要进行选择，而不必安装所有模块。Pro/E 的基于特征方式，能够将设计至生产全过程集成到一起，实现并行工程设计。它不但可以应用于工作站，而且也可以应用到单机上。

Pro/E 采用了模块方式，可以分别进行草图绘制、零件制作、装配设计、钣金设计、加工处理等，保证用户可以按照自己的需要进行选择使用。

Pro/E 的特点：

(1) 参数化设计。

(2) 基于特征建模。

(3) 单一数据库 (全相关)。

2) UG

UG (Unigraphics NX) 是 Siemens PLM Software 公司出品的一个产品工程解决方案，它为用户的产品设计和加工过程提供了数字化造型和验证手段。Unigraphics NX 针对用户的虚拟产品设计和工艺设计的需求，提供了经过实践验证的解决方案。UG 是 Unigraphics 的缩写，同时也是用户指南 (user guide) 和普遍语法 (universal grammer) 的缩写，这是一个交互式CAD/CAM (计算机辅助设计与计算机辅助制造) 系统，它功能强大，可以轻松实现各种复杂实体及造型的建构。它在诞生之初主要基于工作站，但随着个人计算机硬件的发展和个人用户的迅速增长，在个人计算机上的应用取得了迅猛的增长，目前已经成为模具行业三维设计的一个主流应用。

UG NX 主要功能：

(1) 工业设计和风格造型。

(2) 产品设计。

(3) 仿真、确认和优化。

(4) NC 加工。

(5) 模具设计。

(6) 开发解决方案。

3) Solid Edge

Solid Edge 是一款功能强大的三维计算机辅助设计软件，允许制造公司开展富有洞察力的设计，并通过降低成本同时增加顶线收入来取得竞争优势。独特的 Solid Edge 洞察力技术把设计管理能力直接嵌入 CAD 内部，向整个组织的设计意图提供洞察力，并加强协同。Solid Edge 出色的核心建模和工作流程所补充的洞察力极大地缓解了设计越来越复杂产品的压力，以适应不断变化的市场需求。Solid Edge 在全世界范围内拥有广泛的用户群体，包含来自世界数千家公司的设计人员，这些公司包括 Alcoa、NEC 工程和沃尔沃。Solid Edge 航行者程序包括 200 套集成的工程软件程序和计算机硬件解决方案，这个仅为机械用库及管道设计用库。

4) I-DEAS

I-DEAS 是美国 UGS 子公司 SDRC 公司开发的 CAD/CAM 软件。该公司是国际上著名的机械 CAD/CAE/CAM 公司，在全球范围享有盛誉，国外许多著名公司，如波音、索尼、三星、现代、福特等公司均是 SDRC 公司的大客户和合作伙伴。该软件是高度集成化的 CAD/CAE/CAM 软件系统。它帮助工程师以极高的效率，在单一数字模型中完成从产品设计、仿真分析、测试直至数控加工的产品研发全过程。I-DEAS 是全世界制造业用户广泛应用的大型 CAD/CAE/CAM 软件。

I-DEAS 在 CAD/CAE 一体化技术方面一直雄居世界榜首，软件内含如结构分析、热力分析、优化设计、耐久性分析等真正提高产品性能的高级分析功能。

I-DEAS 主要功能：

(1) 数字化仿真。

(2) I-DEAS 机构设计。

(3) 仿真模型构造。

(4) 仿真解算。

(5) 非线性求解器。

(6) 变量化分析。

(7) 响应分析。

(8) 复合铺合分析。

(9) 注塑冷却顾问。

(10)机械仿真。

(11)产品寿命预测。

(12)高级产品寿命预测。

(13)电子系统冷却仿真。

(14)传热仿真。

5)CATIA

CATIA 是由法国著名飞机制造公司 Dassault 公司开发并由 IBM 公司负责销售的集 CAD/CAE/CAM/PDM 于一体的三维设计软件。在工业制造领域，CATIA 应用广泛，是航空航天工业市场上占有率最高的 CAD/CAM/CAE 软件。其最大的标志客户即美国波音公司，波音公司通过 CATIA 建立起一整套无纸飞机生产系统，取得了成功。

CATIA 具有超强的曲面造型功能、先进的混合建模技术，可提供从概念设计、风格设计、详细设计、工程分析、设备和系统工程、制造和应用软件开发等面向过程的设计思想和解决方案。

2. 侧重造型表现的三维 CAID 软件

1)Alias

Alias 是全球汽车、消费品造型设计的行业标准设计工具。Alias 软件包括 Studio/Paint、Design/Studio、Studio、Surface/Studio 和 AutoStudio 5 个部分，提供了从早期的草图绘制、造型，直到制作可供加工采用的最终模型各个阶段的设计工具。Alias 作为世界领先 3D 图形技术提供商，为汽车、工业设计和可视化市场及电影、视频、游戏、网络、互动媒体和教育市场开发了众多获奖软件、定制开发和培训解决方案。

Alias 软件特点：

(1)灵活控制的三维空间。

(2)强劲而众多的曲线及曲面控制功能，比照片更漂亮的渲染效果。

(3)NURBS 曲面输出不但可用于快速成形及模具制造，而且可直接输送至其他 CAD 系统。

2)Rhino

Rhino，中文名称犀牛，是美国Robert McNeel & Assoc 开发的个人计算机上强大的专业 3D 造型软件，它可以广泛地应用于三维动画制作、工业制造、科学研究和机械设计等领域。它能轻易整合 3DS MAX 与 Softimage 的模型功能部分，对要求精细、弹性与复杂的 3D NURBS 模型，有点石成金的效能。能输出 OBJ、DXF、IGES、STL、3DM 等不同格式的文件，并适用于几乎所有 3D 软件，尤其对增加整个 3D 工作团队的模型生产力有明显效果，故使用 3DS MAX、AutoCAD、MAYA、Softimage、Houdini、Lightwave 等 3D 设计人员不可不学习使用。

Rhino 是一款超强的三维建模工具，软件较小，硬件要求也很低。它包含了所有的 NURBS 建模功能，用它建模感觉非常流畅，常常用来建模，然后导出高精度模型给其他三维软件使用。

Rhino 特点：

(1) Rhino 可以创建、编辑、分析和转换 NURBS 曲线、曲面和实体，并且在复杂度、角度和尺寸方面没有任何限制。

(2) 用户界面：非常快速地将数据表示成图形，3-D 制图法，无限制的图形视见区，工作中的透视视窗，指定的视区，制图设计界面，设计图符界面和工具栏界面。

(3) 创建帮助：无限制的 UNDO 和 REDO、精确尺寸输入、模型捕捉、网格点的捕捉、正交、平面、创建平面、层、背景位图、物体的隐藏和显示、物体的锁定和解除。

(4) 创建曲线：控制和编辑点、操纵条、光滑处理、修改角度，增/减结、增加扭结、重建、匹配、简单化、过折线、建立周期、调整冲突点、修改角度、修正裂缝、手画曲线和圆、弧、椭圆、矩形、多边形、螺旋线圆锥、TrueType 文本、点插值，从其他模型创建曲线。

(5) 创建曲面：三点或四点生成面、三条或四条生成面、二维曲线成面、矩形成面、挤压成面、多边形成面、沿路径成面、旋转、线旋转、混合补丁、点格、高区、倒角、平行和 TrueType 文本。

(6) 编辑曲面：控制点、操纵条、修改角度、增/减结、匹配、延伸、合并、连接、飞剪切、重建、缩减、建立周期、布尔运算(合并、相异、交叉)。创建实体：正方体、球体、圆柱体、管体、圆锥体、椭圆体、圆凸体、挤压二位曲面、挤压面、面连接和 TrueType 文本。

(7) 编辑实体：倒角、抽面、布尔运算。

(8) 创建多面曲面：NURBS 成面、封闭折线成面、平面、圆柱体、球体、圆锥体。

(9) 多种编辑、分析、渲染和文件管理功能。

3) 3DS MAX

3D Studio Max，常简称为 3DS MAX 或 MAX，由 Autodesk 公司的子公司 Discreet 公司制作开发，它是集造型、渲染和制作动画于一体的三维制作软件。当前，它已逐步成为在个人计算机上最优秀的三维动画制作软件，广泛应用于广告设计、影视设计、工业设计、建筑设计、多媒体制作、游戏设计、辅助教学和工程可视化等。

3DS MAX 的应用领域：

(1) 游戏动画。

(2) 建筑动画。

(3) 室内设计。

(4) 影视动画。

(5) 虚拟的运用。

4) VRML

VRML (Virtual Reality Modeling Language，虚拟现实建模语言) 是一种用于建立真实世界的场景模型或人们虚构的三维世界的场景建模语言，也具有平台无关性。是目前 Internet 上基于 WWW 的三维互动网站制作的主流语言。本质上是一种面向 Web、面向对象的三维造型语言，而且它是一种解释性语言。VRML 的对象称为节点，子节点的集合可以构成复杂的景物。节点可以通过实例得到复用，对它们赋以名字，进行定义后，即可建立动态的 VR (虚拟世界)。

2.3 CAID 应用软件的数据接口及数据转换实例

正如前面的介绍，CAID 应用软件有很多种类，而且每个软件功能各不相同、各有侧重，由于各种原因，在进行计算机辅助设计的时候，每个企业、每个部门、每一个阶段所选用的软件会不统一，这样就难免会碰到各应用软件之间的数据共享和衔接的问题，即 CAID 应用软件的数据转换接口。所谓数据转换接口，实际上是一种能够实现两个以上系统间信息交换的程序或方法。数据转换接口的核心内容就是由其中一个系统(文件)读出信息，将信息写入另一个系统(文件)。目前，CAID 软件之间数据的传输可分为间接型接口和直接型接口。

2.3.1 间接型接口

间接型接口是利用中间文件实现两个应用程序之间的数据交换，而这个中间文件的数据格式必须同时得到两个要衔接的 CAID 软件支持。中间文件是一种与系统无关的标准数据格式，间接型接口技术通过标准数据格式文件来实现多个 CAD 系统之间的数据交换，各系统只需构造前置处理器、后置处理器，将本系统产品数据格式转化为标准数据格式，或反过来，将标准数据格式转化为本系统产品数据格式，其数据交换关系如图 2-3-1 所示。标准数据文件实际上是一种信息交换标准，这个标准不仅对图形而且对产品设计和制造中的定义数据规定了统一标准格式，它是独立于具体系统的。通过将本系统的产品数据“翻译”成标准的数据格式，就可被不同的 CAD 系统所共享利用。

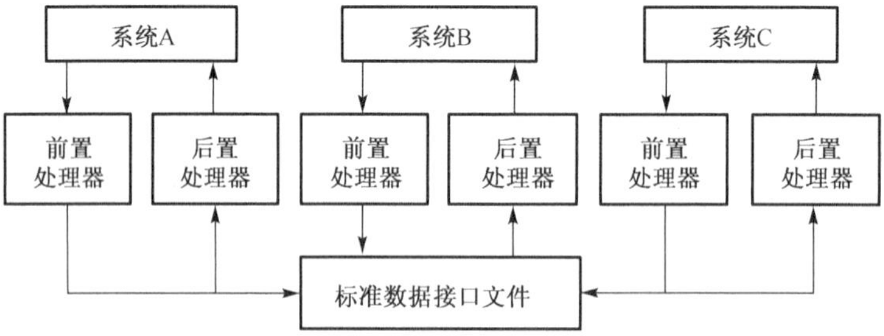

图 2-3-1 间接型数据交换关系图

由于 CAID 和 CAD 软件一般接收 IGES、STEP 等格式文件，所以间接型接口具有通用性。这种格式的通用性、简单性和标准化的特点使它成为集成系统中普遍采用的格式。此方式数据共享性好，但如果标准数据格式中没有 CAD 系统中的某些数据描述格式，产品数据将不能够完全“翻译”，从而造成数据的“丢失”。

目前常用的数据接口标准有 IGES、STEP、STL、PDES、Parasolid 格式等。

1) IGES

IGES(Initial Graphics Exchange Standard，基本图形转换标准)是美国国家标准局和工业界共同制定的，它以产品设计图样为直接处理对象，规定了图样数据交换文件的格式规范，大部分 CAD 软件都采用此规范。现有的公司开发的 CAD 软件，其内部图样数据储存各不相同，但都可以遵循 IGES 标准的规定，将其内部图样数据库的数据转换为符合 IGES 标准的数据文件输出，也可以接收 IGES 格式的数据文件输入。它可以输出几何信息(点、线、面)和有限元信息(节点、单元)。但在转换时常丢失几何信息且没有体的概念。

IGES 标准中数据以实体方式组织，通过实体描述产品的形状、尺寸和产品的特性。实体的表示方法对所有当前的 CAD/CAM 系统都是通用的，IGES 的实体包括以下三类。

(1)几何实体：点、直线、圆弧、样条曲线、曲面。

(2)描述实体：尺寸标注、绘图说明。

(3)结构实体：结合项、图组、特性。

2) STEP

STEP 的 ISO 正式代号为 ISO 10303，是一个描述如何表达和交换数字化产品信息的产品模型数据交换 ISO 标准。数字化产品数据必须包括足够的信息来表达产品的整个生命周期，从设计到分析、制造、质量控制测试、检测和产品支持功能。所以 STEP 必须涵盖几何、拓扑、公差、约束、属性、装配、尺寸和其他许多方面的内容。

STEP 被构造成一个由许多个部分组成的 ISO 标准，基本部分已完成，其余部分正在发展中。STEP 最重要的一点是可扩充性。与 IGES 标准相比，STEP 标准有以下优点：它针对不同领域制定了相应的应用协议，以解决 IGES 标准适应面窄的问题；该标准所覆盖的领域除了包括已经成为正式国际标准的二维工程图、三维配置、控制设计，还包括一般机械设计和工艺、电工电气、电子工程、造船、汽车制造等。

3) ACIS

ACIS 是一个用于保存关于实体对象信息的实体造型文件格式，该文件的后缀为*.sat。它集线框、曲面和实体造型于一体，并允许这 3 种表示共存于统一的数据结构中，为各种 3D 造型应用的开发提供了几何造型平台。现在它已不再仅是几何造型平台，更发展成为一种 CAD 数据交换与共享的标准。

4) STL

STL 是将三维模型的表面近似表达为小三角形平面的组合。是一种曲面建模技术，它服从共顶点原则、取向原则、取值规则和合法实体规则等。在描述曲面方面，STL 格式同 ACIS、IGES 等格式相比有相当大的优势，因为这种表述方法和有限元前处理中的曲面网格划分十分相似。STL 主要用于有限元分析，大多数有限元软件都支持这种文件的输入，大多数三维 CAD 软件都支持这种文件的输出。

5) DXF

DXF 文件本来只是 CAD 软件 AutoCAD 用以将内部图样信息传递到外部的数据文件，不是由标准化机构制定的标准。但是，由于 AutoCAD 软件的流行，DXF 文件也就成为事实上的标准，绝大多数 CAD 系统都能读入或输出 DXF 文件。DXF 文件比 IGES 文件更简单易懂，但是 DXF 文件格式能定义表达的内容不如 IGES 丰富。DXF 是一种开放的矢量数据格式，可以分为两类：ASCII 格式和二进制格式。ASCII 可读性好，但占有空间较大；二进制格式占有空间小、读取速度快。

6) Parasolid 格式

Parasolid 是目前主要的 CAD 软件的造型核心。UG、SolidWorks 等软件均以 Parasolid 为核心。内核文件能最大程度地避免数据丢失和数据错误。可生成扩展名为.xmt 或 xmt.txt 的几何实体文件。Parasolid 格式包含点、线、面和实体信息。它有较强的造型功能，但只能支持正则实体模型。其主要功能包括自由曲面和解析曲面的混合表示、多种方式的实体操作、非拓扑和非几何数据的提供等。Parasolid 是与 ACIS 相似的 CAD 数据传递和共享标准，但在具体几何造型处理方面还有所不同。

2.3.2 直接型接口

直接型接口是指 CAID 软件之间在数据传输中不用中间文件进行转换，而是通过专用的数据接口将 CAID 系统中的一个应用系统(A 系统)中的产品数据直接转化为符合另一个应用系统(B 系统)数据格式的产品数据，即 A 系统能直接生成 B 系统的专用文件格式，可直接在 B 系统中打开，进行后期处理，其数据交换关系如图 2-3-2 所示。

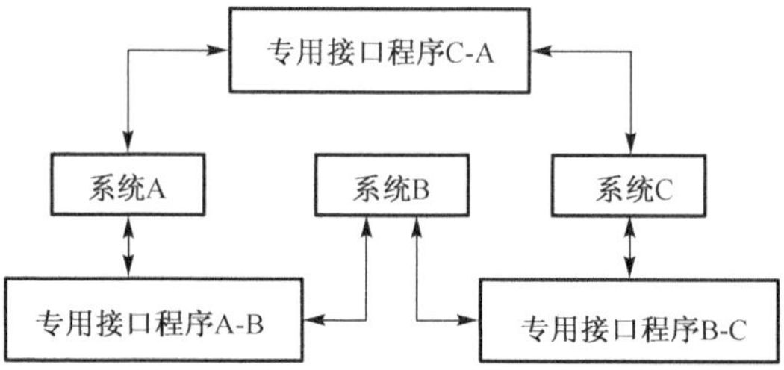

图 2-3-2　直接型数据交换关系图

直接型接口技术是一种点对点的数据交换方式，每个应用软件的专用数据接口程序各自不同，不能通用，如果有 N 个系统需要数据共享，则需用 $N(N-1)$ 个专用数据接口程序。直接型接口通用性差，但交换数据的运行效率高，且不会丢失数据。在早期的 CAD 系统间及 CAD、CAE 系统间交换数据时常采用此方法。由于不是所有的 CAID 软件都有符合需要的直接数据接口，而且 CAID 系统图形文件的数据格式一般是保密的，文件又是以二进制码的形式存放的，所以分析非常困难。直接型接口目前发展还不完善。

目前，美国 Alias 公司推出的 Alias DirectConnect 插件就是直接型接口，实现了 Alias 设计软件与 CAD 产品间的高效数据交换，设计数据可以直接用在 CAD 环境中，即在 Alias 环境中直接把文件保存成 CAD 软件的专用格式(CATIA V5 为*.CATPart 和*.CATProduct，Pro/E 为*.pr 和*.asm 等)，然后直接在 CAD 软件中打开，进行内部结构设计。

2.3.3 CAID 应用软件数据转换实例

CAID 应用软件的数据转换关系如图 2-3-3 所示。

1. AutoCAD 与 3DS MAX 的数据转换

因为 AutoCAD 和 3DS MAX 都是 Autodesk 公司的软件，所以它们之间文件的传递是非常平滑的。

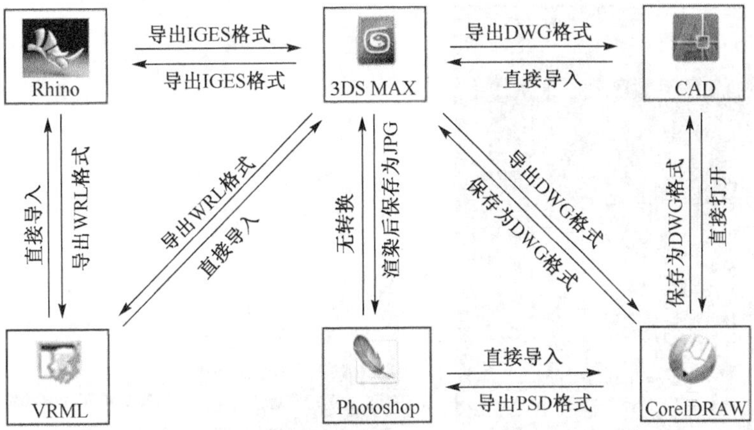

图 2-3-3　CAID 应用软件的数据转换关系图

1) 将 AutoCAD 导入 3DS MAX 中

即在 AutoCAD 中只要存为默认的 DWG 格式就可以导入 3DS MAX。

(1) 在 AutoCAD 中完成绘图后，保存为自身的 DWG 格式。

(2) 在 3DS MAX 中设置所需要的单位，选择【自定义】→【单位设置】命令，如图 2-3-4 所示。

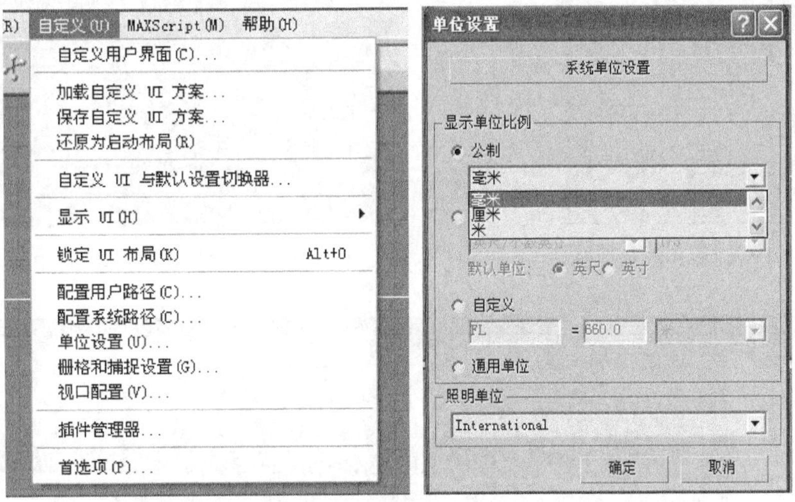

图 2-3-4　单位设置的对话框

(3) 选择【文件】→【导入】菜单，选择【格式】为 DWG 格式，并找到之前保存的文件，单击【确定】按钮，如图 2-3-5 所示。

(4) 在弹出如图 2-3-6 所示的 DWG 格式的对话框中选择相应选项，单击【确定】按钮，完成转换，结果如图 2-3-7 所示。

2) 将 3DS MAX 文件导入 AutoCAD 中

(1) 在 3DS MAX 中完成建模后，单击【文件】→【导出】命令，如图 2-3-8 所示。

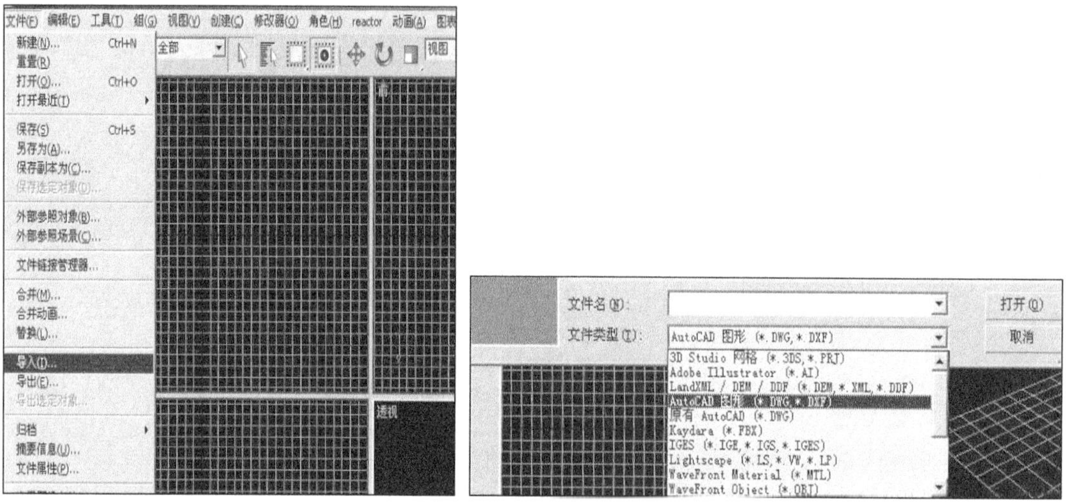

图 2-3-5　DWG 格式的选项卡

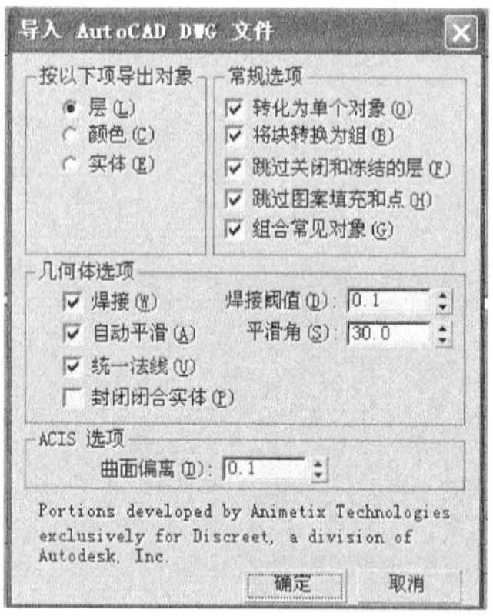

图 2-3-6　DWG 格式的对话框

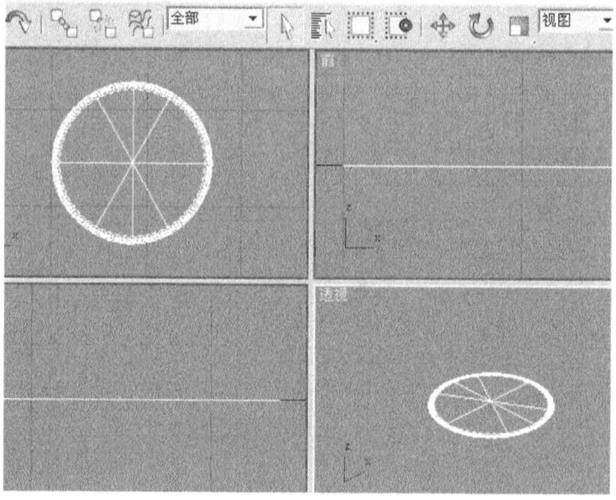

图 2-3-7　将 CAD 导入 3DS MAX 中的显示效果

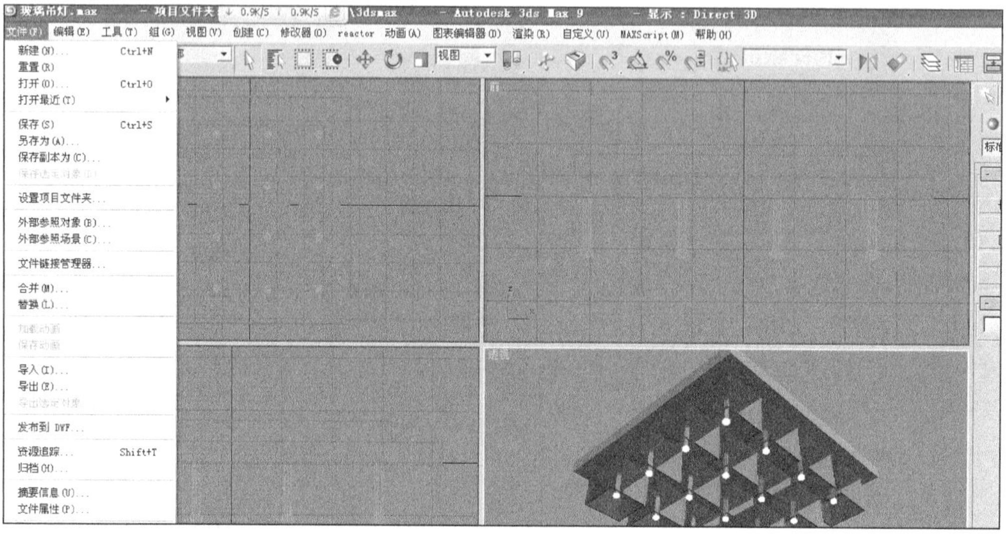

图 2-3-8　在 3DS MAX 中建完模后选择文件的对话框

(2)选择要导出的 DWG 格式，如图 2-3-9 所示。

(3)选择要导出的 CAD 版本后单击【确定】按钮，如图 2-3-10 所示。

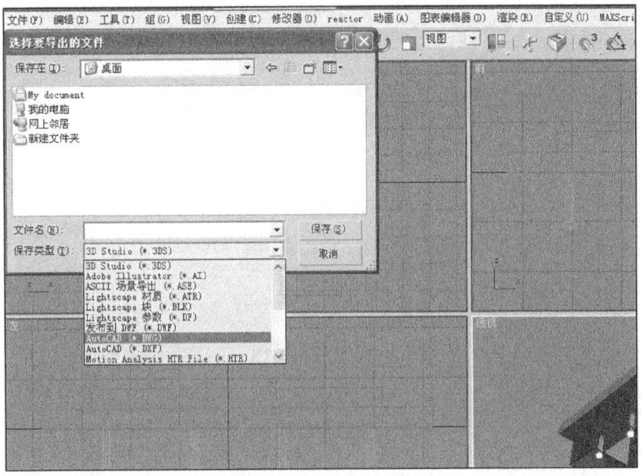

图 2-3-9　选择导出 DWG 格式的对话框

图 2-3-10　导出 CAD 版本的对话框

(4)完成，如图 2-3-11 所示。

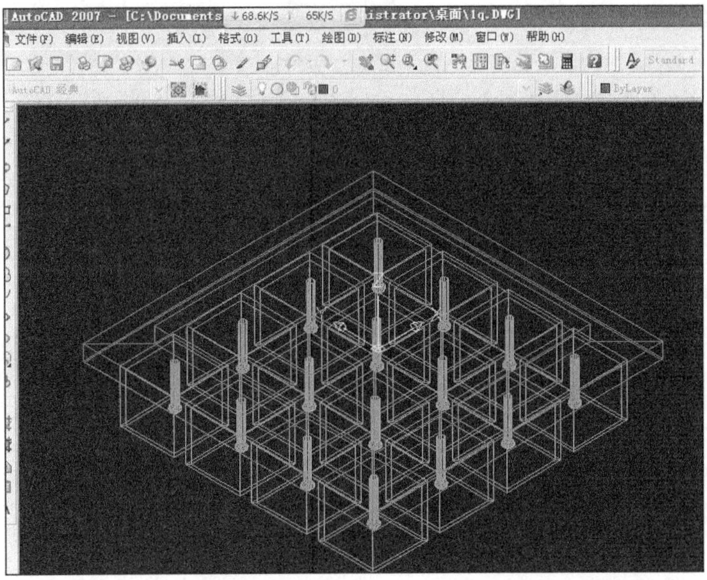

图 2-3-11　将 3DS MAX 文件导入 CAD 中的显示效果

2. Rhino 与 3DS MAX 的数据转换

Rhino 与 3DS MAX 之间可以利用各自文件菜单里的【导入】和【导出】文件处理功能相互进行三维造型的数据转换。

1)把 3DS MAX 模型导入 Rhino 中

(1)在 3DS MAX 中完成了模型的建造后，单击【文件】→【导出】命令，打开【选择导出的文件】对话框(图 2-3-12)，然后在弹出的对话框【保存类型】下拉选项中选择【3D Studio(*.3DS)】，如图 2-3-13 所示，并在该对话框中设置好导出文件保存路径和文件名，单击【保存】按钮即可。

图 2-3-12　3DS MAX 的导出选择

图 2-3-13　选择 3D Studio(*.3DS)格式

(2)打开 Rhino 软件，单击【File】→【Import】菜单，如图 2-3-14 所示，系统弹出如图 2-3-15 所示的对话框，在【文件类型】的下拉选项中选择【3D Studio(*.3DS)】，选择要导入的文件名，单击【打开】按钮即可。

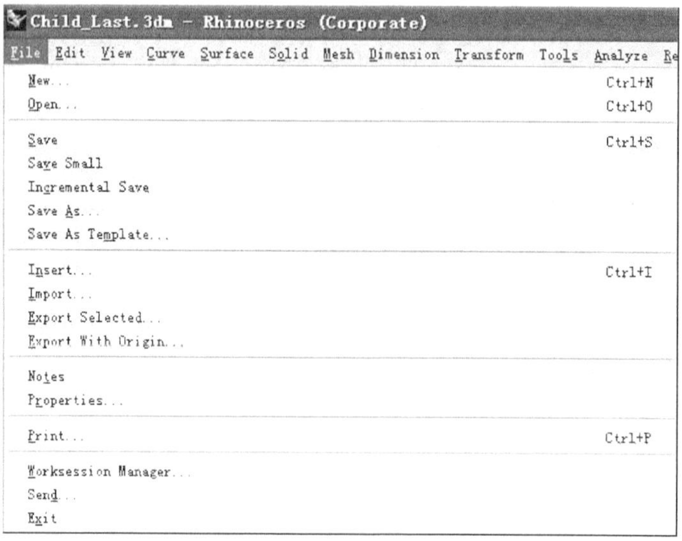

图 2-3-14　Rhino 的导入选项

图 2-3-15　在 Rhino 中导入 3D Studio 文件

2)将 Rhino 格式文件导入 3DS MAX 中

(1)将 Rhino 中创建的模型导出 3D Studio(*.3DS)格式。具体操作是在 Rhino 中单击 File→Export Selected 命令(即导出所选择的模型)，如图 2-3-14 所示，弹出如图 2-3-16 所示的对话框，保存类型选择【3D Studio(*.3DS)】，选择保存的路径，输入保存的文件名，单击【保存】按钮即可。

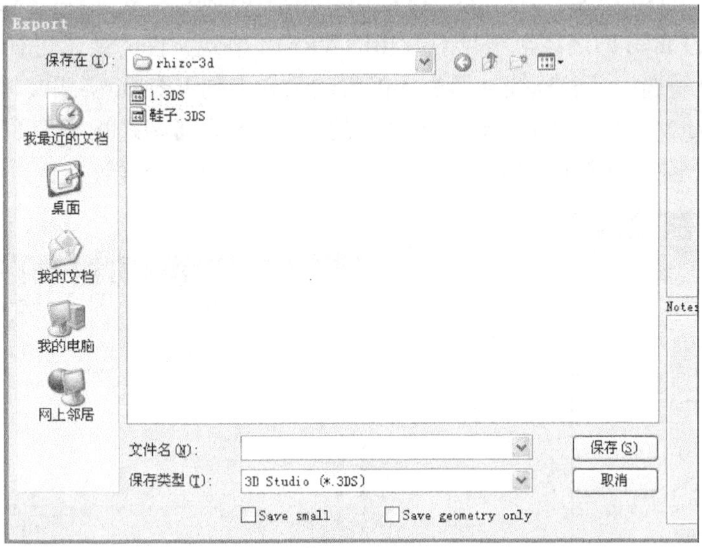

图 2-3-16　文件导出对话框

(2)在 3DS MAX 中，单击【文件】→【导入】命令(图 2-3-12)，弹出对话框，如图 2-3-17 所示，在【文件类型】下拉列表框中选择【3D Studio 网格(*.3DS, *.PRJ)】，选择所要导入的文件名，单击【打开】按钮即可。

图 2-3-17　在 3DS MAX 中导入 3D Studio 网格(*.3DS, *.PRJ)格式的文件

3. VRML 与 3DS MAX 的数据转换

VRML 与 3DS MAX 之间可以利用 3DS MAX 软件的【导入】和【导出】文件处理功能相互进行三维造型的数据转换。

1)从 3DS MAX 导出 VRML 格式文件

在 3DS MAX 中完成了模型的建造后，选择【文件】→【导出】命令，系统弹出【选择要导出的文件】对话框，如图 2-3-18 所示，在【保存类型】下拉选项中选择【VRML97 (*.WRL)】(图 2-3-19)，并在该对话框中设置好导出文件保存路径和文件名，单击【保存】按钮进入【VRML97 导出器】对话框(图 2-3-20)，在该对话框中选定相关的选项后单击【确定】按钮就可将 3DS MAX 建造好的三维模型导出成 VRML 格式文件。【VRML97 导出器】对话框中【生成】部分的选项可根据对导出的 VRML 格式文件的要求进行勾选，如果导出的模型带有动画须选中【坐标插补器】才能将动画导出到 VRML 格式文件。3DS MAX 导出的模型是以 VRML 的面集节点形式来建造的，对话框的【多边形类型】选项控制了构造导出模型的面片形状，【精度位数】选项控制了导出数据的位数(包括小数位)。

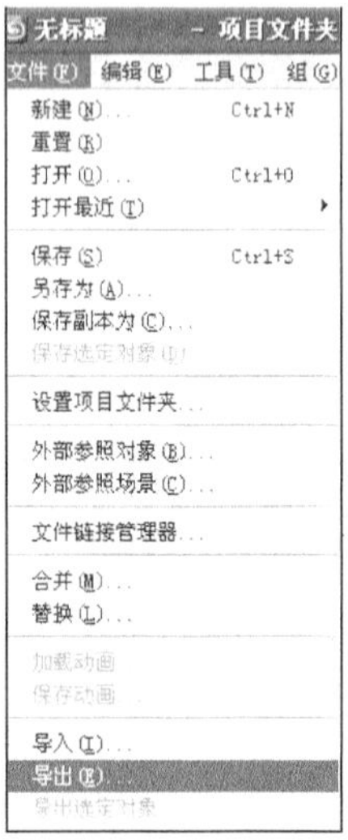

图 2-3-18　3DS MAX 的导出选择

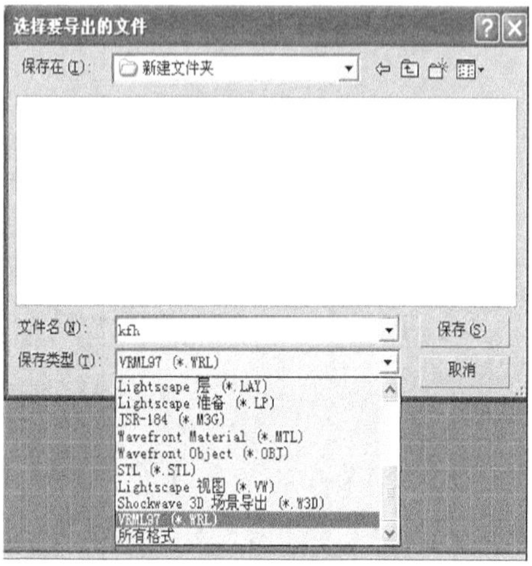

图 2-3-19　选择 VRML 格式

从 3DS MAX 导出 VRML 格式文件会带有 3DS MAX 版本信息，3DS MAX 会对每个导出的造型节点定义名字并建立坐标变换节点，如果使用时不需要这些定义和设置，可在“vrmlPad”VRML 编辑器中用相关代码修改工具清除以减少文件所占的容量空间。

2) 将 VRML 格式文件导入 3DS MAX

3DS MAX 也可以将包含在单个 VRML 格式文件内的造型导入 3DS MAX 环境内(文件内用内联节点“lineIn”引入的造型不能导入)。在 3DS MAX 中选择【文件】→【导入】命令，进入【选择要导入的文件】对话框(图 2-3-21)，然后在【文件类型】的下拉选项中选择【VRML(*.WRL*.WRZ)】格式，并在该对话框中指定好导入文件保存路径和文件名，单击【打开】按钮进入【VRML 导入】对话框(图 2-3-22)。

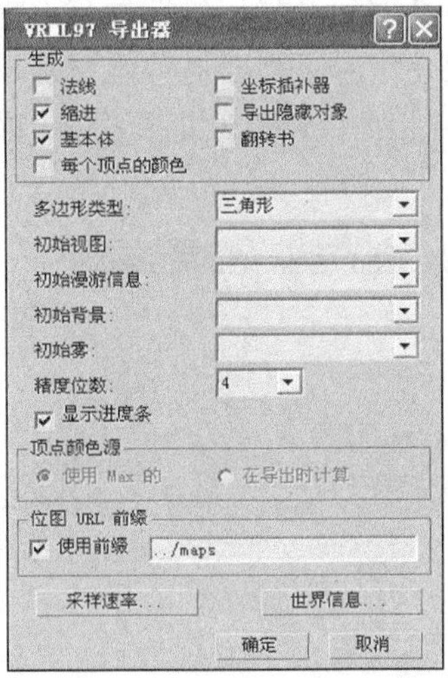

图 2-3-20　【VRML97 导出器】对话框

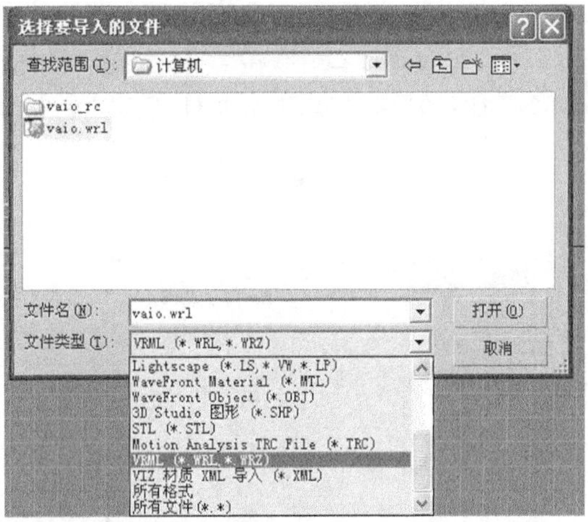

图 2-3-21　3DS MAX 文件导入对话框

在【VRML 导入】对话框中可根据导入的需要对【输入选项】做出相应的选择，单击【确定】按钮进入场景保存对话框(图 2-3-23)，在做出选择后即可将 VRML 模型导入 3DS MAX 环境中。

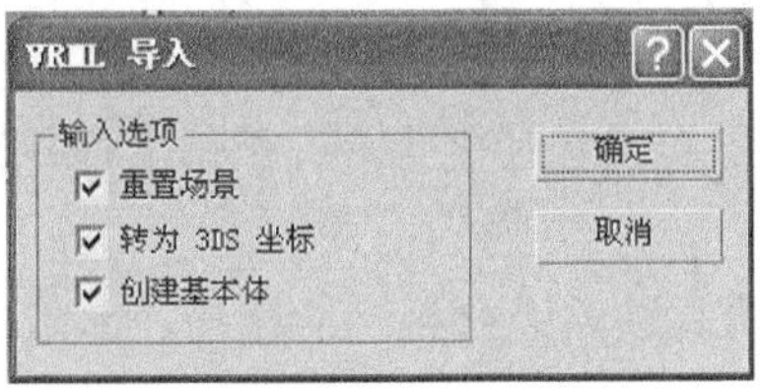

图 2-3-22　【VRML 导入】对话框

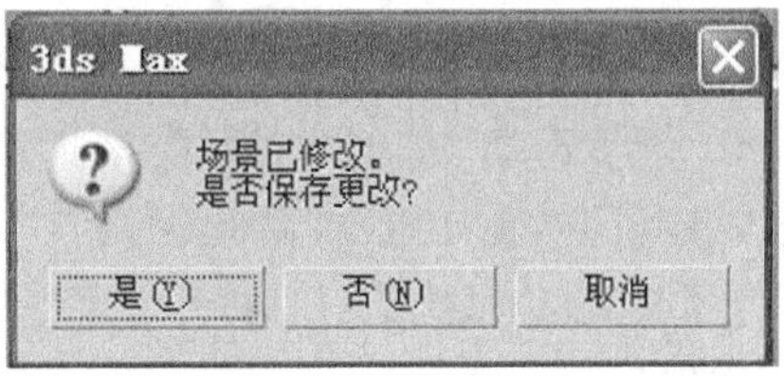

图 2-3-23　3DS MAX 场景保存对话框

4. VRML 与 UG 的数据转换

VRML 与 UG 之间可以利用 UG 软件的【导入】和【导出】文件处理功能相互进行三维造型的数据转换。

1）从 UG 导出 VRML 格式文件

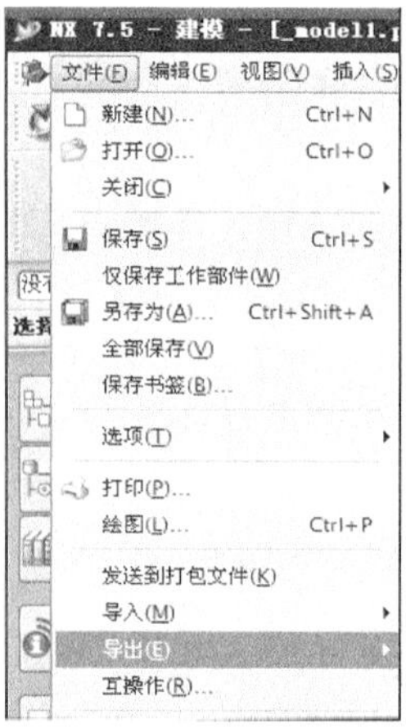

图 2-3-24　UG 的导出选择

在 UG 中完成了模型的建造后，选择【文件】→【导出】菜单进入导出 VRML 格式文件操作(图 2-3-24 和图 2-3-25)，然后在弹出对话框的【保存类型】下拉选项中选择【vrml】格式，进入【VRML】对话框(图 2-3-26)，并在该对话框中单击【指定 VRML 文件】按钮，设置好导出文件的保存路径和文件名，单击【确定】按钮后就可将 UG 建造好的三维模型导出成 VRML 格式文件。【VRML】对话框中的选项可根据对导出的 VRML 格式文件的要求进行勾选。

从 UG 导出 VRML 格式文件会对每个导出的造型节点定义名字并建立坐标变换节点，如果使用时不需要这些定义名，可在“vrmlPad”VRML 编辑器中用相关代码修改工具清除，以减少文件所占的容量空间。

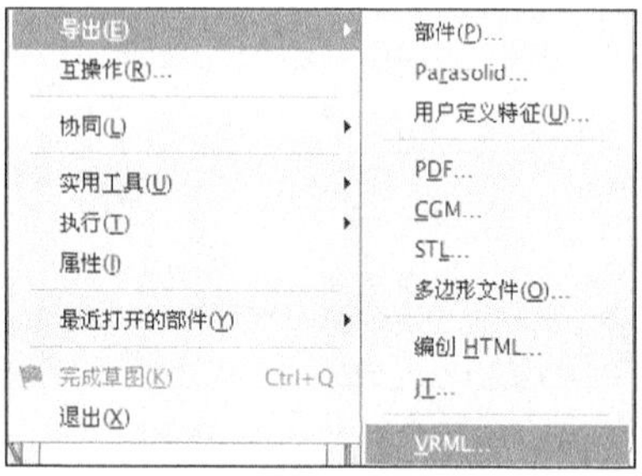

图 2-3-25　选择 VRML 格式

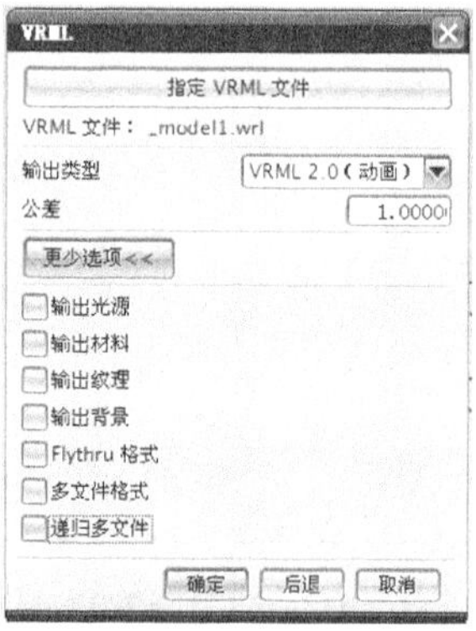

图 2-3-26　【VRML】对话框

2）将 VRML 格式文件导入 UG

UG 也可以将包含在单个 VRML 格式文件内的造型导入 UG 环境内(VRML 文件中用内联节点“lineIn”引入的造型不能导入)。在 UG 中选择【文件】→【导入】命令进入文件导入对话框(图 2-3-27)，然后在弹出的对话框【文件类型】下拉选项中选择【VRML(*.WRL*.WRZ)】，并在该对话框中指定好导入文件的保存路径和文件名，单击【打开】按钮进入【导入 VRML】对话框(图 2-3-28)。

在【导入 VRML】对话框中可根据导入的需要对输入选项进行相应的选择，单击【确定】按钮即可将 VRML 模型导入 UG 环境中。

5. UG 与 3DS MAX 的数据转换

UG 与 3DS MAX 是通过.STL 文件格式进行转换的。

转换的具体步骤如下。

(1)在 UG 中创建三维实体模型或打开已建立的模型。

(2)选择【文件】→【导出】→【STL】命令，如图 2-3-29 所示。

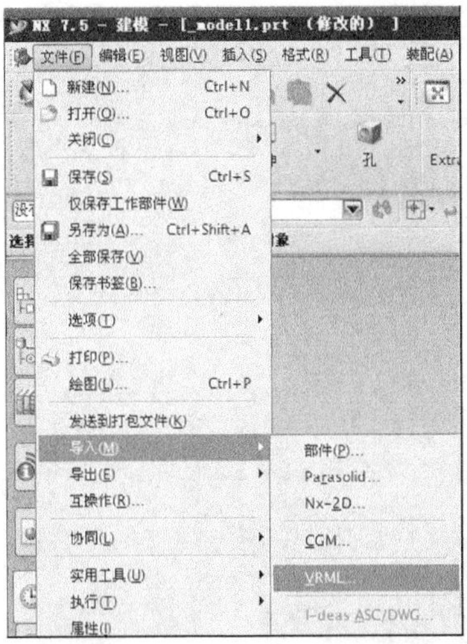

图 2-3-27　UG 文件导入下拉菜单

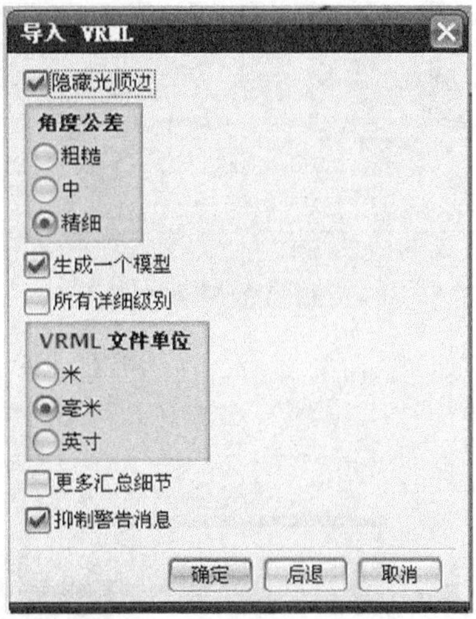

图 2-3-28　【导入 VRML】对话框

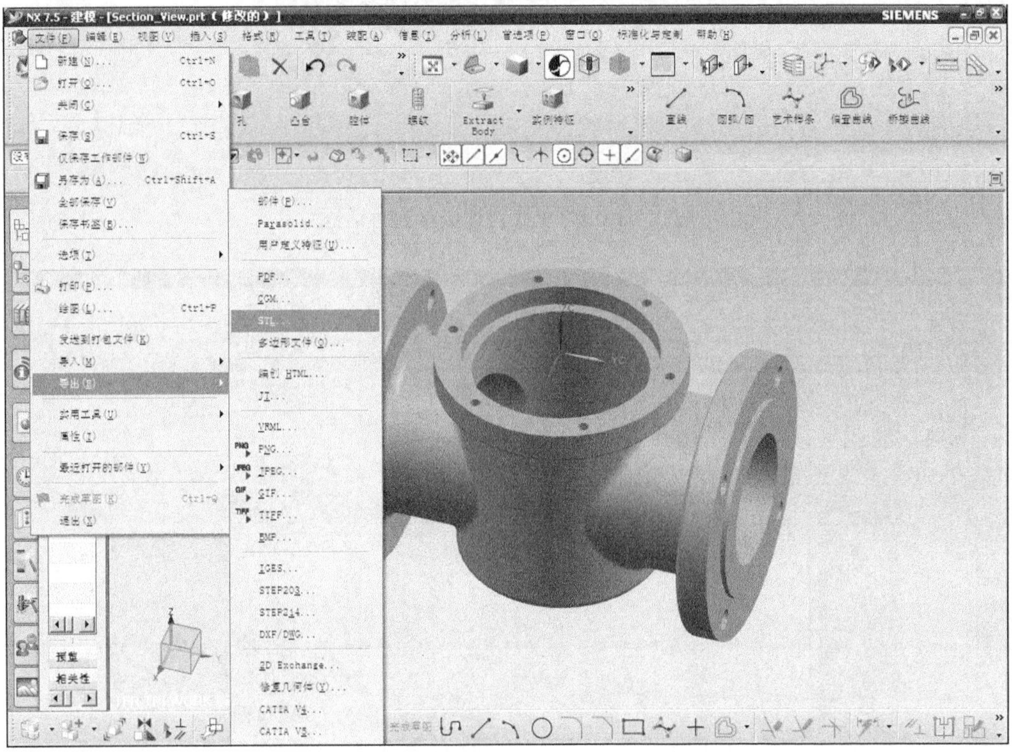

图 2-3-29　导出 STL 命令

(3) 系统弹出【快速成形】对话框。不需要设置各选项，单击【确定】按钮，如图 2-3-30 所示。

(4) 在弹出的【导出快速成形文件】对话框中指定输出文件名称，如图 2-3-31 所示。

(5) 根据系统提示输入标题，如图 2-3-32 所示。

(6) 弹出【类选择】对话框后，选择(框选)要转换到 3DS MAX 中的三维实体，如图 2-3-33 所示。

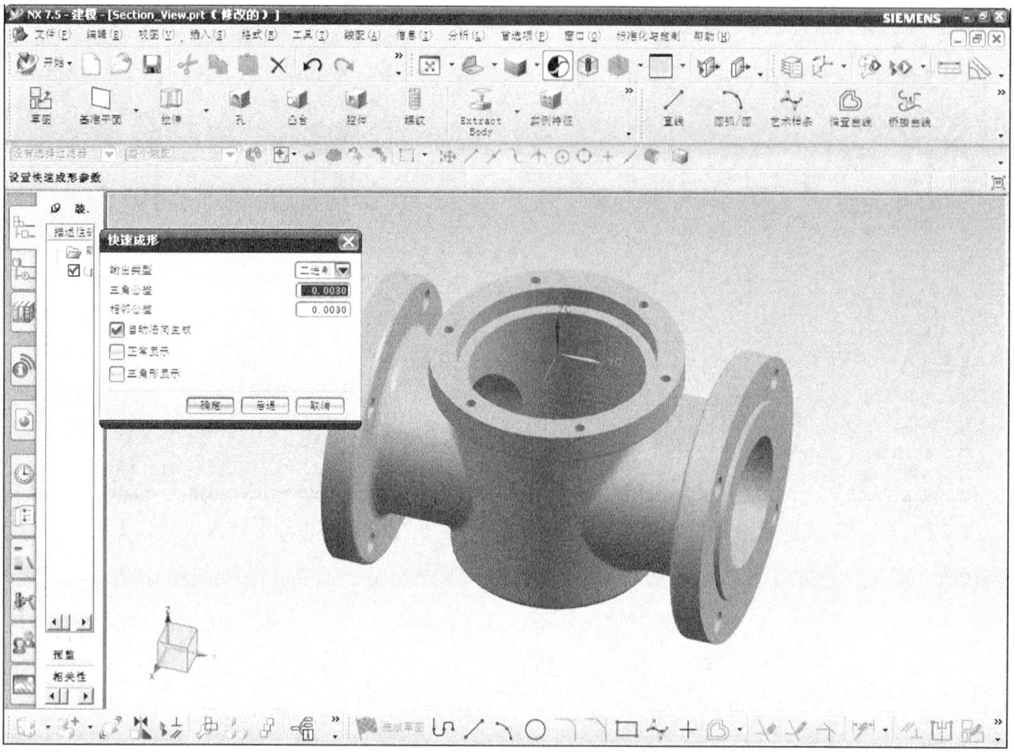

图 2-3-30　弹出【快速成形】对话框

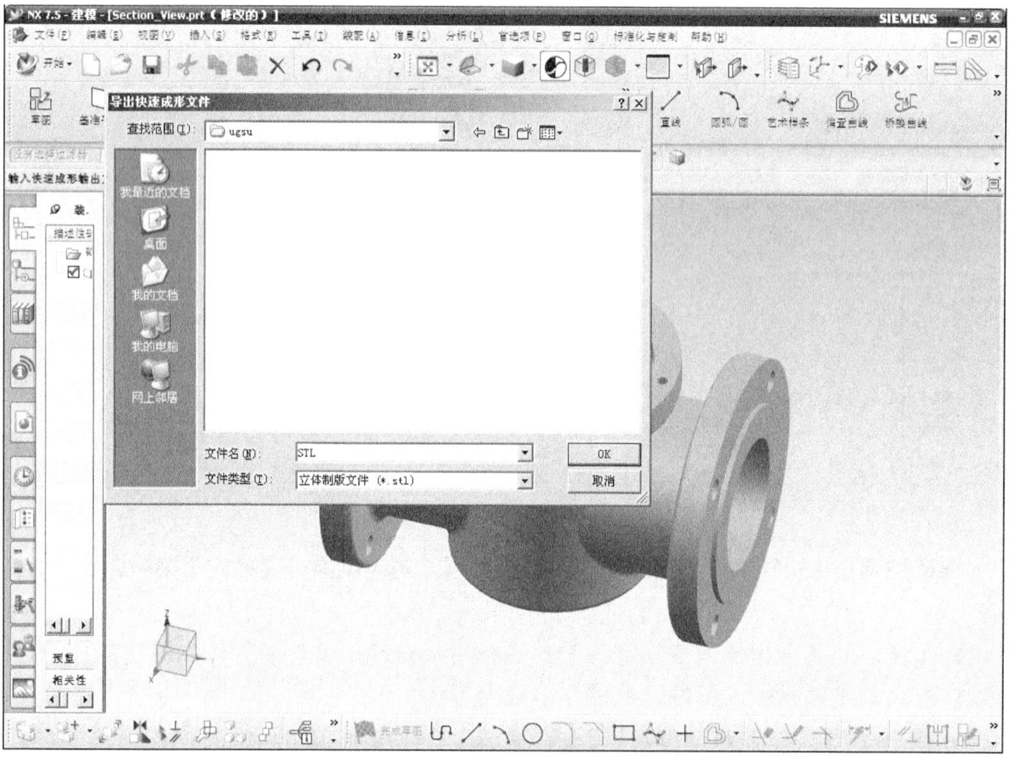

图 2-3-31　弹出【导出快速成形文件】对话框

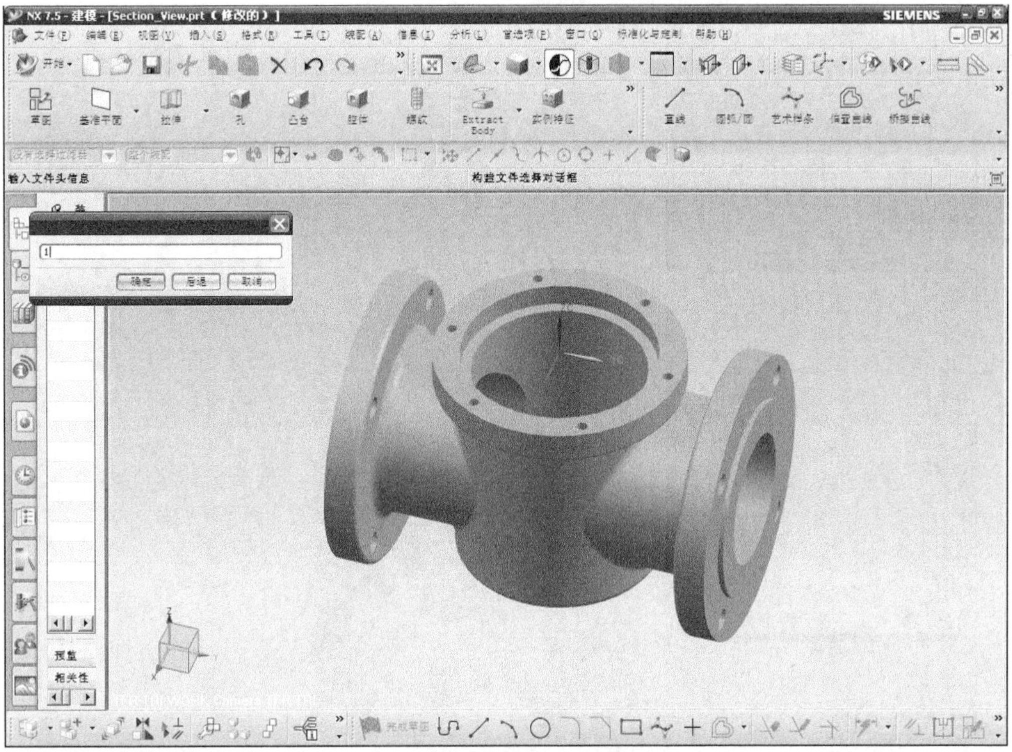

图 2-3-32　输入标题

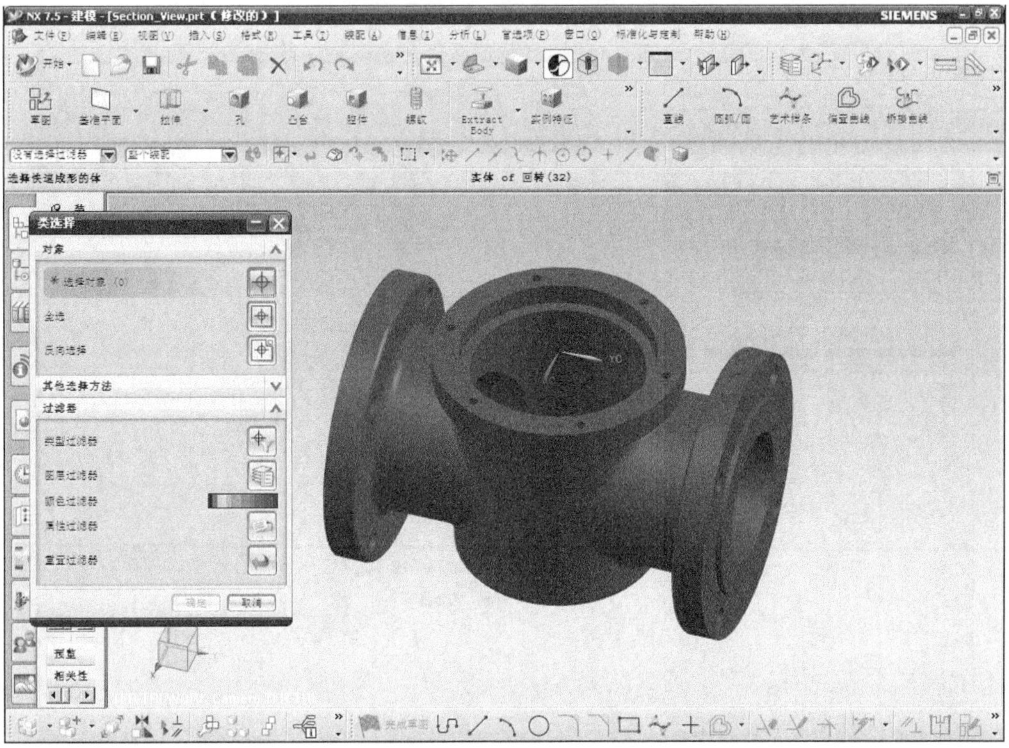

图 2-3-33　选择要转换到 3DS MAX 中的三维实体

选中后实体高亮显示，如图 2-3-34 所示。

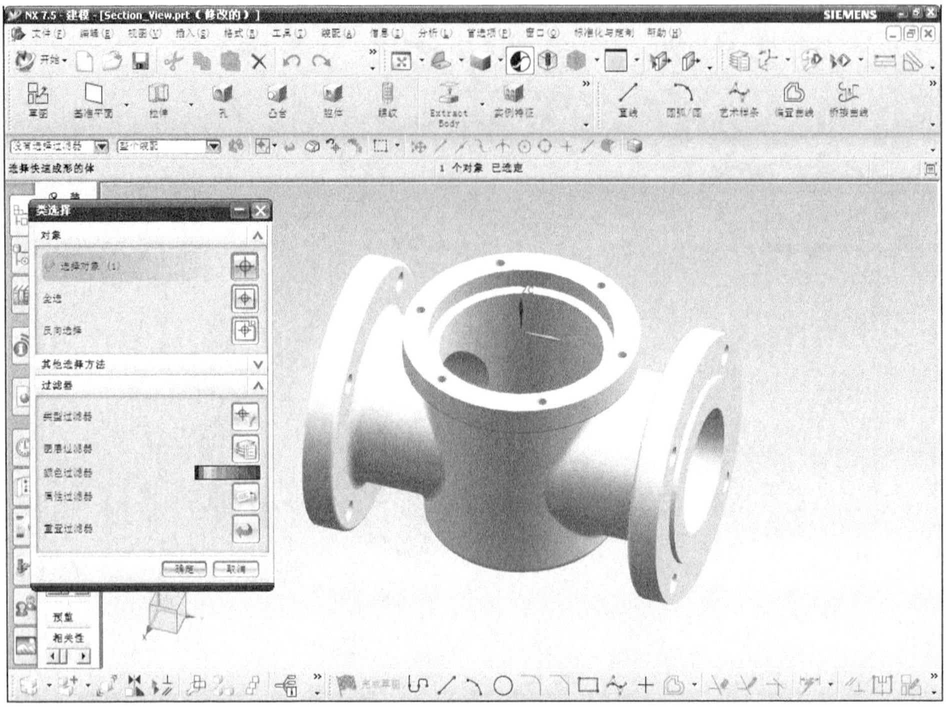

图 2-3-34　实体被选中后高亮显示

单击【确定】按钮，弹出如图 2-3-35 所示对话框。

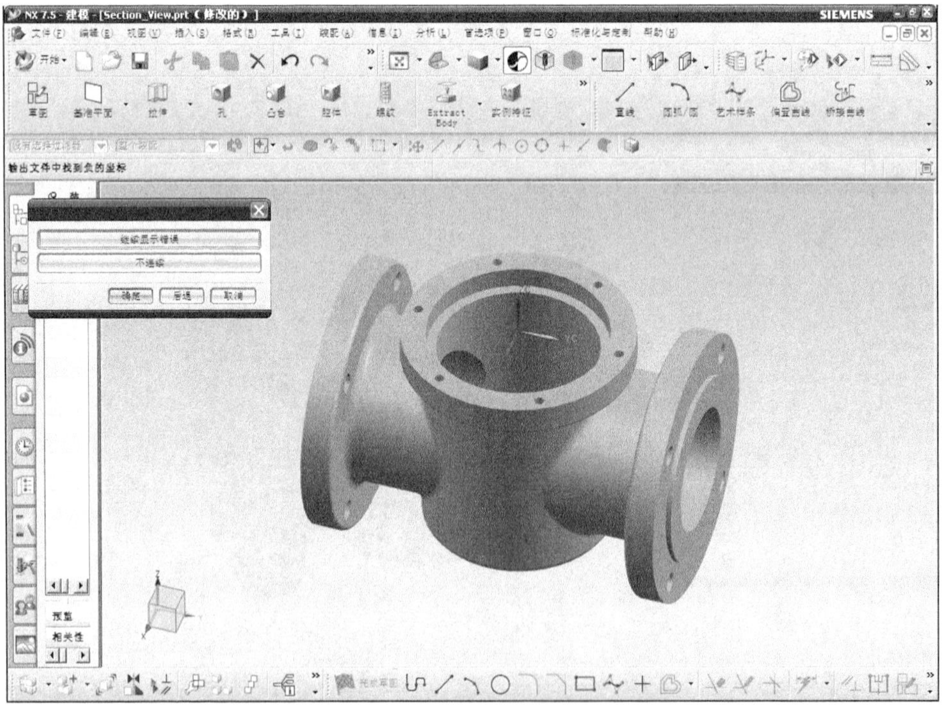

图 2-3-35　确定实体高亮显示

单击【确定】按钮，弹出如图 2-3-36 所示效果。

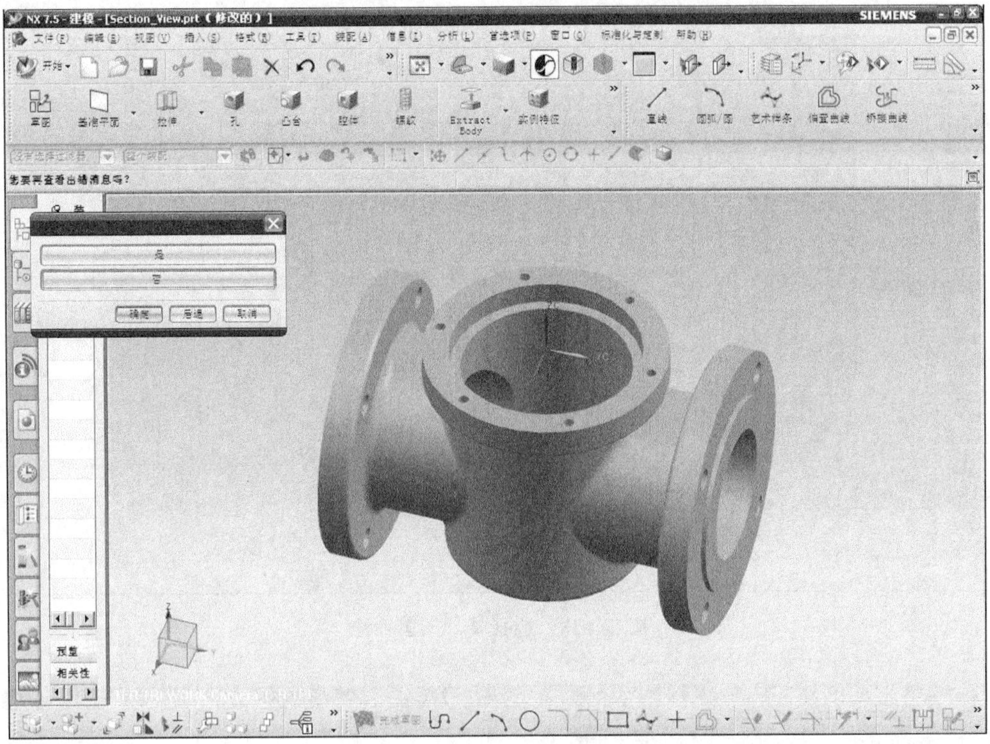

图 2-3-36　实体显示效果图

再单击【确定】按钮则产生一个扩展名为.stl 的文件，如图 2-3-37 所示。

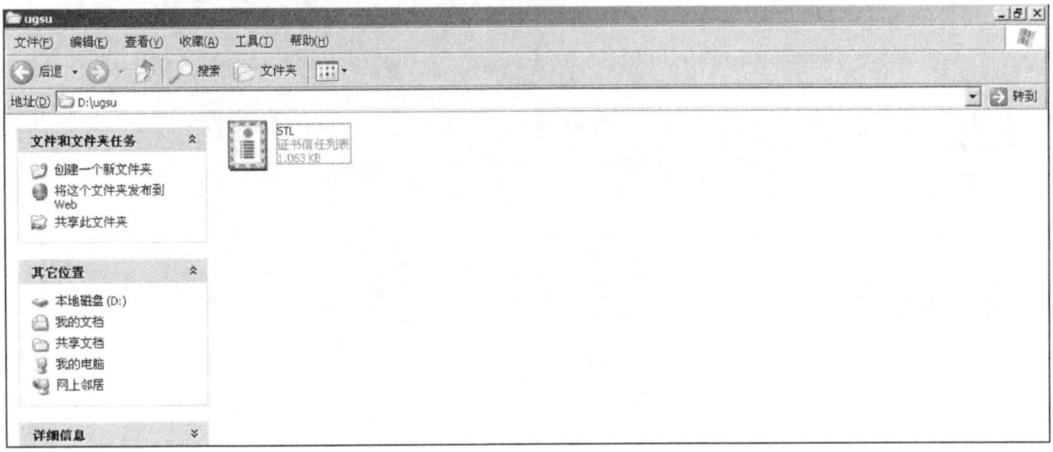

图 2-3-37　产生扩展名为.stl 文件

(7) 打开 3DS MAX 应用软件。

(8) 在 3DS MAX 中选择【文件】→【导入】命令，如图 2-3-38 所示。

(9) 在弹出【选择要导入的文件】对话框中，选择要转换的*.stl 文件，如图 2-3-39 所示。

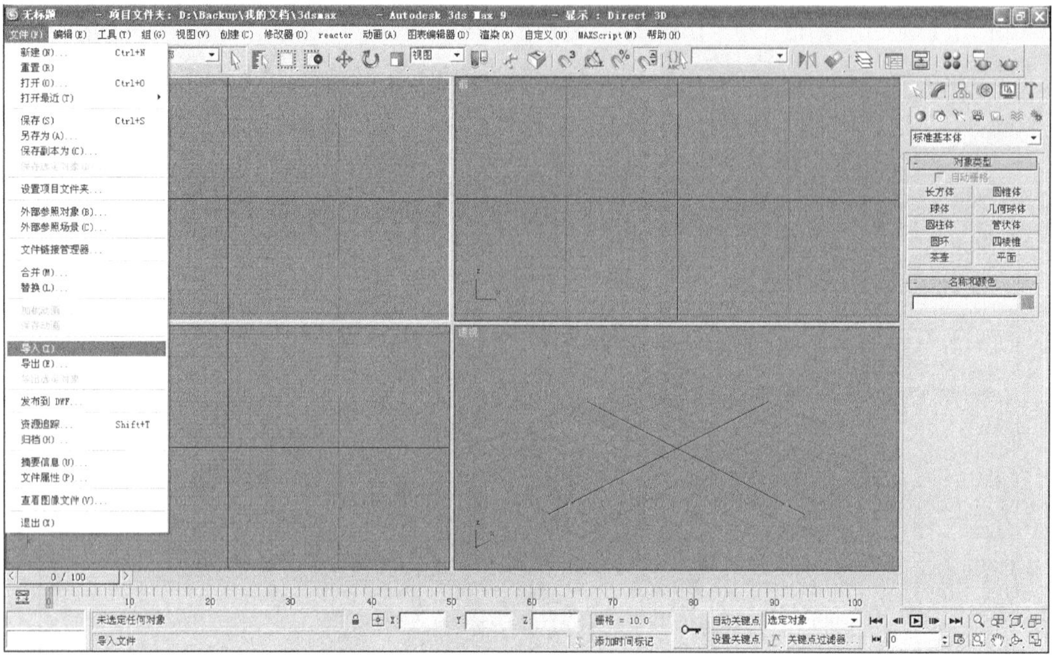

图 2-3-38　选择【导入】命令

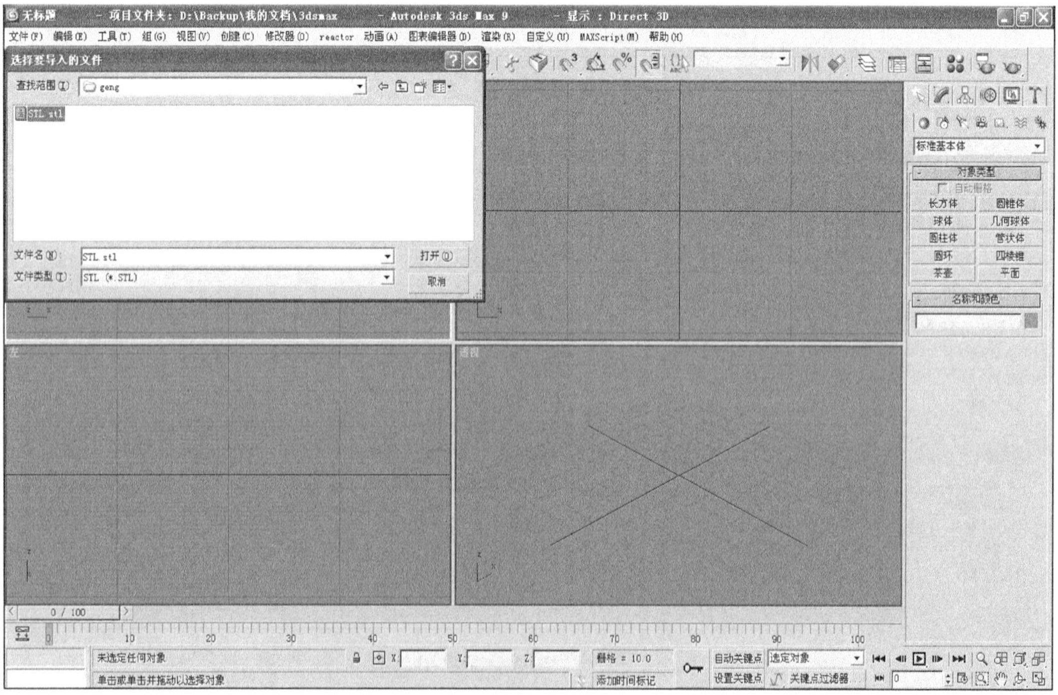

图 2-3-39　选择要转换的*.stl 文件

(10)在弹出的【导入 STL 文件】对话框中选用默认值，如图 2-3-40 所示，单击【确定】按钮即可打开在 UG 中所建立的三维实体。

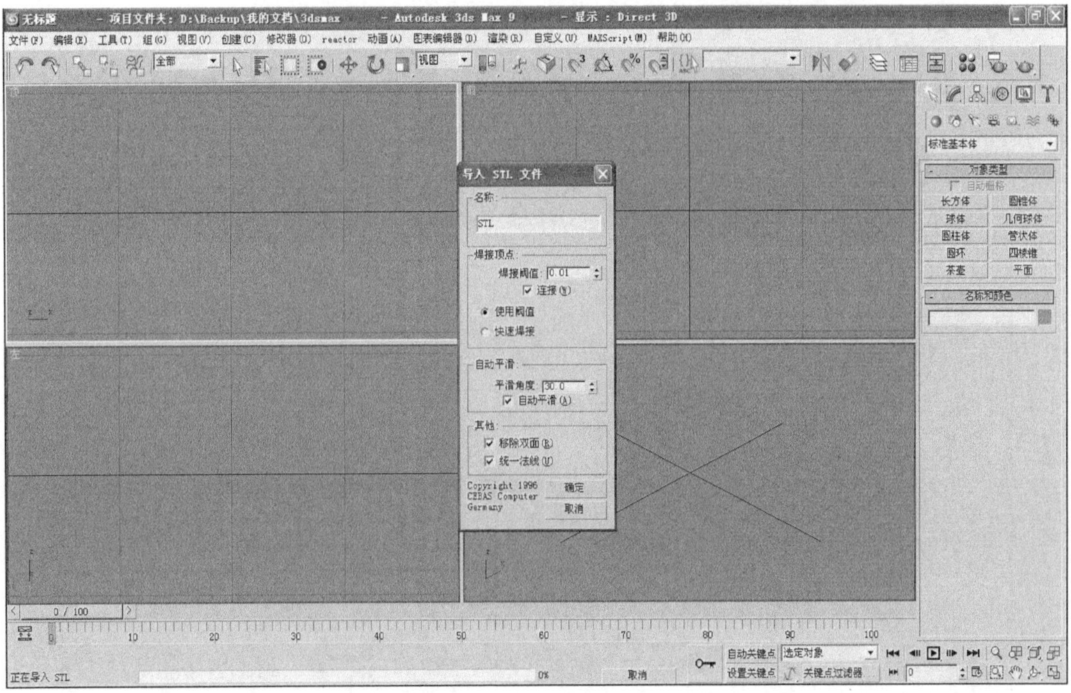

图 2-3-40　选用默认值

(11)用 3DS MAX 的功能对其进行渲染和动画操作，如图 2-3-41 所示。

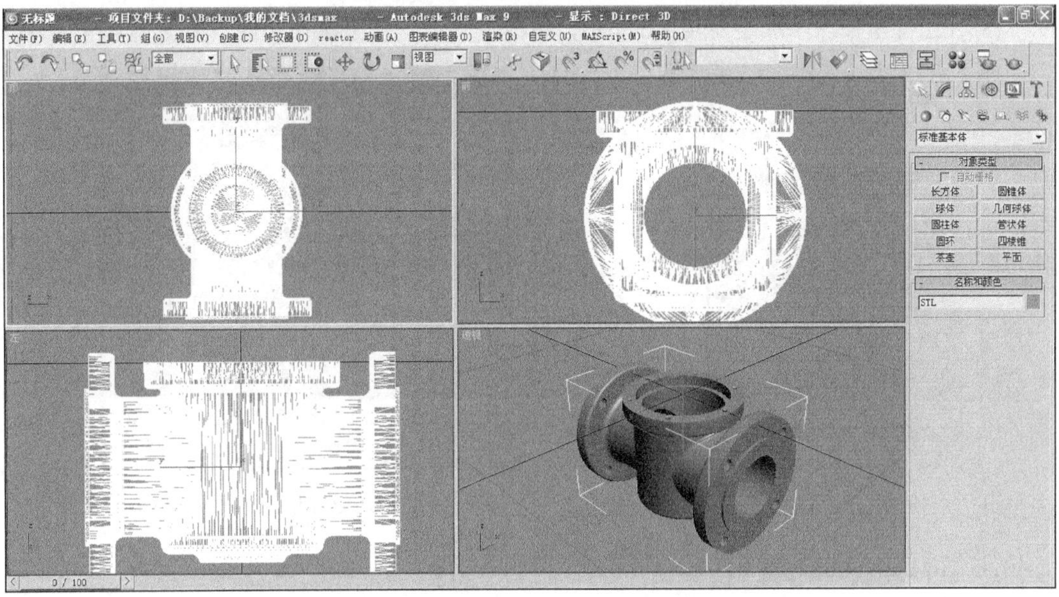

图 2-3-41　打开在 UG 中所建立的三维实体

6. Pro/E 与 3DS MAX 的数据转换

1)将 Pro/E 文件导入 3DS MAX 中

(1)将 Pro/E 模型另存为.obj 格式的文件，如图 2-3-42 所示。

图 2-3-42　将 Pro/E 模型另存为.obj 格式的文件

(2)选取一个基准，单击【确定】按钮即可，一般设置为 0.2，如图 2-3-43 所示。

(3)在组件里依次添加需要转换的 part，单击【确定】按钮保存文件，如图 2-3-44 所示。

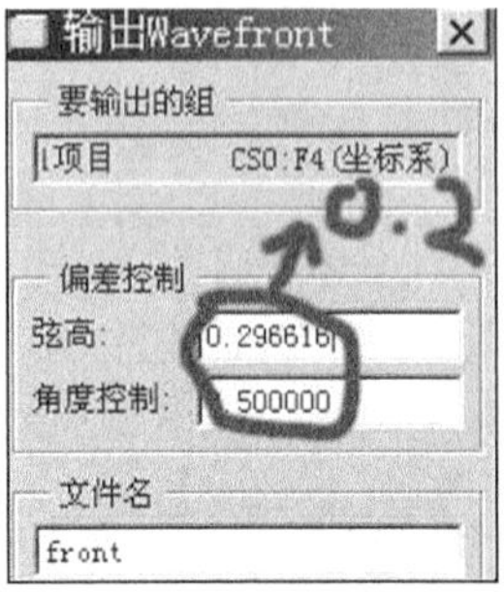

图 2-3-43　选取基准

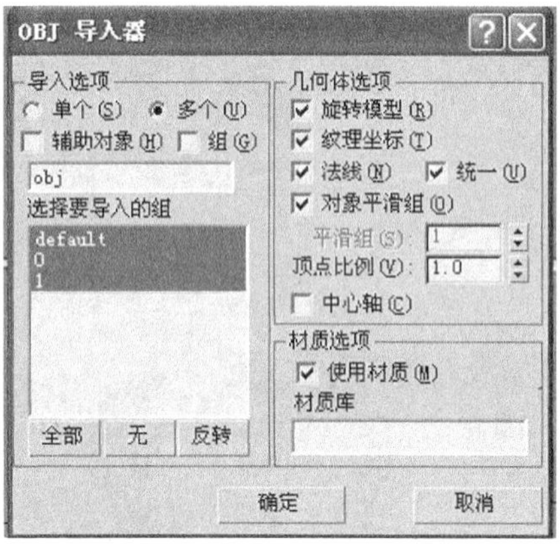

图 2-3-44　在组件里添加要转的 part

(4)启动 3DS MAX，选择文件导入，打开刚才的文件，单击【确定】按钮，即可完成导入，如图 2-3-45 所示。

注意：在 3DS MAX 中输入保存的 IGS 文档，通常情况下由于两个软件的精度不一样，3DS MAX 在打开 Pro/E 的 IGS 文档会存在曲面法线不一、曲面不够光滑、烂面等缺陷。为了模型的完整性，需要在曲面编辑模式下对曲面进行编辑。但是这种方式对初学者来说往往很难着手，所以也可以尝试用以下两种方法导入。

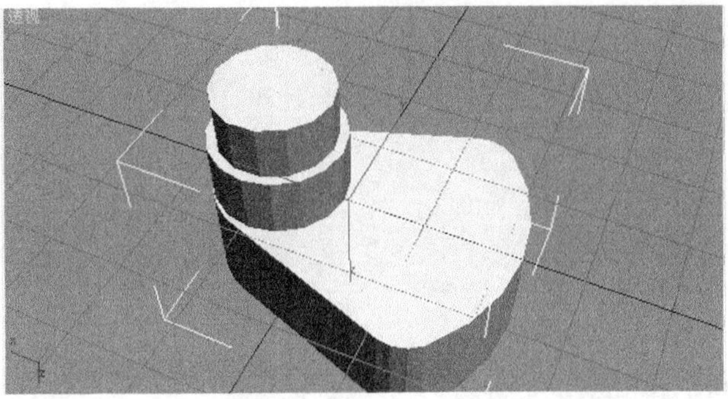

图 2-3-45　将 Pro/E 文件导入 3DS MAX 中的显示效果

方法 1：先在 Pro/E 中存为 STP 格式，再导入 Rhino 中，在 Rhino 中存为 3DS 格式，在 Rhino 保存的时候调节面的大小数量，再导入 3DS MAX 中即可。

方法 2：先保存为.stl 格式的文件然后从 3DS MAX 中导入。

2) 将 3DS MAX 文件导入 Pro/E 中

(1) 在 3DS MAX 中选择【文件】→【导出】命令，如图 2-3-46 所示。

(2) 导出以后出现如图 2-3-47 所示对话框，选择要导出的参数，单击【确定】按钮(参数默认)。

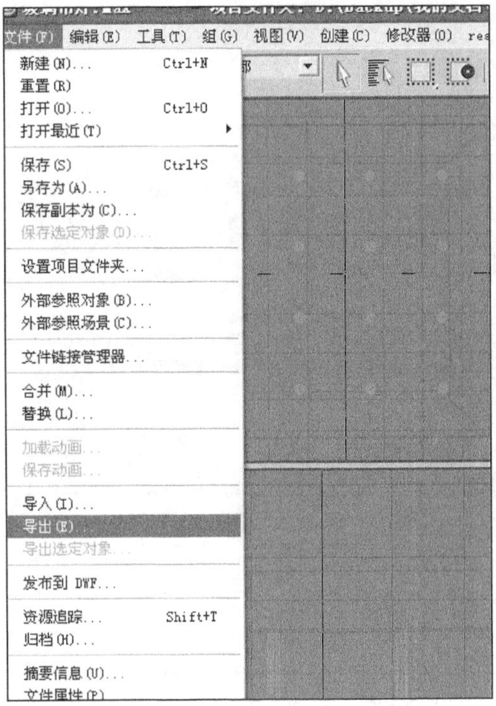

图 2-3-46　在 3DS MAX 中选择文件导出

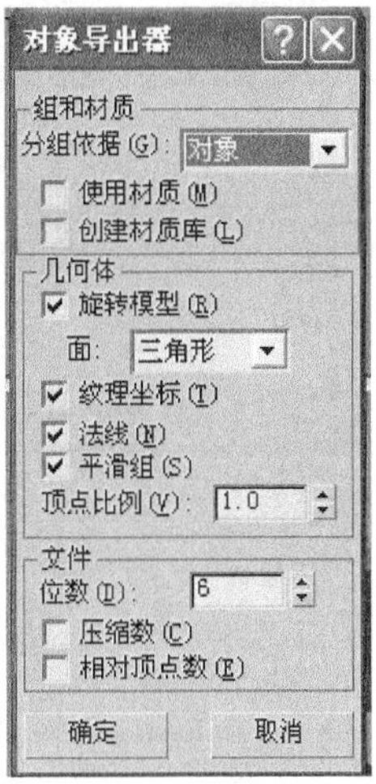

图 2-3-47　选择要导出的参数

(3) 保存文件到指定盘。启动 Pro/E，单击【打开】按钮，选择文件格式，如图 2-3-48 所示。

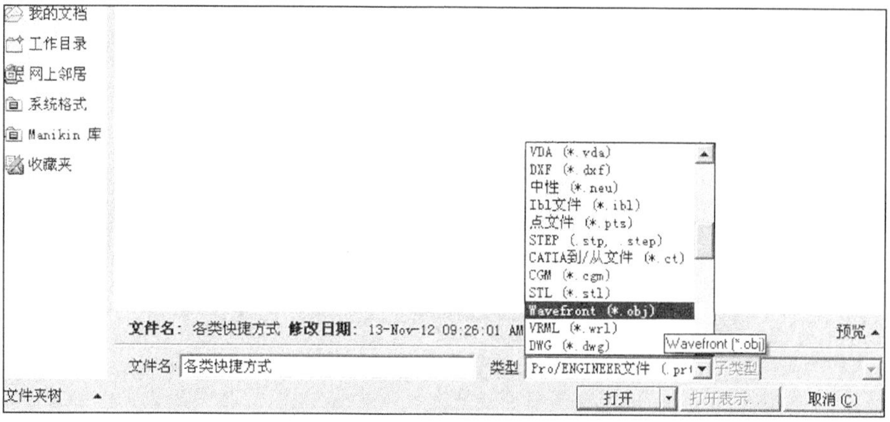

图 2-3-48　选择文件格式

(4) 单击【打开】按钮，出现如图 2-3-49 所示对话框，单击【确定】按钮，如图 2-3-50 所示。

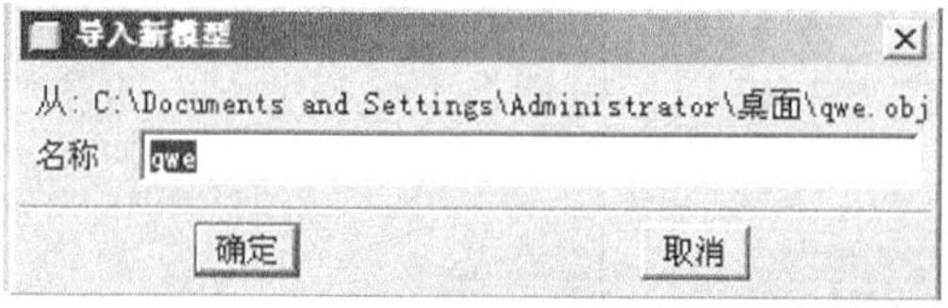

图 2-3-49　确定打开文件

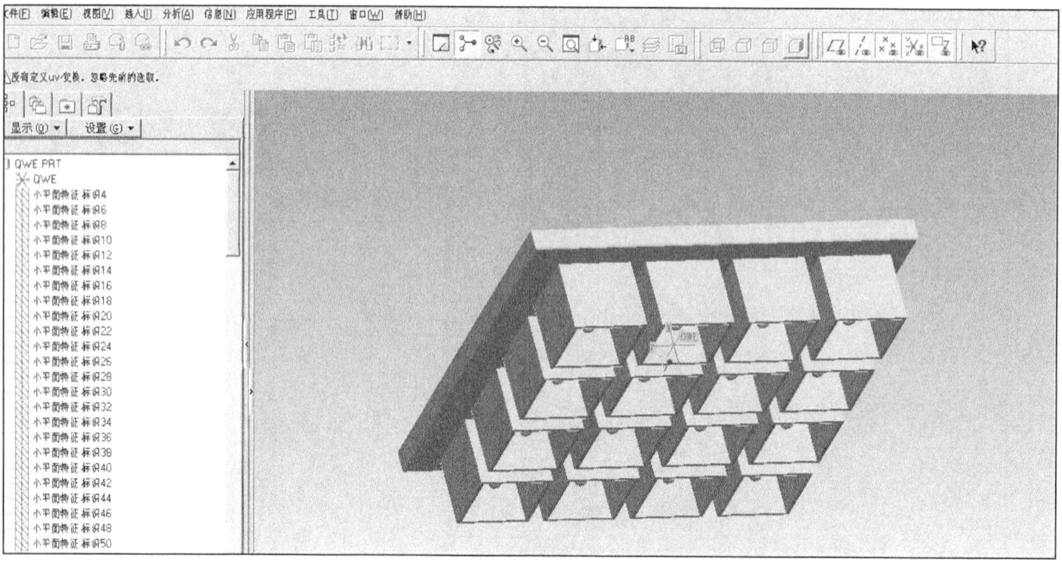

图 2-3-50　将 3DS MAX 文件导入 Pro/E 中的显示效果图

第 3 章　计算机辅助工业设计表达实例

在第 2 章介绍了与 CAID 有关的典型应用软件，它们风格各异、各有侧重，在完成产品设计的过程中这些软件可谓八仙过海，各显神通，但是目前还没有哪一个软件能集众家之所长，解决工业设计过程中的一切问题，这样，在进行计算机辅助工业设计表达的时候，难免要面临各种各样的应用软件，初学者在面临选择的时候往往不知所措，究竟哪个软件比较适合自己？适合当前的工作任务？如何综合运用各个软件的优势方便快捷地表达设计方案？这需要不断地摸索，不断地积累经验。本章将从工业设计表达的层面，以案例的方式探讨综合运用 CAID 软件的方法和技巧。

实例 1　运用 Photoshop 制作效果图——以手机为例

案例介绍： Photoshop 是一款平面设计软件，是集图文设计、图像处理、照片合成于一体的位图处理软件。在工作中经常使用该软件制作传单广告、写真广告、报纸广告、影楼后期制作、合成照片等，Photoshop 强大的平面设计功能超乎想象，然而该软件也可以用来制作 3D 效果，在本例中，主要运用了【图层样式】中的【斜面和浮雕】命令为图形添加立体效果；应用【渐变工具】为手机增加各种光感，使图像立体效果更加逼真。

1. 环境设置

(1) 打开 Photoshop CS4 应用程序。

(2) 从【文件】菜单中，选择【新建】命令，打开【新建】对话框，进行如下设置。

【名称】：手机造型设计。

【预设】：自定；【宽度】：500 像素；【高度】：800 像素；【分辨率】：72 像素/英寸；【颜色模式】：RGB 颜色，8 位；【背景内容】：白色。

单击【确定】按钮，完成设置。

(3) 从【编辑】菜单中，选择【首选项】→【单位与标尺】命令，设置绘图单位为毫米，单击【确定】按钮。

(4) 从【视图】菜单中，选择【标尺】命令，打开标尺，将光标移动到标尺靠内侧的边线处按住鼠标左键不放，在图纸中心拖出水平方向和垂直方向的参考线。

2. 绘制手机外壳

手机外壳的绘制过程分为手机外形和手机内轮廓两大步骤。

1) 手机外形的绘制

(1) 在【图层】面板，选择【创建新图层】命令，建立新图层 1。

(2) 在工具箱上选择【矩形工具】，在属性栏上选择【路径】命令，在【几何选项】设置【矩形选项】为固定大小：W=56mm，H=101mm，选中【从中心】选项，从中心绘制矩形路径。绘制一个矩形路径。

(3)绘制椭圆路径。在工具箱中选择【椭圆工具】，在属性栏上选择【路径】命令，在【几何选项】设置【椭圆选项】为固定大小：W=56mm，H=20mm，选中【从中心】选项。在矩形路径的上、下方各绘制一条椭圆路径。

(4)在工具箱中选择【路径选择工具】，按住 Shift 键，选择(2)、(3)绘制的矩形路径和两个椭圆路径，单击属性栏上的【添加到形状区域】命令，然后选择【组合】命令，即可得到如图 3-1-1 所示的形状(手机外形)。

(5)双击【路径】面板上的【工作路径】，在【存储路径】对话框中，将名称更改为“手机外形路径”，单击【确定】按钮，将它保存为手机外形路径。

(6)在【路径】面板下方，选择【将路径作为选区载入】命令，将该路径转换为选区。为该选区描边，从【编辑】菜单中选择【描边】命令，在【描边】对话框中，设置【描边】的宽度：1 像素，颜色：黑色，位置：内部，单击【确定】按钮。

(7)在【图层】面板，选择【创建新图层】命令，建立新图层 2。

(8)再次为选区描边。从【编辑】菜单中选择【描边】命令，在【描边】对话框中，设置【描边】的宽度为 3 像素，颜色为黑色，位置为居中，单击【确定】按钮。

(9)选择图层 2，从【滤镜】菜单中选择【模糊】→【高斯模糊】命令，在【高斯模糊】对话框中设置半径为 3 像素，单击【确定】按钮，取消选区。效果如图 3-1-2 所示。完成手机外形的绘制。

图 3-1-1　矩形和椭圆组合后的形状

图 3-1-2　滤镜和模糊后的效果图

2)手机内轮廓的绘制

(1)在【图层】面板下方选择【创建新图层】命令，建立新图层 3。

(2)在工具箱中选择【矩形工具】，在属性栏中选择【路径】命令，在【几何选项】上设置【矩形选项】为固定大小：W=50mm，H=94mm，选中【从中心】选项，从中心绘制矩形路径。

(3)在刚刚绘制的矩形上、下方各绘制一个椭圆路径。在工具箱中选择【椭圆工具】，在属性栏上选择【路径】命令，在【几何选项】设置【椭圆选项】为固定大小：W=50mm，H=17mm，选中【从中心】选项。绘制两个椭圆路径。将矩形路径和椭圆路径执行【组合】操作。

(4)在【路径】面板上，选择【将路径作为选区载入】命令，将刚刚绘制的路径转换为选区。

(5)从【编辑】菜单中选择【描边】命令，设置宽度为 1 像素，颜色为黑色，位置为内部，其余选项采用默认值。单击【确定】按钮。取消选区(Ctrl+D)。

(6)创建组 1，将图层 1、2、3 放到组 1，并更名为“手机外形组”。完成手机外壳的绘制，如图 3-1-3 所示。

3. 绘制手机屏幕

手机屏幕的绘制分为绘制手机屏幕轮廓、绘制屏幕高光效果和绘制功能区三个步骤。

1)绘制手机屏幕轮廓

(1)在【图层】面板下方选择【创建新图层】命令，建立新图层 4。

(2)在工具箱上选择【圆角矩形工具】，在属性栏上设置半径为 1mm，在【几何选项】中设置固定大小：W=44mm，H=63mm，在图中适当位置画出圆角矩形，如图 3-1-4 所示。

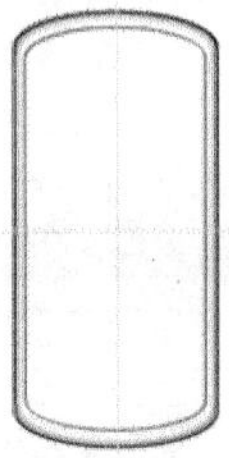

图 3-1-3　手机外形

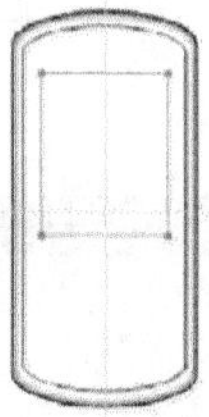

图 3-1-4　屏幕轮廓的绘制

(3)在【路径】面板中双击【工作路径】，在【存储路径】对话框中将名称更改为“屏幕”，单击【确定】按钮，将该路径保存为“屏幕”。在【路径】面板下方，选择【将路径作为选区载入】命令，将屏幕路径转换为选区，并为选区填充颜色：R=25，G=38，B=74。

(4)为屏幕添加立体效果。选择图层 4，在【图层】面板下方选择【添加图层样式】命令，为图层 4 添加斜面和浮雕的图层样式。

【结构】选择设置如下：

样式：外斜面；方法：平滑；深度：141%；方向：下；大小：4 像素。

【阴影】选择设置如下：

角度：172°，不要选中【使用全局光】复选框；高度：30°；阴影模式：改变颜色，(设置阴影颜色为灰色)，设置如图 3-1-5～图 3-1-8 所示。

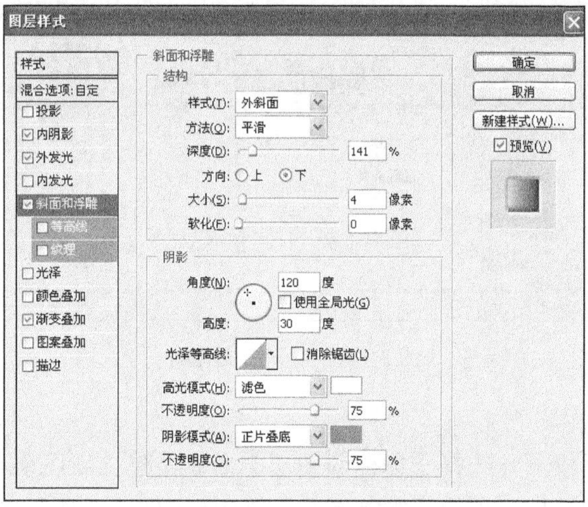

图 3-1-5　设置斜面和浮雕

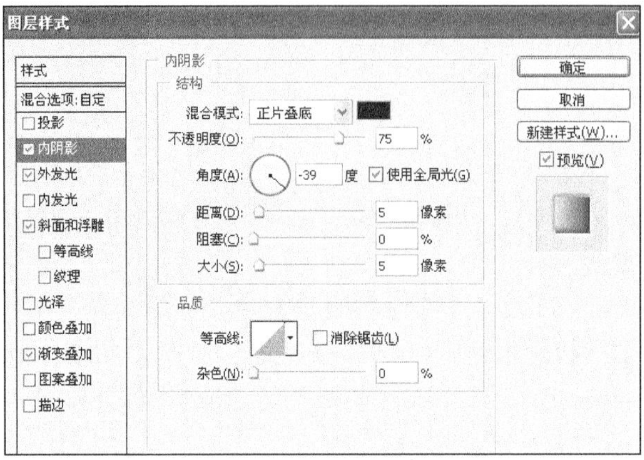

图 3-1-6　设置内阴影

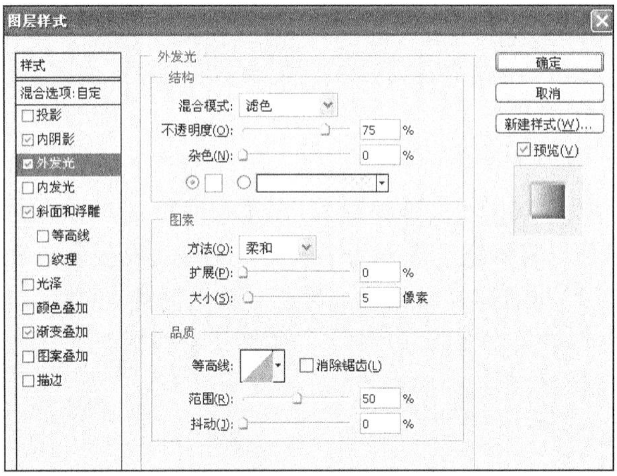

图 3-1-7　设置外发光

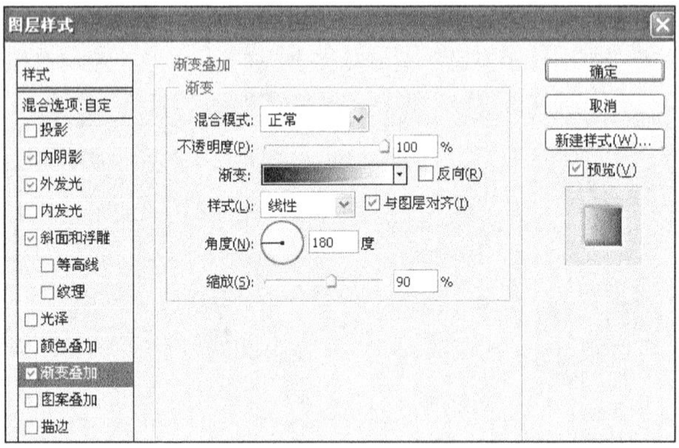

图 3-1-8　设置渐变叠加

2)绘制屏幕高光效果

(1)在【图层】面板下方选择【创建新图层】命令，建立新图层 5。

(2)绘制屏幕高光区域。利用【钢笔工具】绘制如图 3-1-9 所示形状。调整后，在【路径】面板下方，选择【将路径作为选区载入】命令，将该路径转换为选区。在工具箱选择【渐变工具】，在弹出的【渐变编辑器】对话框中，选择【黑白渐变】命令，单击【确定】按钮，为该选区填充渐变颜色，效果如图 3-1-10 所示(不要取消选择)。

图 3-1-9　利用【钢笔工具】绘制的形状

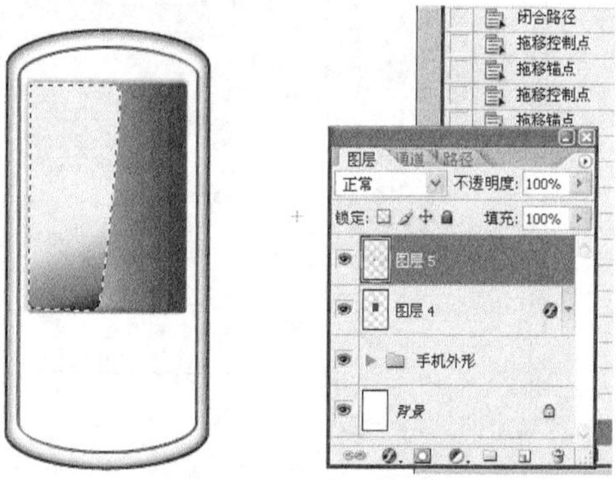

图 3-1-10　填充渐变颜色后的效果图

(3) 绘制手机屏幕的立体效果。步骤如下：

① 使用键盘上的方向键向右平移选区，如图 3-1-11 所示。

② 在【图层】面板下方选择【创建新图层】命令，建立新图层 6。从【编辑】菜单中选择【填充】命令，在【填充】对话框【内容】选项中使用 50%灰色，单击【确定】按钮，为选区填充颜色。

③ 图层 5 与图层 6 交换顺序，图层 5 在上，图层 6 在下，效果如图 3-1-12 所示。

图 3-1-11　向右平移后的效果图

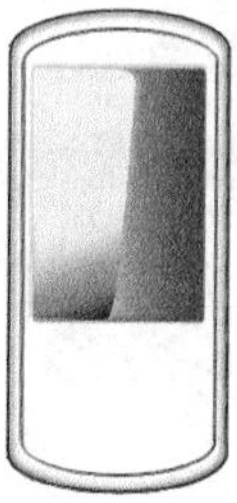

图 3-1-12　图层交换后的效果图

3) 绘制功能区

(1) 在【图层】面板下方选择【创建新图层】命令，建立新图层 7(在图层 5 之上)。

(2) 在工具箱中选择【矩形选框工具】，绘制如图 3-1-13 所示选区，从【编辑】菜单中选择【填充】命令，在弹出【填充】对话框中选取 95%灰色，为选区填充颜色，效果如图 3-1-14 所示。取消选区(快捷键 Ctrl+D)。

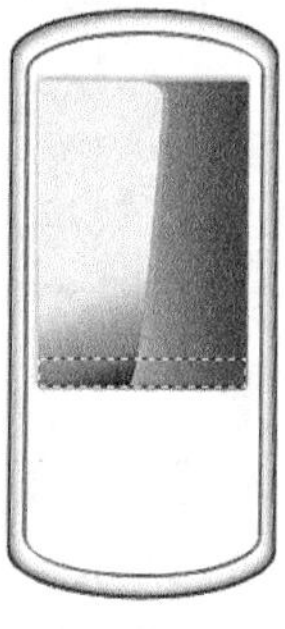

图 3-1-13　利用【矩形选框工具】绘制选区

(3) 在工具箱选择【自定形状工具】，从属性栏打开“自定形状拾色器”从中找到【电话】图案，在图层 8 中绘制出电话图标，在属性栏上选择【形状图层】命令，颜色为白色。

(4) 重复步骤(3)操作，在“自定形状拾色器”中找到【信封】等图案，在图层 8 逐个绘制出来。

(5) 将上述所有新建的图层，放置在新组中，并将组名更改为“屏幕”。手机屏幕绘制完成，效果如图 3-1-15 所示。

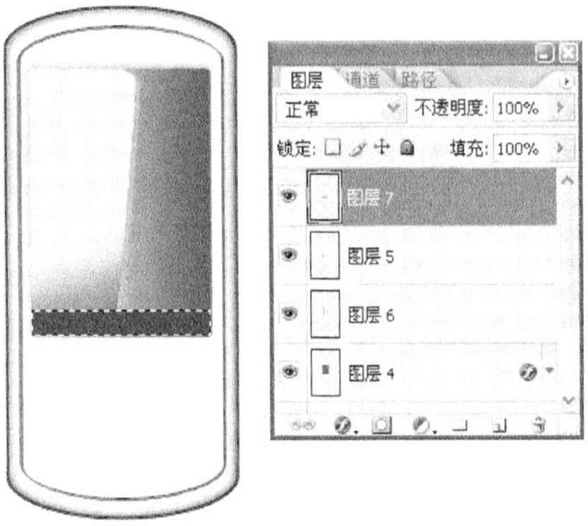

图 3-1-14　填充颜色后的效果图

图 3-1-15　手机屏幕的效果

4. 绘制麦克风

(1) 在【图层】面板下方选择【创建新图层】命令，建立新图层 9。

(2) 在工具箱选择【圆角矩形工具】，在属性栏上选择【路径】命令，在【几何选项】中设置：W=10.7mm，H=3mm，R=1.5mm。

(3) 在【路径】面板下方选择【将路径作为选区载入】命令，将该路径转化为选区。在工具箱选择【渐变工具】，打开【渐变编辑器】对话框，为选区填充灰白线性渐变色，设置如图 3-1-16 所示。取消选区。

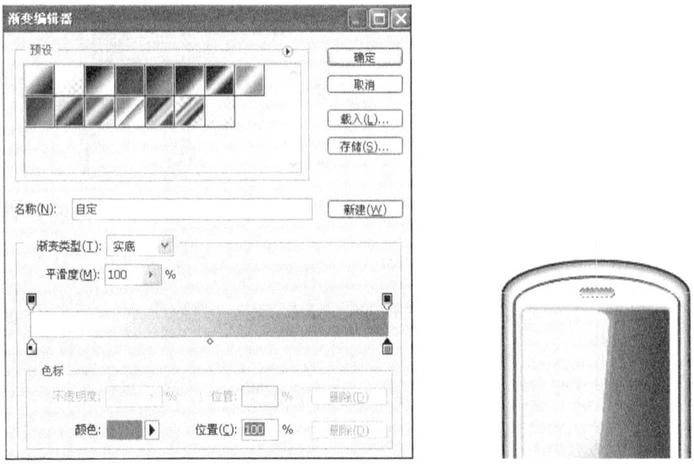

图 3-1-16　填充灰白线性渐变色

(4) 在【图层】面板下方选择【添加图层样式】命令，为图层 9 添加图层样式，效果如图 3-1-17 所示。

(5) 在【图层】面板下方选择【创建新图层】命令，建立新图层 10。

(6) 在工具箱选择【圆角矩形工具】，在属性栏上选择【路径】命令，在【几何选项】中设置：W=16.4mm，H=2mm，R=1.5mm。在【路径】面板下方选择【将路径作为选区载入】命令，将路径转化为选区。在工具箱中选择【渐变工具】，在弹出【渐变编辑器】对话框中，设置灰白色的线性渐变，单击【确定】按钮，为选区填充渐变色，设置如图 3-1-18 所示。

图 3-1-17　为图层 9 添加图层样式的效果图

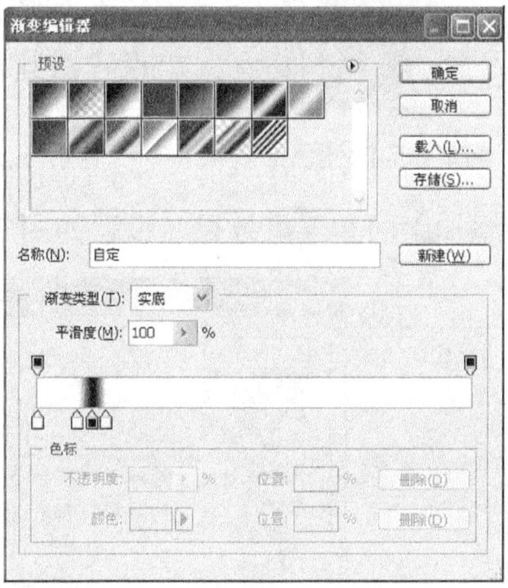

图 3-1-18　设置填充灰白线性渐变

(7) 在【图层】面板下方选择【添加图层样式】命令，为图层 10 添加图层样式，设置如图 3-1-19 所示。麦克风绘制完成，效果如图 3-1-20 所示。

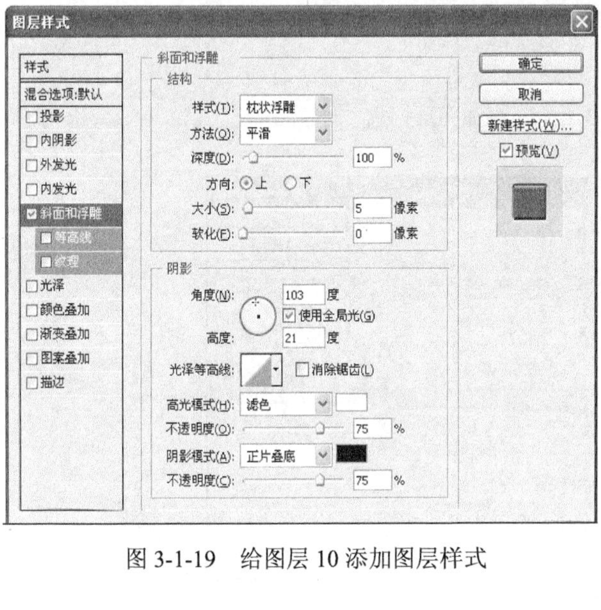

图 3-1-19　给图层 10 添加图层样式

图 3-1-20　麦克风的最终效果

5. 绘制摄像头

(1) 在【图层】面板下方选择【创建新图层】命令，建立新图层 11，拖出参考线，以确定摄像头位置。

(2) 在工具箱选择【椭圆工具】，在属性栏上选择【路径】命令，在【几何选项】中设

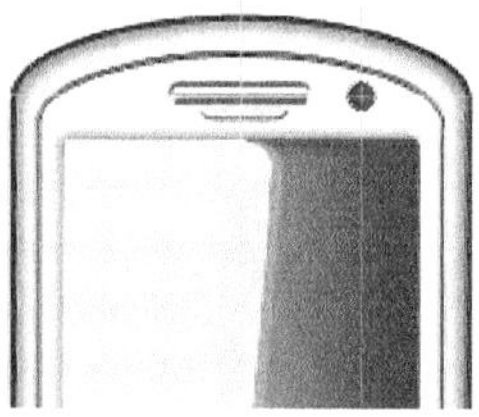

图 3-1-21　填充径向渐变色的效果

置：*W*=*H*=3.6mm，选中【从中心】选项。在图 3-1-21 中位置画出圆形路径；在【路径】面板下方选择【将路径作为选区载入】命令，将圆形路径转化为选区；在工具箱中选择【渐变工具】，在弹出【渐变编辑器】对话框中，设置由红色到蓝色的径向渐变，单击【确定】按钮，为圆形选区填充渐变颜色，效果如图 3-1-21 所示。

(3) 在【图层】面板下方选择【添加图层样式】命令，为图层 11 添加斜面和浮雕效果，设置如图 3-1-22 和图 3-1-23 所示。

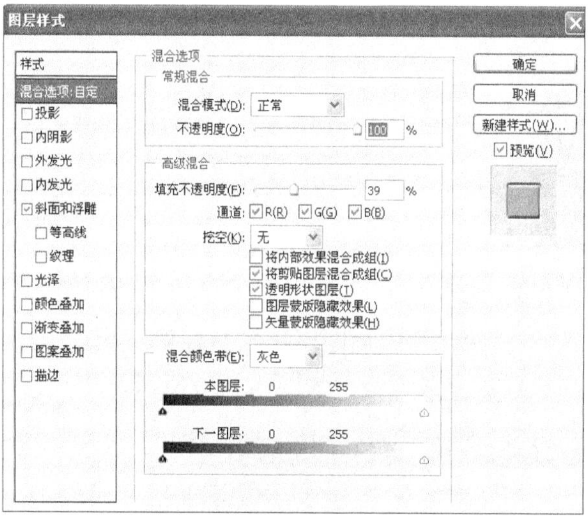

图 3-1-22　添加图层样式

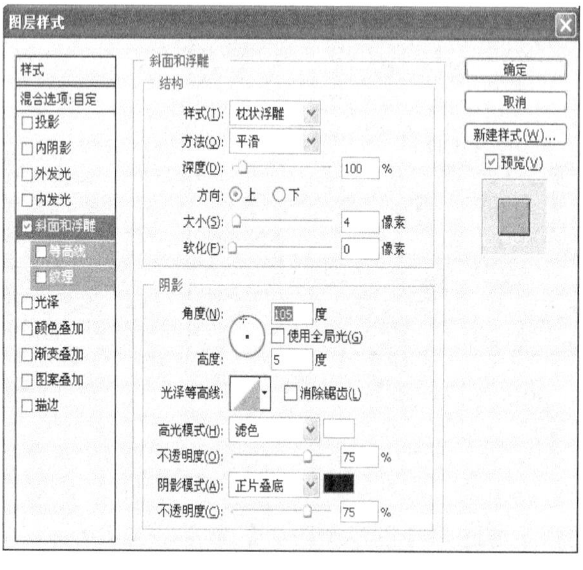

图 3-1-23　设置斜面和浮雕

(4) 新建组，命名为“摄像头”。摄像头绘制完成，效果如图 3-1-24 所示。

6. 绘制手机键盘

手机键盘的绘制过程分为绘制手机键盘轮廓和绘制手机键盘高光效果两个步骤。

1) 绘制手机键盘轮廓

(1) 在【图层】面板下方选择【创建新图层】命令，建立新图层 12。

(2) 在工具箱选择【矩形工具】，在属性栏上选择【路径】命令，在【几何选项】中设置：W=44mm，H=21.5mm，R=2mm。绘制一矩形路径。

(3) 在工具箱选择【椭圆工具】，在属性栏上选择【路径】命令，在【几何选项】中设置：固定大小，W=44mm，H=14.8mm，绘制一椭圆路径。

(4) 在工具箱中选择【路径选择工具】，按住 Shift 键，选择刚绘制好的矩形路径与椭圆路径，单击属性栏上的【添加到形状区域】命令，然后单击【组合】命令，效果如图 3-1-25 所示。

图 3-1-24　摄像头效果图

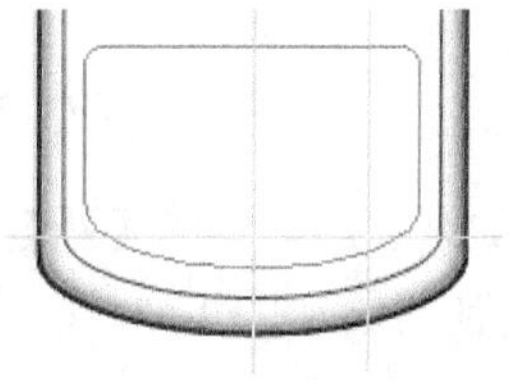

图 3-1-25　将矩形与椭圆组合后的效果

(5) 在【路径】面板下方选择【将路径作为选区载入】命令，将组合好的路径转换为选区，在工具箱中选择【渐变工具】，打开【渐变编辑器】对话框，为其填充线性渐变色，设置如图 3-1-26 所示，效果如图 3-1-27 所示。

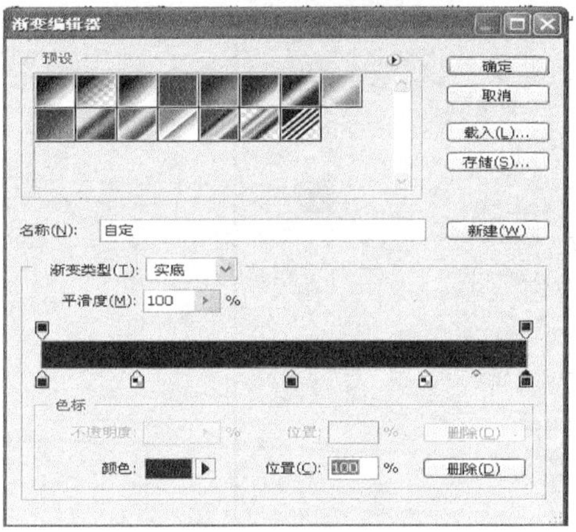

图 3-1-26　设置渐变色

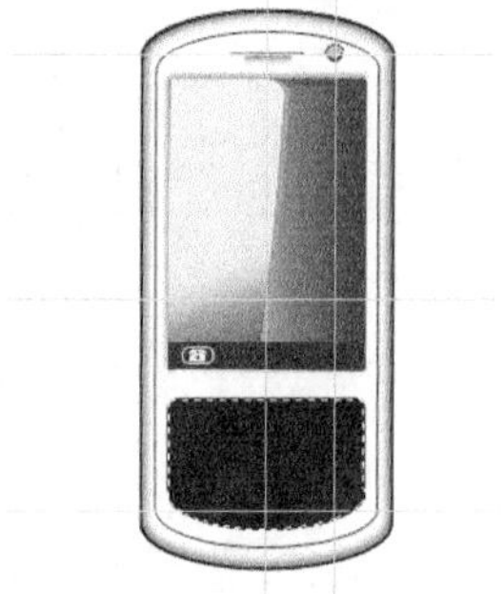

图 3-1-27　填充线性渐变色后的效果图

(6) 在工具箱中选择【椭圆工具】，在属性栏上设置【几何选项】：固定大小，W=44mm，H=10mm，【从中心】绘制一个椭圆。在工具箱中选择【矩形工具】，在属性栏上设置【几何选项】：固定大小，W=44mm，H=5mm，绘制一个矩形。

(7)将椭圆和矩形路径按照图 3-1-28(a)放置。利用【路径选择工具】将它们选择，选择属性栏中的【添加到形状区域】命令，单击【组合】命令即可得到图 3-1-28(b)的形状。

(a)　　(b)

图 3-1-28　椭圆和矩形的位置及组合后的效果

(8)再绘制一个椭圆，大小为 W=44mm，H=10mm，放置在步骤(7)图形的上方，如图 3-1-29(a)，取消路径的选择，在【路径】面板下方选择【将路径作为选区载入】命令即可得到图 3-1-29(b)所示的选区。

(a)　　(b)

图 3-1-29　椭圆与矩形放置图及变成选区后的形状图

(9)从【图层】菜单的【新建】命令中选择【通过拷贝的图层】子命令，新建图层 13。

(10)复制图层 13 两次。在【图层】面板下方单击【添加图层样式】命令，为图层 13 添加图层样式，设置如图 3-1-30 所示，在【图层】面板图层 13 处右击鼠标，在快捷菜单中选择【拷贝图层样式】命令，把图层 13 的图层样式复制，分别在图层 13 副本 1 和图层 13 副本 2 右击鼠标，选择【粘贴图层样式】命令，把图层 13 的图层样式复制给图层 13 的副本 1 和副本 2。

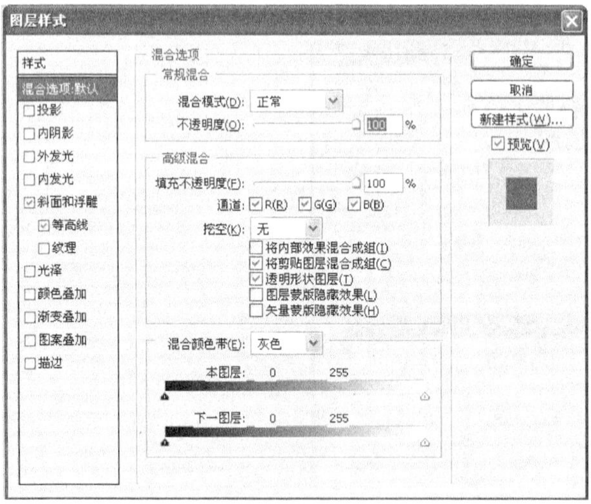

图 3-1-30　给图层 12 添加图层样式

(11)在工具箱选择【圆角矩形工具】，在属性栏上选择【路径】命令，在【几何选项】中设置：W=44mm，H=9.7mm，R=2mm，绘制一圆角矩形路径。

(12)在工具箱选择【椭圆工具】，在属性栏上选择【路径】命令，在【几何选项】中设置：W=44mm，H=14.8mm，绘制一椭圆路径。

(13)按住 Shift 键，将刚绘制的圆角矩形路径和椭圆路径选择，属性栏上选择【添加到形状区域】命令，再选择【组合】命令，将两条路径组合，并缩小组合后的路径，效果如图 3-1-31 所示。在【路径】面板下方选择【将路径作为选区载入】命令，将组合好的路径转换为选区。

(14)选择图层 13。从【图层】菜单的【新建】命令中选择【通过剪切的图层】子命令，新建图层 14。此时隐藏图层 13。键盘轮廓绘制完成。

2)绘制手机键盘高光效果

(1)在工具箱选择【圆角矩形工具】，在属性栏中选择【路径】命令，在【几何选项】中设置：R=1mm，W=40 mm，H=2 mm，绘制一圆角矩形路径。利用工具箱中【转换点工具】调整其形状，得到如图 3-1-32 所示效果。

图 3-1-31　缩小组合后的路径效果图

图 3-1-32　利用【转换点工具】调整其形状后效果图

(2)在【路径】面板下方选择【将路径作为选区载入】命令，将步骤(1)绘制好的路径转换为选区，将选区移到键盘对应的位置。

(3)选择图层 12，从【图层】菜单的【新建】命令中选择【通过复制的图层】子命令，新建图层 15。选择图层 13，右击鼠标，在弹出的快捷菜单中选择【清除图层样式】命令，清除图层 13 的图层样式。

(4)在【图层】面板下方选择【添加图层样式】命令，为图层 15 添加图层样式，设置如图 3-1-33 所示。

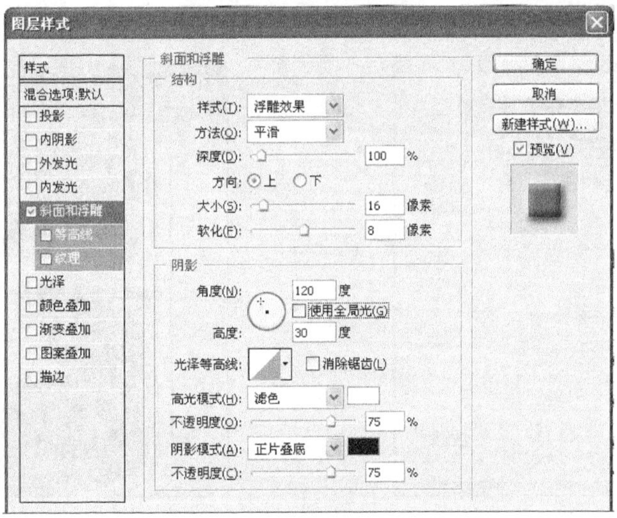

图 3-1-33　设置样式浮雕

(5) 在【图层】面板，拖动图层 15 两次，复制图层 15 两次，得副本 1 和副本 2，并将它们移到键盘对应的位置。完成键盘高光的绘制。

7. 绘制导航键

导航键的绘制过程分为绘制导航键外轮廓、绘制导航键高光效果和绘制导航键按钮三个步骤。

1) 绘制导航键外轮廓

(1) 在【图层】面板下方选择【创建新图层】命令，建立新图层 16。

(2) 在工具箱选择【圆角矩形工具】，在属性栏上选择【路径】命令，在【几何选项】中设置：W=12.5 mm，H=12.5 mm，R=2mm，绘制圆角矩形路径，并将它移到图 3-1-34 所示位置。

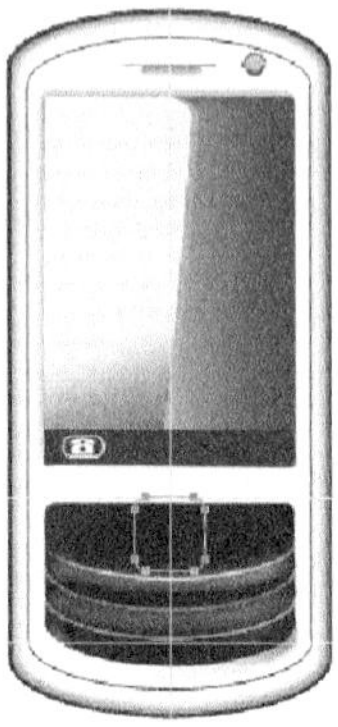

图 3-1-34　设置圆角矩形

(3) 在工具箱选择【椭圆工具】，在属性栏上选择【路径】命令，在【几何选项】中设置：W=12.5mm，H=4mm，绘制一椭圆路径，移到图 3-1-35 所示位置。

(4) 按住 Shift 键，同时选择刚绘制好的圆角矩形和椭圆两路径，在属性栏上选择【添加到形状区域】命令，单击【组合】按钮，形状如图 3-1-36 所示，并保存为路径 1。

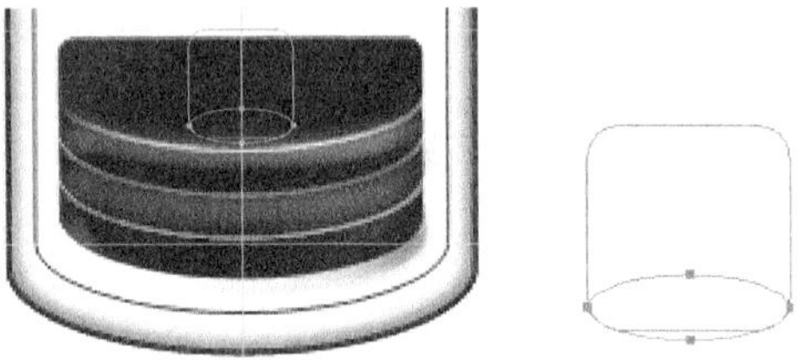

图 3-1-35　绘制椭圆路径

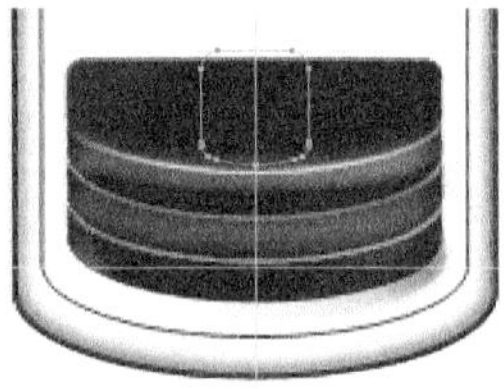

图 3-1-36　圆角矩形和椭圆组合后的形状

(5) 在【路径】面板上，选择【将路径作为选区载入】命令，将路径 1 转换为选区。

(6) 选择图层 16，选择工具箱中的【渐变工具】，以【菱形渐变】方式填充选区，设置如图 3-1-37 所示；鼠标从选区中心向左下角拖动，效果如图 3-1-38 所示。

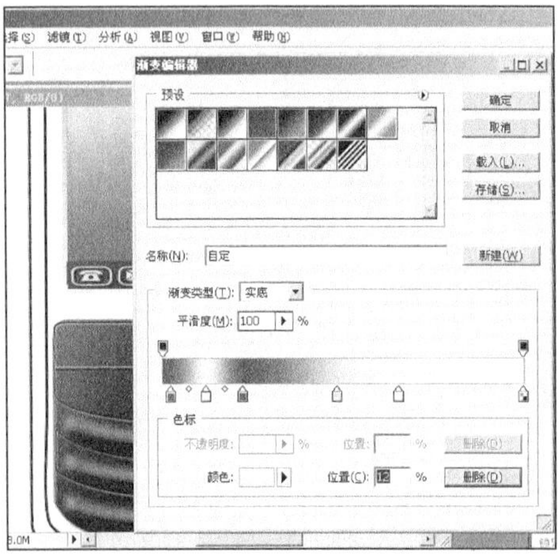

图 3-1-37　对图层进行菱形渐变填充

图 3-1-38　对图层进行菱形渐变填充后的效果图

(7)为导航键添加主体效果。在【图层】面板下方选择【添加图层样式】命令，在图层 16 添加图层样式，设置如图 3-1-39 所示。

2)绘制导航键高光效果

(1)在【图层】面板下方选择【创建新图层】命令，建立新图层 17。

(2)在工具箱选择【圆角矩形工具】，在属性栏上选择【路径】命令，在【几何选项】中设置：W=10 mm，H=10 mm，R=2mm，绘制圆角矩形路径。在工具箱选择【椭圆工具】，在属性栏上选择【路径】命令，在【几何选项】中设置：W=10mm，H=4mm，绘制椭圆路径。

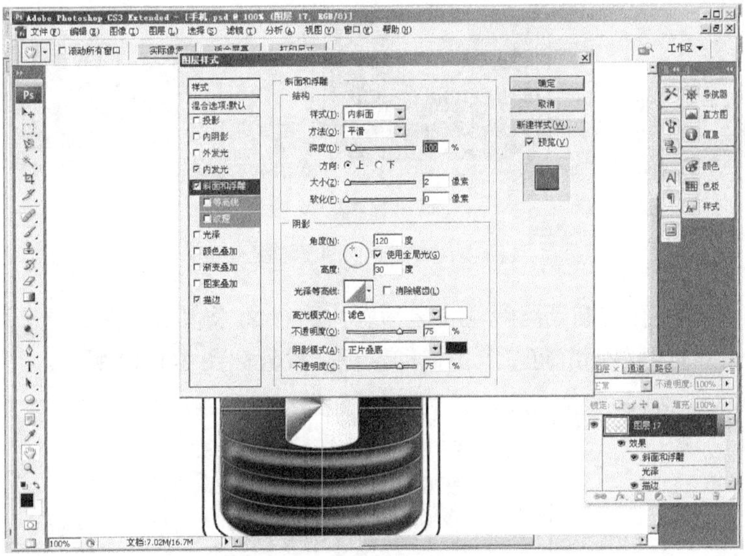

(a) 设置斜面和浮雕

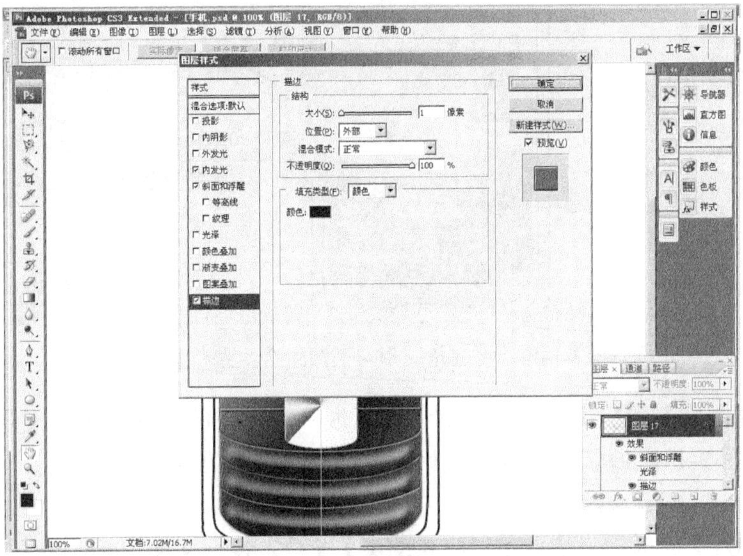

(b) 设置描边

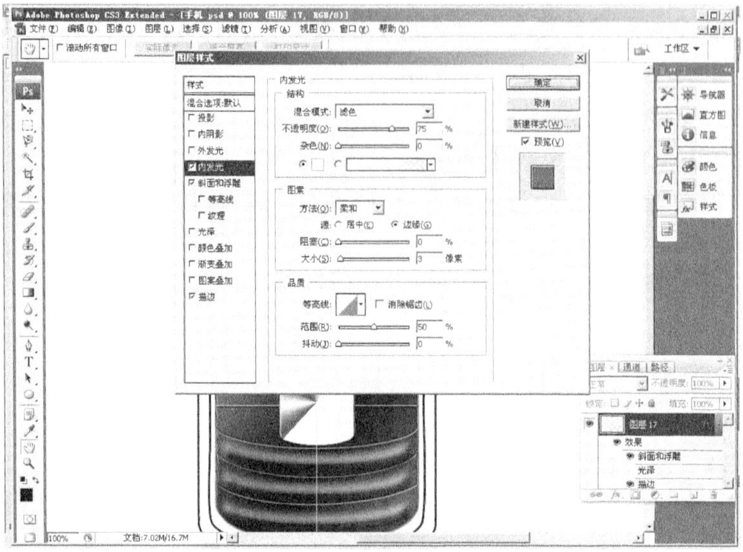

(c) 设置内发光

图 3-1-39　设置图层样式

(3)将圆角矩形路径与椭圆路径组合之后存为路径 2。将其转换为选区，并填充渐变色，线性渐变，填充方向由右下角向左上角拖动鼠标，设置如图 3-1-40 所示。

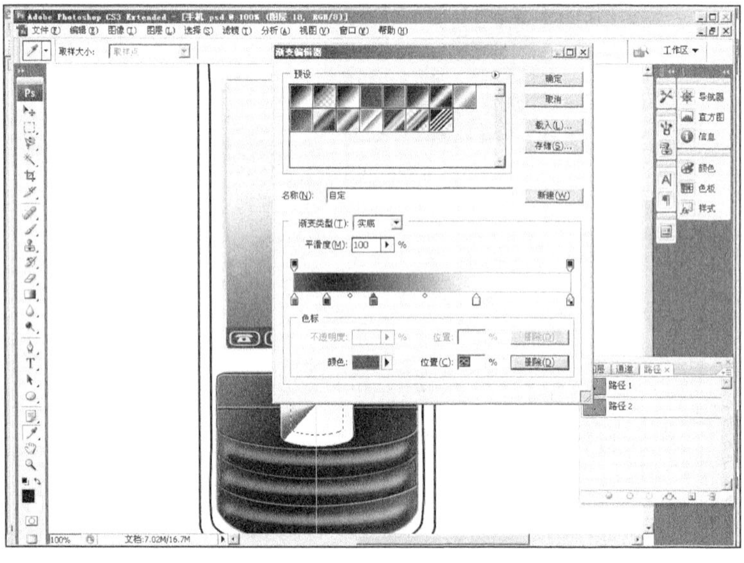

图 3-1-40　将圆角矩形与椭圆组合填充渐变色

(4)双击【图层】面板上避开图层名称的区域，在弹出的对话框中为图层 17 添加图层样式，设置如图 3-1-41 所示。设置完成后，单击【确定】按钮。

3)绘制导航键按钮

(1)在【图层】面板下方选择【创建新图层】命令，建立新图层 18。在工具箱选择【圆角矩形工具】，在属性栏上选择【路径】命令，在【几何选项】中设置：W=8mm，H=3mm，

R=0.75mm，绘制一圆角矩形路径。在【路径】面板上，选择【将路径作为选区载入】命令，将该路径转换为选区。在工具箱中选择【渐变工具】，为其填充线性渐变色，鼠标从右下角向左上角拖动，效果如图 3-1-42 所示。

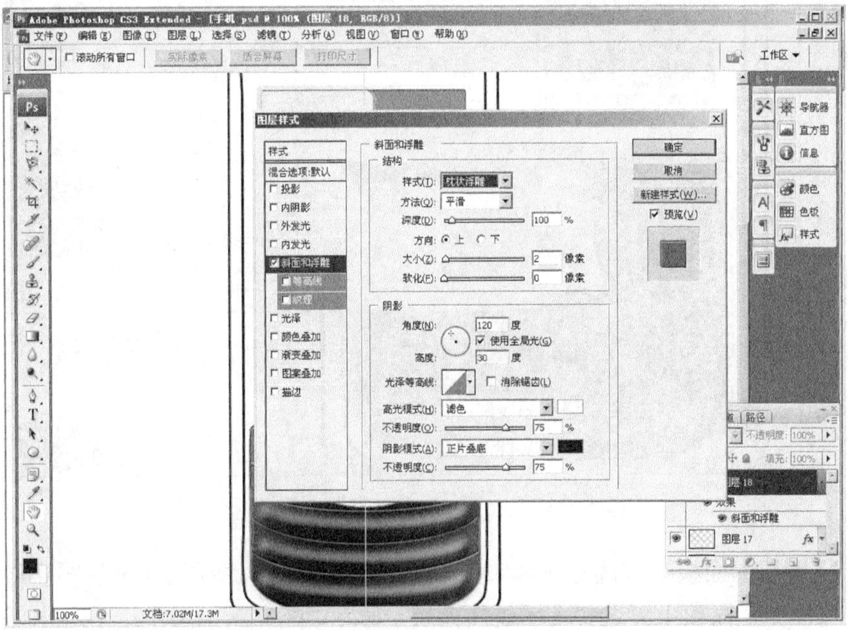

(a) 设置斜面和浮雕

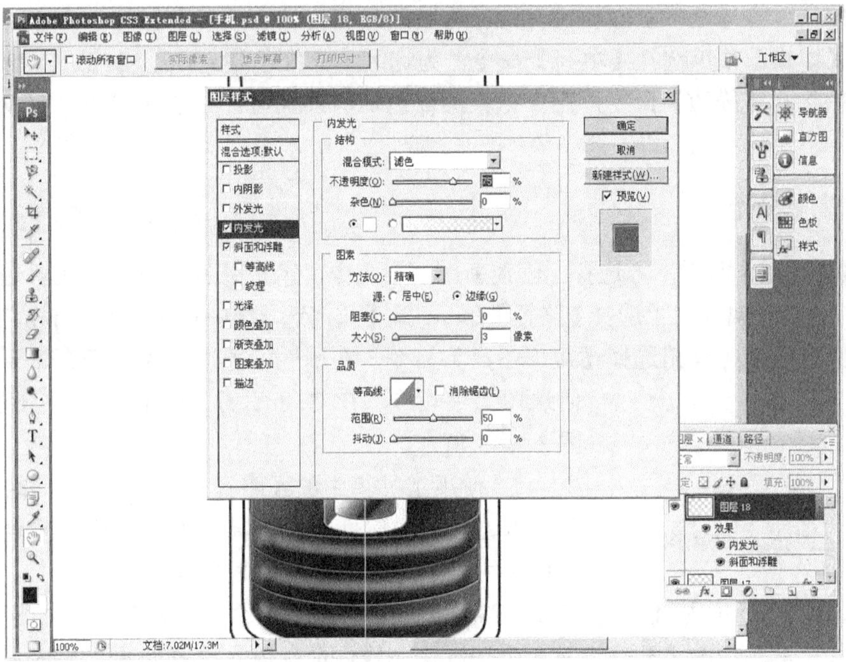

(b) 设置内发光

图 3-1-41　设置图层样式

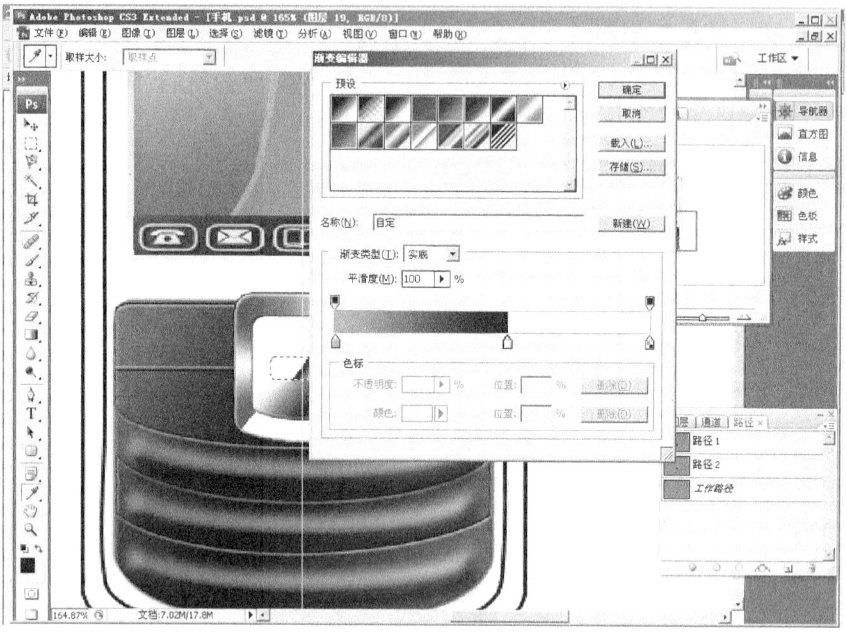

图 3-1-42　填充线性渐变色后的效果图

(2) 在【图层】面板下方选择【添加图层样式】命令，为图层 18 添加图层样式。

(3) 在【图层】面板下方选择【创建新图层】命令，建立新图层 19，在工具箱单击【椭圆工具】命令，在属性栏上选择【路径】命令，在【几何选项】中设置：W=1.75mm，H=1.75mm，绘制椭圆路径。在【路径】面板上，选择【将路径作为选区载入】命令，将该路径转换为选区。从【编辑】菜单选择【填充】命令，为选区填充红色(R=255，G=0，B=0)。从【编辑】菜单中选择【描边】命令，用 1 像素的黑色，居外描边，为选区描边。完成导航键的绘制。

8. 绘制装饰条

(1) 在【图层】面板下方选择【创建新图层】命令，建立新图层 20。在工具箱单击【椭圆工具】命令，在属性栏上选择【路径】命令，在【几何选项】中设置：W=2mm，H=2mm，绘制椭圆路径。在工具箱选择【矩形工具】命令，在属性栏上选择【路径】命令，在【几何选项】中设置：W=5mm，H=2mm，绘制矩形路径，如图 3-1-43 所示。

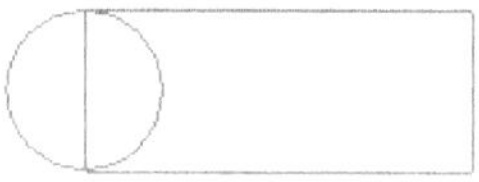

图 3-1-43　绘制椭圆和矩形路径

(2) 使用工具箱中的【路径选择工具】，同时选择圆形和矩形路径，在属性栏上选择【添加到形状区域】命令，选择【组合】命令，形状如图 3-1-44 所示。

(3) 在【路径】面板上，选择【将路径作为选区载入】命令，将组合后的路径转换为选区，选择工具箱中的【渐变工具】为选区填充线性渐变色，设置如图 3-1-45 所示。

(4) 在【图层】面板下方单击【添加图层样式】，为图层 20 添加图层样式，设置如图 3-1-46～图 3-1-48 所示。

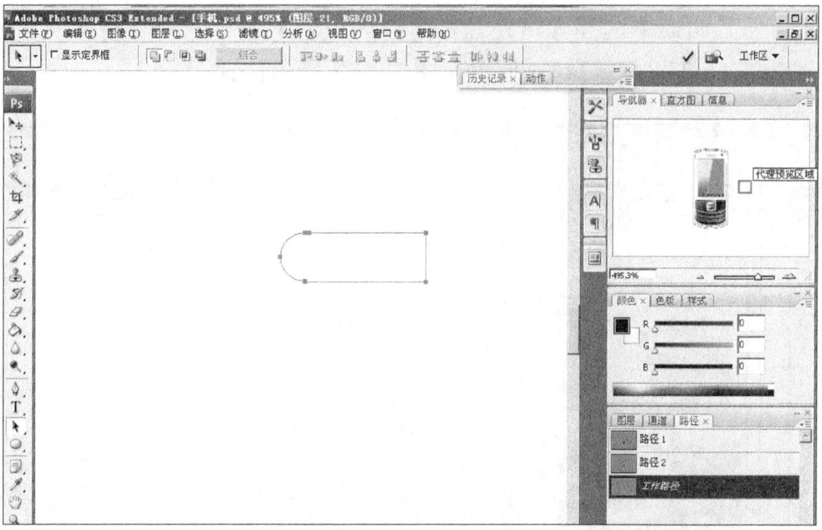

图 3-1-44　圆形和矩形路径组合的形状

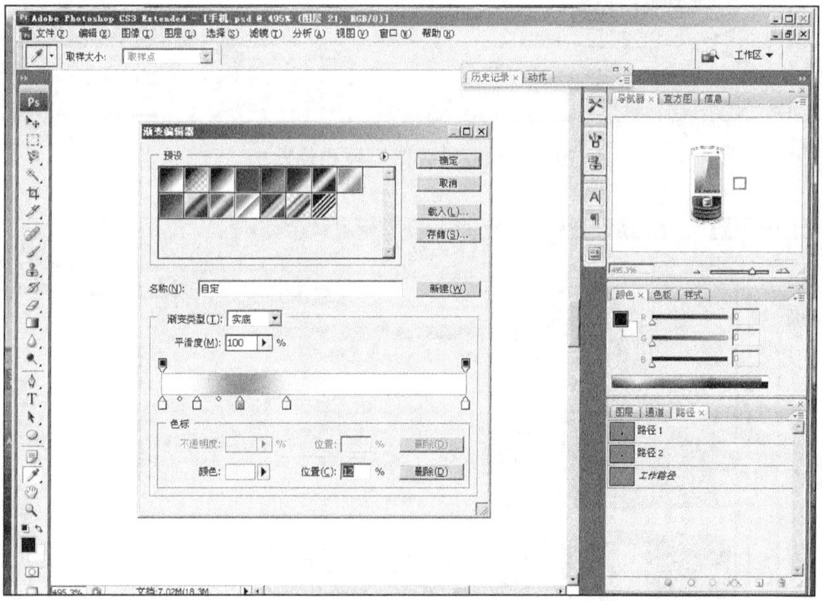

图 3-1-45　设置线性渐变

(5) 复制图层 20，从【编辑】菜单中选择【变换】→【水平翻转】命令，然后再使用【移动工具】移动到合适位置。两个装饰条绘制完成，效果如图 3-1-49 所示。

9. 绘制功能键

(1) 在【图层】面板下方选择【创建新图层】命令，建立新图层 21。

(2) 选择工具箱中【椭圆工具】，绘制两个 W=1mm，H=1mm 的圆形路径，选择工具箱中的【矩形工具】，再绘制 1 个 H=1mm，W=4mm 的矩形路径。在属性栏中用【组合】命令，把它们组合。

(3)在【路径】面板中选择【将路径作为选区载入】命令，将其转换成选区，并为其填充颜色 R=128，G=234，B=246，放置在图 3-1-47 所示位置。

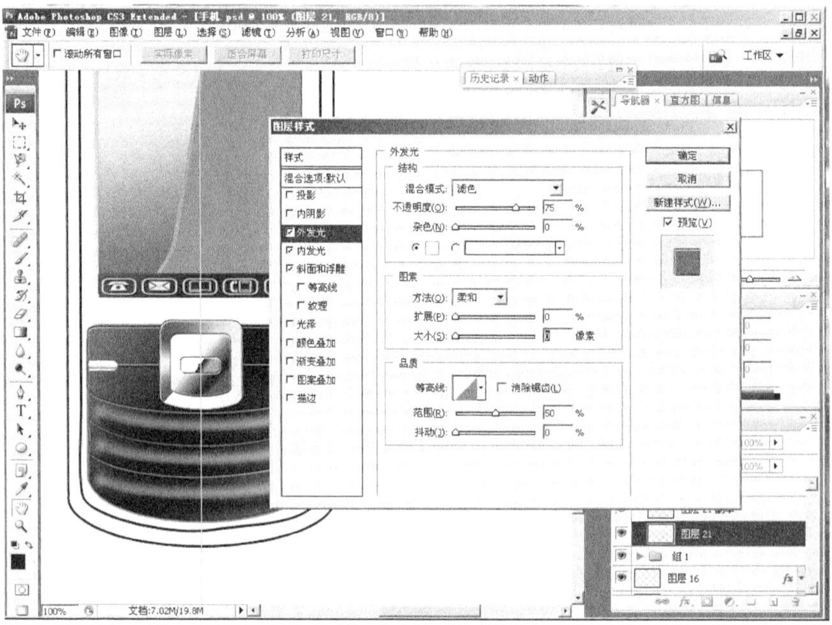

图 3-1-46　设置图层样式外发光

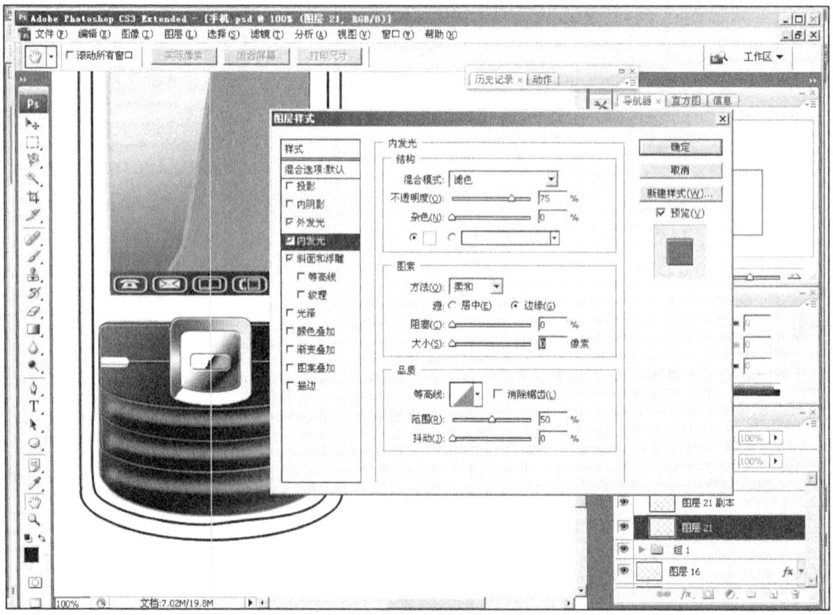

图 3-1-47　设置图层样式内发光

(4)再绘制一个功能键。复制图层 21，得到图层 21 副本，按住 Shift 键直线移动，移到图 3-1-47 中的指定位置。两个功能键绘制完成，效果如图 3-1-49 所示。

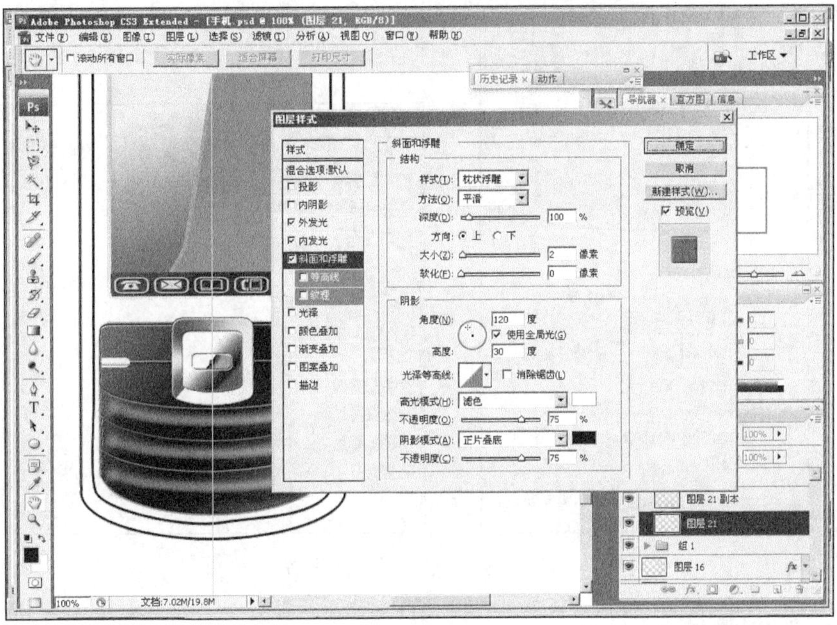

图 3-1-48　设置图层样式斜面和浮雕

10. 绘制按键的细节

(1) 在工具箱中选择【钢笔工具】，在属性栏中选择【路径】命令，绘制如图 3-1-50 所示开放路径。

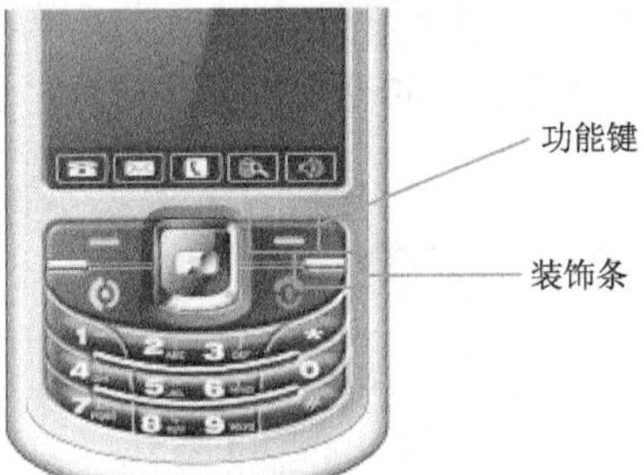

图 3-1-49　装饰条和功能键绘制后的效果图

图 3-1-50　开放路径的形状

(2) 在【图层】面板下方选择【创建新图层】命令，建立新图层 22，选择合适大小的画笔，在【路径】面板下方选择【用画笔描边路径】命令，用快捷键 Ctrl+H 隐藏路径。接着为图层 22 添加图层样式，设置如图 3-1-51 所示。

(3) 复制图层 22，利用快捷键 Ctrl+T 打开【自由变换点】命令，调整大小，右击鼠标，选择【水平翻转】命令，把它移到合适位置，得到如图 3-1-52 效果。

(4) 在工具箱中选择【钢笔工具】，属性栏中选择【路径】命令，画出如图 3-1-53 所示闭合路径。

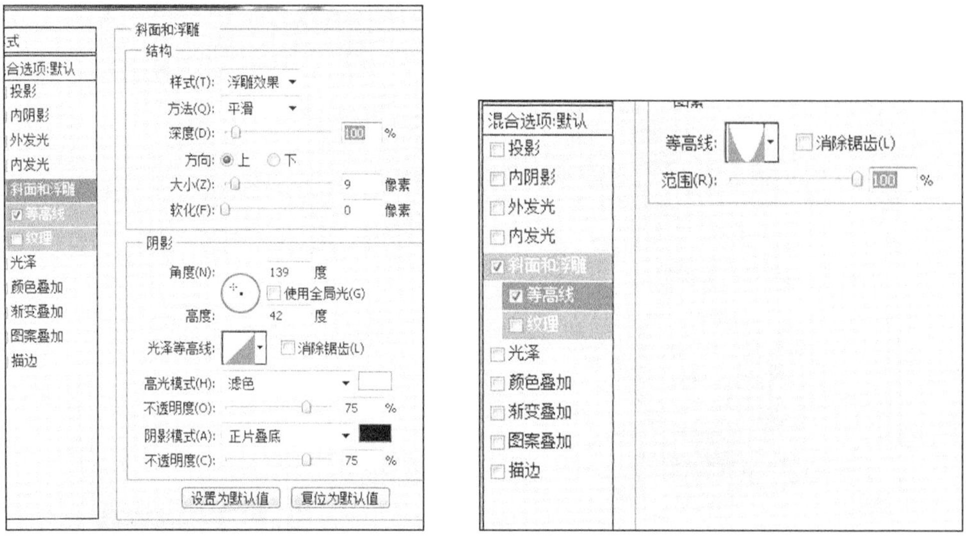

图 3-1-51　图层样式的设置

图 3-1-52　键盘绘制的效果

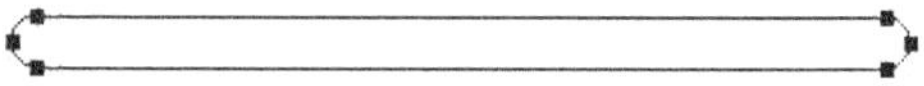

图 3-1-53　闭合路径的形状

(5) 在【图层】面板下方选择【创建新图层】命令，建立新图层 23，在【路径】面板下方选择【将路径作为选区载入】命令将步骤(4)绘制的路径转化为选区，并为它填充渐变色，设置如图 3-1-54 所示，效果如图 3-1-55 所示。

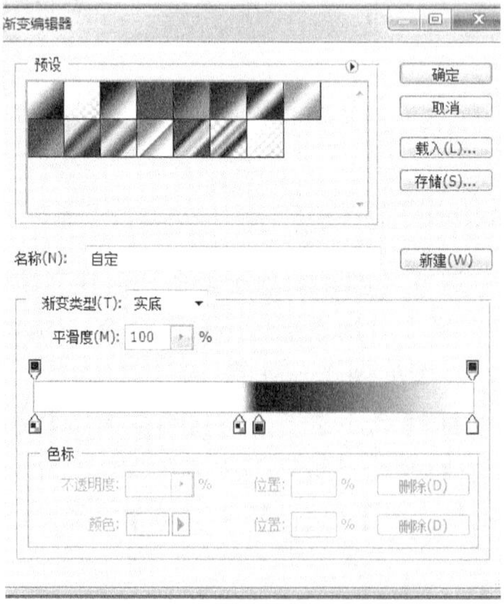

图 3-1-54　渐变填充的设置

(6) 利用快捷键 Ctrl+H 隐藏路径，利用快捷键 Ctrl+D 取消选区，利用快捷键 Ctrl+T 打开【自由变换】命令，右击鼠标打开快捷菜单，选择【变形】命令，改变步骤(5)的图形形状，效果如图 3-1-56 所示。

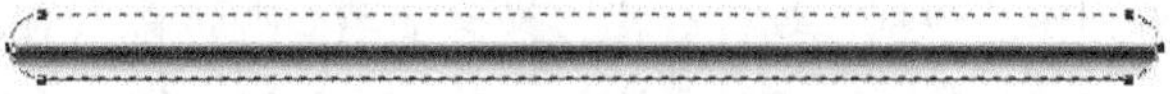

图 3-1-55　渐变填充之后的效果

图 3-1-56　变形后的效果

(7) 在【图层】面板下方选择【添加图层样式】命令，为图层 23 添加图层样式，设置如图 3-1-57 所示。

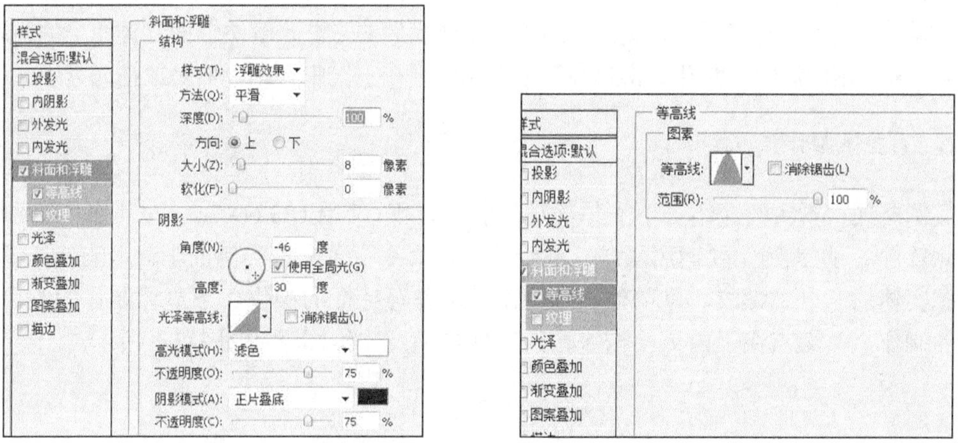

图 3-1-57　图层样式的设置

(8) 复制图层 23。选择图层 23 并按住鼠标左键拖动到图层面板下方的【创建新图层】命令上，复制图层 23 副本。将图层 23 和图层 23 副本移到合适的位置，效果如图 3-1-58 所示。

(9) 用【文字工具】输入按键数字和字母，整齐排列对齐，效果如图 3-1-59 所示。

11．插入接听键

(1) 从素材中(见随书光盘“03”附件的内容)复制接听键和拒接键图标，粘贴到图中适当位置。

(2) 从素材中复制数字键图标，粘贴到键盘位置。

利用 Photoshop 绘制手机的最终效果如图 3-1-60 所示。

图 3-1-58　绘制键盘的效果

图 3-1-59　绘制键盘的最终效果

图 3-1-60　最终效果图

实例 2　运用 UG 进行三维建模——以咖啡壶为例

案例介绍：本例利用 UG 完成咖啡壶制作，包括零部件建模以及装配图。咖啡壶由上壶体、下壶体、壶把、滤网、漏斗、密封圈等组成，其中下壶体和壶把的建模由于涉及较多不规则曲面，是本例的制作难点。此外，为了能准确绘图，需要使用一些绘图技巧，例如，在下壶体制作中，涉及在修剪球体上制作匹配的圆柱，需用“测量方法”确定圆柱尺寸；制作壶把时，为了使壶把与上壶体尺寸吻合，导入上壶体作为“刀具”进行修剪并把多余部分“隐藏”；在壶盖的制作中，手把与盖子的相交需采用“同步建模”的方法来解决曲面立体相交的问题等。因篇幅所限，本例滤网、漏斗、密封圈等零件制作不在正文中介绍，而是放在光盘中。

1. 下壶体制作

实例概述：本实例介绍了下壶体的设计制作过程(使用 UG NX7.5，以下各零件制作也是用此软件)。此实例主要运用了球、圆锥等特征命令，通过本实例的学习，能使读者熟练地掌握实体的凸台、螺纹、修剪体、倒圆角、求差等特征的操作。下壶体制作的难点在于螺纹的制作，关键点在于内部结构制作。零件模型及二维图形如图 3-2-1 所示。

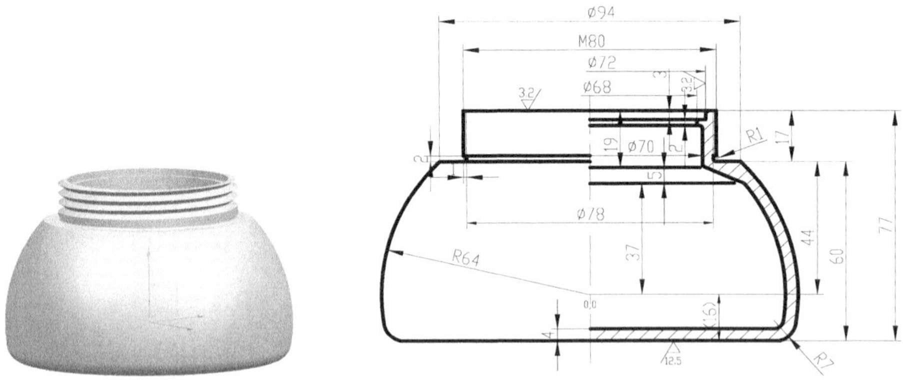

图 3-2-1　零件模型及二维图

1) 环境设置

(1) 新建一个名为“YB.prt”样板图，以下各零件建模前都先打开样板图，再另名保存，注意保存文件名及路径均不能用中文，单位为“毫米”，模板形式为“模型”的文件，如图 3-2-2 所示。

(2) 将背景色改为白色。选择【首选项】，单击【背景】弹出【编辑背景】对话框，将【着色视图】选项设为【普通】，并打开【普通颜色】，将颜色设置为白色，如图 3-2-3 所示。单击【确定】按钮，保存完成样板图的设置。

(3) 选择【文件】→【另存为】命令，文件名为 xiahuti.prt。

2) 制作下壶体内部结构

(1) 在 (0, 0, 0) 点创建一个直径为 120mm 的球。单击【特征】工具条中的【球】弹出对话框，设置球的直径为 120mm，单击【确定】按钮，设球心在(0,0,0)点，如图 3-2-4 所示，单击【确定】按钮，得球体，如图 3-2-5 所示。

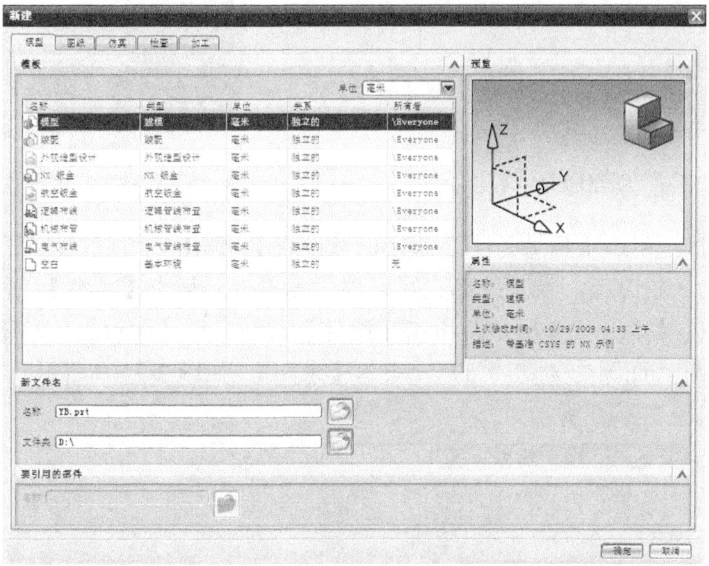

图 3-2-2　新建样板图

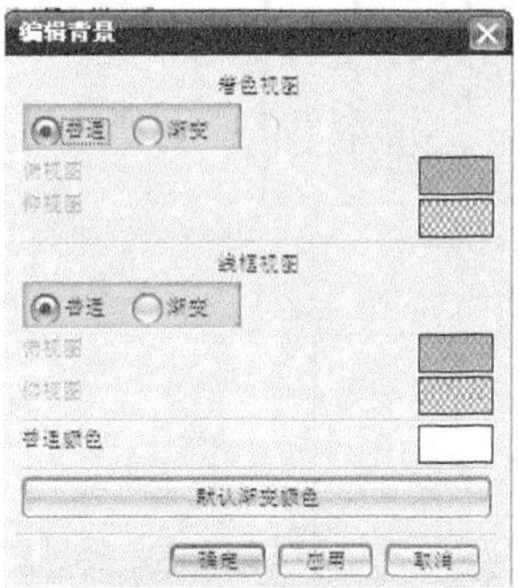

图 3-2-3　设置背景

图 3-2-4　创建球体设置

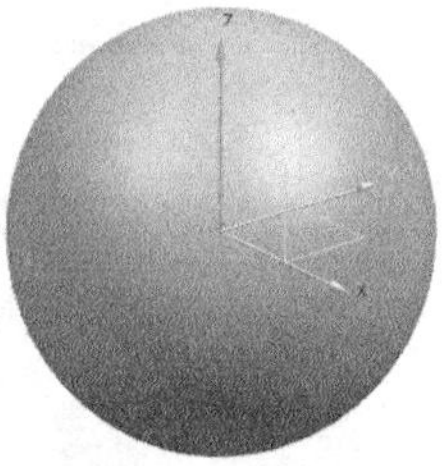

图 3-2-5　创建球体

(2)修剪球。步骤如下：

① 单击【特征】工具条中的【修剪体】工具，选择“目标”：单击选择球，【刀具】:【工具选项】设为【新平面】，单击【指定平面】按钮，选 XC-YC 面，【距离】为−12，【反向】(图 3-2-6)，单击【确定】按钮。得修剪体 1，如图 3-2-7 所示。

② 重复【修剪体】步骤，设置【距离】为 37，单击【确定】按钮，得修剪体 2，如图 3-2-8 所示。

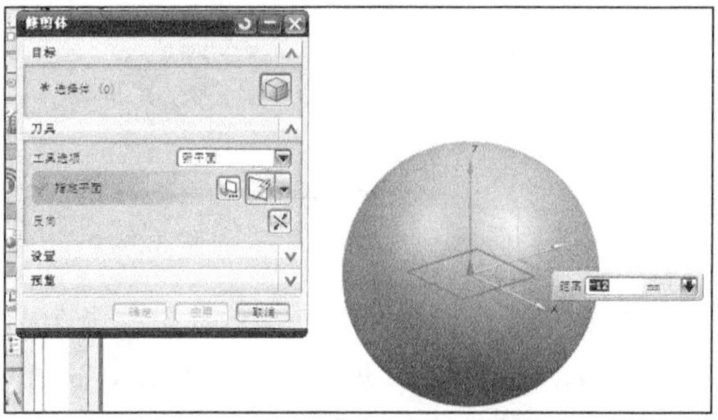

图 3-2-6　修剪球体设置

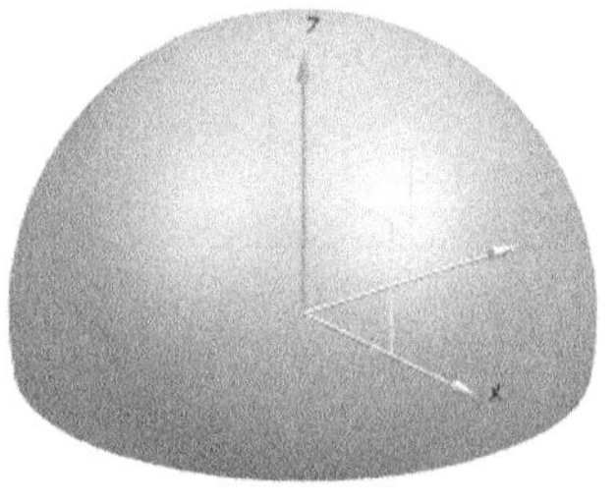

图 3-2-7　创建修剪体 1

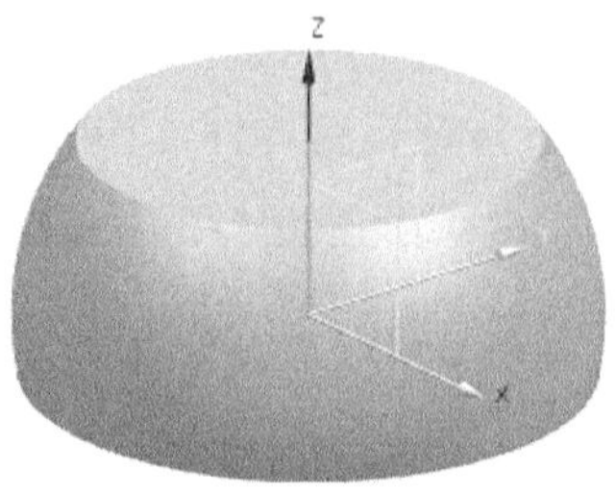

图 3-2-8　创建修剪体 2

(3)创建圆台。单击【特征】工具条中的【圆锥】，弹出对话框，选【直径、高度】类型，默认 Z 轴为矢量方向，设【底部直径】为“测量”，设点【类型】为“象限点”，选择对面的象限点，如图 3-2-9 所示，单击【确定】按钮，设【圆锥】的顶部直径为 70，高度为 5，设置圆锥底面圆心为(0, 0, 37)，布尔【求和】，如图 3-2-10 所示，单击【确定】按钮，得圆台，如图 3-2-10 所示。

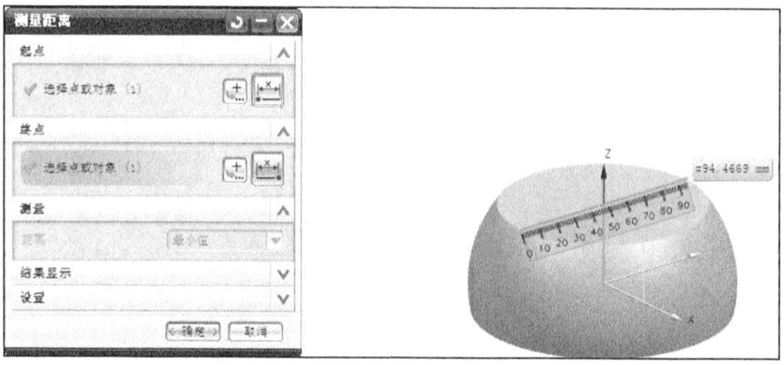

图 3-2-9　测量顶面尺寸

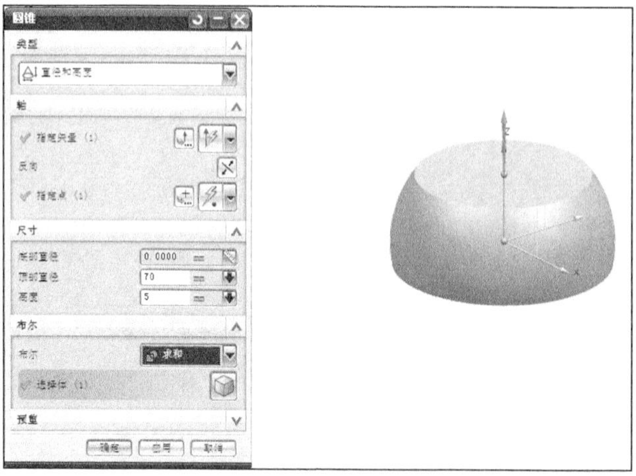

图 3-2-10　设置圆台参数

(4)创建 3 个凸台。单击【特征】工具条中的【凸台】，弹出对话框，设置直径为 70，高度为 14，锥角为 0，如图 3-2-11 所示。选择圆台顶面作为放置面，单击【应用】按钮，如图 3-2-12 所示，【定位】选“点对点”，如图 3-2-13 所示，选择圆台顶面边缘，如图 3-2-14 所示，单击【确定】按钮，得凸台，如图 3-2-15 所示。

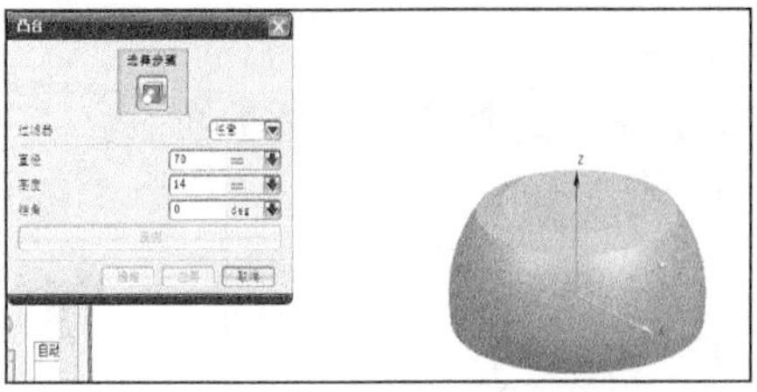

图 3-2-11　设置凸台参数

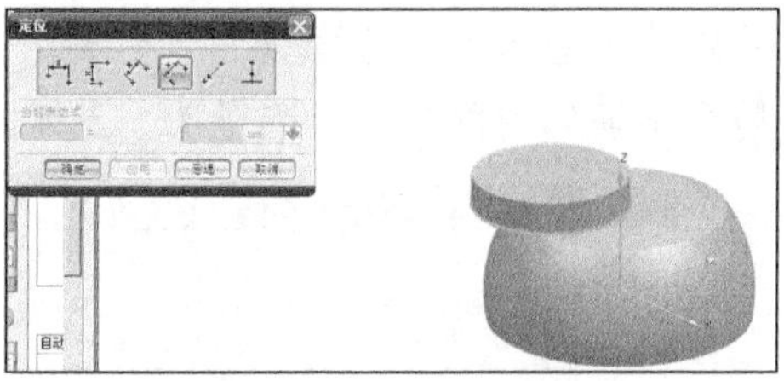

图 3-2-12　凸台定位

图 3-2-13　凸台定位选项

图 3-2-14　凸台定位

用同样的方法再做两个凸台：设置直径为 68，高度为 2，直径为 72，高度为 6(做高些，利于后面的求差)，如图 3-2-16 所示。

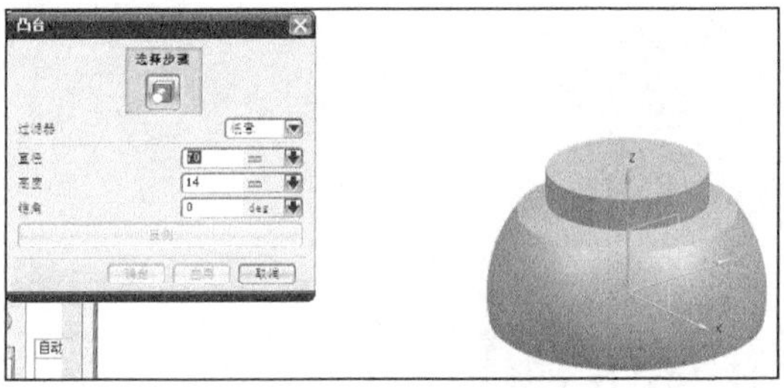

图 3-2-15　创建凸台

图 3-2-16　创建另两个凸台

(5)倒圆。单击【特征】工具条中【边倒圆】，将第一个凸台的上边缘设半径为 1；如图 3-2-17 所示。单击【应用】按钮，再将锥台面设半径为 3，如图 3-2-18 所示。单击【应用】按钮，如图 3-2-19 所示。完成下壶体内部结构制作。

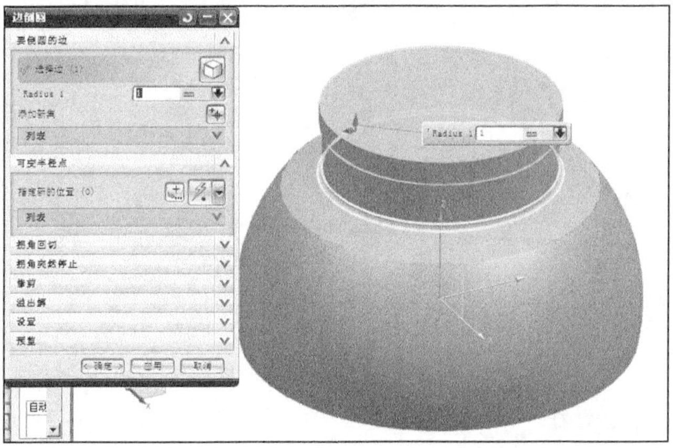

图 3-2-17　凸台一边缘倒圆角

3) 制作下壶体外部结构

隐藏下壶体内部结构。选择【下壶体内部结构】右击，选择【隐藏体】命令。

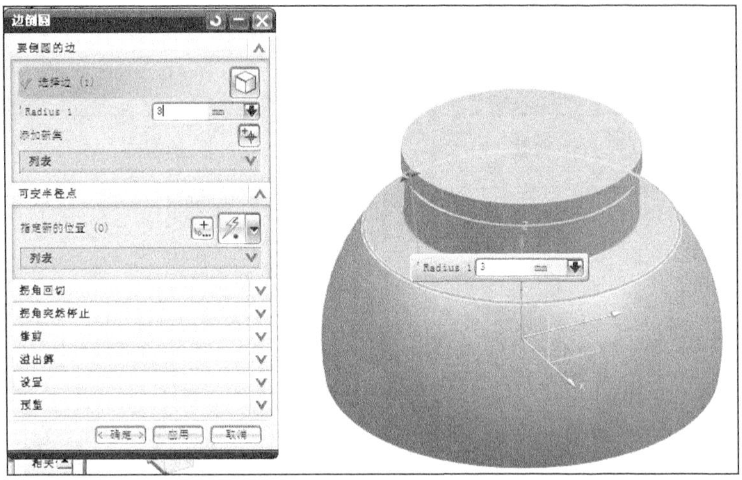

图 3-2-18　锥台面倒圆

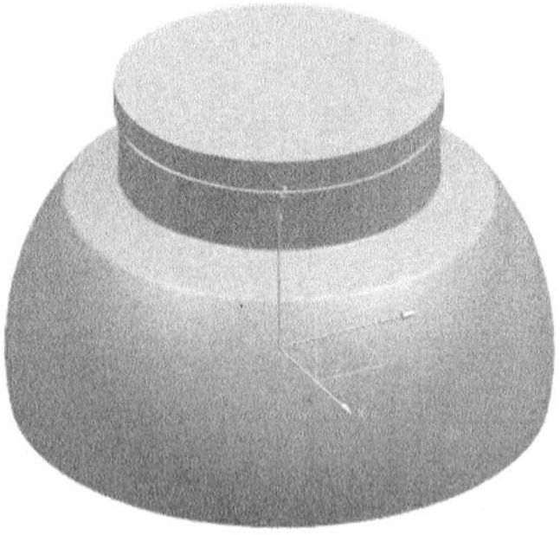

图 3-2-19　下壶体内部结构结果

(1) 在 (0, 0, 0) 点处创建一个直径为 128mm 的球。方法同上，如图 3-2-20 所示。

(2) 修剪体。切面为 (0, 0, –16) 和 (0, 0, 44)，方法同上，如图 3-2-21 所示。

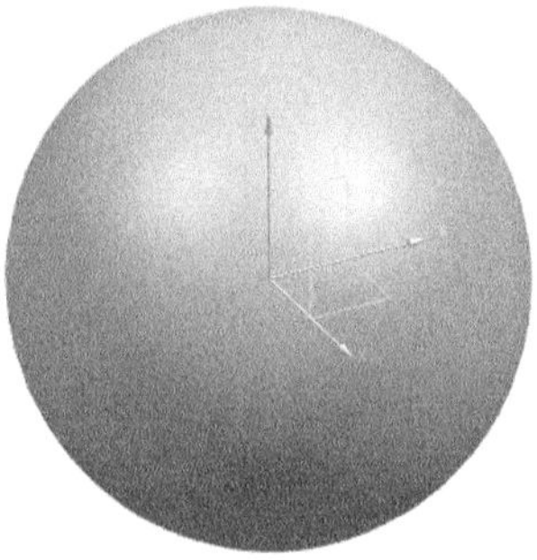

图 3-2-20　创建球体

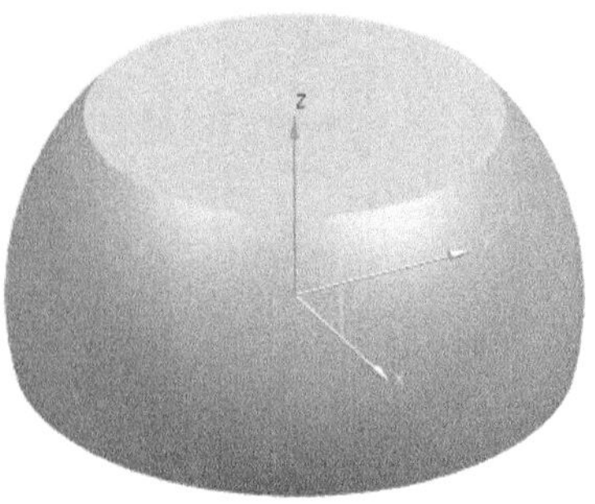

图 3-2-21　创建修剪体

(3) 制作凸台。在球修剪体面上制作直径为 78，高度为 2 和直径为 80，高度为 15 的两个凸台，方法同上，如图 3-2-22 所示。

(4) 倒圆。半径分别为 R1(第 1 个凸台下面边，如图 3-2-23 所示)和 R7(壶底面边，如图 3-2-24 所示)，完成圆角如图 3-2-25 所示。

图 3-2-22　创建凸台结果

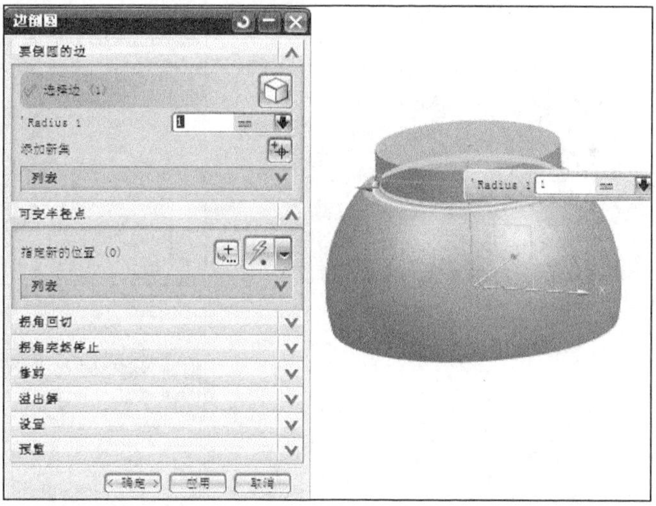

图 3-2-23　创建凸台圆角

(5) 制作螺纹。单击【特征】工具条中【螺纹】，弹出对话框，选择【详细】选项，螺距改为 4，选择上圆柱面，如图 3-2-26 所示，单击【确定】按钮，得下壶体外部结构结果如图 3-2-27 所示。

(6) 显示隐藏的内部结构。在【编辑】菜单中选择【显示和隐藏】命令，单击【显示】，选择【内部结构】，如图 3-2-28 所示，单击【确定】按钮，显示上壶体内部结构如图 3-2-29 所示。

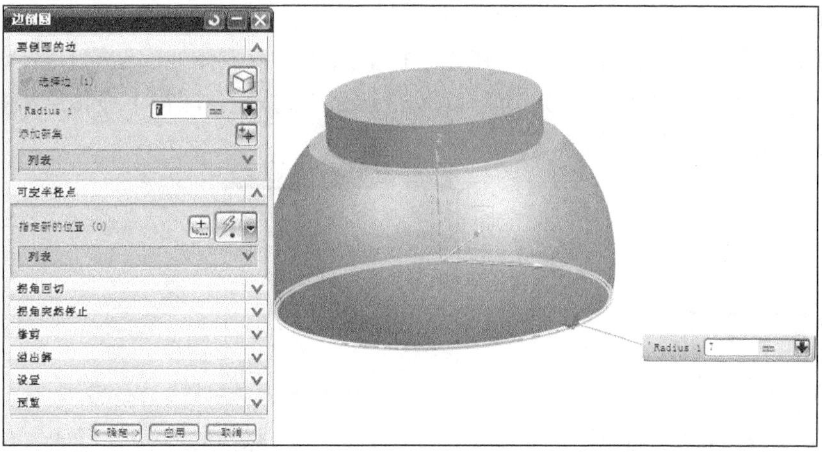

图 3-2-24　创建底边圆角

图 3-2-25　完成圆角

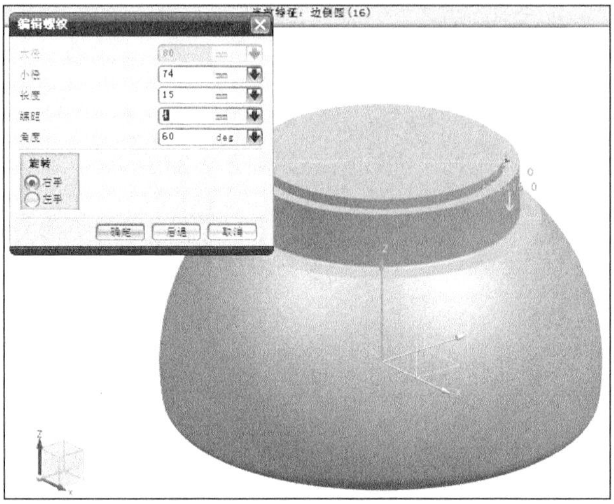

图 3-2-26　选择螺纹放置面

图 3-2-27　创建下壶体外部结构结果

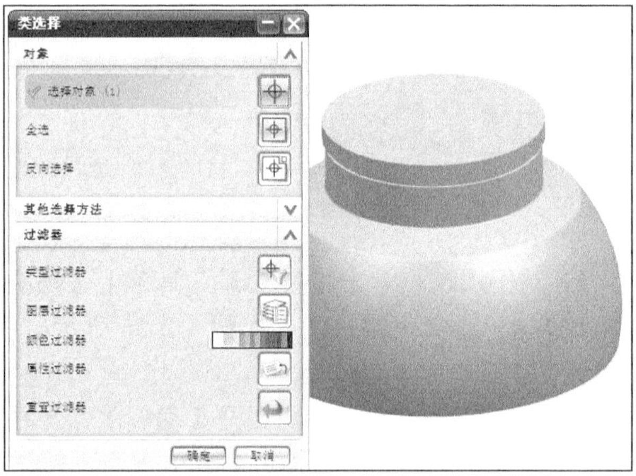

图 3-2-28　选择上壶体内部结构

4) 制作下壶体

单击【特征】工具条的【求差】，在【目标】选择【下壶体外部结构】，在【刀具】选择【下壶体内部结构】，如图 3-2-30 所示，单击【确定】按钮，即得下壶体结果如图 3-2-31 所示。完成下壶体的整体制作。

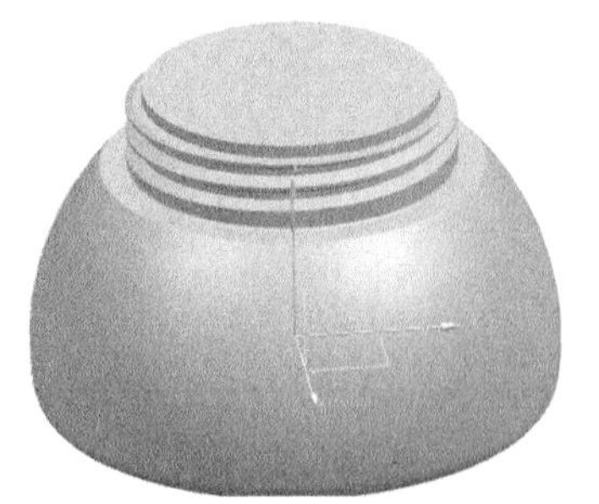

图 3-2-29　显示上壶体内部结构

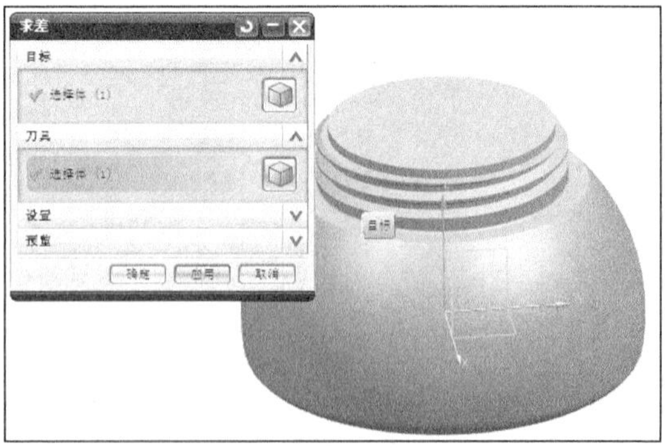

图 3-2-30　选择目标和刀具体

5) 部件颜色的改变方法

在【编辑】菜单中选择【对象显示】命令，弹出对话框，选择壶体，如图 3-2-32 所示，单击【确定】按钮，单击【颜色】，如图 3-2-33 所示，选择色块或单击【更多颜色】选择颜色，单击【确定】按钮，得下壶体改变颜色结果如图 3-2-34 所示。

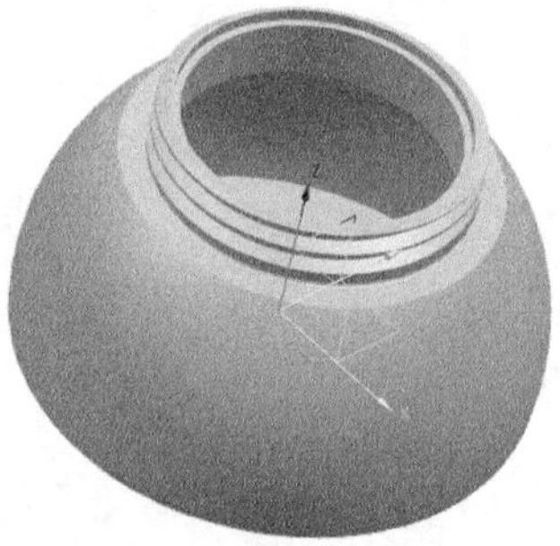

图 3-2-31　创建下壶体结果

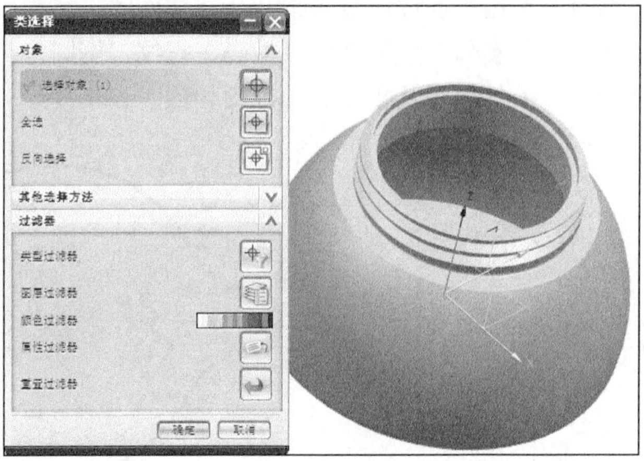

图 3-2-32　选择对象

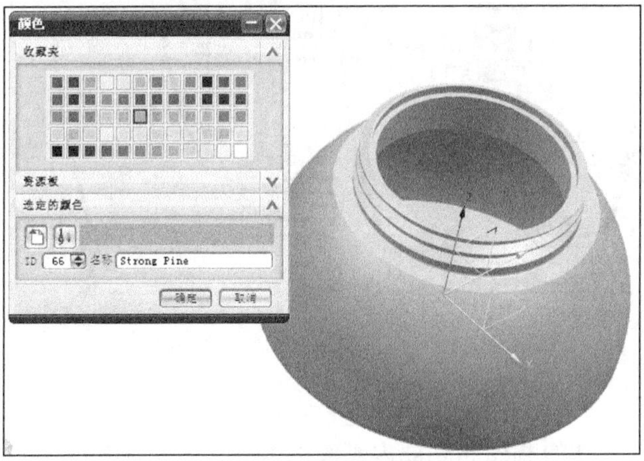

图 3-2-33　选择颜色

图 3-2-34　下壶体改变颜色结果

使用 UG NX 7.5 注意点：

(1) 查找命令的方法：

① 打开【帮助】菜单【命令查找器】弹出对话框；

② 在对话框中展开【设置】选项，选中【显示菜单路径】选项；

③ 输入要查找的命令名称，单击【查找命令】即可。

(2) UG NX 7.5 没有类似 UG NX 5 低版本的【特征操作】工具条，【特征】工具条中包含 UG NX 5 的【特征操作】工具条的命令，如本例中用到的【修剪体】、【凸台】、【边倒圆】、【螺纹】、【求差】等命令均在【特征】工具条中。

2. 上壶体的制作

实例概述：本例介绍了上壶体的设计造型过程。此实例主要运用了曲线绘图及草图中的有关圆、圆弧、椭圆、样条曲线及编辑曲线的圆角、偏置曲线、修剪、分割曲线等基础操作命令；运用了通过曲线网络、*N* 边曲面等方法制作曲面；运用圆柱、圆锥、拉伸、凸台等命令制作实体；运用缝合、抽壳、螺纹、倒圆角、倒斜角、边倒圆、求差、求和等特征的操作。零件模型及相应的二维图如图 3-2-35 所示。

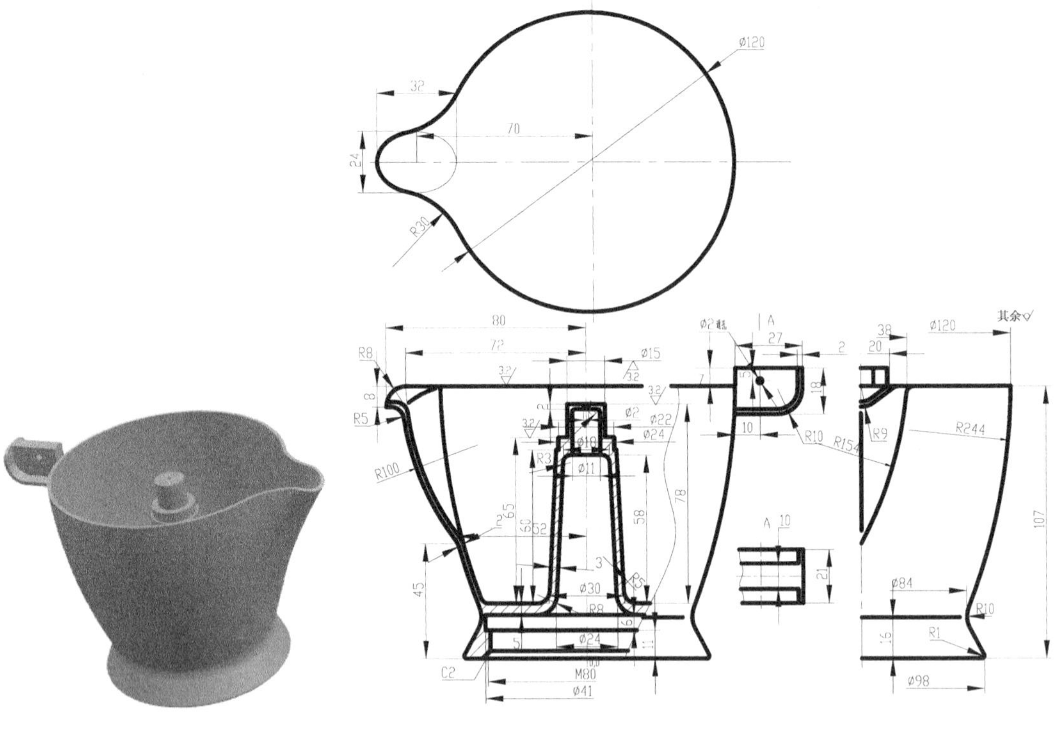

图 3-2-35　零件模型及二维图

本例的难点在于壶嘴的制作、壶身凸耳的制作和底部内螺纹的制作。与其他零件有装配关系的地方都是关键点，例如，壶的开口处要与壶盖配合；壶身的凸耳要与壶把配合，壶的底部要与下壶体配合，这些结构在制作时一定要注意尺寸。

1) 环境设置

打开 YB.prt 文件，另存为 shanghuti.prt，环境设置即与样版图相同。

2) 壶身制作

(1) 制作壶身曲线。

① 绘制圆：圆心为(0, 0, 16)，半径为 42。单击【曲线】工具条中的【圆弧/圆】，弹出对话框，选择类型为【从中心开始的圆弧/圆】，设置中心点为(0, 0, 16)；支持平面选 XC-YC 面，距离为 16，选中【整圆】选项，输入半径为 42，如图 3-2-36 所示。单击【应用】按钮，完成圆的创建，如图 3-2-37 所示。

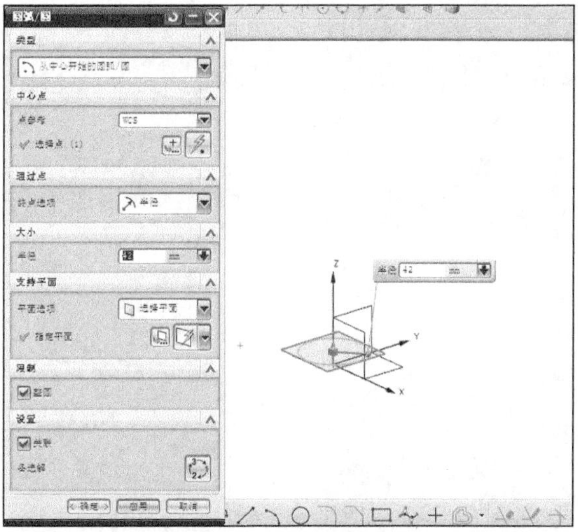

图 3-2-36　创建圆

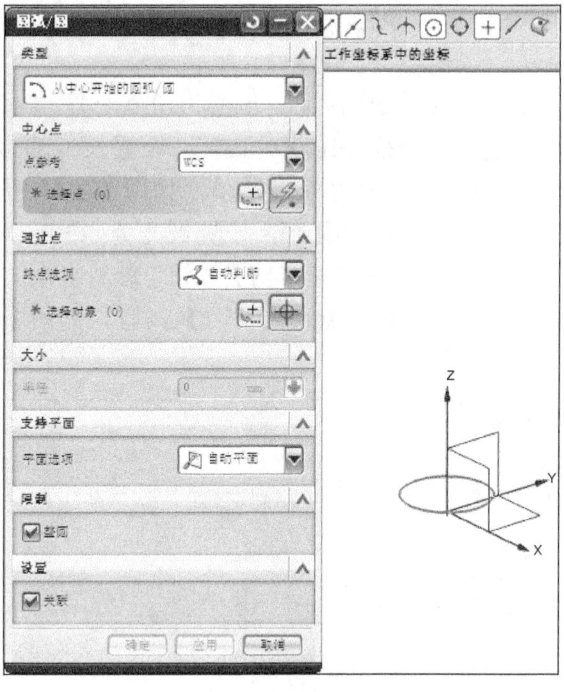

图 3-2-37　完成圆的创建

② 用同样的方法制作：圆心为(0, 0, 45)，半径为 52；如图 3-2-38 所示。

(2) 制作壶身顶面曲线。

① 进入【草图】模式：单击【草图】，弹出对话框，将草图类型设置为【在平面上】，草图平面设置为【创建平面】，单击 XC-YC 面作为指定平面，距离设为 107，如图 3-2-39 所示，单击【确定】按钮，进入草图状态，如图 3-2-40 所示。

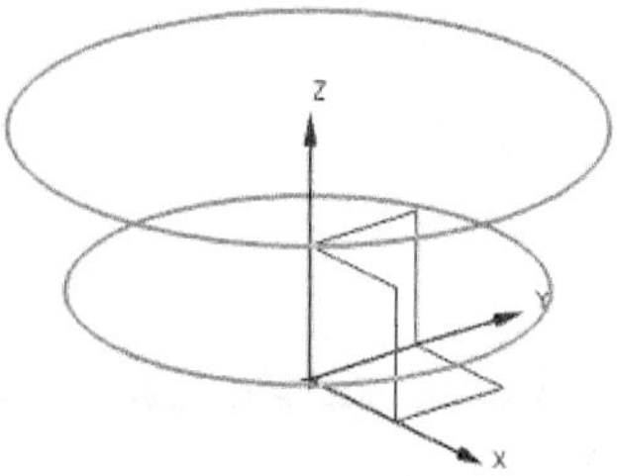

图 3-2-38　制作壶身曲线组

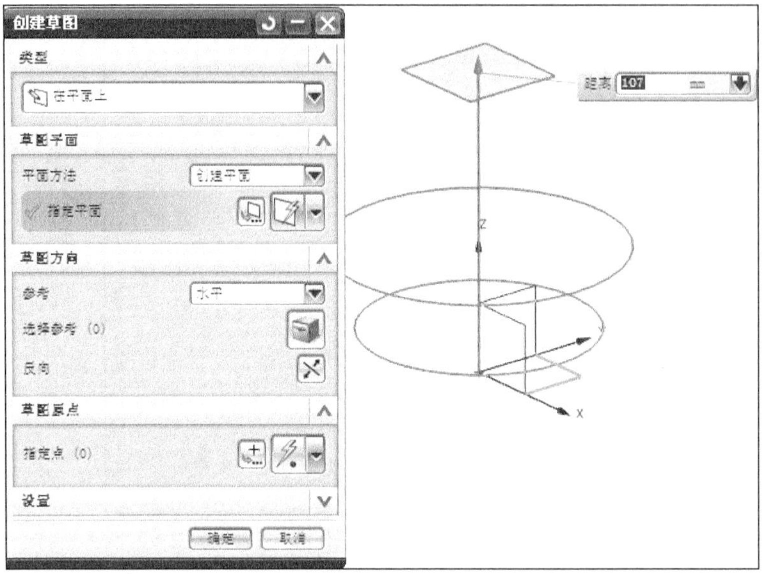

图 3-2-39　草图平面设置

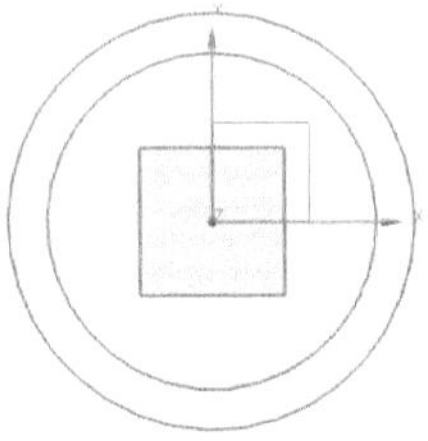

图 3-2-40　进入草图状态

② 绘制草图：圆心为(0,0,45)，半径为 60；椭圆：将椭圆的中心设置在(70, 0, 107)；设置长半轴为 16，短半轴为 12，其他设置按系统默认值，如图 3-2-41 所示。单击【确定】按钮，选择【倒圆】，设置圆角为 R30，得圆角如图 3-2-42 所示，单击【快速修剪】按钮，修剪多余的线，结果如图 3-2-43 所示，单击【完成草图】按钮，如图 3-2-44 所示。

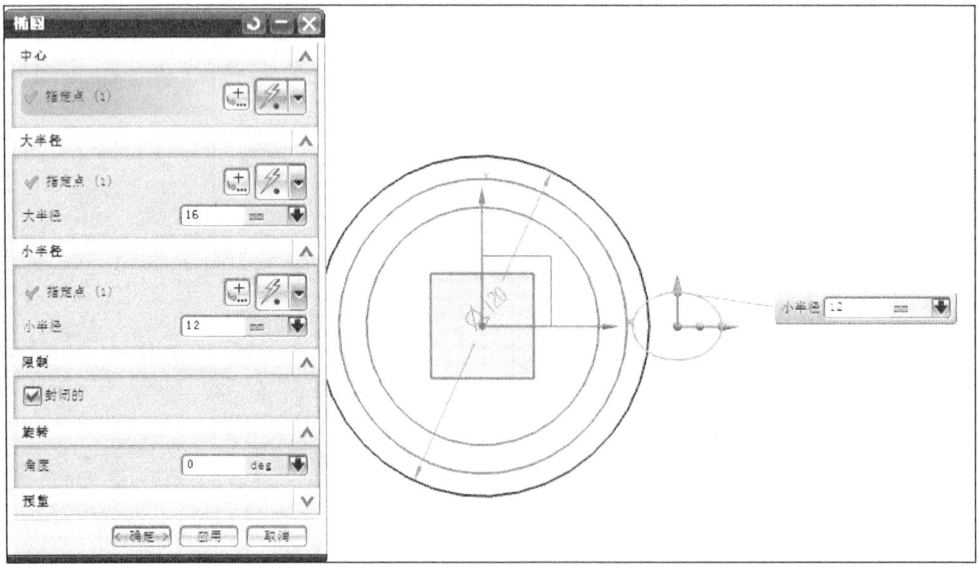

图 3-2-41　创建草图圆、椭圆

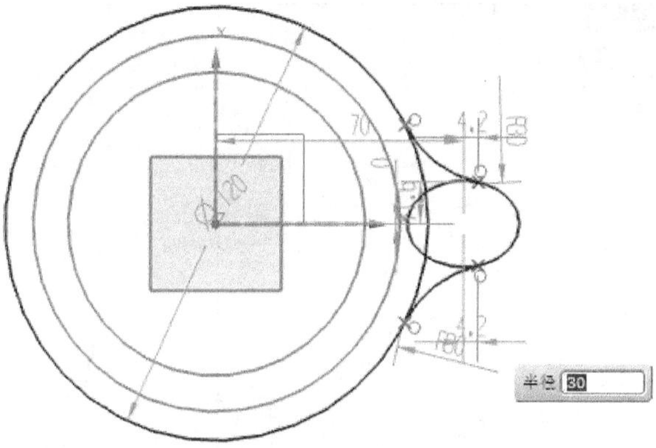

图 3-2-42　创建草图连接圆角

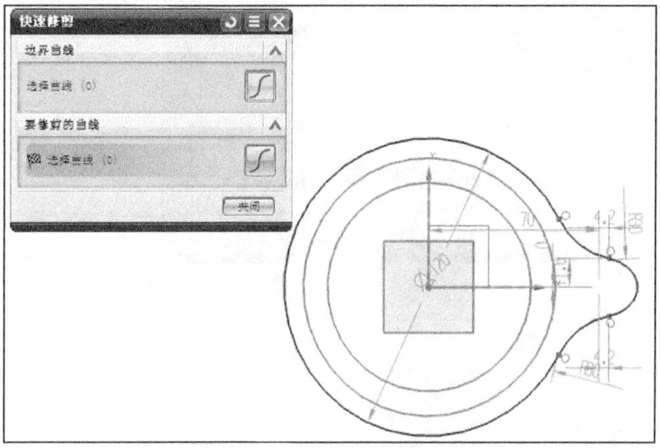

图 3-2-43　修剪多余的线条结果

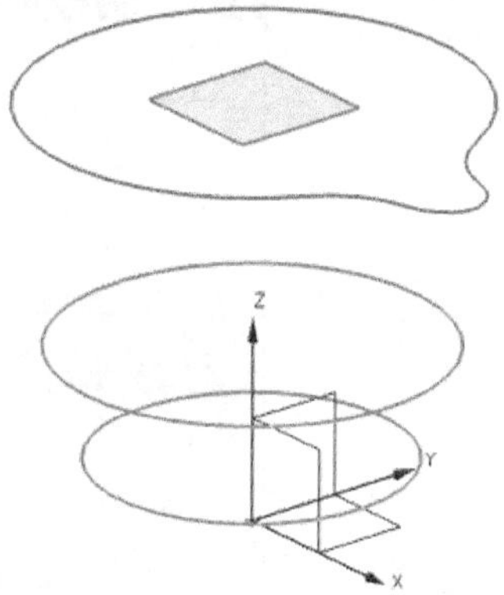

图 3-2-44　完成草图结果

(3) 绘制样条曲线。

单击【曲线】工具条中的【艺术样条】，设置捕捉点为“象限点”，如图 3-2-45 所示，依次单击选择以上已制作图形的象限点，单击【应用】按钮，如图 3-2-46 所示。同样方法，单击【确定】按钮，结果如图 3-2-47 所示。

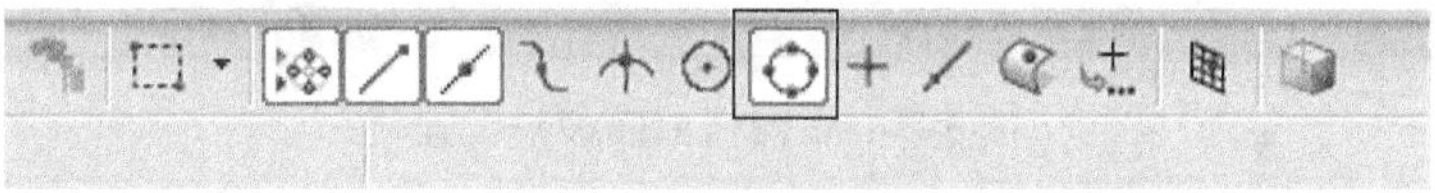

图 3-2-45　设置捕捉点

(4) 制作网络曲面。

单击【曲面】工具条中的【通过曲线网络】，弹出对话框，在对话框中右边第一条制作的样条曲线作为主曲线 1 (Primary Curve 1)，左边的样条曲线作为主曲线 2 (Primary Curve 2)，再选右边样条曲线为主曲线 3 (Primary Curve 3) (选择方式是单击左键，单击中键确认或单击【添加新集】按钮确认)，单击【交叉曲线】按钮分别选择图中三层曲线，如图 3-2-48 所示，注意选择三层的曲线方向要一致，单击【确定】按钮，得结果如图 3-2-49 所示。

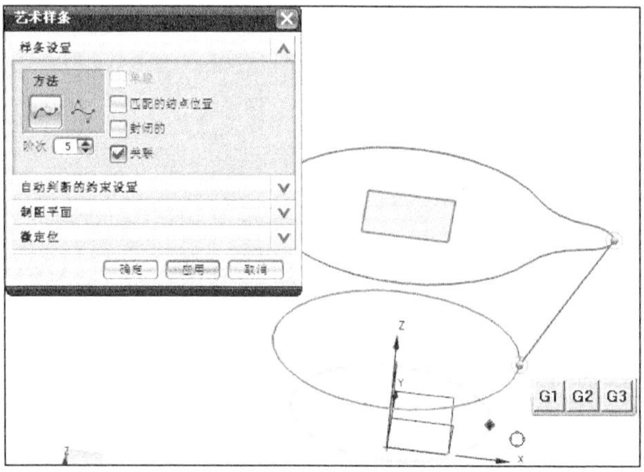

图 3-2-46　绘制网格线

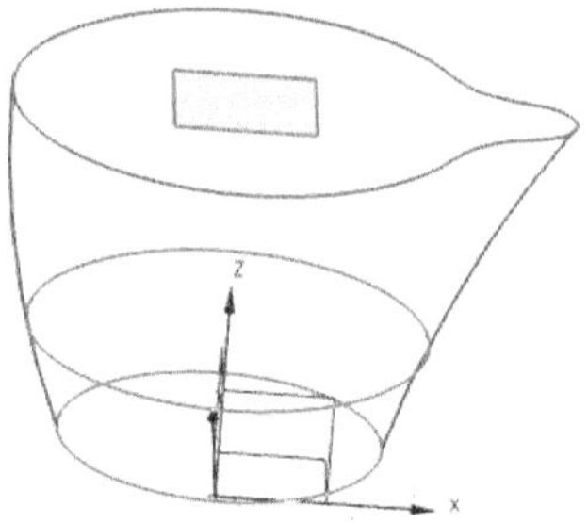

图 3-2-47　绘制网格线结果

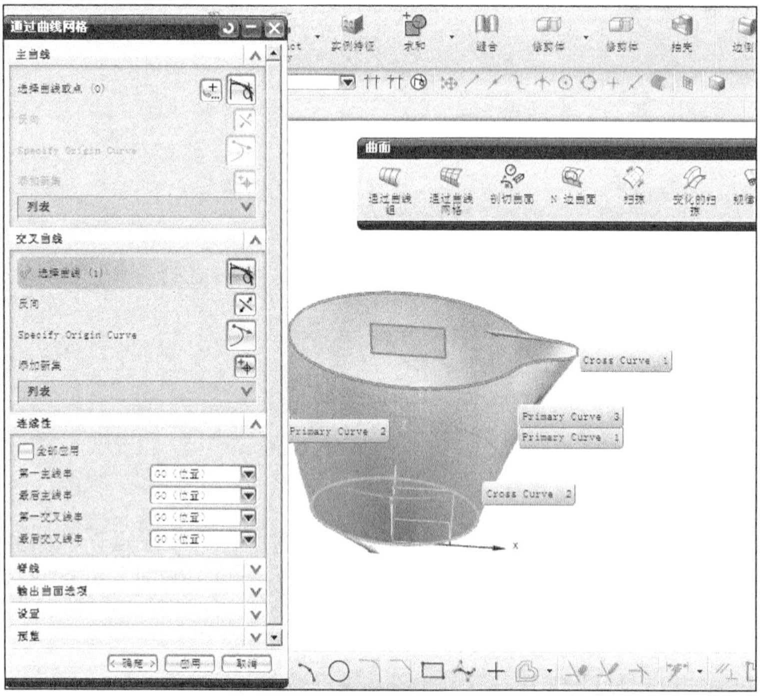

图 3-2-48　网格曲面参数设置

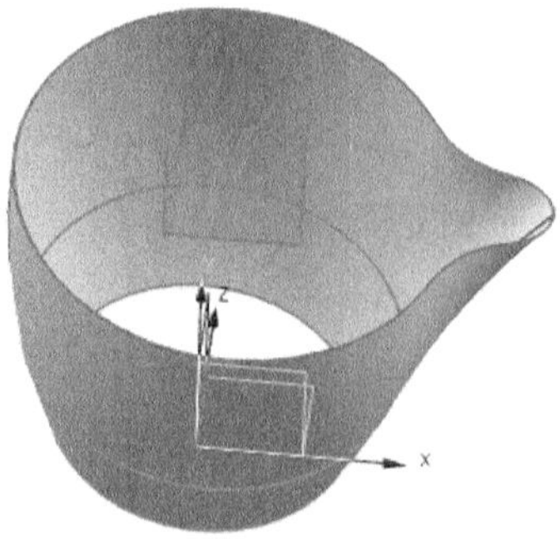

图 3-2-49　创建壶体片体

(5) 制作底面和顶面片体。

单击【曲面】工具条中的【N 边曲面】，弹出对话框，选择顶面边缘作为【边界曲线】，类型为三角形，曲线规则设为相连曲线，如图 3-2-50 所示，单击【应用】按钮。

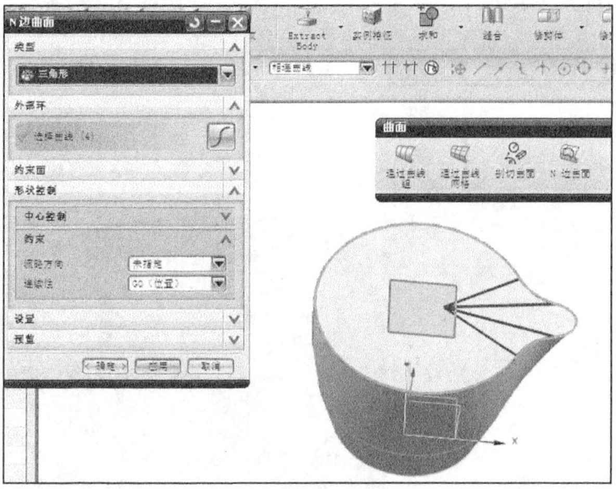

图 3-2-50　创建顶面片体

用同样的方法，选底面边缘，单击【确定】按钮，得底面片体如图 3-2-51 所示。

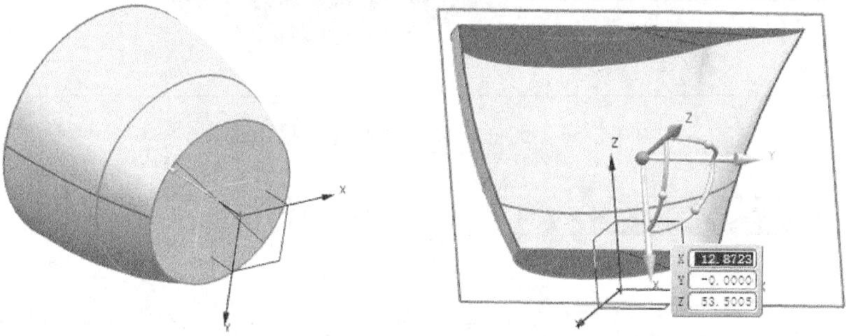

图 3-2-51　创建底面片体

(6) 将曲面片体“缝合”成实体。

单击【特征】工具条中的【缝合】，弹出对话框，设置公差为 0.1，依次选择底面、中间网络曲面和顶面，单击【确定】按钮，得实体如图 3-2-52 所示。

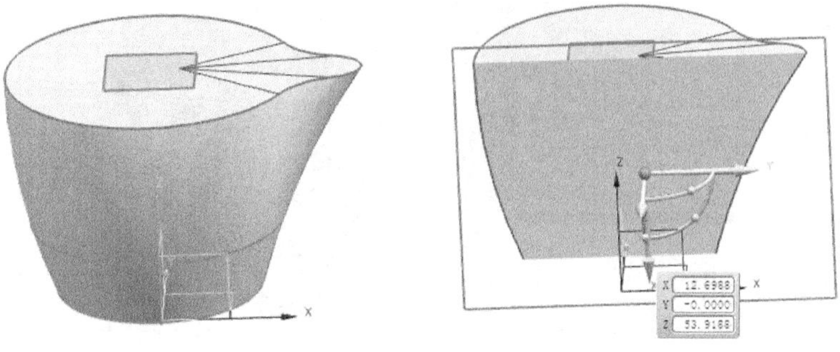

图 3-2-52　曲面片体缝合成实体

(7) 制作壶体空腔。

单击【特征】工具条中的【抽壳】，弹出对话框，设置厚度为 2，选择顶面作为移除面，如图 3-2-53 所示，设置备选厚度为 6，选择底面，如图 3-2-54 所示，单击【确定】按钮。查看抽壳效果(抽壳上壁厚为 2mm，底面厚 6mm)，如图 3-2-55 所示。

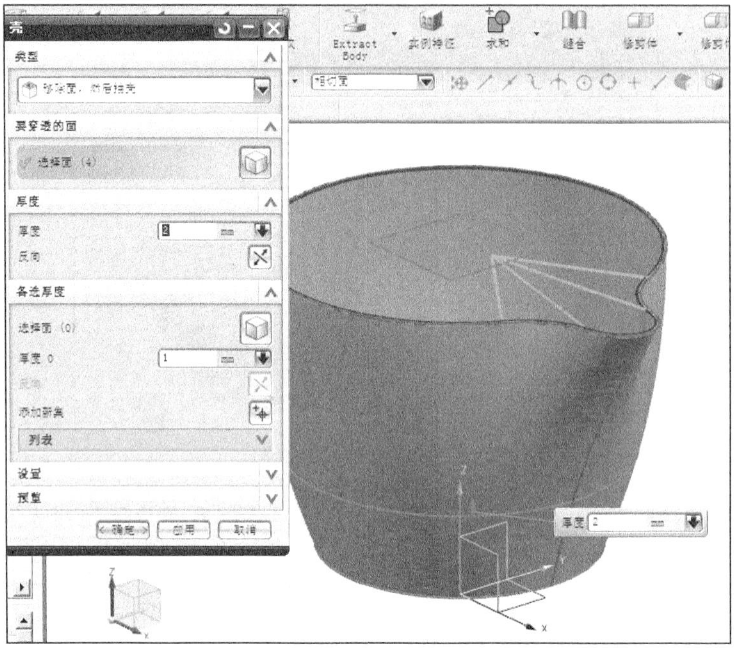

图 3-2-53　选择顶面作为抽壳“移除面”

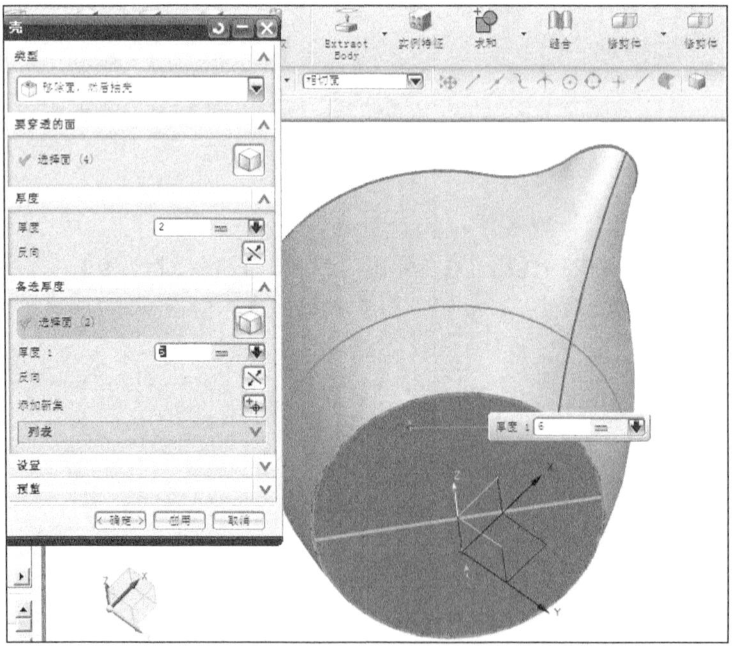

图 3-2-54　选择底面作为备选厚度“移除面”

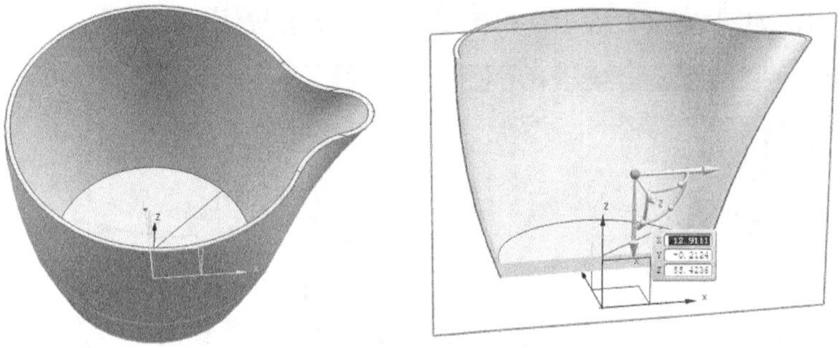

图 3-2-55　抽壳效果

(8) 制作壶身下部。

单击【特征】工具条中的【圆锥】，弹出对话框，选择【直径、高度】选项，选“Z↑”反向，单击【确定】按钮，设底部直径为 84；顶部直径为 98；高度为 16，单击【确定】按钮，设圆锥底面中点为(0, 0, 16)，设置布尔为求和，单击【确定】按钮，得圆锥体如图 3-2-56 所示。

图 3-2-56　创建圆锥体

(9) 制作过渡圆角。

单击【特征】工具条中的【边倒圆】，弹出对话框，设置半径为 10，选择壶身与壶底的交线，如图 3-2-57 所示，单击【应用】按钮，再另设半径为 1，选择底圆，如图 3-2-58 所示，单击【应用】按钮，结果如图 3-2-59 所示。

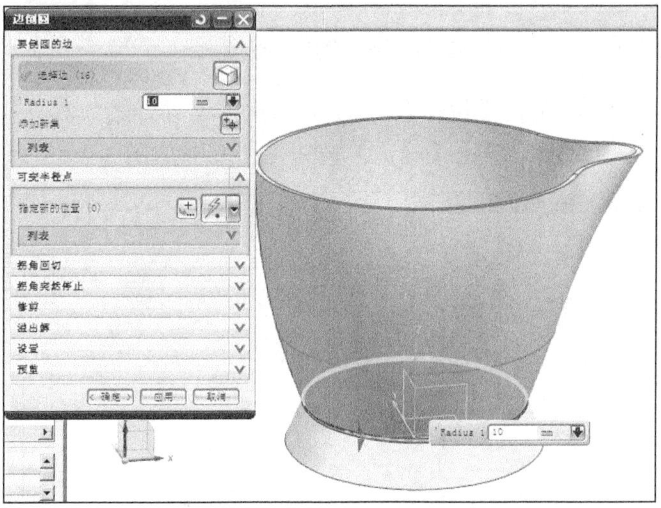

图 3-2-57　交线倒圆

(10) 制作壶嘴斜面。

① 单击【特征】工具条中的【草图】，弹出对话框，将【平面选项】设为“现有平面”，单击选择 XC-ZC 面，草图平面单击反向，单击【确定】按钮，进入如图 3-2-60 所示草图状态。

② 绘制草图，如图 3-2-61 所示，单击【完成草图】按钮。

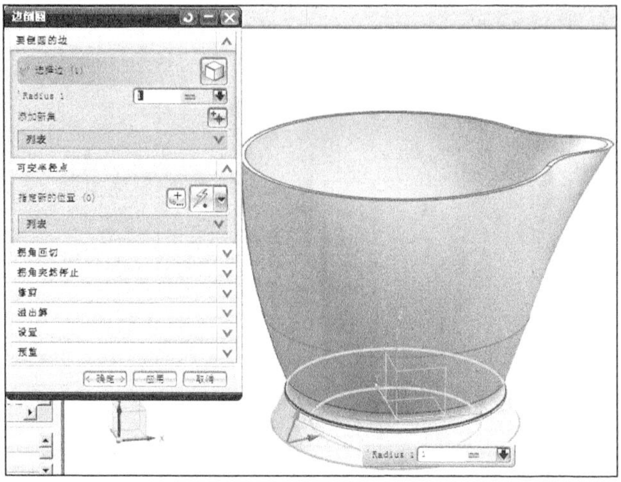

图 3-2-58　底边倒圆

图 3-2-59　创建倒圆结果

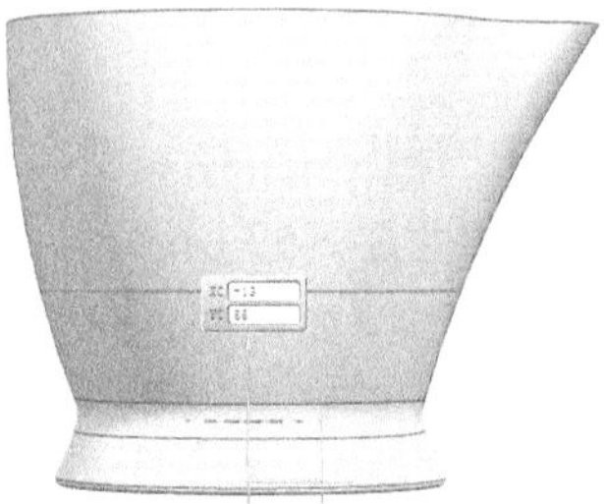

图 3-2-60　进入草图状态

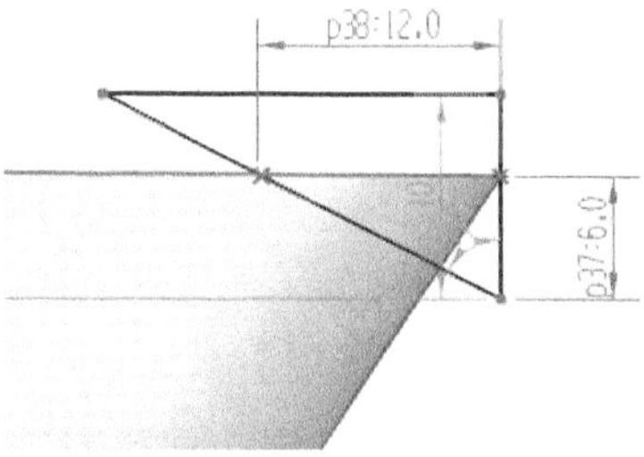

图 3-2-61　绘制草图

③ 单击【特征】工具条的【拉伸】，弹出对话框，设置开始为对称值，距离为 25，布尔为求差，如图 3-2-62 所示，单击【确定】按钮，得壶嘴如图 3-2-63 所示。

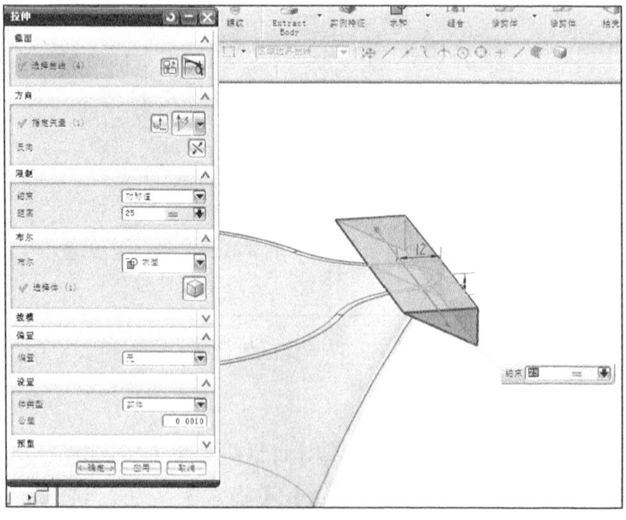

图 3-2-62　拉伸设置

(11)隐藏曲线。

同时按下Ctrl+B键，弹出对话框，如图3-2-64所示；单击【类型过滤器】，弹出对话框，按住Ctrl键，同时单击【实体】，如图3-2-65所示，单击【确定】按钮，再单击【全选】按钮，如图3-2-66所示，单击【确定】按钮，如图3-2-67所示，完成曲线隐藏。

图3-2-63　创建壶嘴

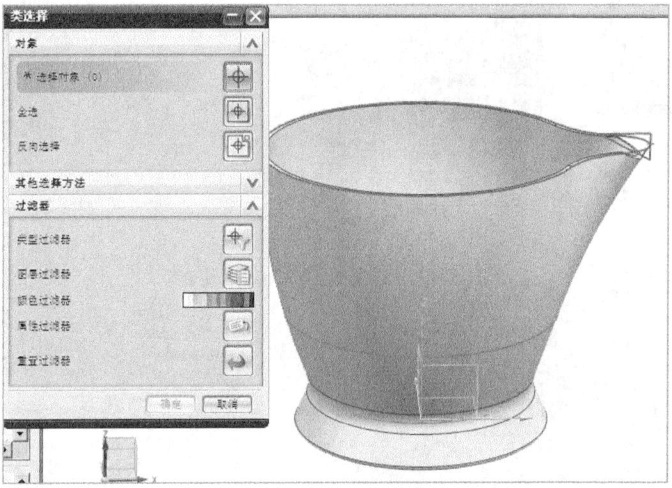

图3-2-64　选择对话框

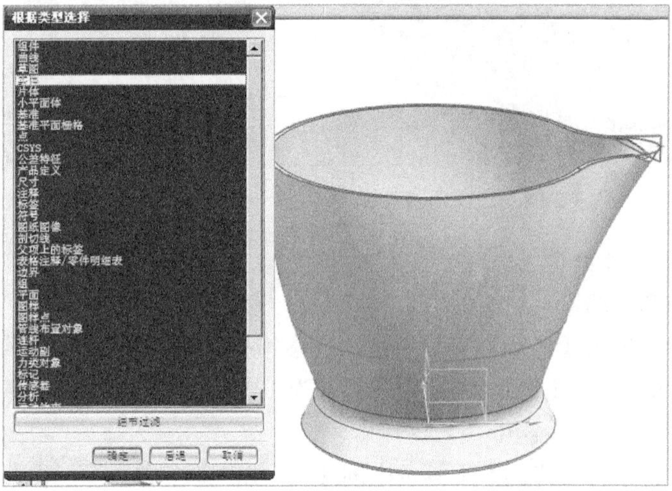

图3-2-65　选择选项

(12)倒边角圆。

单击【特征】工具条的【边角圆】，选择两条边，如图3-2-68所示，半径1设置为15，单击【确定】按钮，得倒圆角结果，如图3-2-69所示。

右击壶身，选择【隐藏】命令，暂时将壶体隐藏。

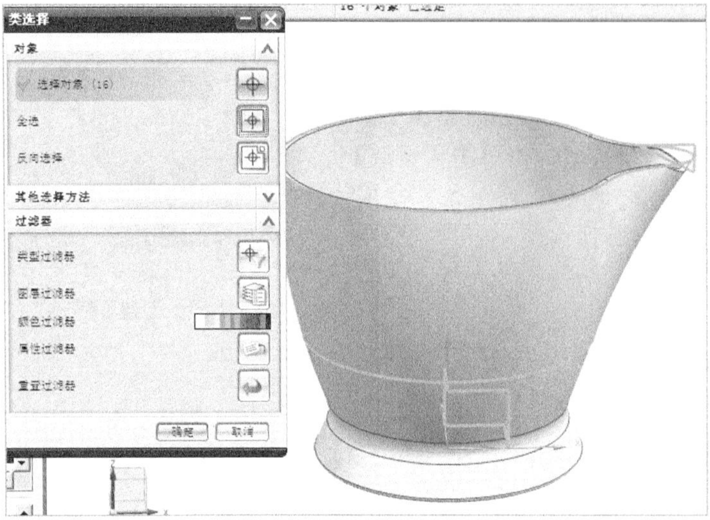

图 3-2-66　选择曲线

图 3-2-67　完成隐藏曲线

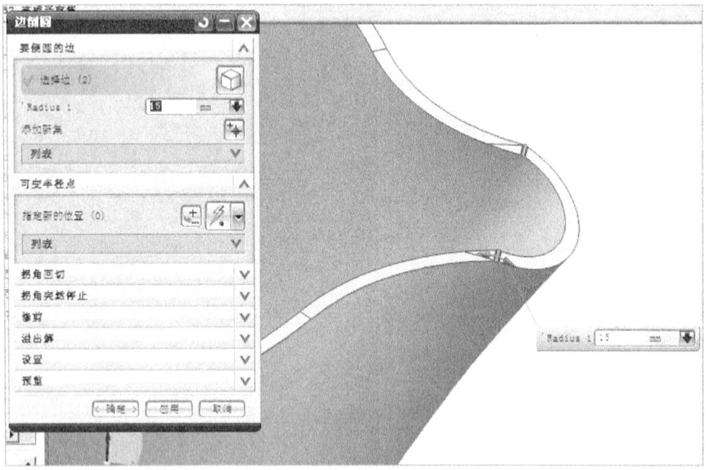

图 3-2-68　选择倒圆角边

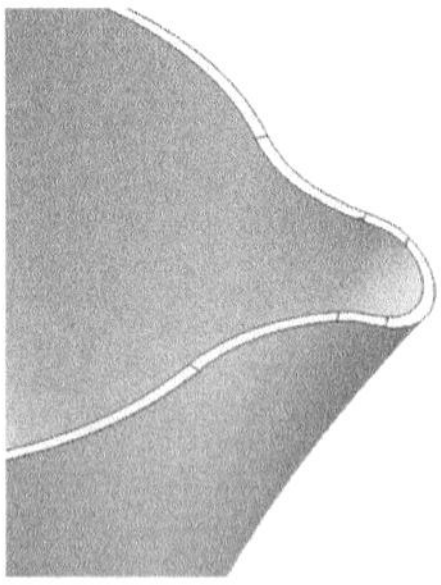

图 3-2-69　倒圆角结果

3) 制作壶身的其他结构

(1) 制作内腔凸起的内部结构。

① 制作圆锥。单击【特征】工具条中的【圆锥】，弹出对话框，选择【直径、高度】，设 Z↑方向为矢量方向，底部直径为 24，顶部直径为 18，高度为 63，圆锥起点原心为 (0, 0, 17)，单击【确定】按钮，如图 3-2-70 所示。

② 制作凸台。单击【特征】工具条中的【凸台】，弹出对话框，设置直径为 11，高度为 18；锥角为 0，选择圆锥顶面，如图 3-2-71 所示。单击【应用】按钮。选择圆锥顶面圆，如图 3-2-72 所示，单击【确定】按钮，得凸台如图 3-2-73 所示。

用同样的方法制得凸台：直径为 2，高度为 5(做高些，利于后面的布尔操作)，如图 3-2-74 所示。

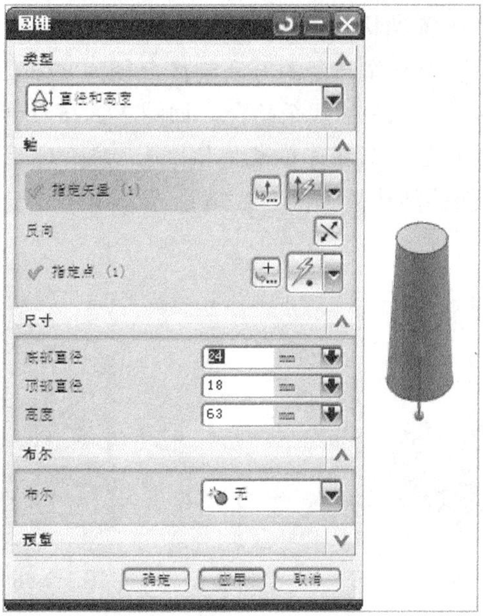

图 3-2-70　创建圆台体

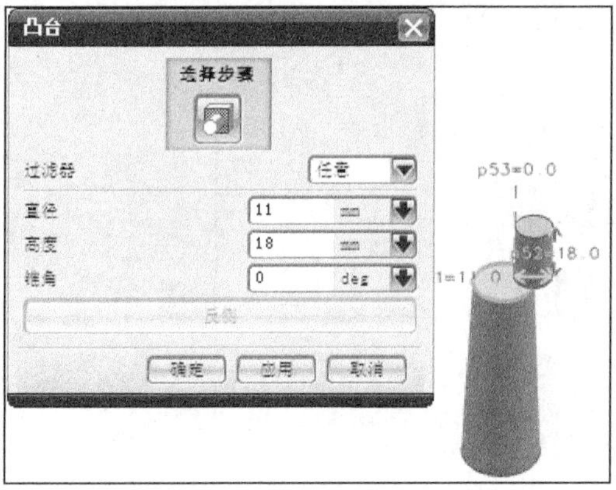

图 3-2-71　选择凸台放置面

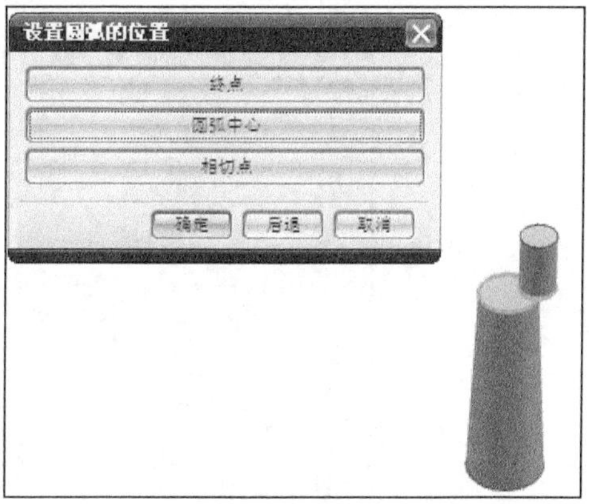

图 3-2-72　凸台定位

图 3-2-73　创建凸台

图 3-2-74　创建多个凸台

(2) 制作壶身下半部的内部结构。

① 制作圆柱部分。同以上制作凸台的方法制作直径为 82、高度为 6 及直径为 74 (M80 的内螺纹，小径为 74)、高度为 15 的两个凸台，如图 3-2-75 所示。

② 倒圆角。单击【特征】工具条中的【边倒圆】，弹出对话框，设置半径为 1，选择由上至下的第二个圆柱顶面的圆边，如图 3-2-76 所示，单击【确定】按钮。

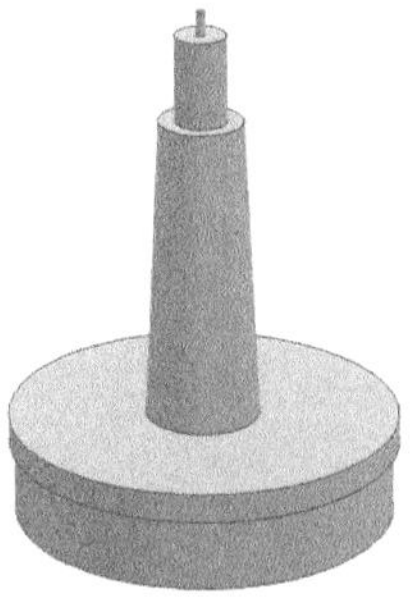

图 3-2-75　创建底部多个凸台

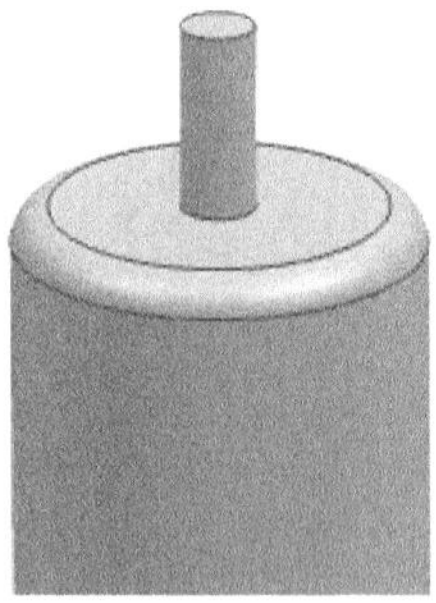

图 3-2-76　倒圆角 1

同理制得由上至下第三个圆台顶面的圆角为 *R*3，如图 3-2-77 所示，及圆台面与第四个圆柱之间的过渡圆角为 *R*8，如图 3-2-78 所示。

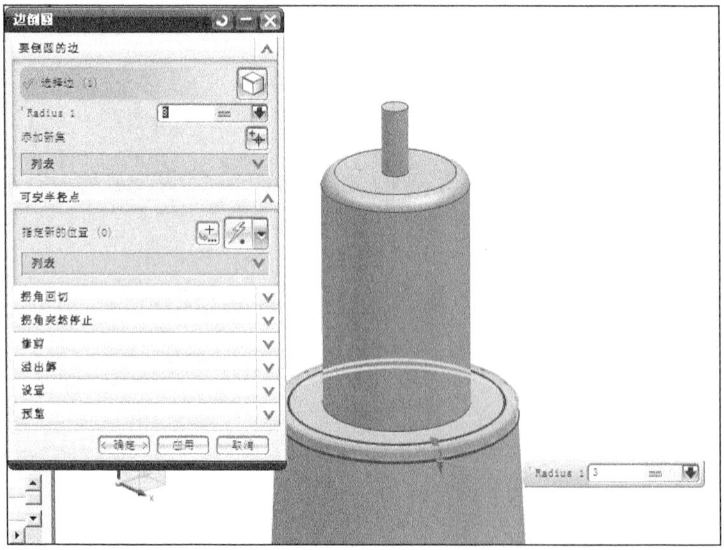

图 3-2-77　倒圆角 2

(3) 制作壶身内腔凸起结构。

① 显示隐藏体。在【编辑】菜单中选择【显示和隐藏】命令，单击【显示】，选择壶身，单击【确定】按钮，如图 3-2-79 所示。检查内外结构相对位置是否正确。

② 隐藏内腔凸起部分的内部结构。单击实体部分，右击【隐藏体】，如图 3-2-80 所示。

③ 制作内腔凸起部分。用前介绍过的制作圆锥的方法，设置底部直径为 30，顶部直径为 24，高度为 62，圆锥起点圆心为 (0, 0, 20) (有部分在壶身的底面上，利于与壶身求和)，布尔为求和，单击【确定】按钮，得内腔凸台 1，如图 3-2-81 所示。

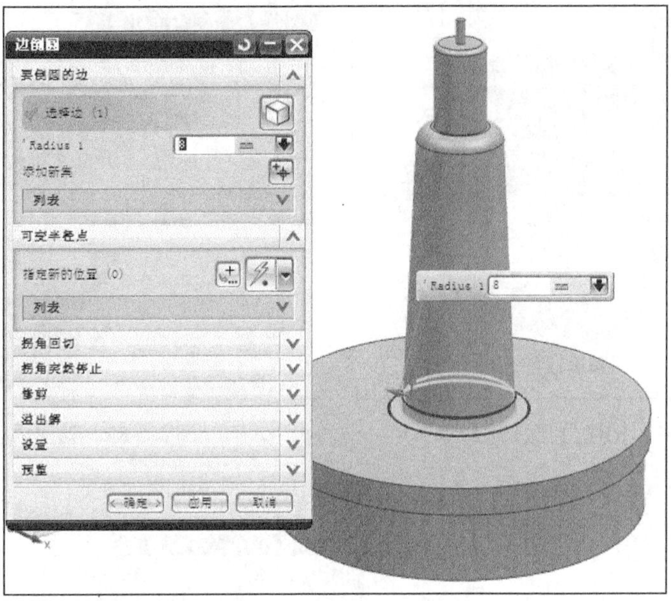

图 3-2-78　倒圆角 3

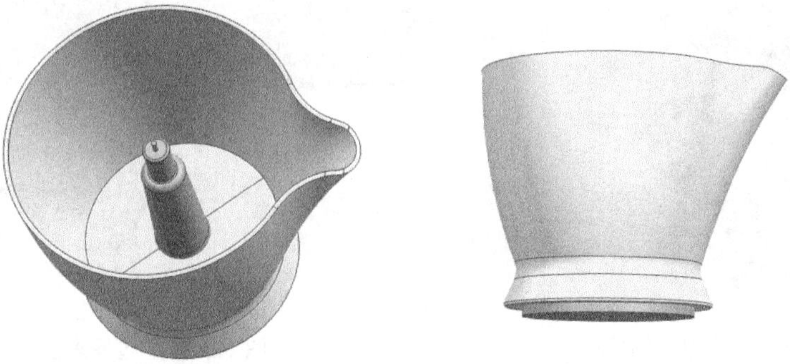

图 3-2-79　显示隐藏体

图 3-2-80　隐藏实体

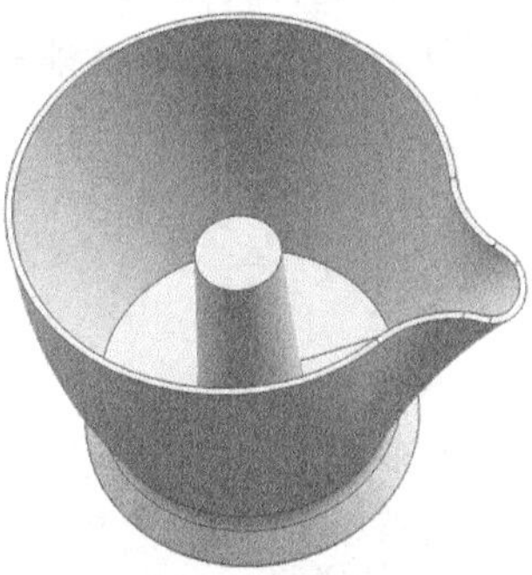

图 3-2-81　创建内腔凸台 1

④ 制作凸台。用以上介绍过的圆台制作方法分别制得直径为 22、高度为 5 的圆台，如图 3-2-82 所示；直径为 15、高度为 13 的凸台，如图 3-2-83 所示。

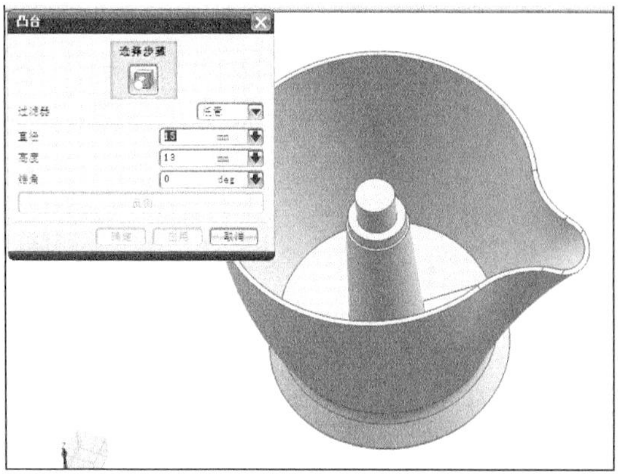

图 3-2-82　创建内腔凸台 2

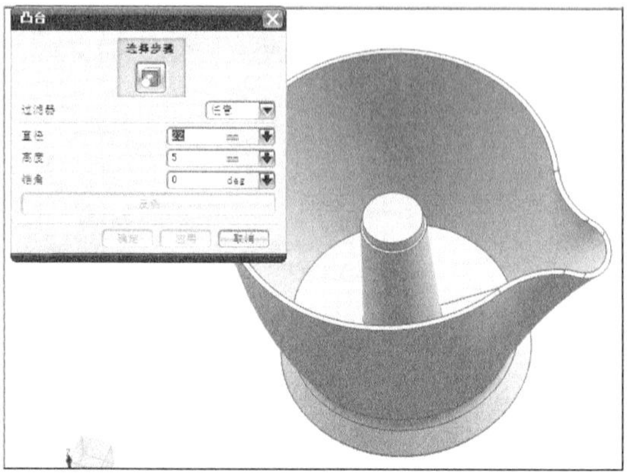

图 3-2-83　创建内腔凸台 3

⑤ 显示内腔凸起部分的内部结构。用前已述方法，如图 3-2-84 所示。

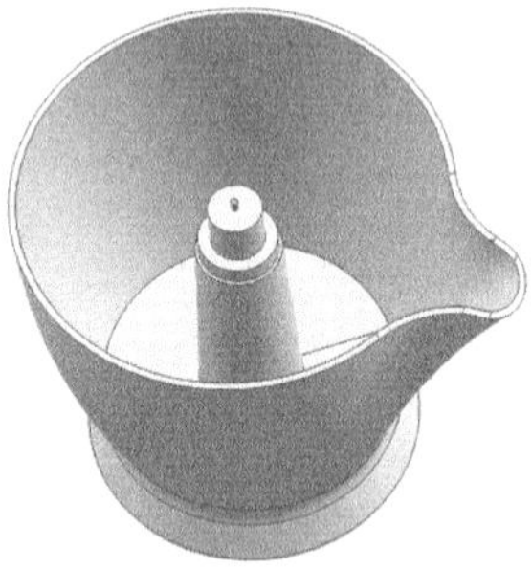

图 3-2-84　显示内腔凸起内部结构

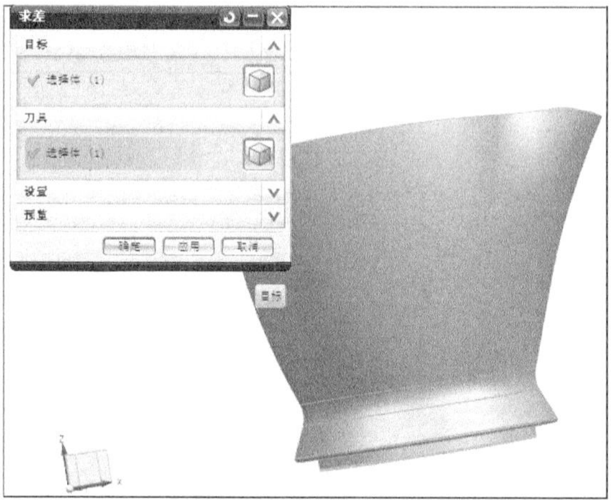

图 3-2-85　选择求差对象

⑥ 布尔运算。单击【特征】工具条中的【求差】，弹出对话框，如图 3-2-85 所示，选择壶身作为“目标”，选择内部结构(外露部分)作为“刀具”，单击【确定】按钮，结果如图 3-2-86 所示(单击【视图】工具条的【截面】，可看剖视)。

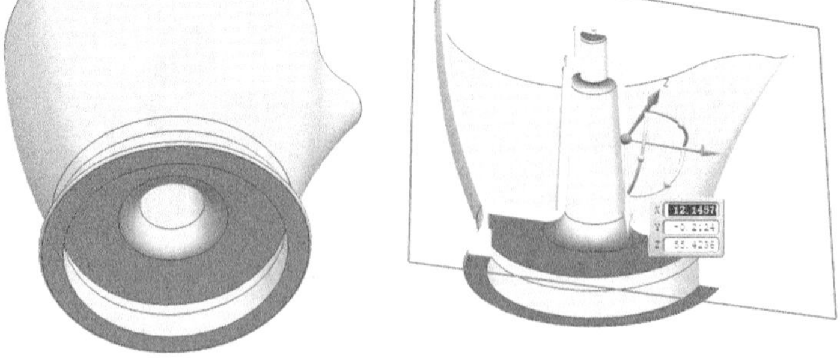

图 3-2-86　创建求差结果

(4) 制作壶身底部倒角。单击【特征】工具条的【圆锥】，弹出对话框，设置底圆直径为 78，顶圆直径为 74，高度为 2，布尔为求差(制作距离为 2 的倒角)，如图 3-2-87 所示。单击【确定】按钮，结果如图 3-2-88 所示。

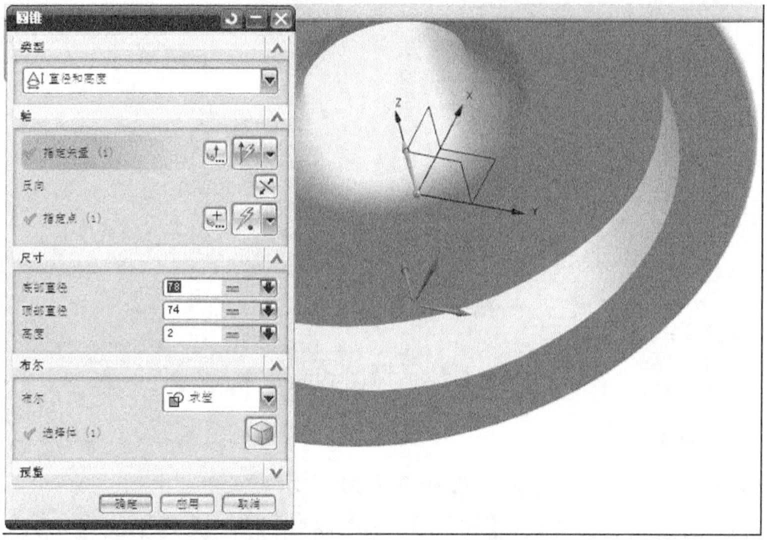

图 3-2-87　倒角圆锥参数设置

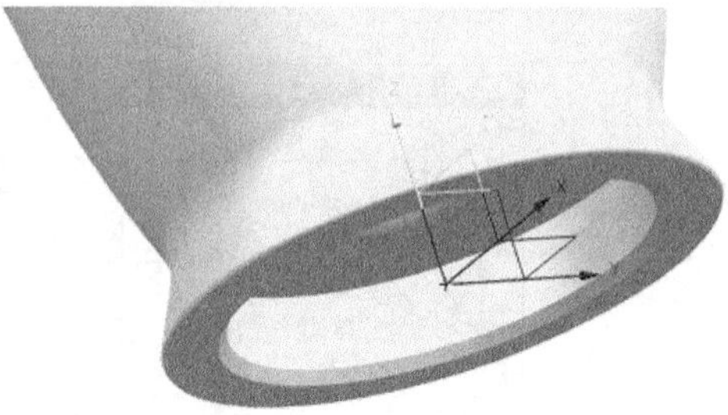

图 3-2-88　创建内倒角

(5) 制作底部内螺纹。单击【特征】工具条的【螺纹】，弹出对话框，选择【详细】选项，选择内圈表面，将螺距改为 4，如图 3-2-89 所示，单击【确定】按钮，结果如图 3-2-90 所示。

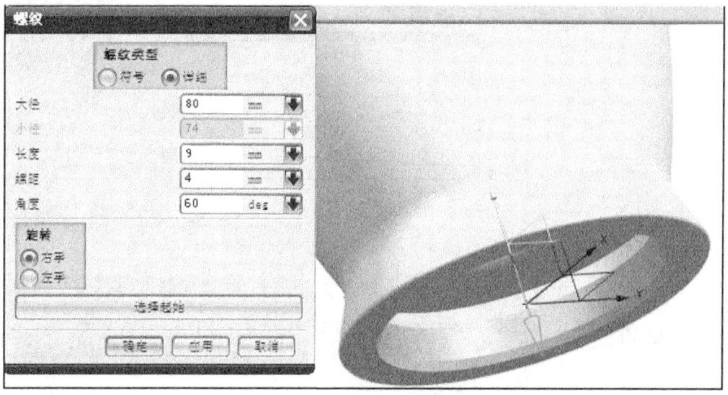

图 3-2-89　设置内螺纹参数

图 3-2-90　创建内螺纹

4) 制作上壶身凸耳

(1) 制作草图 1。凸耳的二维图，如图 3-2-91 所示。

① 单击【特征】工具条中的【草图】，弹出对话框，设置平面选项为现有平面，在图中选择 XC-ZC 面，注意设平面方法为反向，如图 3-2-92 所示，单击【确定】按钮，得图 3-2-93 所示。

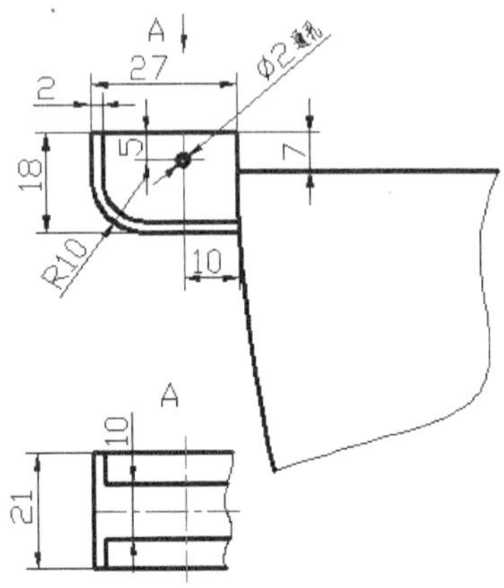

图 3-2-91　凸耳二维图

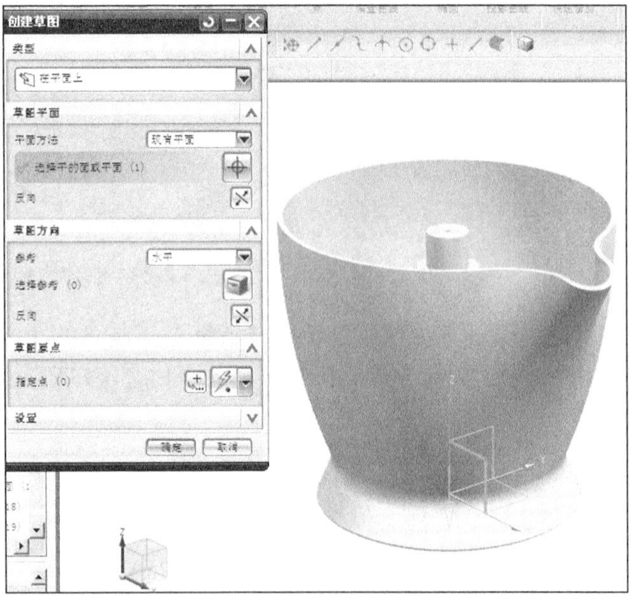

图 3-2-92　选择草图平面

② 利用【草图曲线】中的【直线】、【圆角】等工具绘得草图 1，如图 3-2-94 所示。利用【偏置曲线】，高置偏置距离为 2，得草图曲线 2，如图 3-2-95 所示，单击【完成草图】按钮。

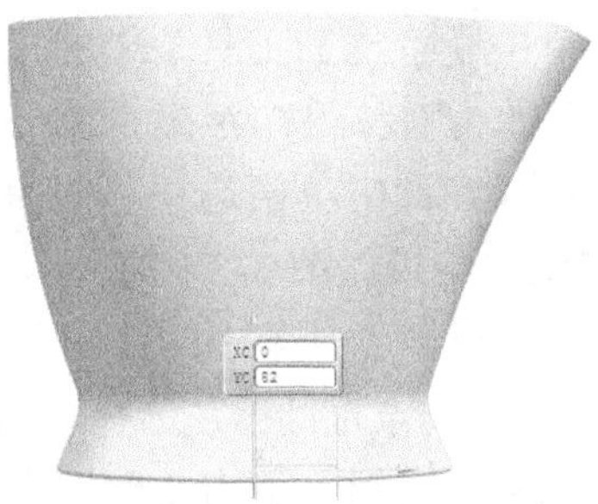

图 3-2-93　进入草图状态

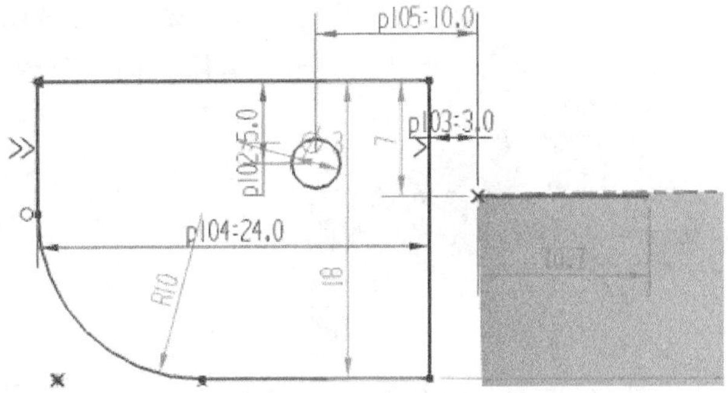

图 3-2-94　创建草图 1

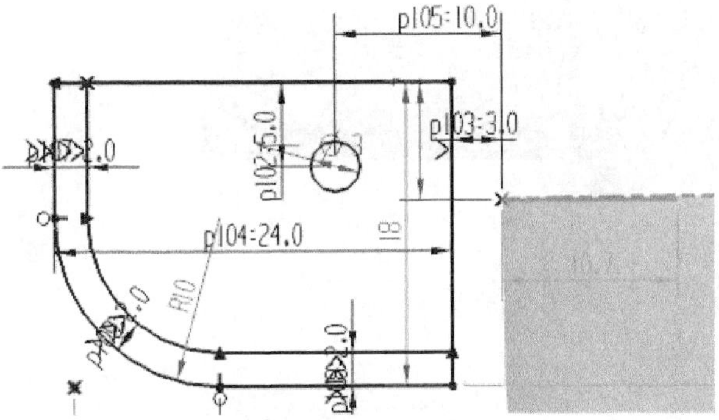

图 3-2-95　草图曲线 2

(2) 拉伸草图。

① 拉伸草图曲线 2：单击【拉伸】命令，弹出对话框，设置开始为值，距离为 4，终点也为值，终点的距离为 12(做长些利于后续求差)，设曲线规则为区域边界曲线，在图中单击选择草图曲线 2 区域，单击【应用】按钮，再向相反方向作一次拉伸，如图 3-2-96 所示。

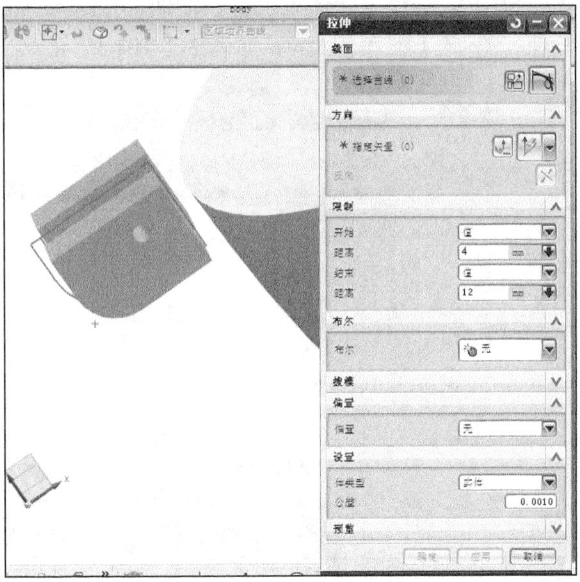

图 3-2-96　拉伸草图曲线 2

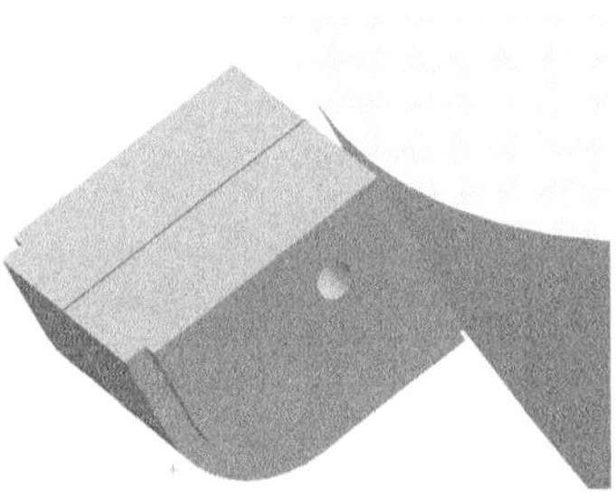

图 3-2-97　创建拉伸 1

② 拉伸草图曲线 1(如果先拉伸草图曲线 1，拉伸实体会挡住草图曲线)：单击【特征】工具条中的【拉伸】，弹出对话框，设置开始为对称值，距离为 10.5，设曲线规则为区域边界曲线，在图中单击选择草图曲线 1 区域，单击【确定】按钮，结果如图 3-2-97 所示。

(3) 布尔运算。单击【特征】工具条中的【求差】，弹出对话框，选择草图 1 的拉伸体为目标，选择草图 2 的拉伸体为刀具，如图 3-2-98 所示，单击【确定】按钮，结果如图 3-2-99 所示。

图 3-2-98　选择求差对象

图 3-2-99　创建求差结果

(4) 将凸耳与壶身连成一体。

由于壶身是一个曲面体，接触面是曲面，所以无法直接拉伸而成。

采用“替换面”的方法：在任何工具的位置上右击，选择【同步建模】命令，打开【同步建模】工具条，单击【替换面】，选择拉伸体为要替换的面，选择壶身为替换面，如图 3-2-100 所示，单击【确定】按钮，选择【求和】，结果如图 3-2-101 所示。

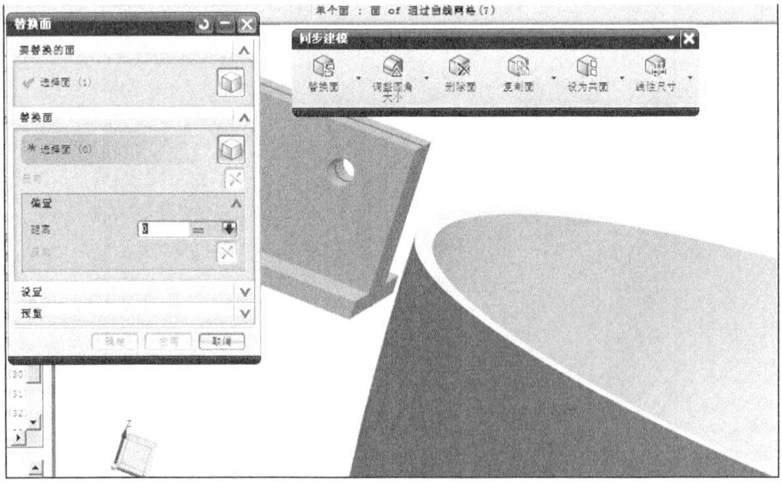

图 3-2-100　选择要替换的面和替换面

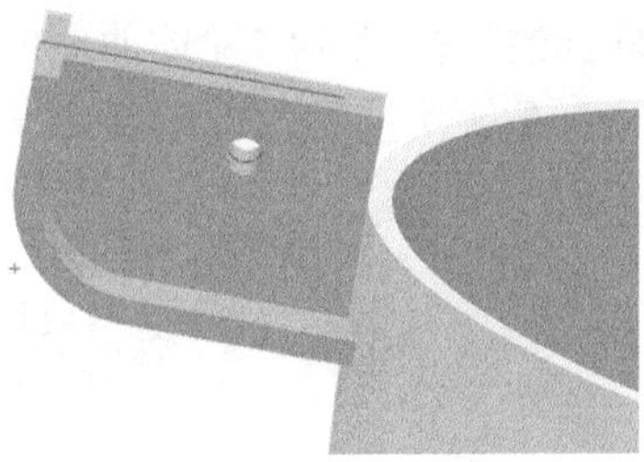

图 3-2-101　凸耳与壶身连成一体结果

(5) 凸耳倒圆角。在【特征】的工具条中单击【边倒圆】，弹出对话框，设置半径为 6，如图 3-2-102 所示，单击【确定】按钮，结果如图 3-2-103 所示。

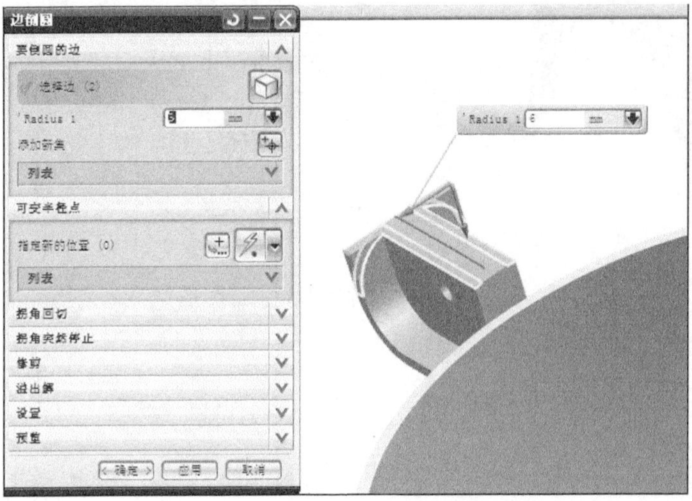

图 3-2-102　设置倒圆参数

至此，完成上壶身的制作。着色(注意在对话框中选中【局部着色】选项，否则会出现内外颜色不一致)后最终结果如图 3-2-104 所示。

图 3-2-103　创建圆角

图 3-2-104　上壶身最终模型

3. 壶把的设计制作

实例概述：本例介绍了壶把的设计制作过程。该零件重点和难点在于与上壶体的接触配合的设计和制作，此实例主要运用了椭圆、直线、艺术样条曲线等特征命令。通过本实例的学习，能熟练地掌握凸台、边倒圆、缝合等特征的操作，以及通过曲线网络、*N* 边曲面等方法制作片体曲面；通过缝合的特征操作将片体曲面制成曲面实体。利用导入相配合的零件作为刀具修剪实体的方法，是解决接触零件形状完全吻合的方法。零件的模型及二维图形如图 3-2-105 所示。

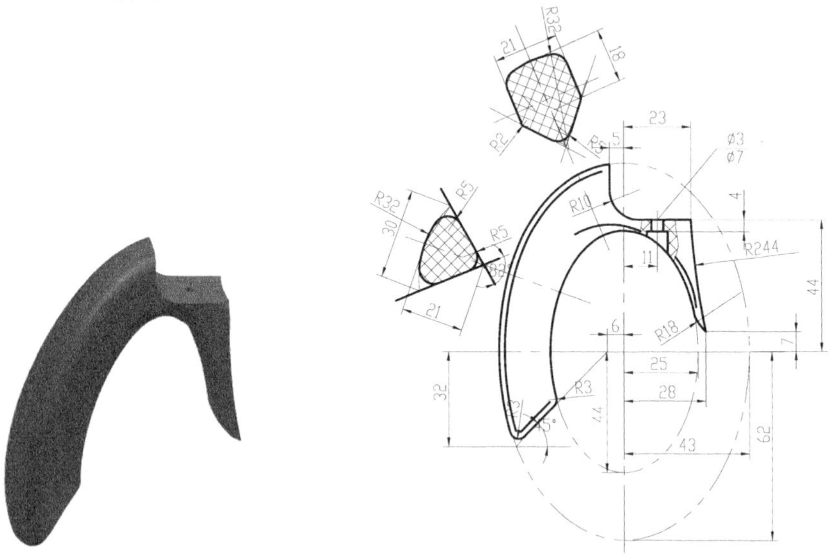

图 3-2-105　零件模型及二维图形

1) 环境设置

打开样版图 YB.prt 另存为 huba.prt。

2) 制作壶把的基本形状

(1) 制作引导椭圆。

① 选 XC-ZC 面作为草图平面。单击【特征】工具条中的【草图】，弹出对话框，选择 XC-ZC 作为草图平面，注意将草图平面设为反向，如图 3-2-106 所示，单击【确定】按钮，进入 XC-ZC 草图平面。

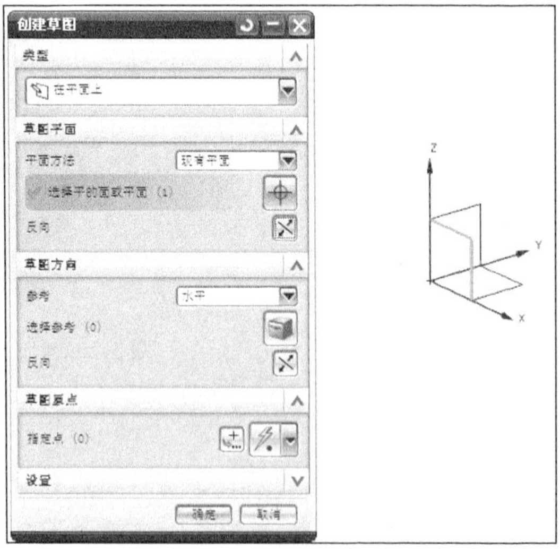

图 3-2-106　选择草图平面

② 调出椭圆工具。单击【工具】→【定制】菜单，弹出【定制】对话框，选择【命令】选项卡，单击【草图工具】→【椭圆】，如图 3-2-107 所示。按住左键将椭圆图标拖到草图工具条中，即可添加椭圆工具。

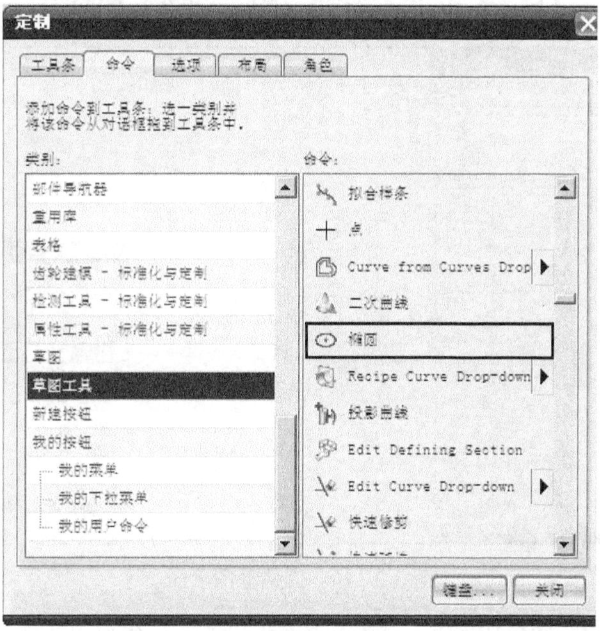

图 3-2-107　调出椭圆工具

③ 绘制椭圆。单击【草图工具】中的【椭圆】，弹出对话框，设置椭圆圆心为(0, 0, 0)，长半轴为 34，短半轴为 58，其他项不改，如图 3-2-108 所示，单击【确定】按钮，修剪草图(两直线也要修剪，图中是为标注角度的)，结果如图 3-2-109 所示，单击【完成草图】按钮。

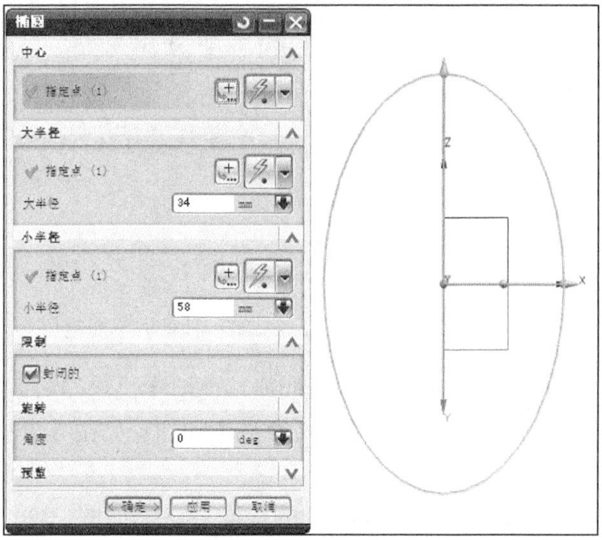

图 3-2-108　设置椭圆参数

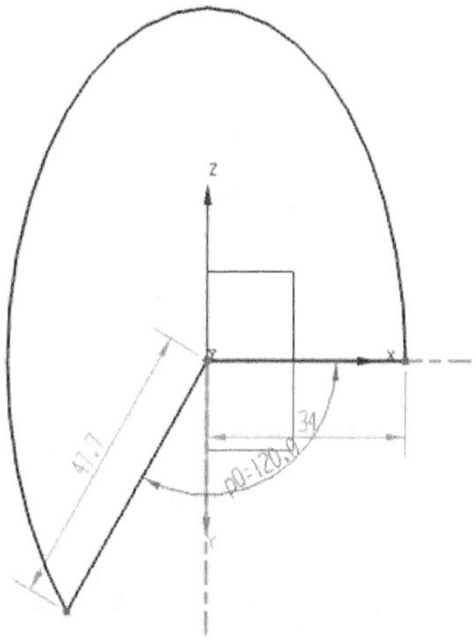

图 3-2-109　创建椭圆弧

(2) 制作壶把截面形状。

① 制作壶把三个相同截面草图。

单击【特征】工具条中的【草图】，弹出对话框，设置草图平面选项为创建平面，单击象限点，如图 3-2-110 所示，单击【确定】按钮，如图 3-2-111 所示进入草图。

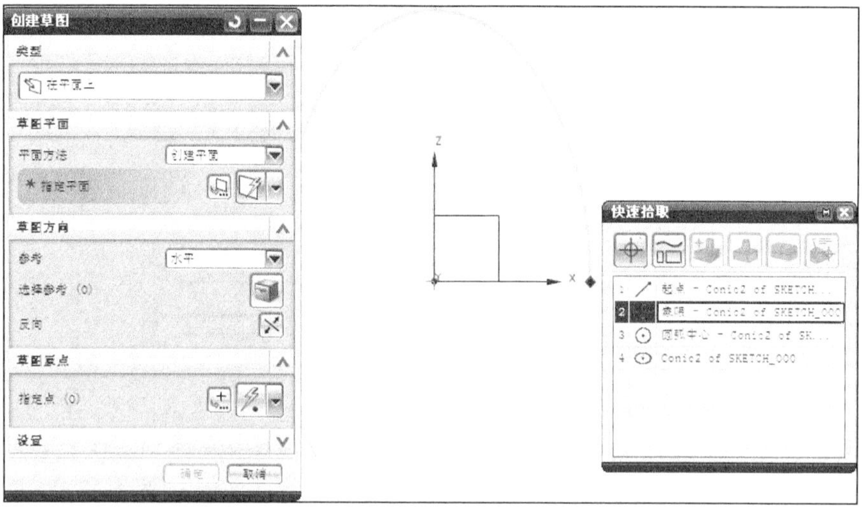

图 3-2-110　创建草图平面

单击【直线】工具，绘制直线 1：起点(以选定的椭圆象限点作为起点)为(–12, 0)，角度为 41°，长度为 30；直线 2：起点为(–12, 0)，角度–41°，长度为 30。

单击【圆】工具，圆心(相对于起点)为(–16, 0)，直径为 64，如图 3-2-112 所示。

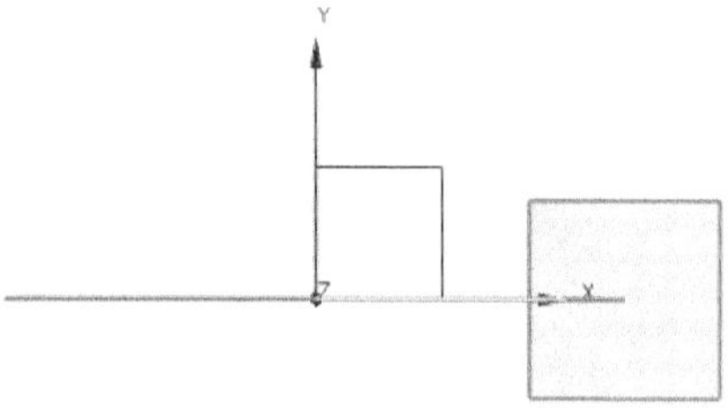

图 3-2-111　进入草图

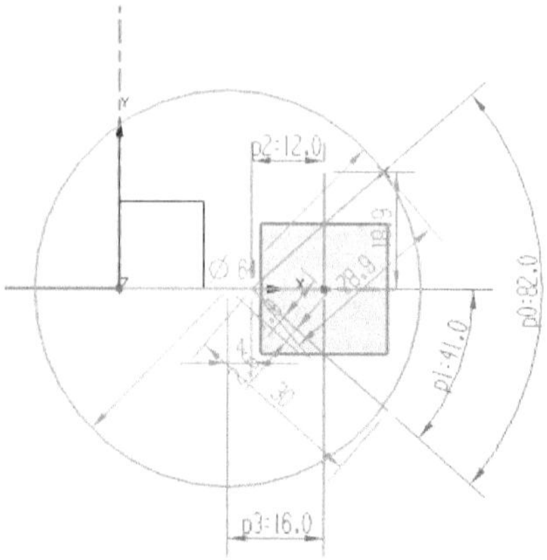

图 3-2-112　第一种截面草图定位

单击【圆角】工具，设置半径为 5，对三个角进行倒圆角处理，使用【快速修剪】删除多余的线。最终得断面草图，如图 3-2-113 所示。单击【完成草图】按钮，如图 3-2-114 所示。

用同样的办法在水平象限点和端点制得第二、第三个相同的截面形状，如图 3-2-115 所示。

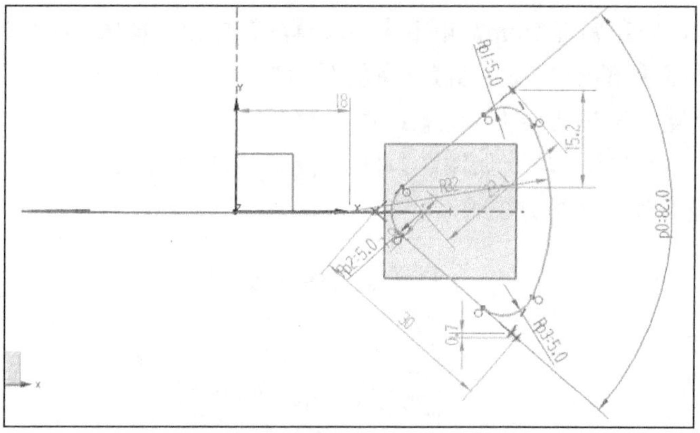

图 3-2-113　创建第一种截面草图

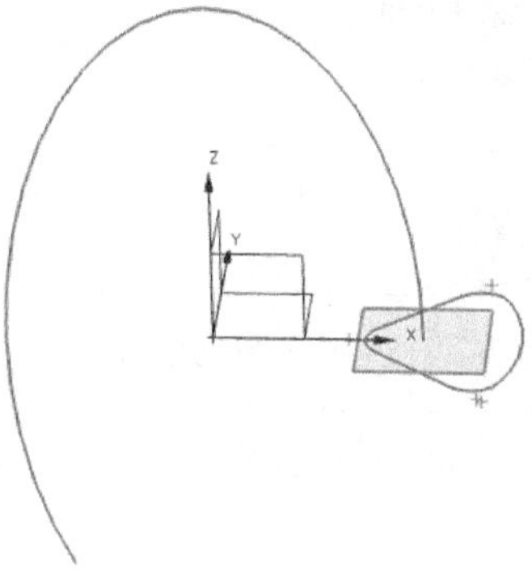

图 3-2-114　完成截面草图

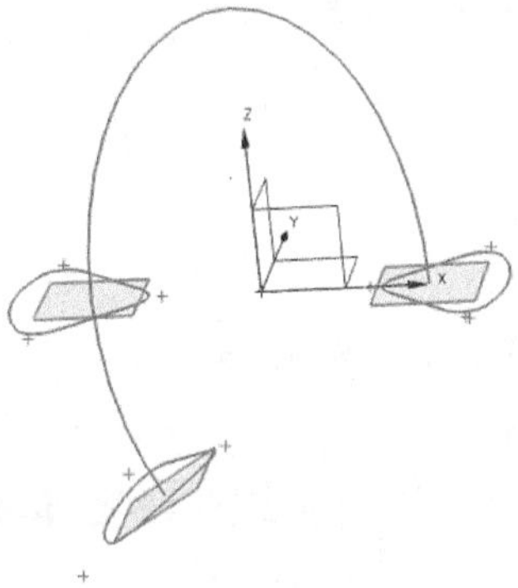

图 3-2-115　创建多个相同截面草图

② 制作壶把第四个截面草图。

单击【特征】工具条中的【草图】，弹出对话框，XC-CZ 作为草图平面，注意将草图平面设为反向，如图 3-2-116 所示，单击【确定】按钮，进入 XC-ZC 草图平面。

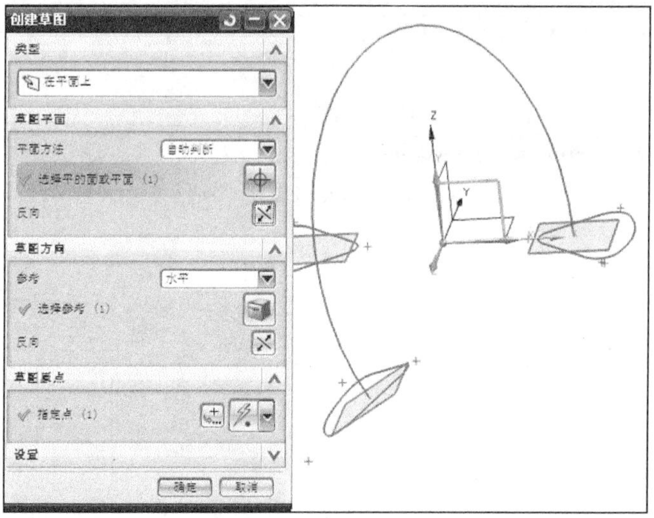

图 3-2-116　选择新的草图平面

绘制草图直线，向左偏置 5mm，单击【完成草图】按钮，如图 3-2-117 所示，得偏置线。

单击【特征】工具条中的【草图】，弹出对话框，设置平面选项，为创建平面，单击【指定平面】，选择类型为在曲线上，注意选曲线时要在直线与椭圆的交点上(光标后有三个点，为在交点上)，再选第一项，如图 3-2-118 所示，结果如图 3-2-119 所示，单击【确定】按钮进入草图平面，如图 3-2-120 所示。

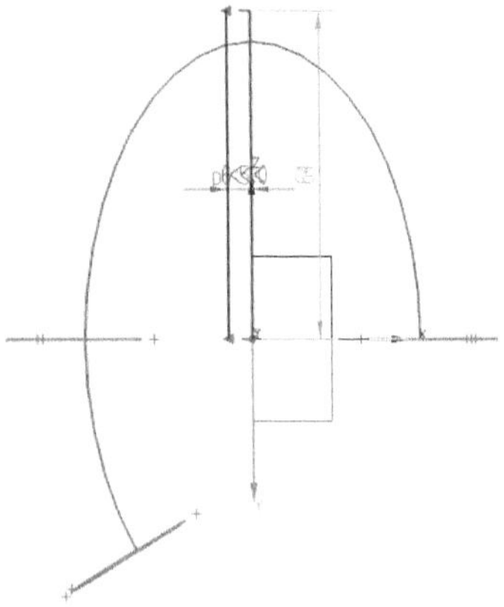

图 3-2-117　创建偏置线

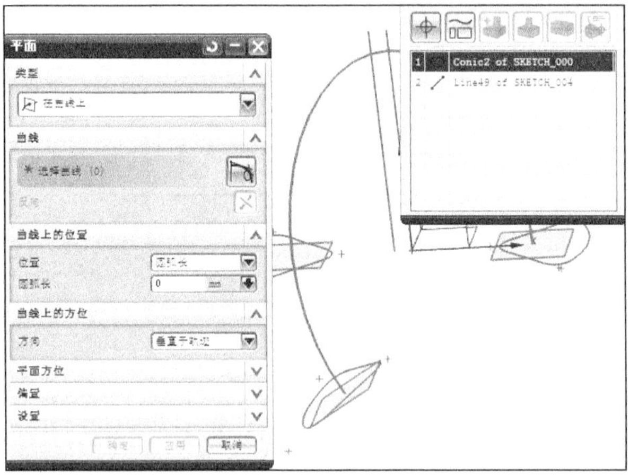

图 3-2-118　选择新的草图平面

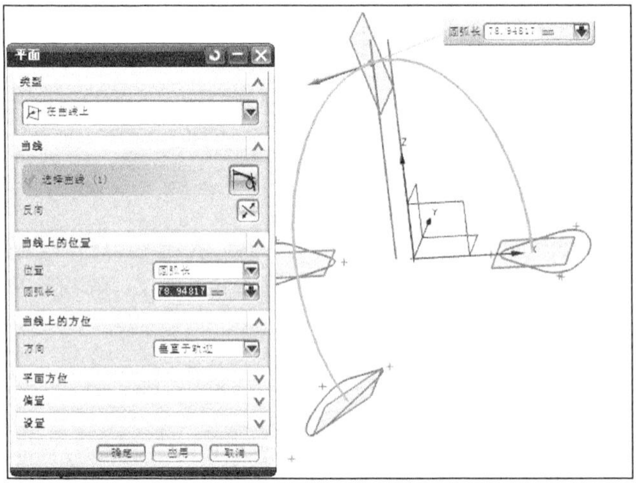

图 3-2-119　选择新的草图平面结果

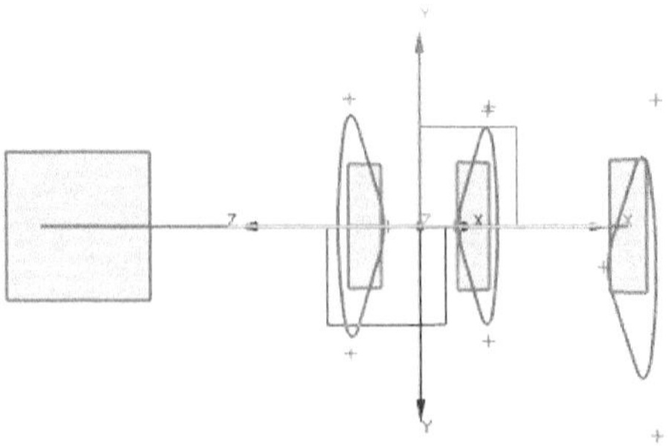

图 3-2-120　进入草图平面

绘制第四截面草图。以新草图平面的中心作为起点。直线为(17,0)，长度为 35，角度为 139°，直线为(17, 0)，长度为 35，角度为–139°；圆为(18，0)，直径为 64；三个圆角为 *R*5，二个圆角为 *R*2，如图 3-2-121 所示，单击【完成草图】按钮。完壶把的多个截面草图，如图 3-2-122 所示。

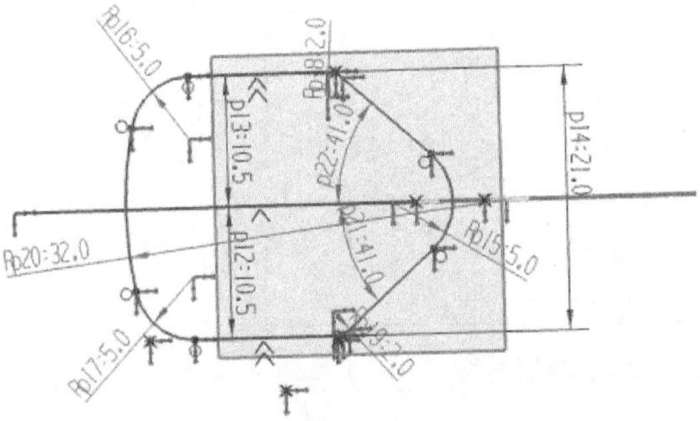

图 3-2-121　创建第二种截面草图

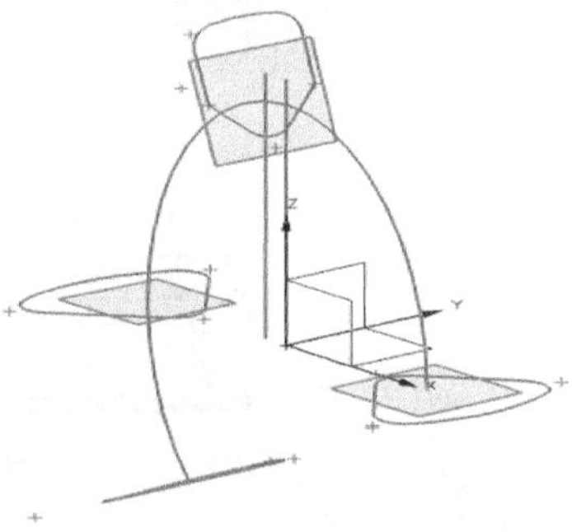

图 3-2-122　完成截面草图结果

将参考直线移动到另一图层。单击【格式】→【移动至图层】命令，弹出对话框，选择【直线及基准面】，如图 3-2-123 所示，单击【确定】按钮，在【目标图层或类别】栏中输入 2，如图 3-2-124 所示，单击【确定】按钮，即可将直线移至图层 2。

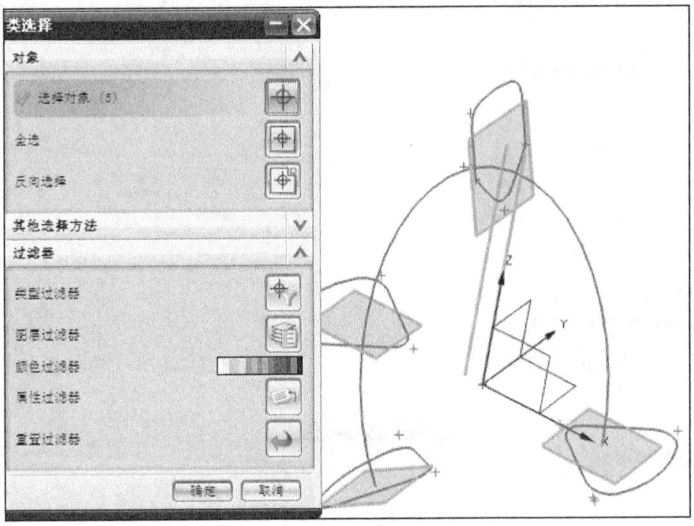

图 3-2-123　选择移动图层对象

将图层设置为不可见层。单击【格式】→【图层在视图中可见】命令，弹出对话框，单击【确定】按钮，选择 2，单击【不可见】按钮，如图 3-2-125 所示，单击【确定】按钮，结果如图 3-2-126 所示。

(3)创建壶把实体。

① 制作网格的样条曲线。单击【曲线】工具条中的【艺术样条】，设置好捕捉中点，选择特殊点，如图 3-2-127 所示，单击【应用】按钮，完成一条曲线后，用同样的方法再制多条网格曲线，单击【确定】按钮，结果如图 3-2-128 所示。

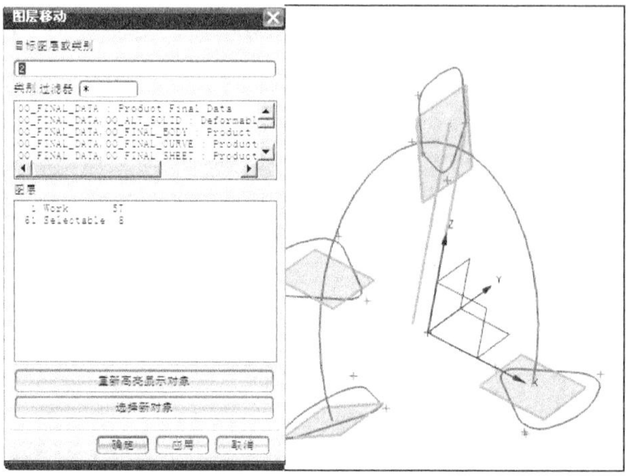

图 3-2-124　输入移动图层号数

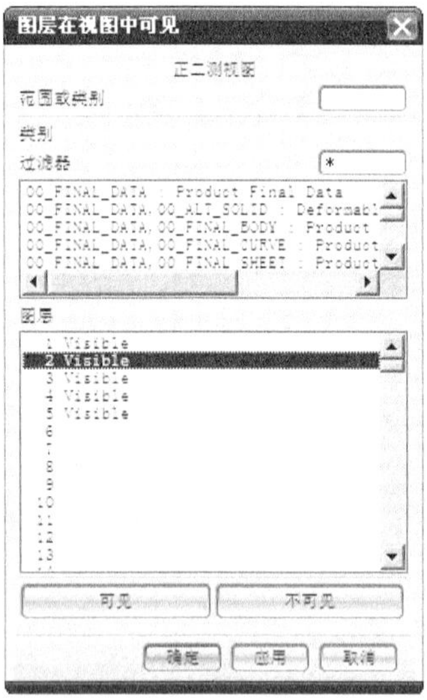

图 3-2-125　设置图层的可见性

图 3-2-126　隐藏多余的线和面

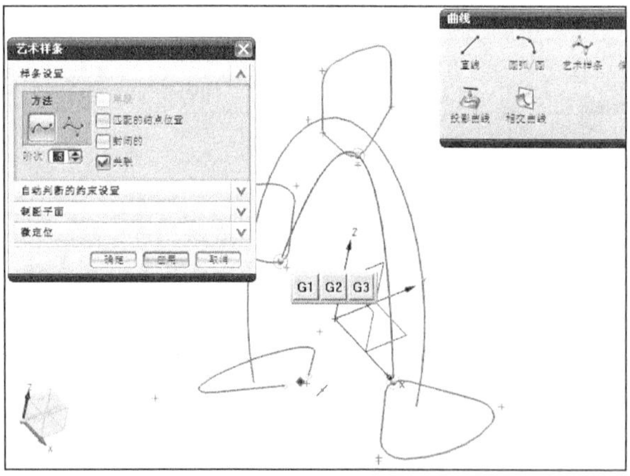

图 3-2-127　选择样条曲线通过点

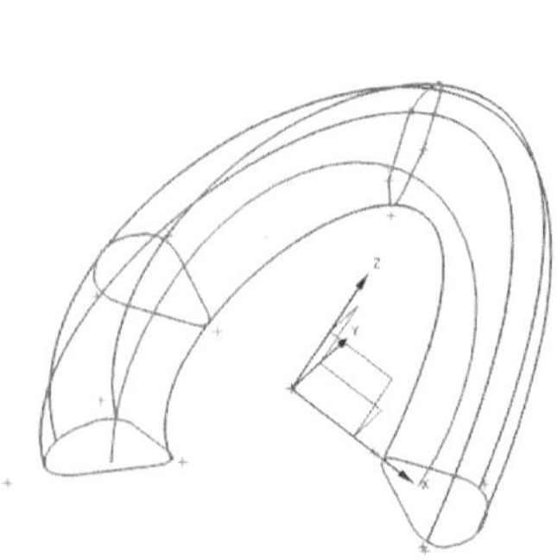

图 3-2-128　创建多条样条曲线

② 制作网格实体。单击【曲面】工具条的【通过曲线网格】，弹出对话框，依次选择刚做的几条样条曲线作为主曲线(注意第一样主曲线再作为最后一条主曲线，即选两次)，几个截面作为交叉曲线(曲线规则选相连曲线)，如图 3-2-129 所示(选线时要同方向)，单击【确定】按钮，得片体曲面，如图 3-2-130 所示。

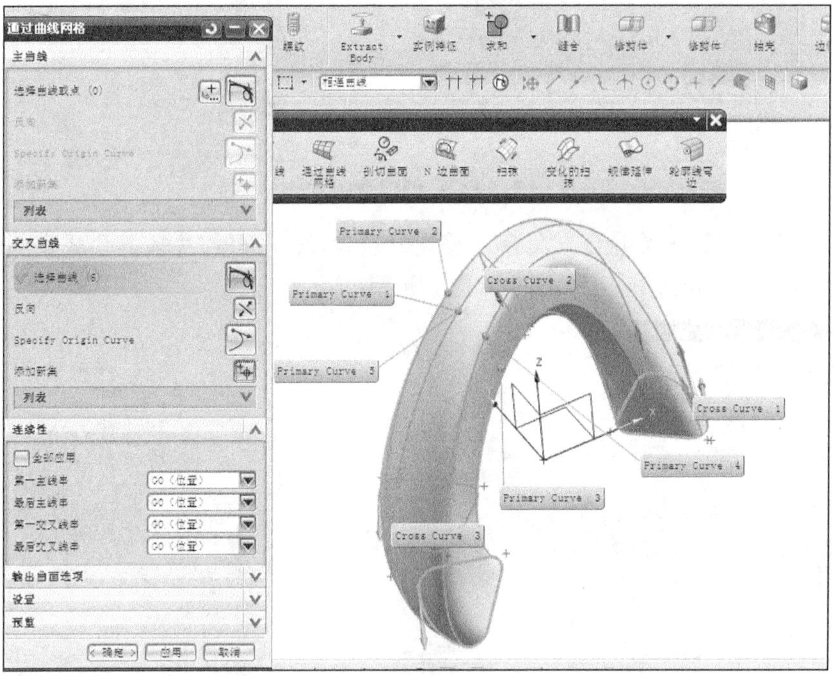

图 3-2-129　选择网格曲线

③ 单击【曲面】→【N 边曲面】命令，弹出对话框，选择左边草图曲线，类型为三角形，如图 3-2-131 所示，单击【应用】按钮，用同样的方法制成右边曲面，如图 3-2-132 所示。

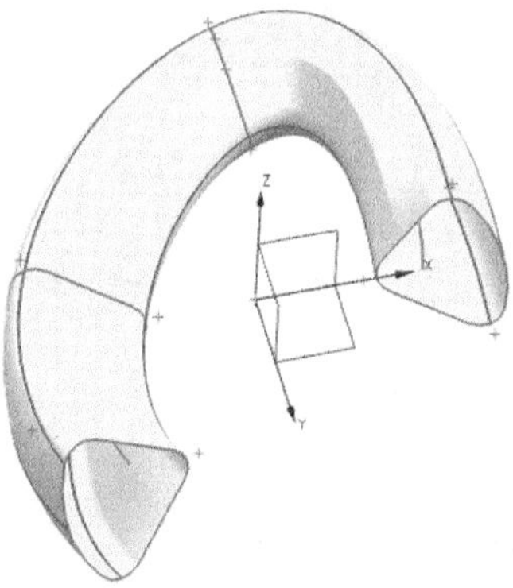

图 3-2-130　创建网格片体

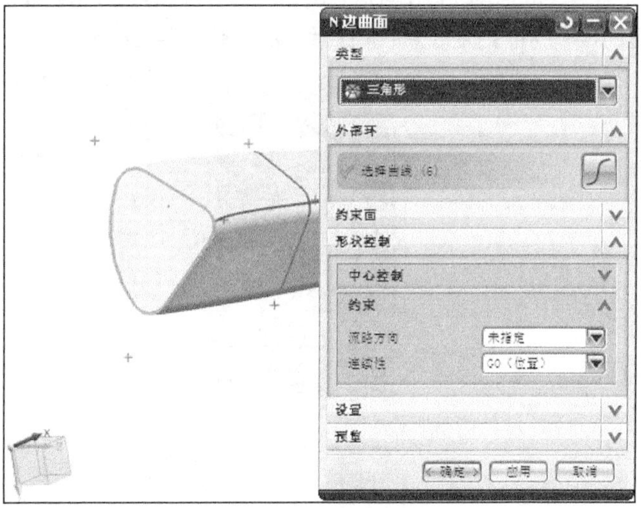

图 3-2-131　选择端面曲线

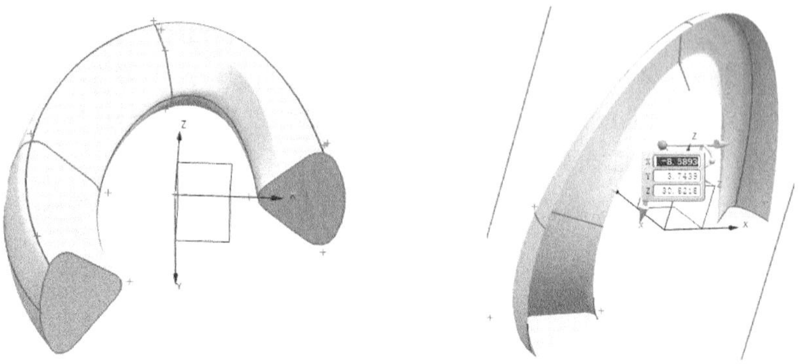

图 3-2-132　创建壶把片体

④ 单击【特征】→【缝合】命令，设置公差为 0.2，将各片体缝合成实体(如果缝不成实体，重做一次三角片体)，如图 3-2-133 所示。

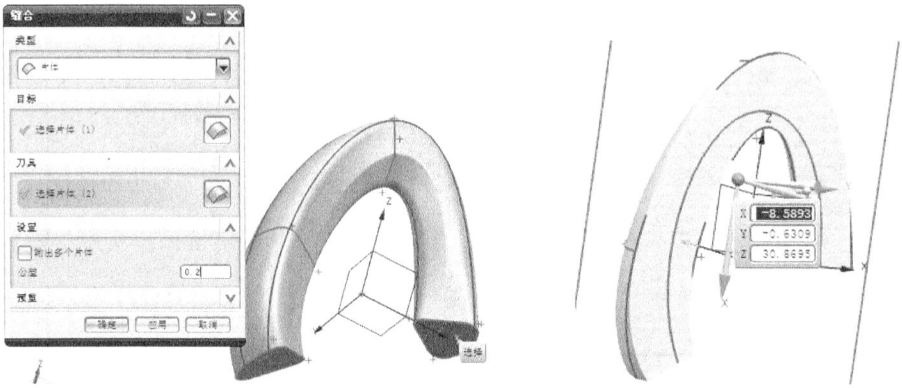

图 3-2-133　缝合片体成实体

⑤ 隐藏曲线。按 Ctrl+B 键，弹出对话框，单击【类型过滤器】，弹出对话框，选择【实体】，如图 3-2-134 所示，单击【确定】按钮，返回原对话框，单击【反向选择】，如图 3-2-135 所示，单击【确定】按钮，结果如图 3-2-136 所示。

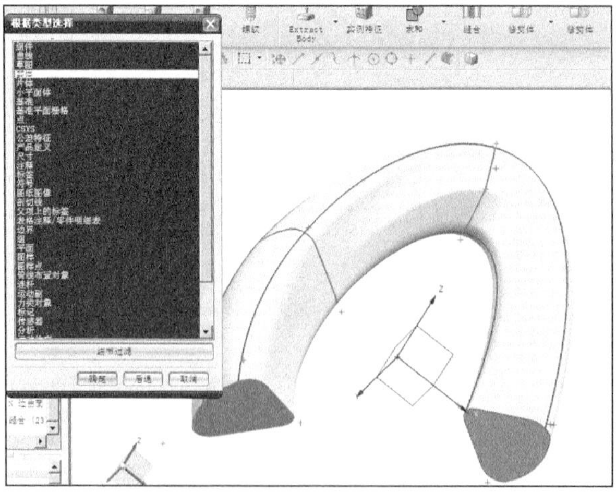

图 3-2-134　隐藏曲线设置

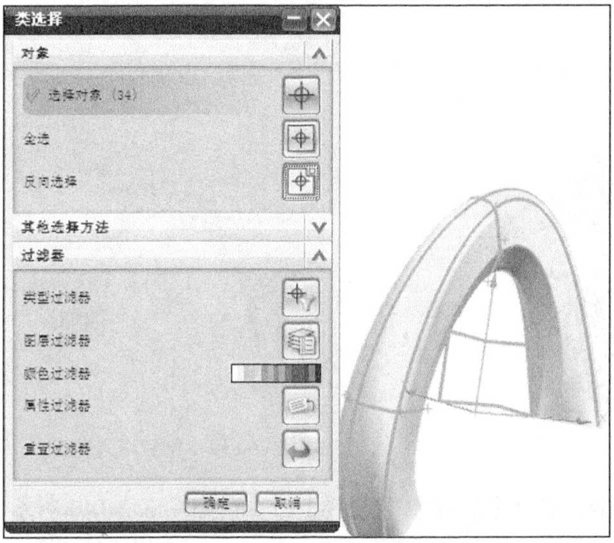

图 3-2-135　选择隐藏曲线

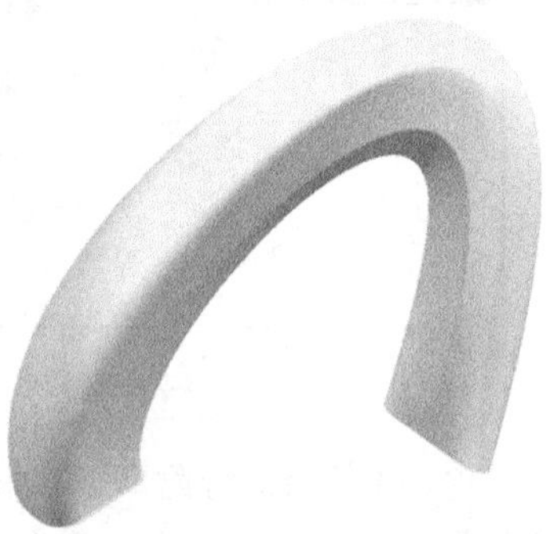

图 3-2-136　壶把基本实体

(4)完善壶把外形。

① 与壶体接触的完善。单击【文件】→【导入】→【部件】命令，弹出对话框，单击【确定】按钮，选择 shanghuti.prt 文件，弹出对话框，设置原点为(83, 0, –34.5)，如图 3-2-137 所示，单击【确定】按钮。

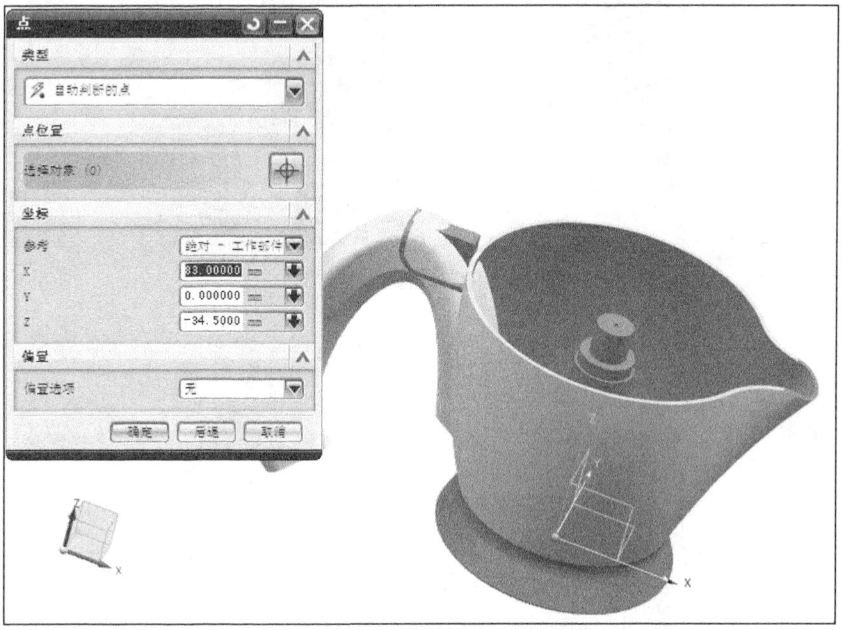

图 3-2-137　导入零件

单击【特征】工具条的【求差】，弹出对话框，以壶把为目标体，以壶体作为刀具，如图 3-2-138 所示，结果如图 3-2-139 所示。

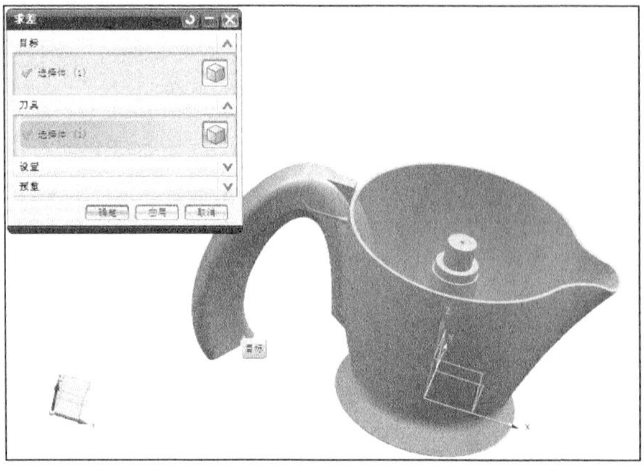

图 3-2-138　求差选择

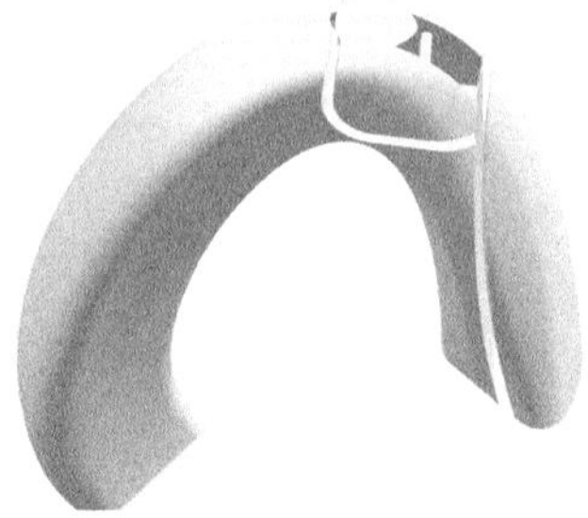

图 3-2-139　创建求差结果

② 将多余部分隐藏。在壶把处右击，选择【从列表中选择】命令，如图 3-2-140 所示，选择要隐藏的部分实体，如图 3-2-141 所示，在选中的要隐藏体上右击，选择【隐藏】命令，结果如图 3-2-142 所示。

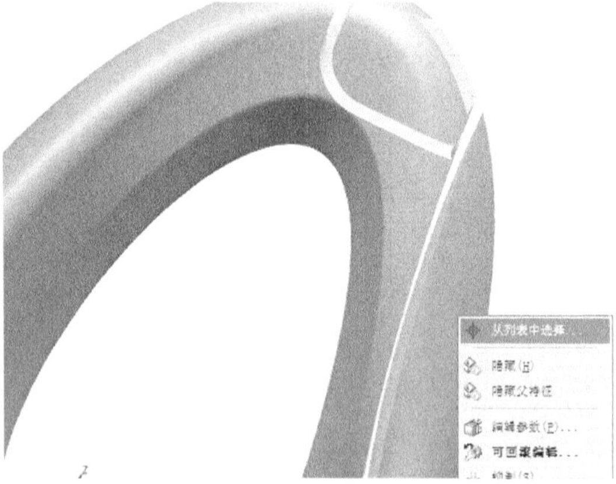

图 3-2-140　选择隐藏体方法

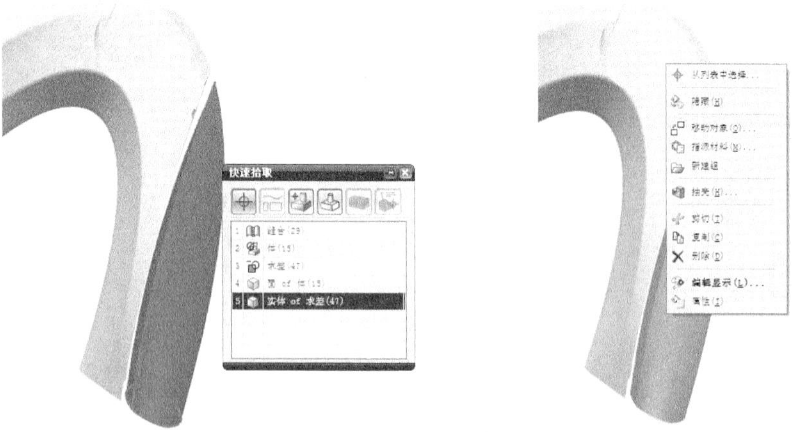

图 3-2-141　选择隐藏体

将视图模式切换到【带有变暗边的边框】模式，如图 3-2-143 所示。

图 3-2-142　隐藏多余部分结果

图 3-2-143　选择显示菜单

③ 草图。在 XC-ZC 面作草图，如图 3-2-144 所示，完成草图。

④ 拉伸。单击【特征】工具条的【拉伸】工具，弹出对话框，设为对称拉伸，拉伸距离为 25，布尔为求差，单击【确定】按钮，恢复【着色】，将草图曲线移至 2 层，结果如图 3-2-145 所示。

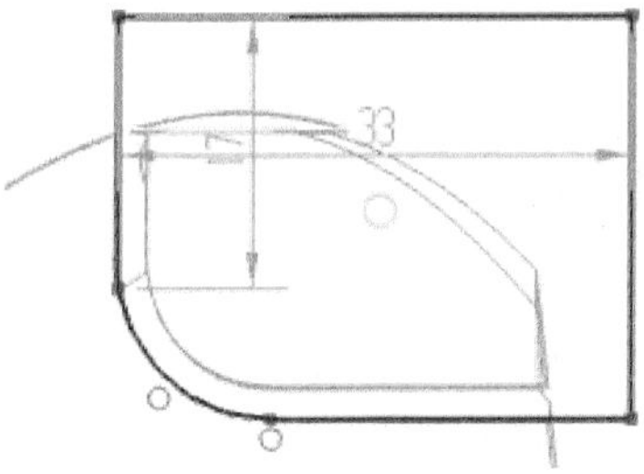

图 3-2-144　创建草图

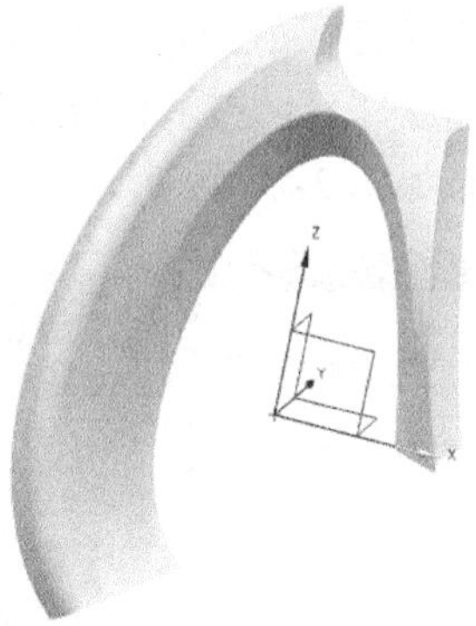

图 3-2-145　创建修剪拉伸体

⑤ 再次导入壶体，检查壶把与壶体的接触情况，如图 3-2-146 所示，顶面吻合基本良好，靠壶边多了些，撤销导入。

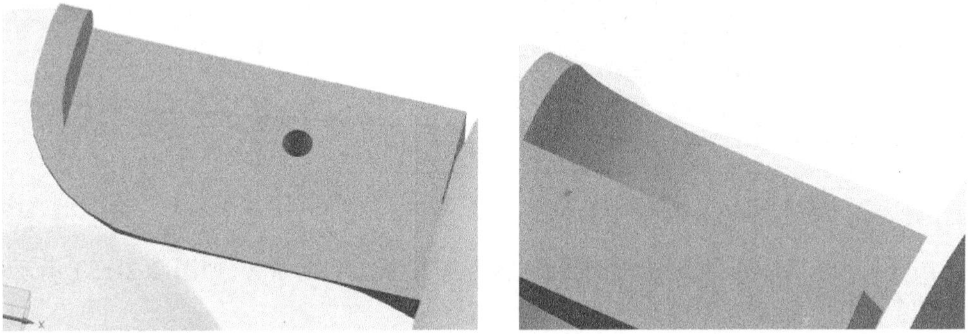

图 3-2-146　检查修剪结果

⑥ 进一步完善壶把外形。单击【特征】工具条中的【草图】，弹出对话框，选择 XC-ZC 面作为基准面，绘制草图，如图 3-2-147 所示，单击【完成草图】按钮。

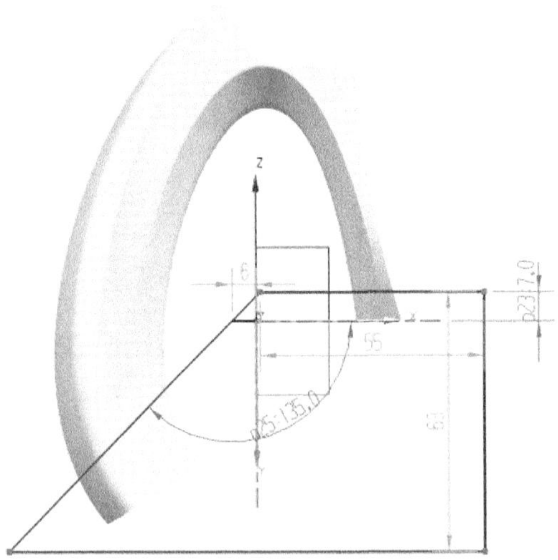

图 3-2-147　创建修剪体草图

单击【特征】工具条中的【拉伸】，弹出对话框，对称拉伸刚完成的草图，距离大于壶把的宽度即可，布尔设为求差，如图 3-2-148 所示，单击【确定】按钮，将草图线移至 2 层，结果如图 3-2-149 所示。

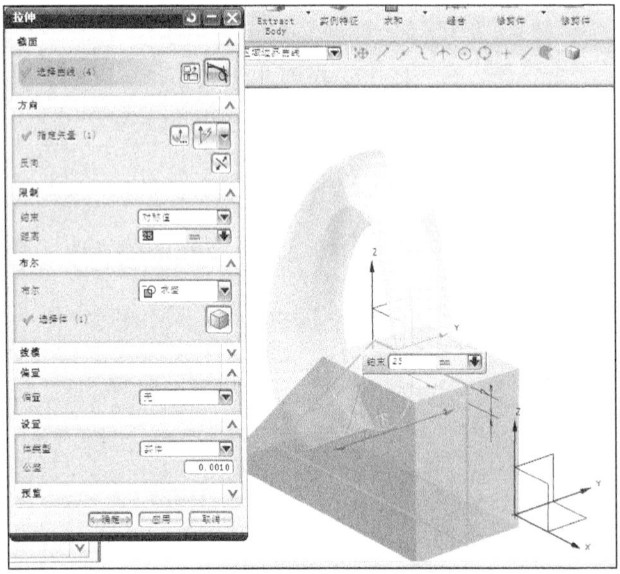

图 3-2-148　对称拉伸设置

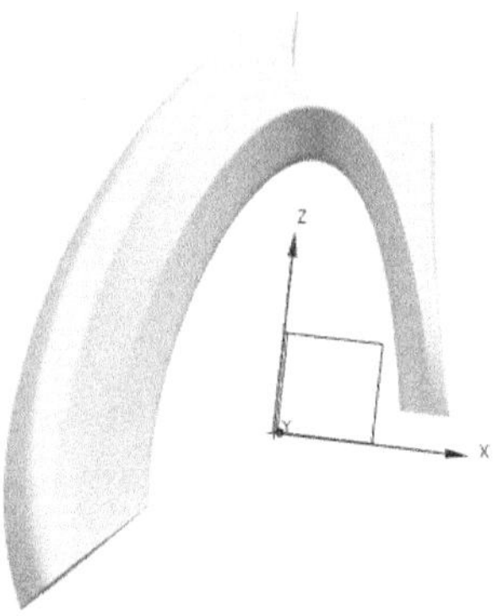

图 3-2-149　第二次修整结果

单击【特征】工具条中的【边倒圆】，将壶把左下边倒圆 $R3$，如图 3-2-150 所示，单击【确定】按钮，结果如图 3-2-151 所示。

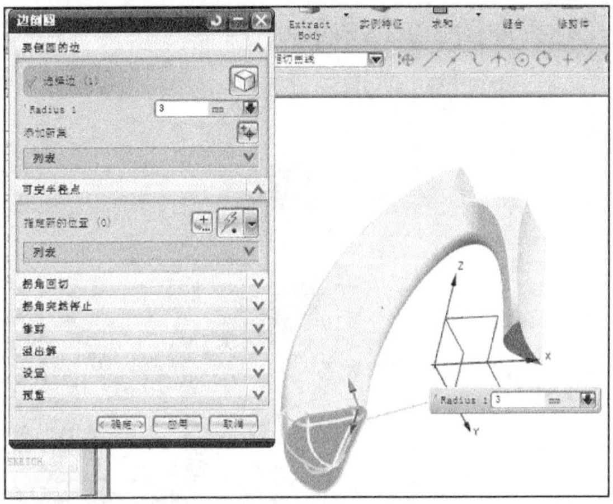

图 3-2-150　倒圆角

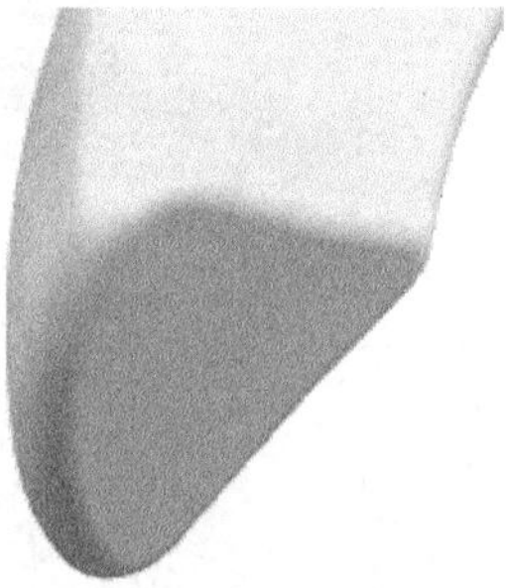

图 3-2-151　倒圆角结果

以 XC-ZC 面为草图基准面绘制草图，主要取 *R*18 的圆弧，如图 3-2-152 所示。

距离大于壶把的宽度即可，布尔设为求差，单击【确定】按钮，结果如图 3-2-153 所示。

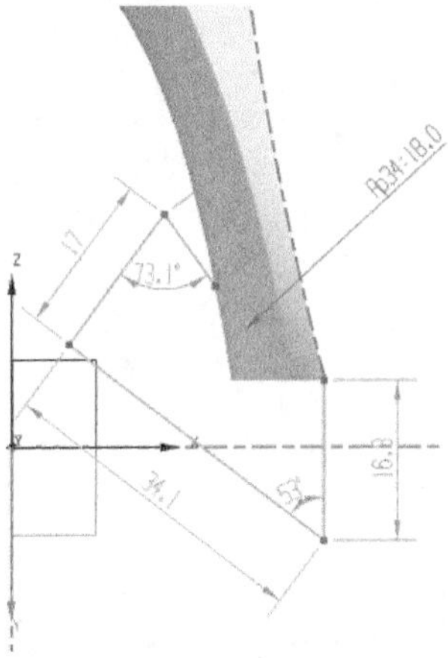

图 3-2-152　创建草图

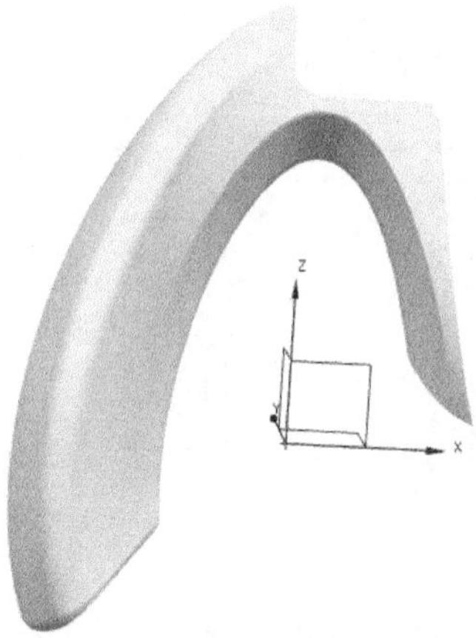

图 3-2-153　创建第三次修整结果

以壶把上平面作为草图基准面，绘制草图，如图 3-2-154 所示。

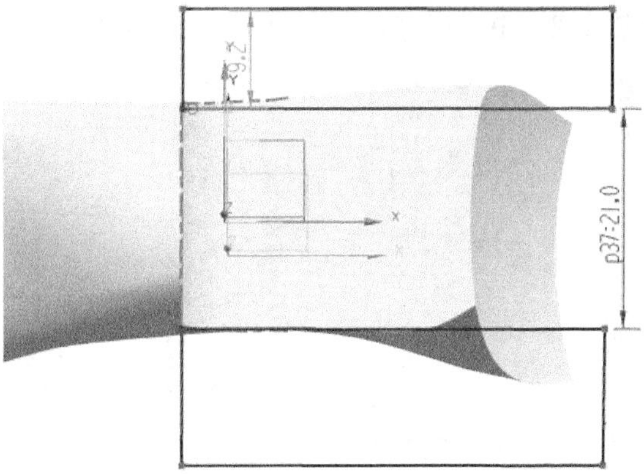

图 3-2-154　绘制第四次修整草图

将草图向下拉伸，单击【求差】按钮，结果如图 3-2-155 所示。

再次导入壶体，检查如图 3-2-156 所示，完全吻合，撤销导入。

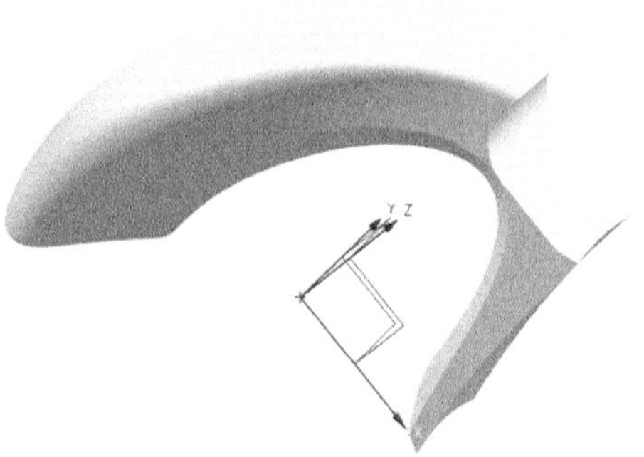

图 3-2-155　第四次修整结果

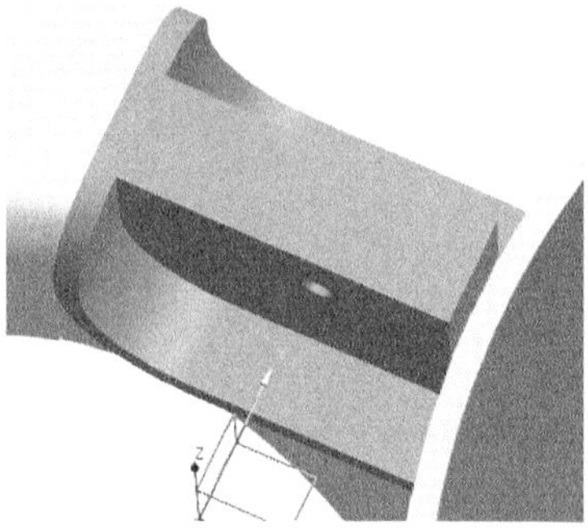

图 3-2-156　第四次修整检查吻合

⑦ 创建壶把细节。以壶把上平面作为草图平面，作草图，如图 3-2-157 所示，单击【完成草图】按钮。将视图改为【带有淡化边的线框】，如图 3-2-158 所示。

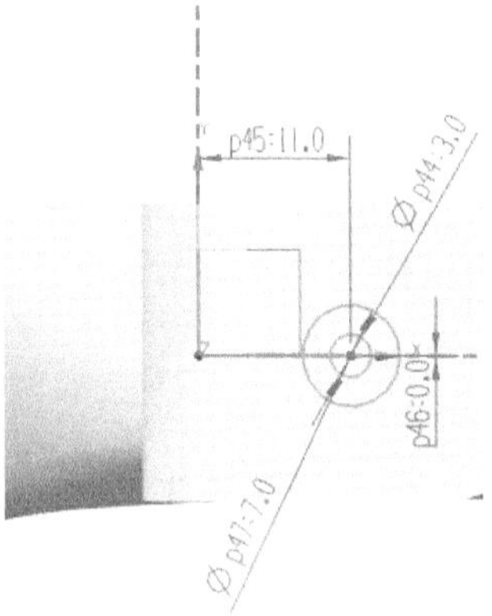

图 3-2-157　创建草图

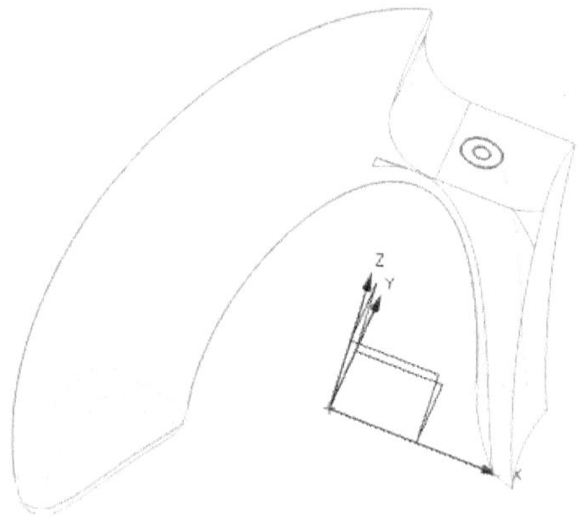

图 3-2-158　改变显示模式

将直径为 3 的小圆草图拉伸，从–2 至 3，Z 轴反向，单击【应用】按钮，将直径为 7 的大圆草图拉伸，从 4 到 20，Z 轴反向，均为布尔【求差】按钮，结果如图 3-2-159 所示。

至此，壶把制作全部完成，改颜色后，最终模型如图 3-2-160 所示。

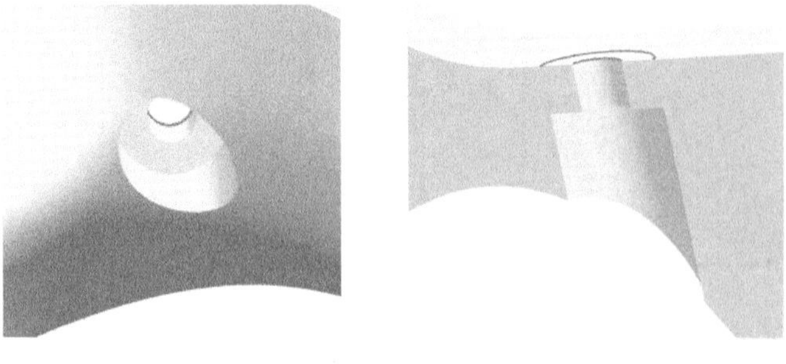

图 3-2-159　创建阶梯孔

图 3-2-160　壶把最终模型

4. 壶盖制作

实例概述：本例介绍了壶盖的设计制作过程。该零件重点和难点在于壶盖顶面手持部分及凸耳的设计与制作，此实例主要运用了草图、旋转等特征命令。通过本实例的学习，能熟练地掌握凸台、边倒圆、拉伸、求和、求差等特征的操作，同时还应用了曲线工具中的抽取曲线命令及同步建模工具中的替换面命令；利用导入相配合的零件检查配合情况，是解决接触零件形状完全吻合的方法。

1)环境设置

打开设置环境样版图 YB.prt，另存为 hugai.prt。

零件的模型及二维图形如图 3-2-161 所示。

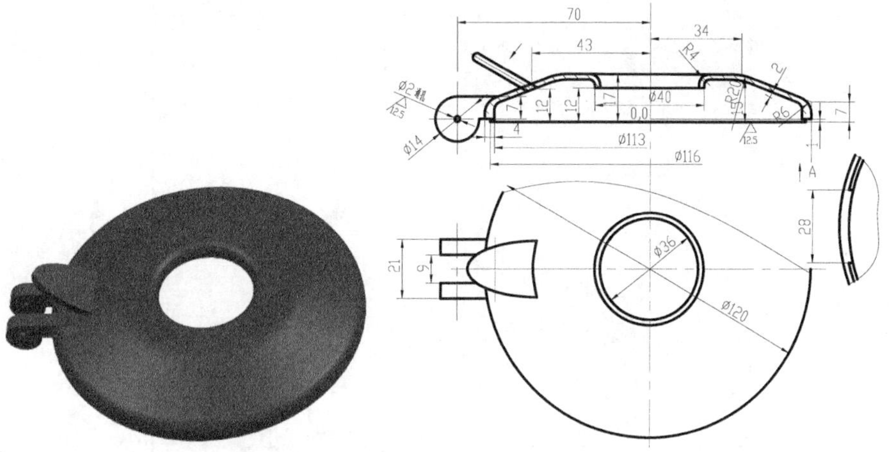

图 3-2-161　零件模型及二维图形

2)制作壶盖中间部分

(1)单击【特征】工具条的【草图】，弹出对话框，选择 XC-ZC 面作为草图平面，草图平面取反向，如图 3-2-162 所示，单击【确定】按钮。

(2)绘制外形草图。

① 直线为(60,−1)，长度为 7，角度 90→34，17(切换输入模式为“XY”)→0，17，如图 3-2-163 所示。

② 倒圆。上为 *R*20，下为 *R*6，补成封闭图形，如图 3-2-164 所示，单击【完成草图】按钮。

(3)单击【特征】工具条的【回转】工具，弹出对话框，指定 Z 轴正向为矢量，(0,0,0)为定点，转 360°，选择草图曲线，如图 3-2-165 所示，单击【确定】按钮，结果如图 3-2-166 所示。

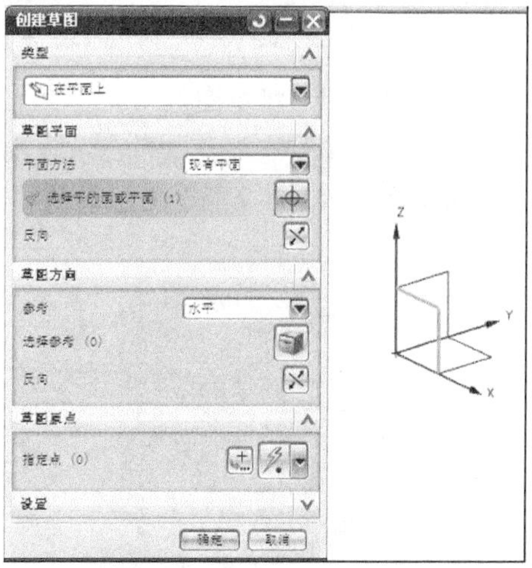

图 3-2-162　选择草图平面

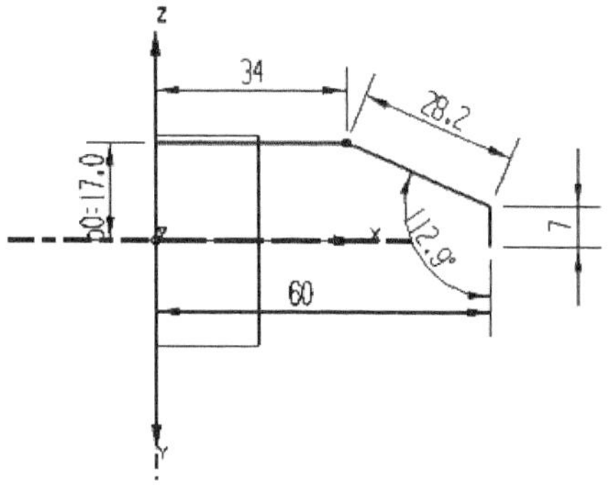

图 3-2-163　创建草图外形

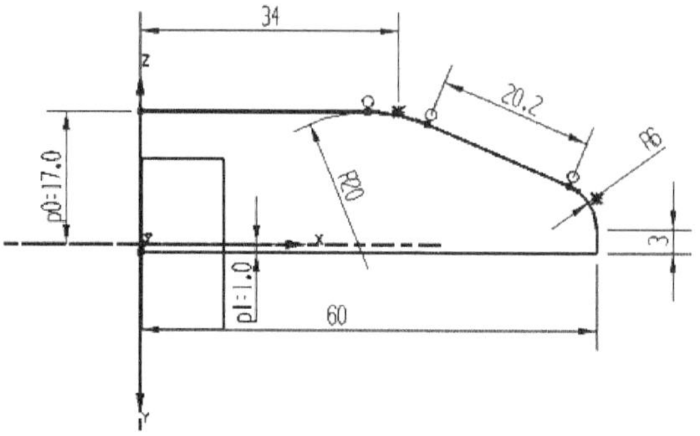

图 3-2-164　创建草图细节

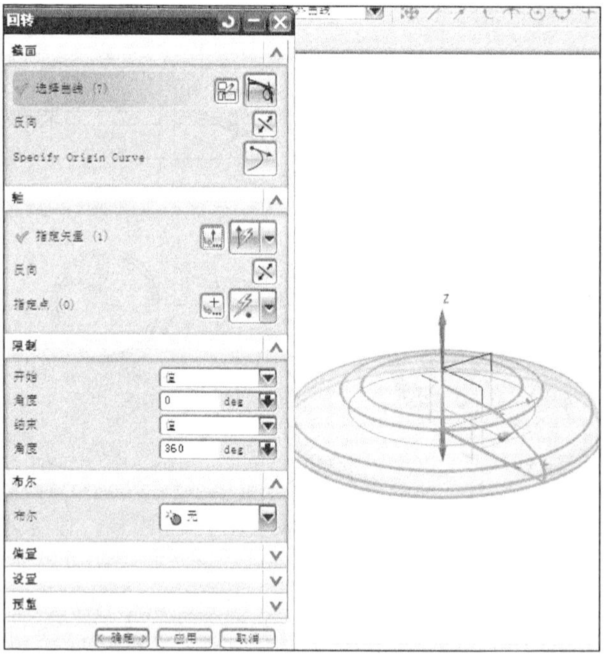

图 3-2-165　选择回转工具

(4)绘制内部形状草图。

① 切换到【带有淡化边的线框】显示模式，进入第一个草图平面：双击部件导航器中的【草图】，如图 3-2-167 所示，将显示视图设为前视图，如图 3-2-168 所示，进入原草图模式。

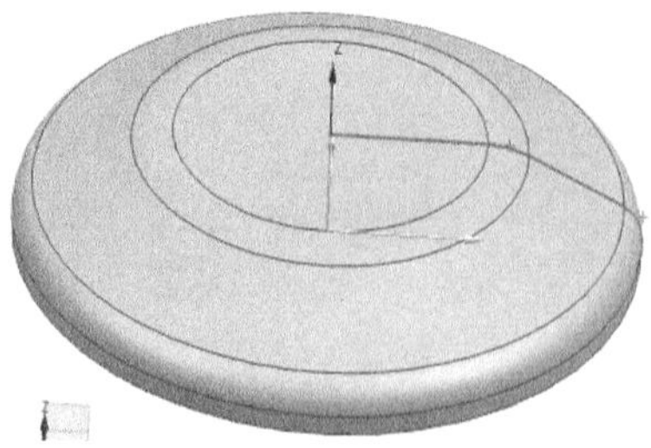

图 3-2-166　创建回转体

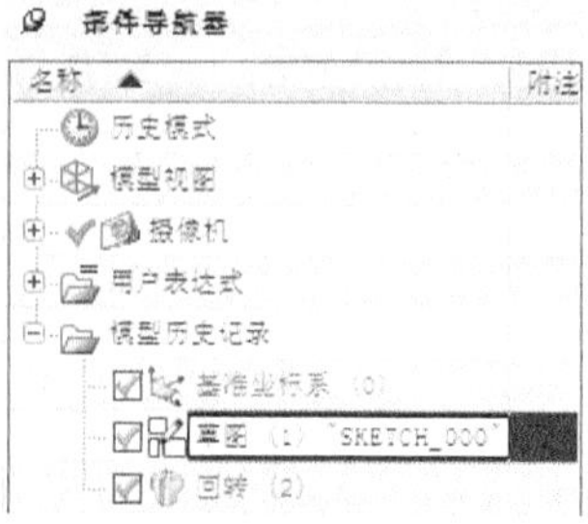

图 3-2-167　重新进入原草图平面

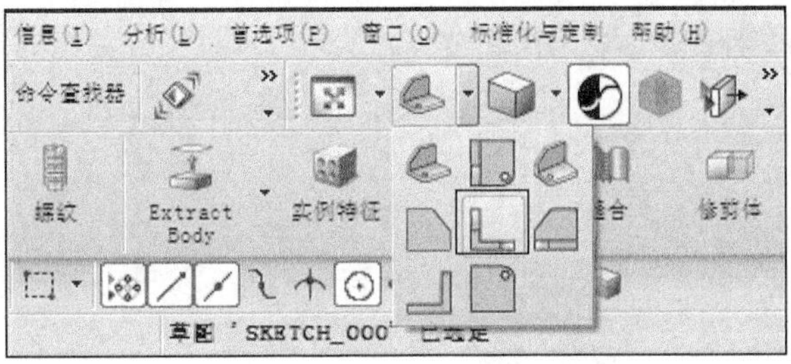

图 3-2-168　选择前视图模式

② 删除原封闭图形用的水平线和垂直线，【偏置】外形草图曲线，距离设为 2，如图 3-2-169 所示，修改右下方尺寸，如图 3-2-170 所示，补画水平线和垂直线，以成封闭图形，单击【完成草图】按钮，恢复到【正二测视图】模式。

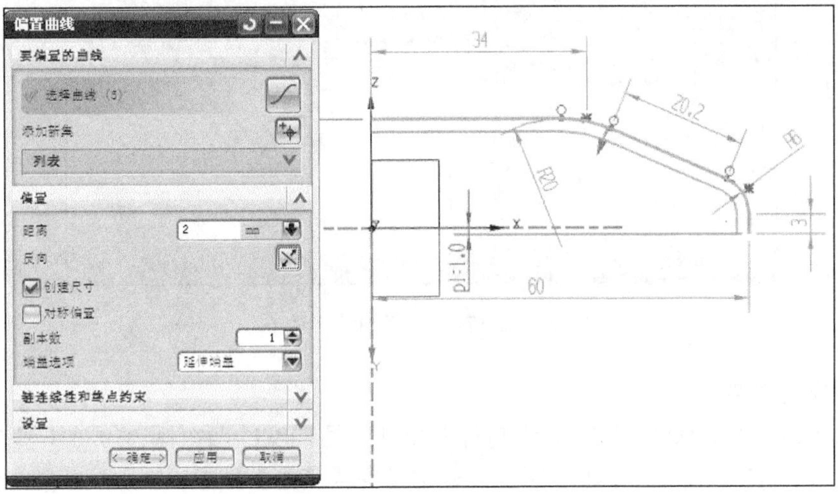

图 3-2-169　偏置原有草图线

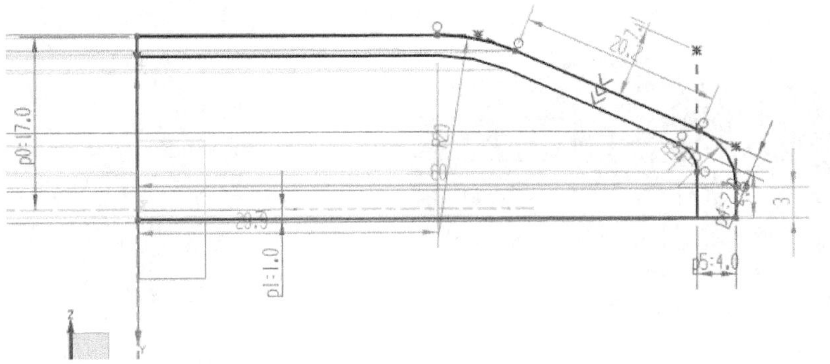

图 3-2-170　修改原有草图线

(5)用上同样的【回转】方法，布尔设为求差，将内部形状曲线【回转】成体，如图 3-2-171 所示，单击【确定】按钮，恢复【带边着色】模式，结果如图 3-2-172 所示。

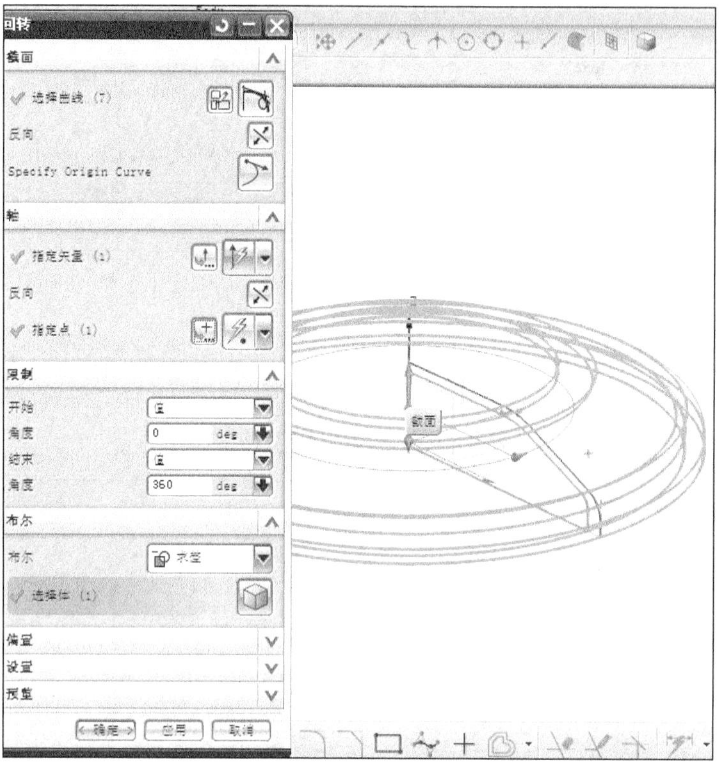

图 3-2-171　选择回转工具

(6)制作密封边。

① 以 XC-YC 面为草图平面，绘制与上壶体上边同宽的两个圆：(0, 0)，直径为 120；(0, 0)，直径为 116，如图 3-2-173 所示，单击【完成草图】按钮。

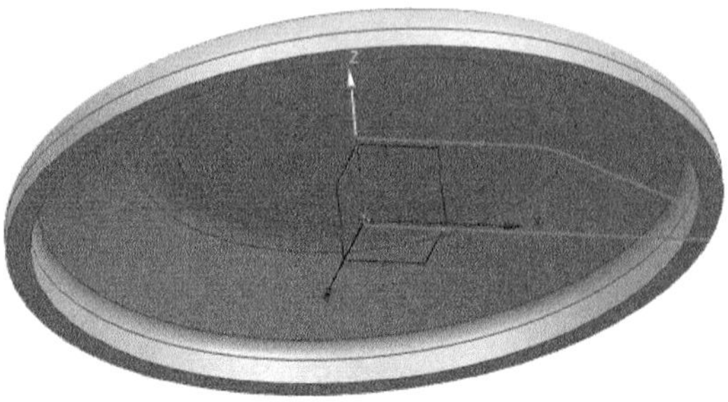

图 3-2-172　完成壶盖外形

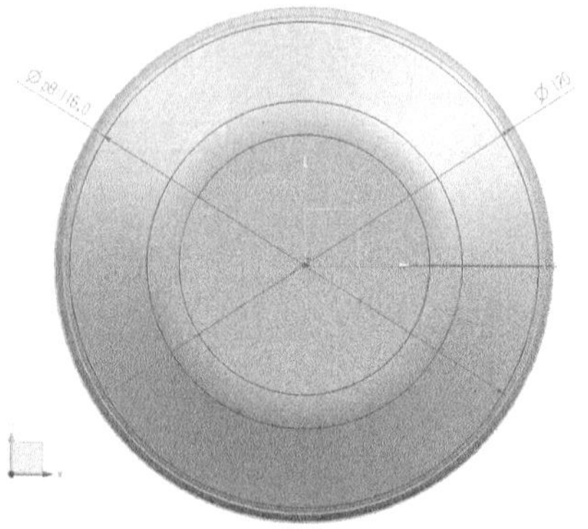

图 3-2-173　创建密封边草图

② 单击【特征】工具条中的【拉伸】，弹出对话框，拉伸方向为 Z 轴的反向，从 0 拉伸到 5，布尔设为求差，如图 3-2-174 所示，单击【确定】按钮，结果如图 3-2-175 所示。

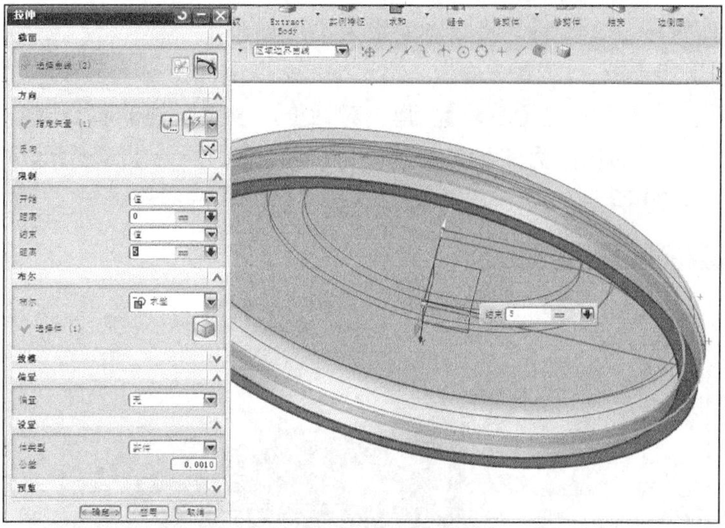

图 3-2-174　创建拉伸体

(7) 单击【文件】→【导入】命令，选择【部件】→【Shanghuti.prt】，设置原点在 (0, 0, –107)，如图 3-2-176 所示，单击【确定】按钮，结果如图 3-2-177 所示，检查壶盖与上壶体口部与盖子的吻合情况，正好吻合，撤销导入步骤。

图 3-2-175　创建密封边

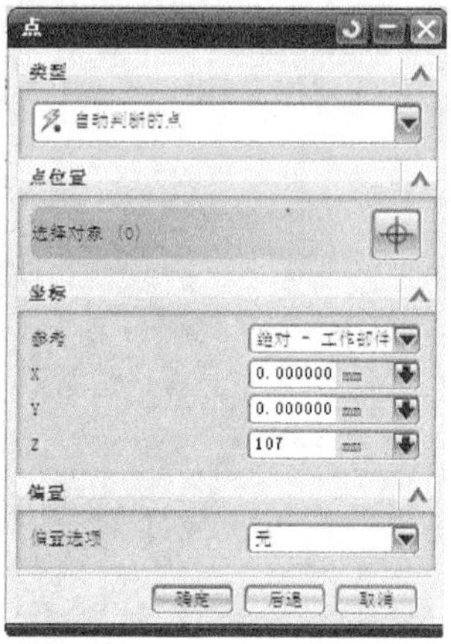

图 3-2-176　导入相配零件

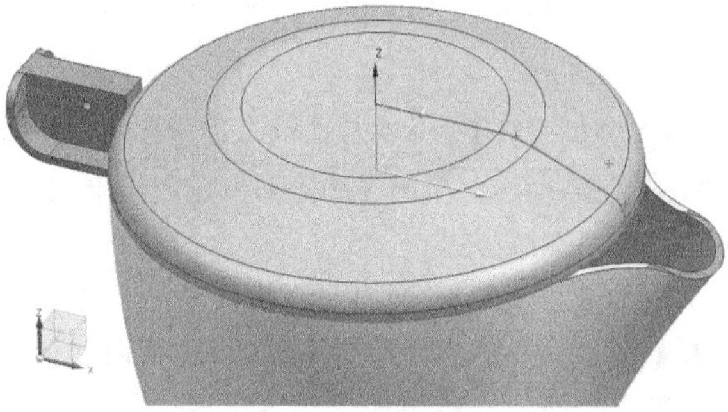

图 3-2-177　检查配合情况

(8)将草图曲线移至2图层。将2图层设为不可见。

3)制作盖顶下凹部分

单击【特征】工具条中的【圆柱】，弹出对话框，设置圆柱的起点圆心为(0,0,17)，直径为40，高度为5，Z的反向为矢量，布尔设为求和，如图3-2-178所示，单击【确定】按钮，结果如图3-2-179所示。

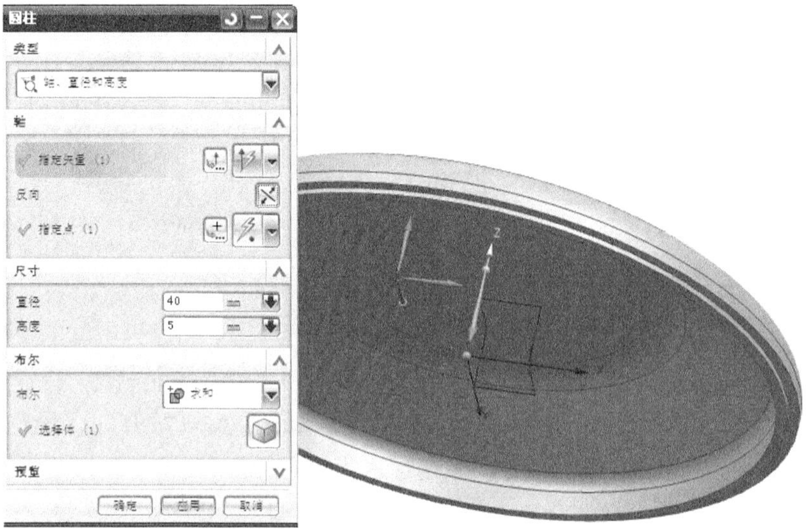

图3-2-178　创建下凸台选项

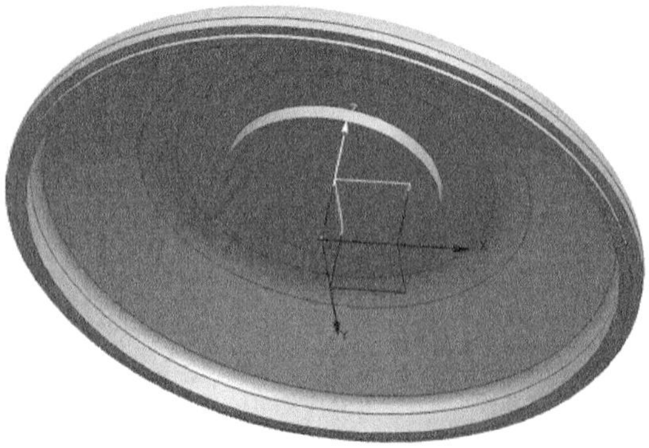

图3-2-179　创建下凸台结果

4)制作壶盖中孔

(1)单击【特征】工具条中的【孔】，弹出对话框，设置孔的直径为36，深度限制为贯通体，布尔设为求差，如图3-2-180所示，单击【确定】按钮，结果如图3-2-181所示。

(2)倒圆角：外侧为$R4$，内侧为$R2$。

单击【特征】工具条中的【边倒圆】，弹出对话框，设置半径为4，选内孔外面上边缘，如图3-2-182所示，单击【应用】按钮，设置半径为2，选择内凸台与壶盖相交的边缘，如图3-2-183所示，单击【确定】按钮，结果如图3-2-184所示。

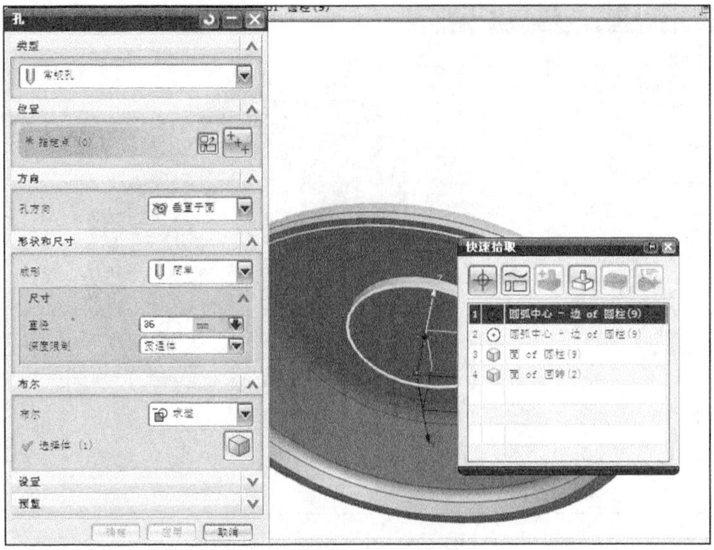

图 3-2-180　孔的设置

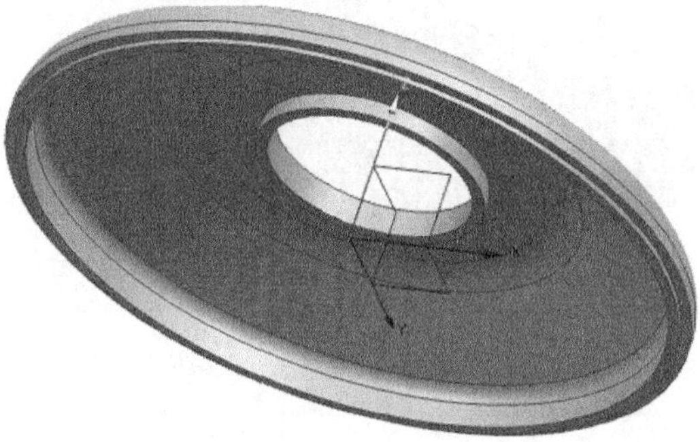

图 3-2-181　创建通孔

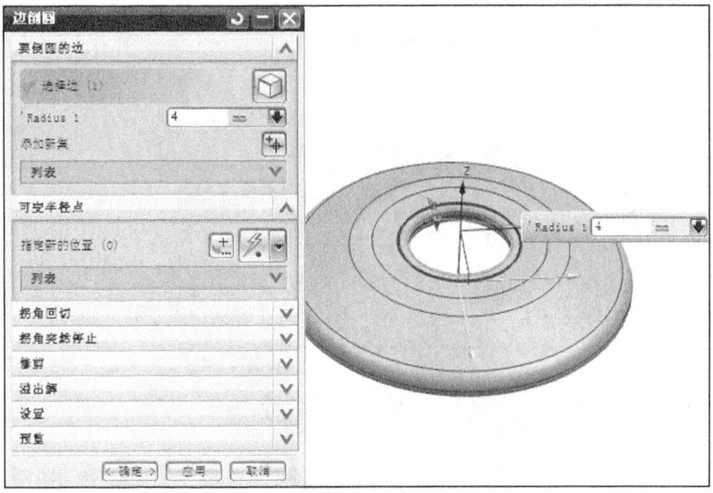

图 3-2-182　倒圆角

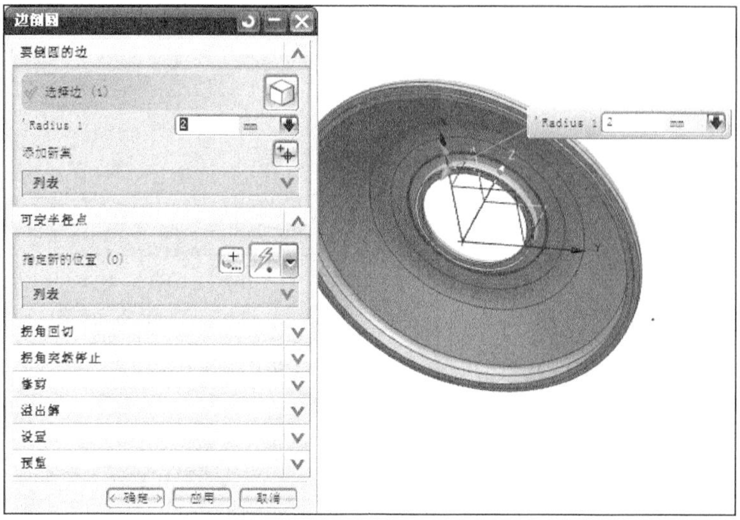

图 3-2-183　倒圆角 2

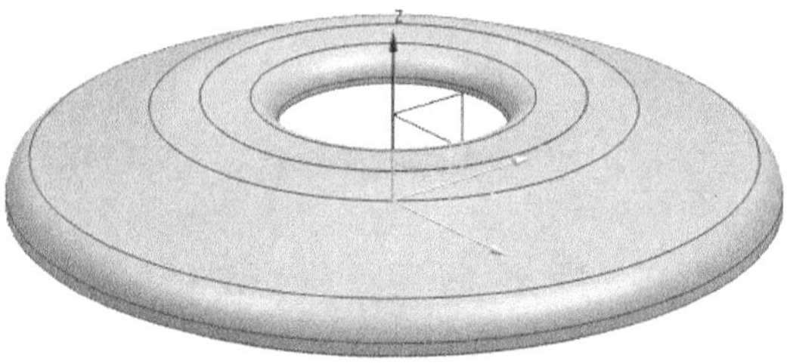

图 3-2-184　创建倒圆角

5) 制作倒料缺口

(1) 以 XC-YC 为草图平面，利用矩形工具，绘制宽度为 28，长度超出壶盖外，以 X 轴对称的矩形。如图 3-2-185 所示，单击【完成草图】按钮。

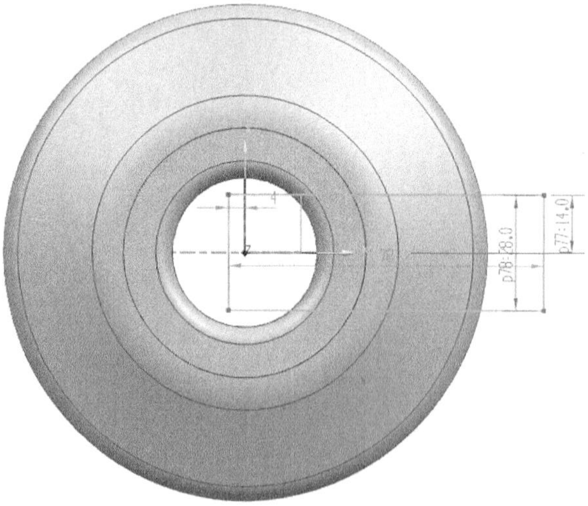

图 3-2-185　创建草图

(2) 拉伸草图曲线，从 0 到 2，*Z* 的反向，布尔设为求差，单击【确定】按钮，如图 3-2-186 所示，将草图线移至 2 层，结果如图 3-2-187 所示。

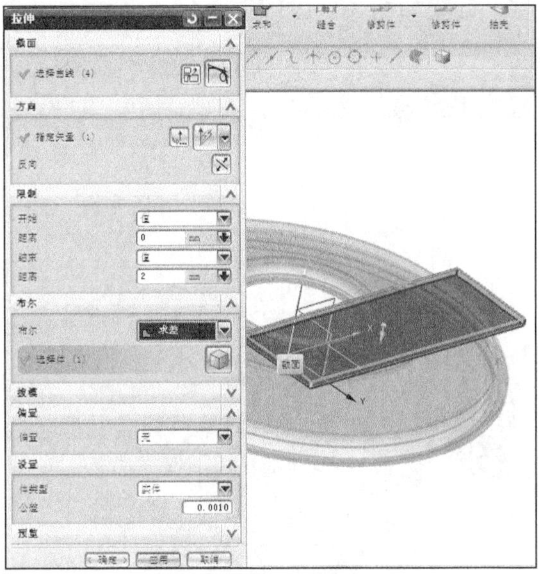

图 3-2-186　创建拉伸体

(3) 导入 Shanghuti.prt，原点设在 (0, 0, −107)，如图 3-2-188 所示，检查倒料缺口与壶嘴的吻合关系，结果缺口与壶嘴对齐，撤销导入命令。

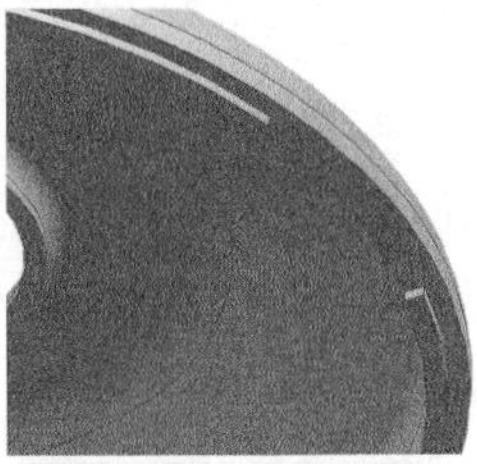

图 3-2-187　创建倒料缺口

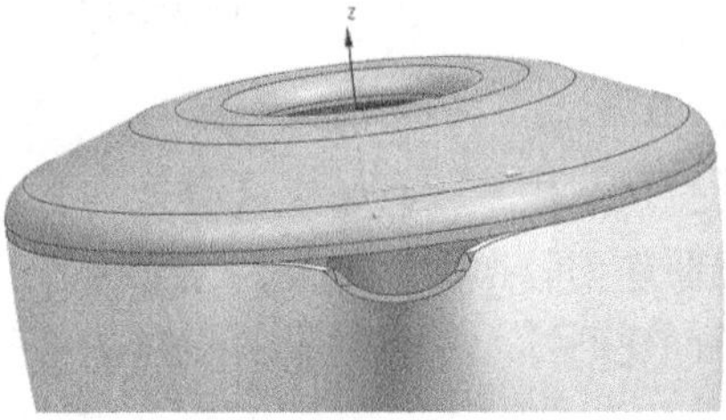

图 3-2-188　检查倒料口与壶嘴的配合情况

6) 做凸耳部分

(1) 以 XC-ZC 为平面作草图。

圆：(−70, 0)，直径为 14；用直线与壶体相连，如图 3-2-189 所示，单击【完成草图】按钮。

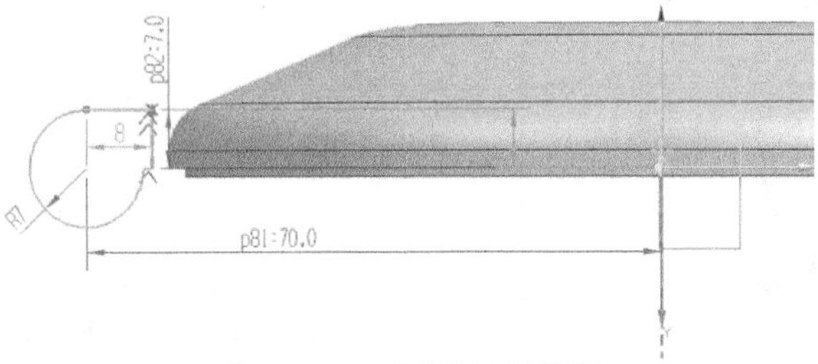

图 3-2-189　创建凸耳草图

(2)拉伸草图。

设置起点为 4.5，终点为 10.5，如图 3-2-190 所示，单击【应用】按钮，另一方向同样拉伸，将草图线移至 2 层，结果如图 3-2-191 所示。

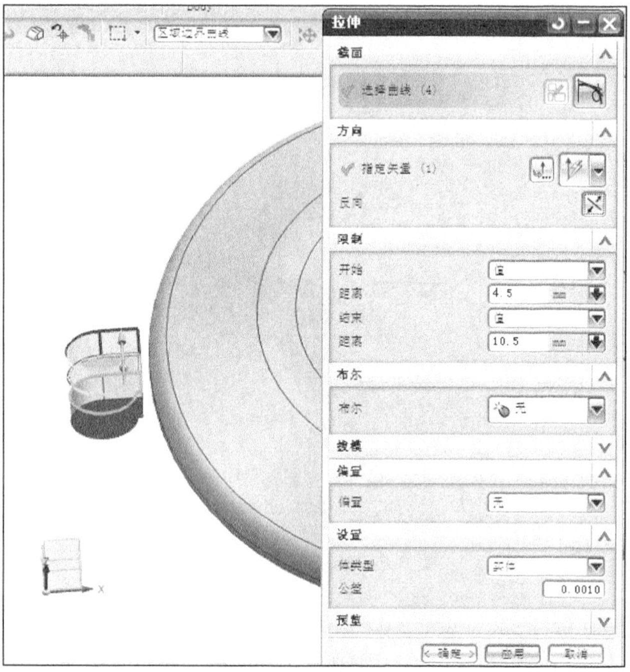

图 3-2-190　设置拉伸参数

(3)将凸耳与壶盖光滑连成一体。

单击【直接建模】工具条中【替换面】，弹出对话框，选凸耳内表面作为要替换的面，壶盖体外表面作为替换面，如图 3-2-192 所示，单击【应用】按钮，结果如图 3-2-193 所示，检查发现新创建凸耳太长，超过了壶盖的内表面。

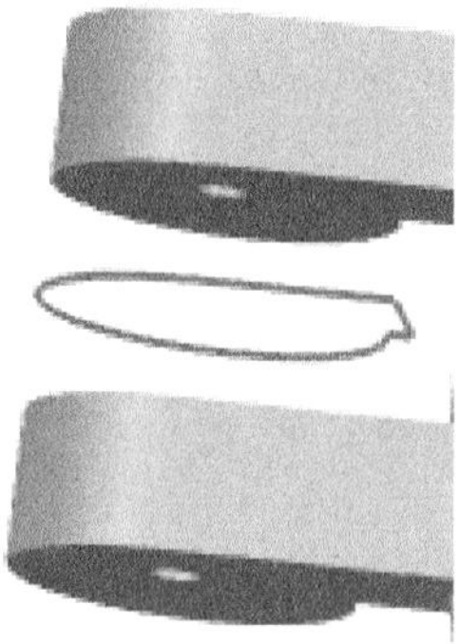

图 3-2-191　创建拉伸

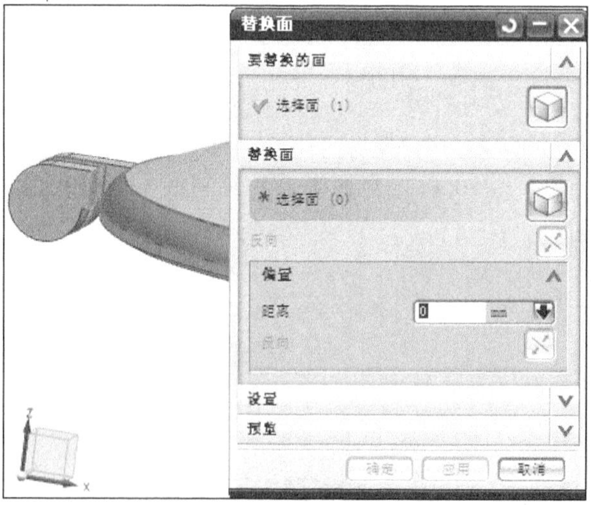

图 3-2-192　选择替换面对象

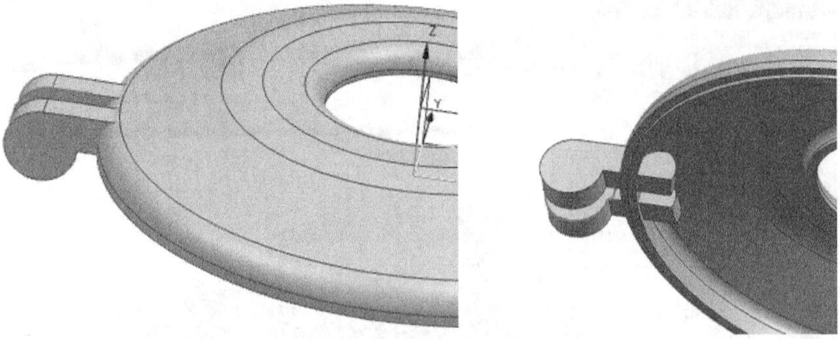

图 3-2-193　创建凸耳

要用原有的草图曲线回转成体作为刀具减去多余部分：

① 单击【格式】菜单中的【图层在视图中可见】，弹出对话框，单击【确定】按钮，弹出对话框，选择图层 2，设为【可见】，如图 3-2-194 所示，单击【确定】按钮，结果如图 3-2-195 所示。

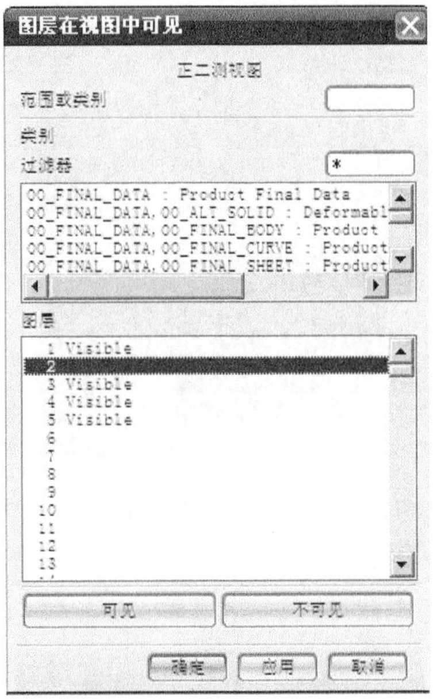

图 3-2-194　设置图层的可见性

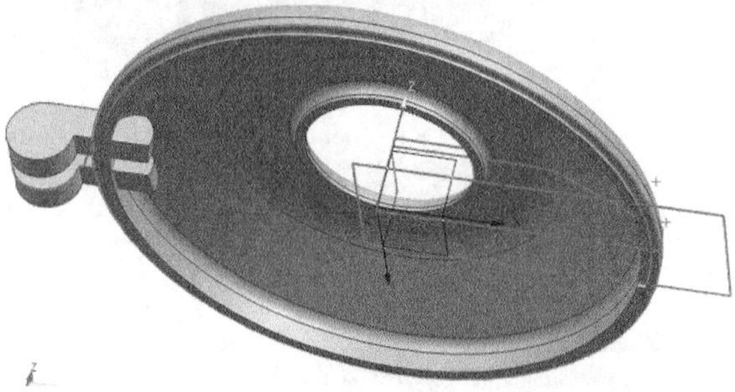

图 3-2-195　图层 2 设置可见后的结果

② 单击【特征】工具中的【回转】，选择前面草图做过的壶盖内部曲线，布尔设为求差，如图 3-2-196 所示，选择两个凸耳作为求差体，单击【确定】按钮，选择【求和】，将凸耳与壶盖合为一体，结果如图 3-2-197 所示。

(4) 导入 Shanghuti.prt，原点设在(0, 0, –107)，如图 3-2-198 所示，检查铰链连接情况，壶盖凸耳与壶体凸耳上表面平齐，中间部分两面接触完好。

(5) 制作销孔。

① 在壶盖处右击，如图 3-2-199 所示，选择【隐藏体】命令，结果如图 3-2-200 所示。

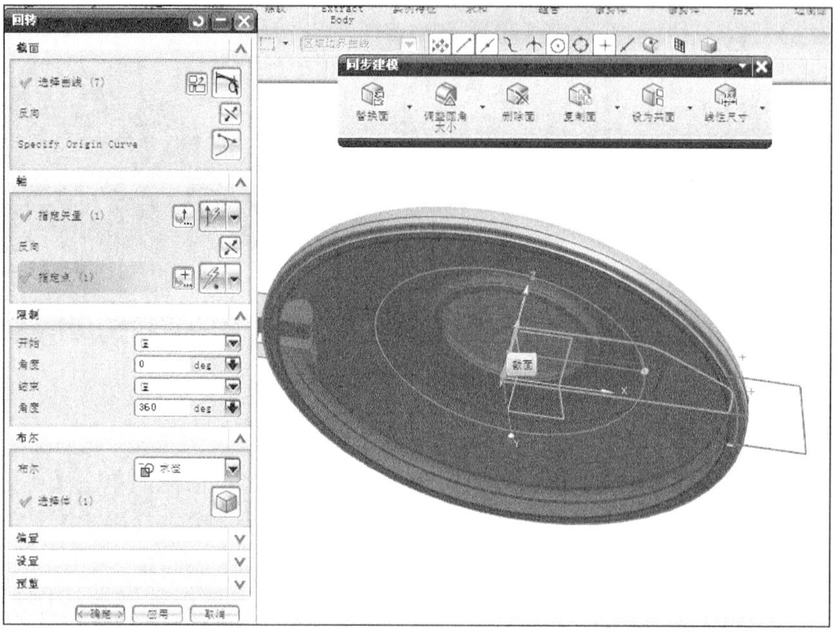

图 3-2-196　选择“回转”曲线及设置

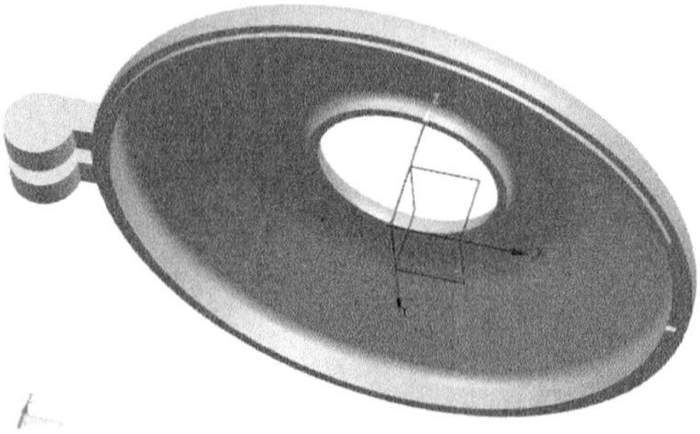

图 3-2-197　凸耳与壶盖回转体的完美结合

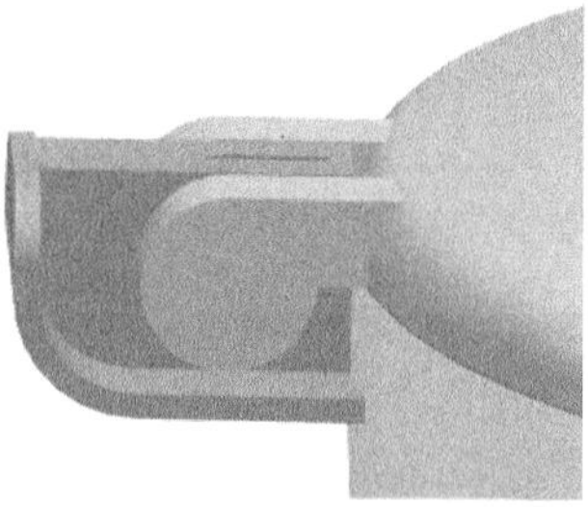

图 3-2-198　导入相配零件

图 3-2-199　暂时隐藏壶盖方法图

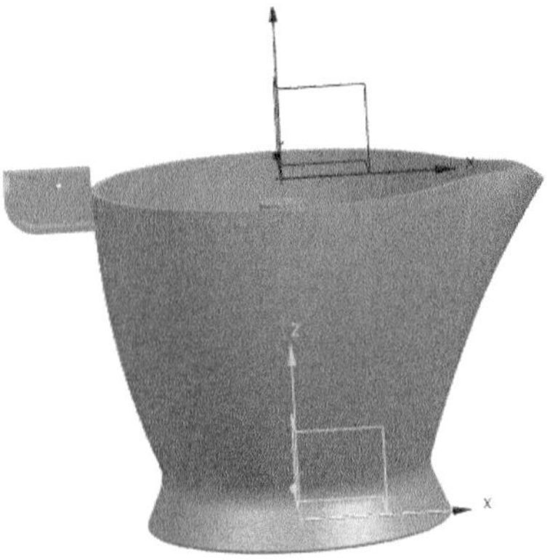

图 3-2-200　隐藏壶盖结果

② 单击【曲线】工具条中的【抽取曲线】，选择【边缘曲线】命令，选择销孔，如图 3-2-201 所示，单击【确定】按钮。

③ 单击【特征】工具条中的【拉伸】，弹出对话框，设置开始为对称值，距离为 30，选刚抽取的小圆，单击【确定】按钮，如图 3-2-202 所示。

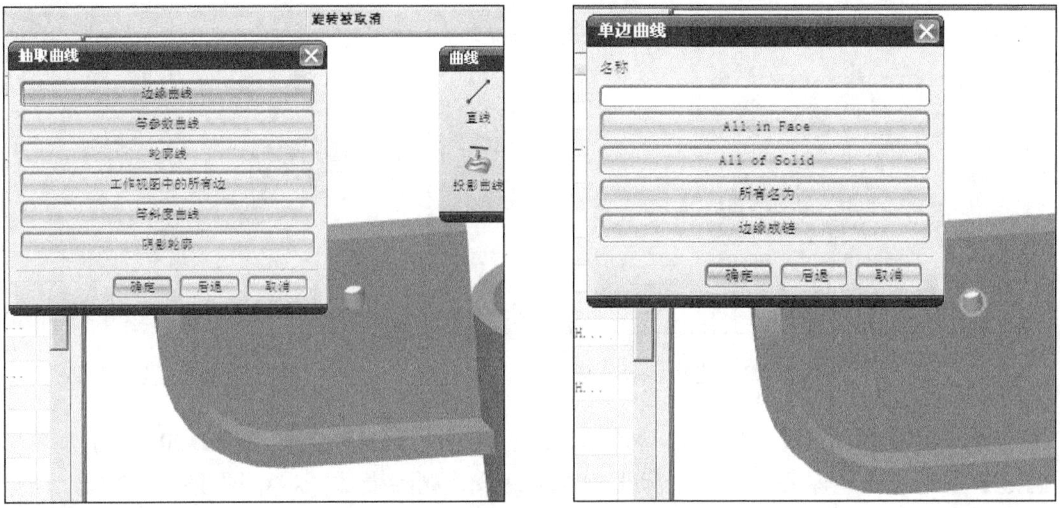

图 3-2-201　抽取销孔曲线

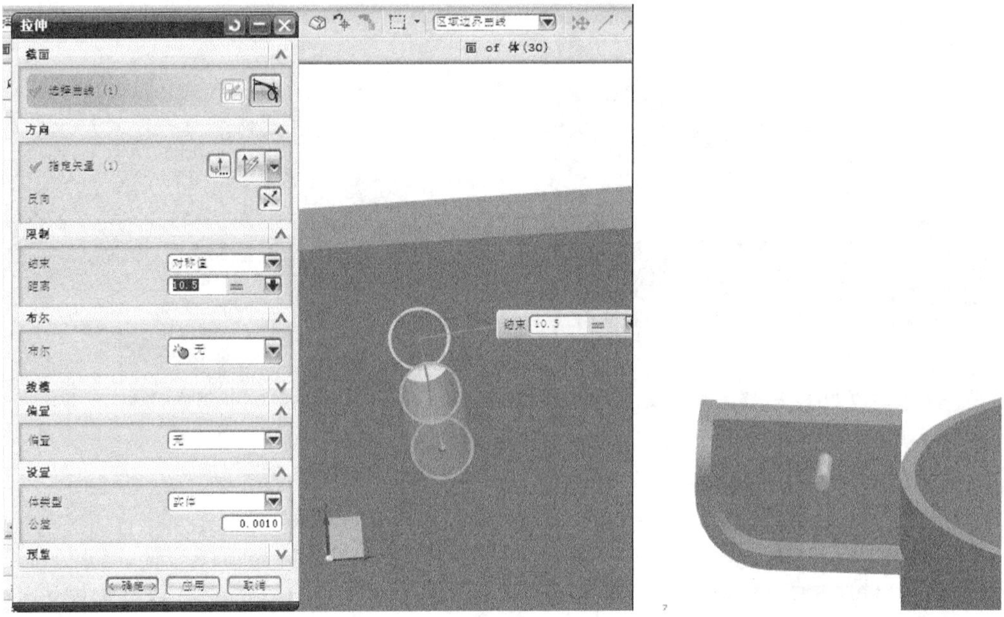

图 3-2-202　创建拉伸

④ 单击【编辑】→【显示和隐藏】→【显示】命令，选择壶盖，如图 3-2-203 所示，单击【确定】按钮，结果如图 3-2-204 所示。

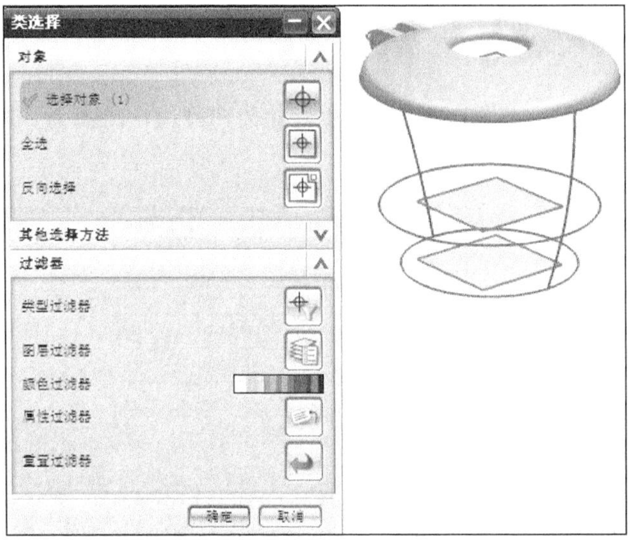

图 3-2-203　选择显示对象

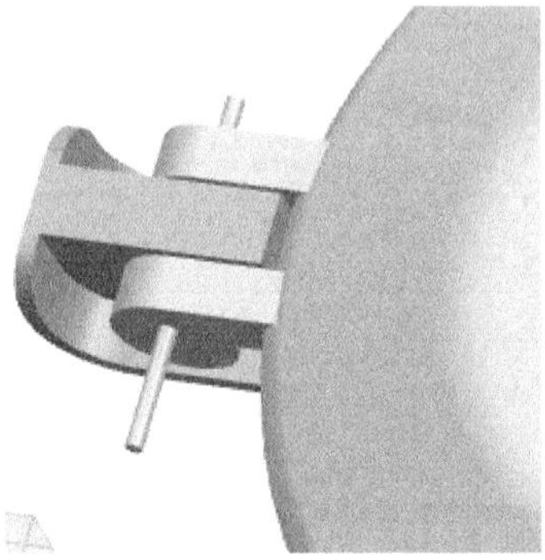

图 3-2-204　显示壶盖

⑤ 以小圆柱为刀具，以壶盖为目标，进行【求差】操作，如图 3-2-205 所示，单击【确定】按钮，在壶体旁右击，选择【删除】命令，删除壶体，将草图线移至 2 层，结果如图 3-2-206 所示。(用抽取曲线的方法可保证壶盖与壶体销孔完全对齐。)

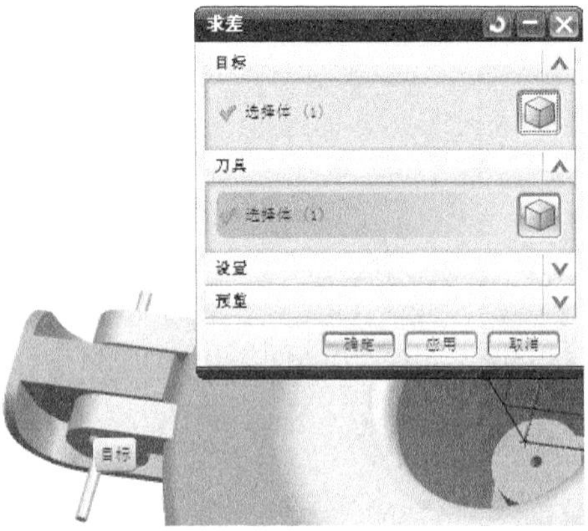

图 3-2-205　选择求差对象

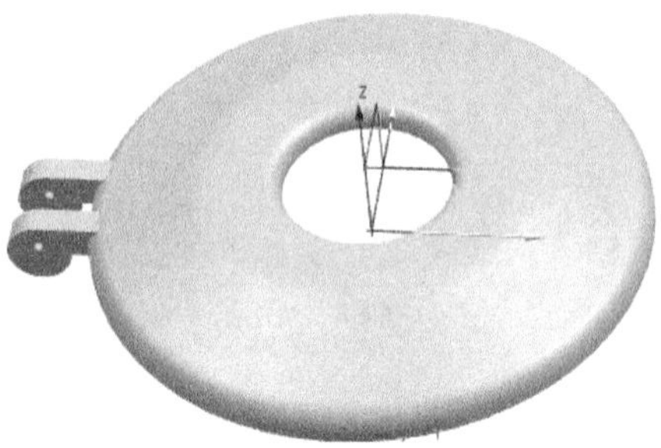

图 3-2-206　删除壶体后结果

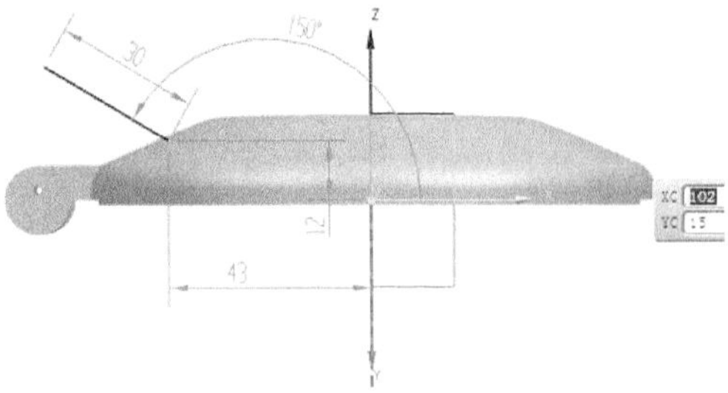

图 3-2-207　创建定位线

7) 制作开盖手持部分

(1) 制作草图。

① 以 XC-ZC 为草图平面，绘制直线：(−43, 12)，长度为 30，角度为 150，如图 3-2-207 所示，单击【完成草图】按钮。

② 单击【草图】工具，弹出对话框，设置草图平面为【创建平面】→【指定平面】→【点和方向】，选草图直线的靠近壶盖表面的端

点，如图 3-2-208 所示，单击【确定】按钮两次，如图 3-2-209 所示，画直线：(0, 0)，长度为 30，角度为 0，如图 3-2-210 所示，单击【完成草图】按钮，结果如图 3-2-211 所示。

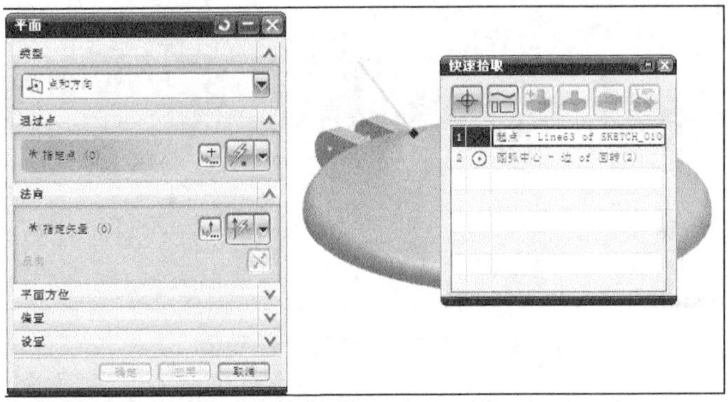

图 3-2-208　选择草图平面起点

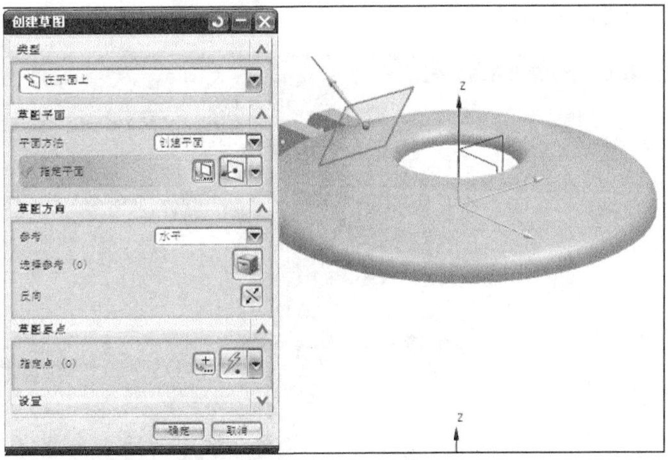

图 3-2-209　创建草图平面

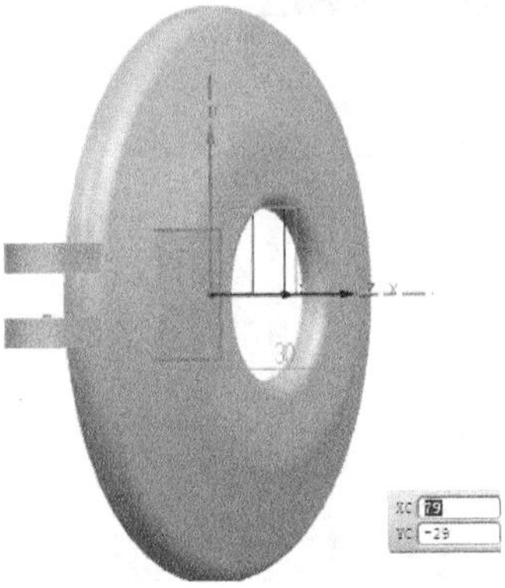

图 3-2-210　进入草图状态

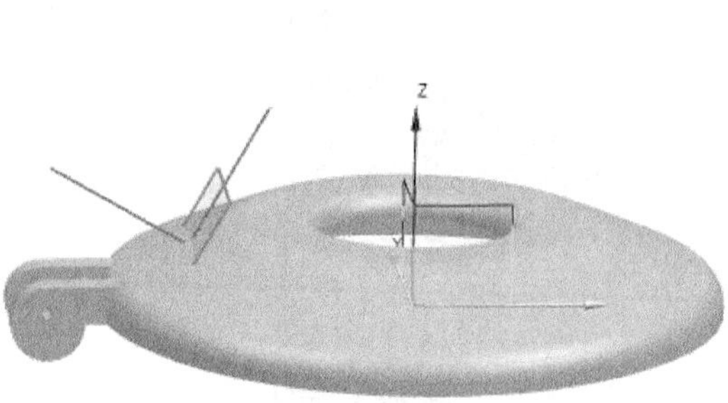

图 3-2-211　创建新草图导线

③ 再次单击【草图】工具，设【创建平面】→【点和方向】，选刚完成的草图直线端点和线，如图 3-2-212 所示，单击【确定】按钮两次，进入草图平面。

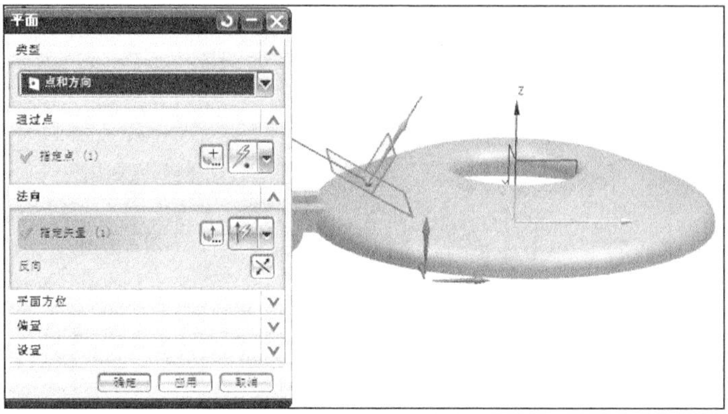

图 3-2-212　创建新草图平面

④ 绘制草图。选择【椭圆】工具，单击直线的端点作为椭圆的圆心，设置椭圆的长半轴为 25，短半轴为 10，如图 3-2-213 所示，绘制草图，如图 3-2-214 所示，单击【完成草图】，结果如图 3-2-215 所示。

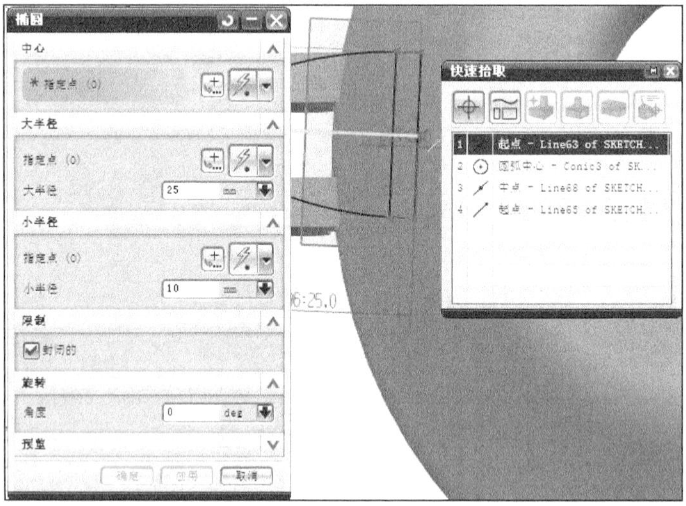

图 3-2-213　选取椭圆圆心

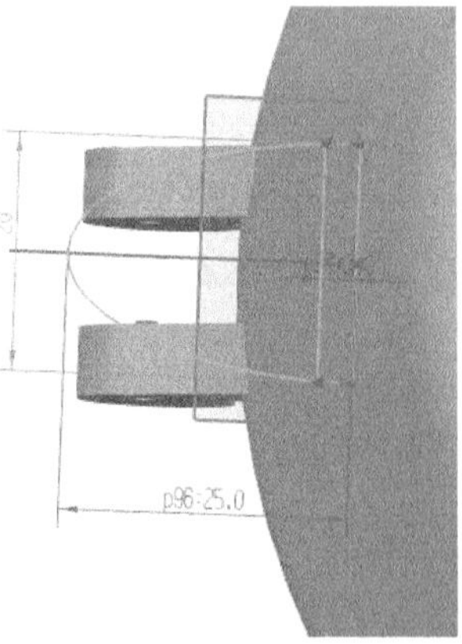

图 3-2-214　创建手持部分草图

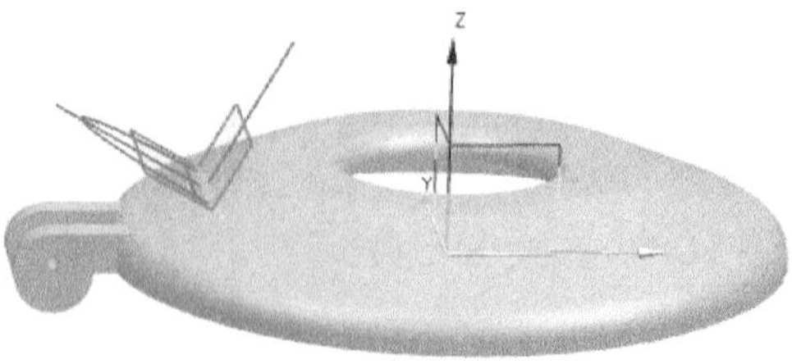

图 3-2-215　完成草图

(2) 拉伸草图。

单击【特征】工具条中的【拉伸】，弹出对话框，设置开始为对称值，距离为 1.5，选刚完成的草图区域，如图 3-2-216 所示，单击【确定】按钮，结果如图 3-2-217 所示。

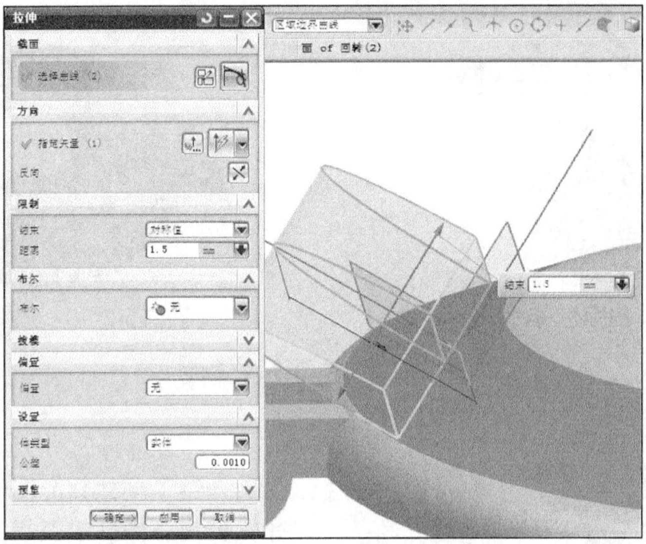

图 3-2-216　设置草图参数

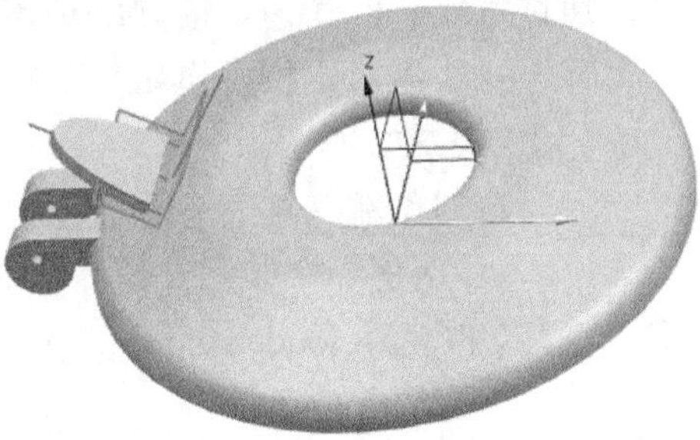

图 3-2-217　创建拉伸体

(3) 将拉伸体延长到壶盖。

单击【同步建模】工具条中的【替换面】，弹出对话框，选择拉伸体的内表面为要替换的面，选壶盖内表面为替换面，单击【确定】按钮，进行求和操作，结果如图 3-2-218 所示。

(4) 将草图线及参考面移至 2 图层，如图 3-2-219 所示，壶盖建模完成。

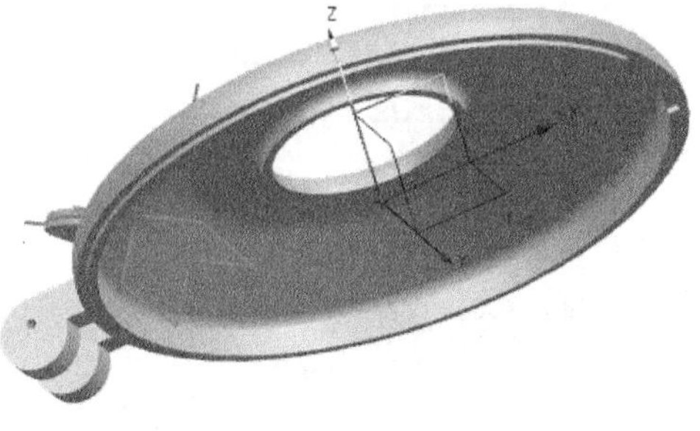

图 3-2-218　创建延伸体

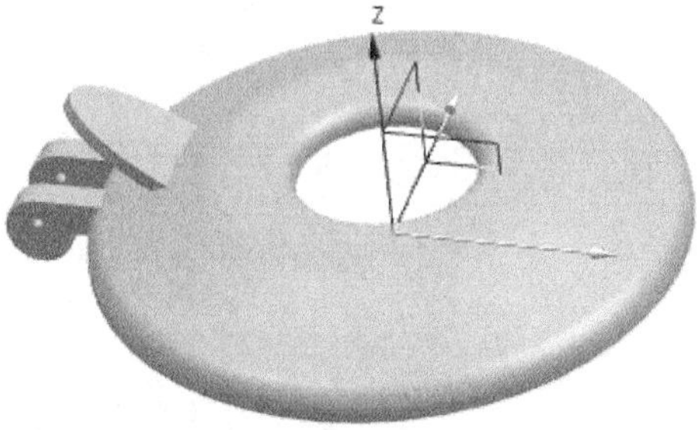

图 3-2-219　完成壶盖建模

(5) 导入上壶体检查与壶盖的配合总效果，如图 3-2-220 所示，各处均吻合良好，撤销导入，改颜色(略)，如图 3-2-221 所示。

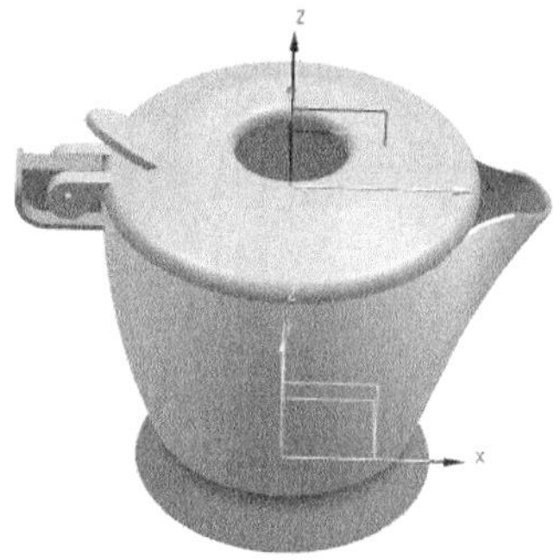

图 3-2-220　导入上壶体，检查配合情况

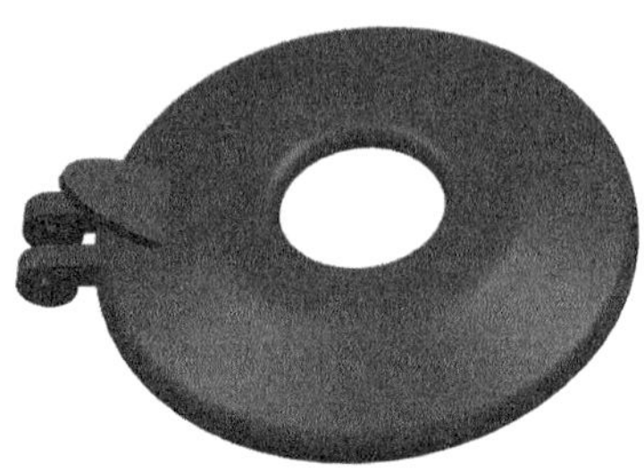

图 3-2-221　改变壶盖颜色

至此，壶盖全部完成。

5. 装配图

图 3-2-222　咖啡壶装配图

实例概述：本例介绍了创建装配图的过程。该装配图主要介绍了先创建几大部分的装配总成，最后再合装为一体的方法。此实例主要运用装配工具中的添加组件命令。通过本实例的学习，能熟练地掌握在装配过程中的配对选择方式、绝对定位及重定位等操作方法。最终装配图方案如图 3-2-222 所示。

1) 制作漏斗总成

(1) 新建一个装配文件。单击【文件】→【新建】命令，弹出对话框，设置模板为装配，输入文件名为 loudouzhuang．prt(漏斗装配)，如图 3-2-223 所示，单击【确定】按钮。

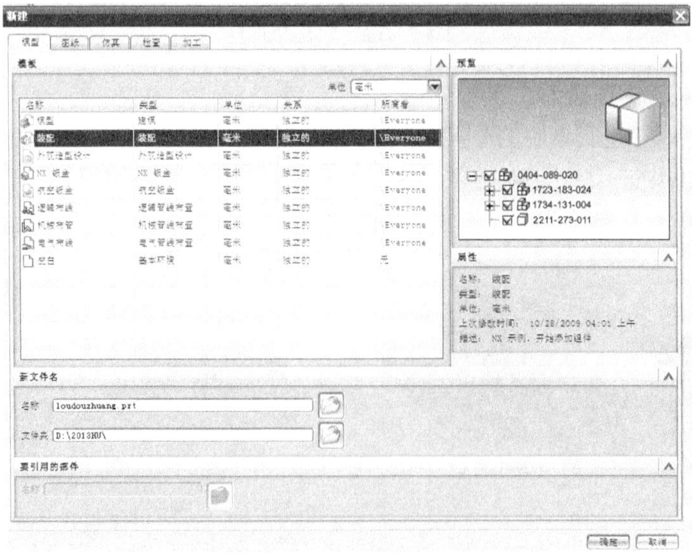

图 3-2-223　选择模板类型

(2) 以漏斗作为基础。文件名确定后，弹出对话框，打开选择 loudou.prt（漏斗）文件，定位方式选绝对原点，如图 3-2-224 所示，单击【应用】按钮，如图 3-2-225 所示。

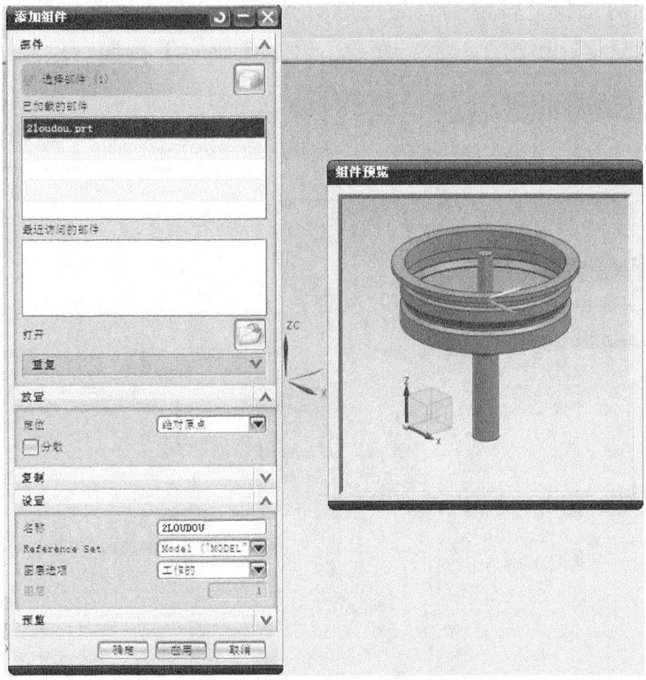

图 3-2-224　选择基础零件

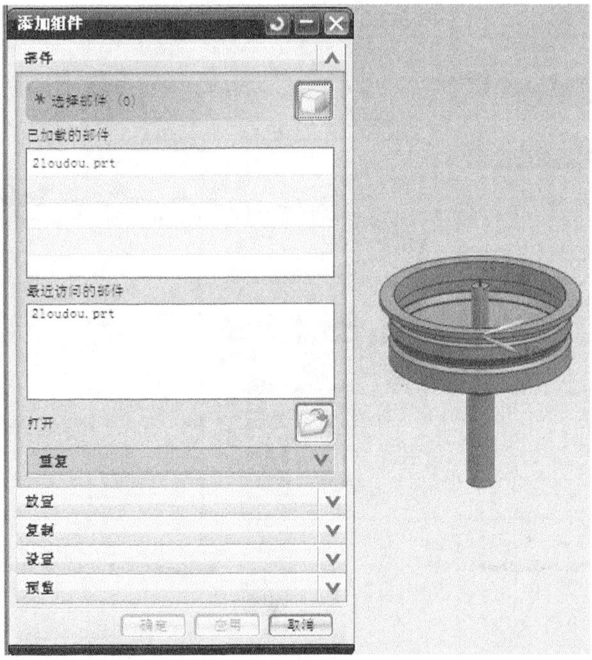

图 3-2-225　插入漏斗

(3) 装入橡胶圈。单击【装配】工具条中的【添加组件】，弹出对话框，打开选择 jiaojuan.prt(橡胶圈)文件(见随书光盘)，定位方式选择通过约束，如图 3-2-226 所示，单击【应用】按钮，弹出对话框，设置类型为接触对齐，设置方位为首选接触，选择橡胶圈的顶面与漏斗凸缘的下表面，如图 3-2-227 所示，单击【确定】按钮，结果如图 3-2-228 所示。

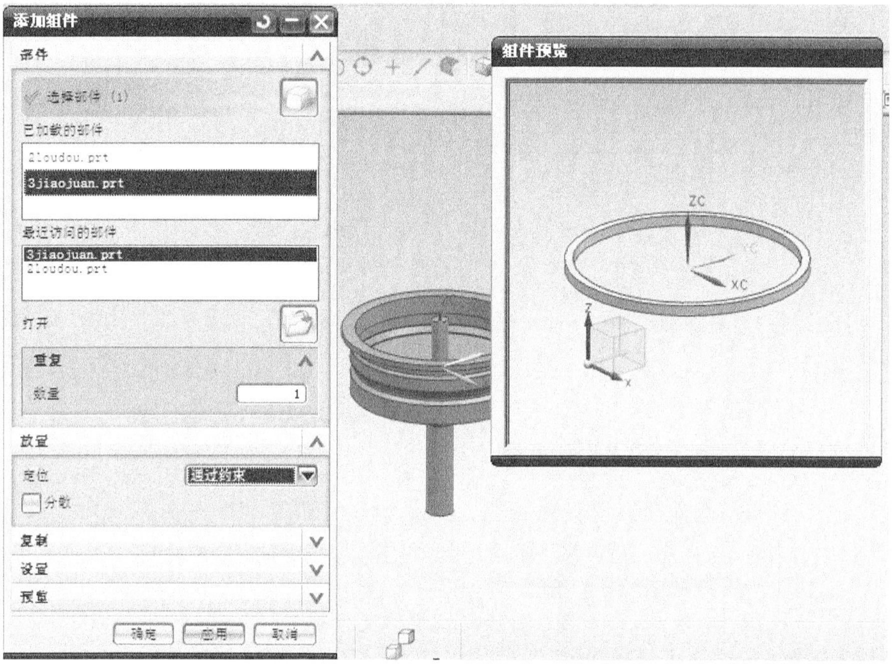

图 3-2-226　选择配对零件 1

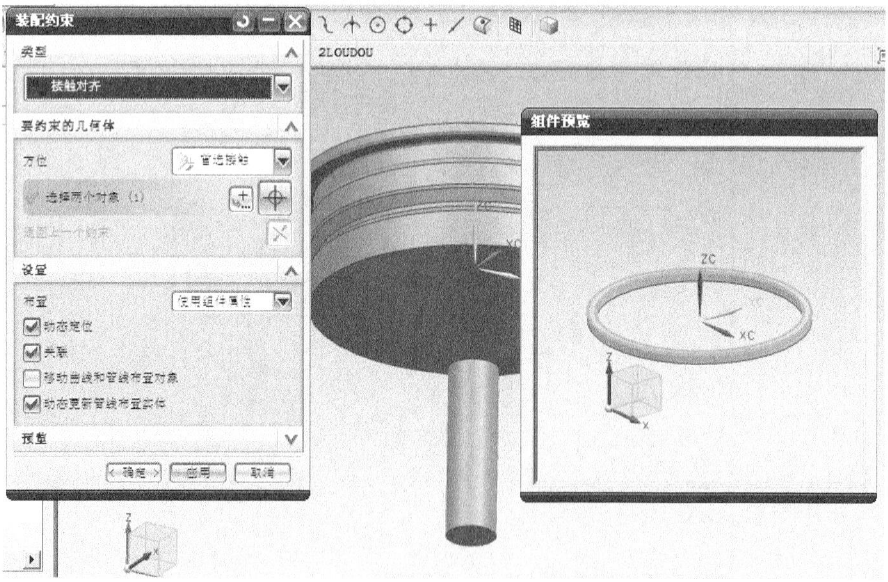

图 3-2-227　选择配对平面

(4)装入密封圈。在【添加组件】对话框中打开 mifeng.prt(密封圈)文件，定位方式为通过约束，如图 3-2-229 所示，单击【应用】按钮，弹出对话框，设置类型为接触对齐，设置方位为首选接触，选择密封圈的底面与漏斗凸缘的上表面，如图 3-2-230 所示，选择方位为自动判断中心/轴，单击选择漏斗的轴线，再选择密封圈的中轴，如图 3-2-231 所示，单击【确定】按钮，结果如图 3-2-232 所示。

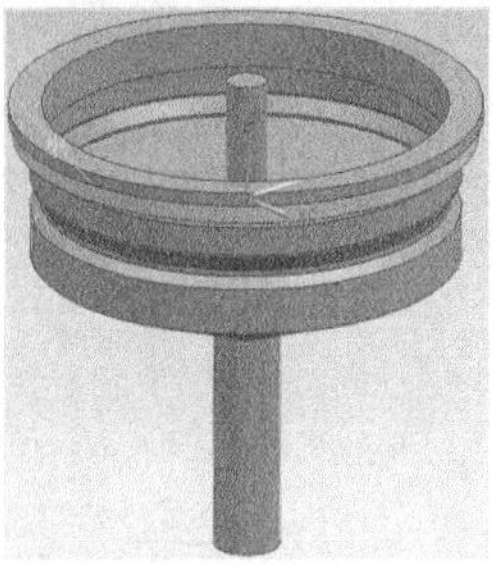

图 3-2-228　装入橡胶圈

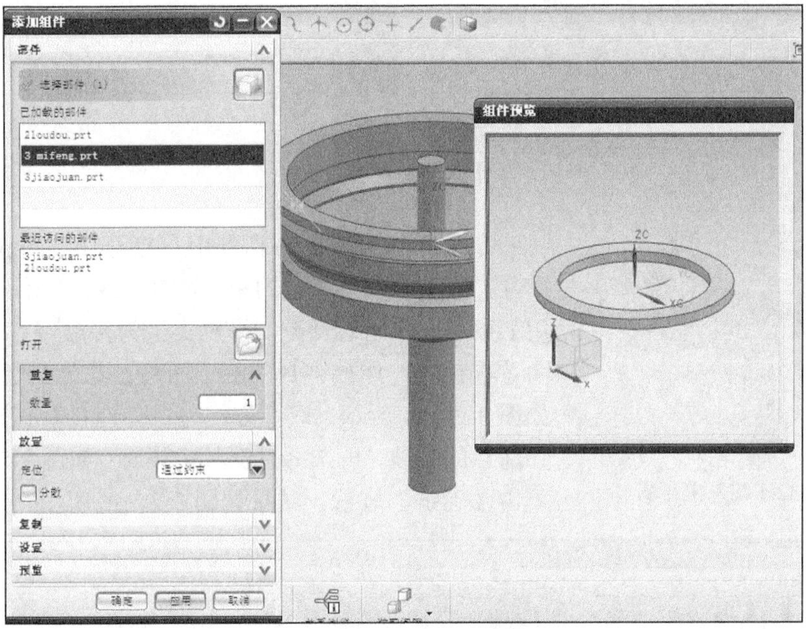

图 3-2-229　选择配对零件 2

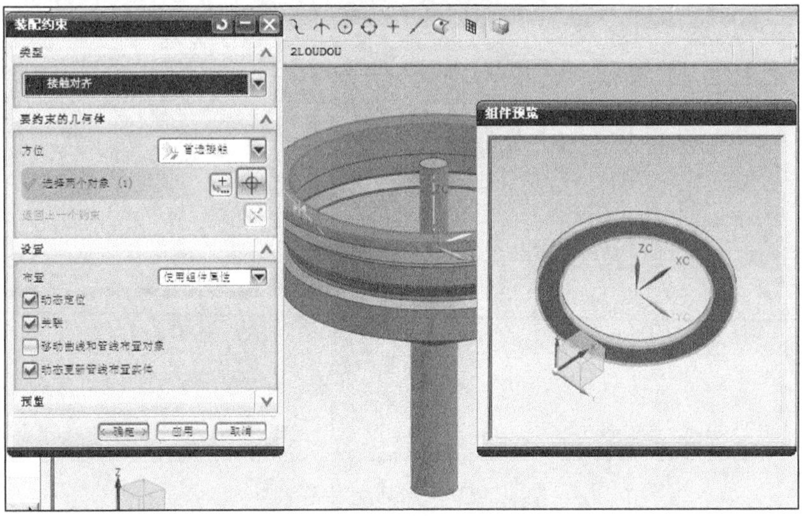

图 3-2-230　选择配对平面

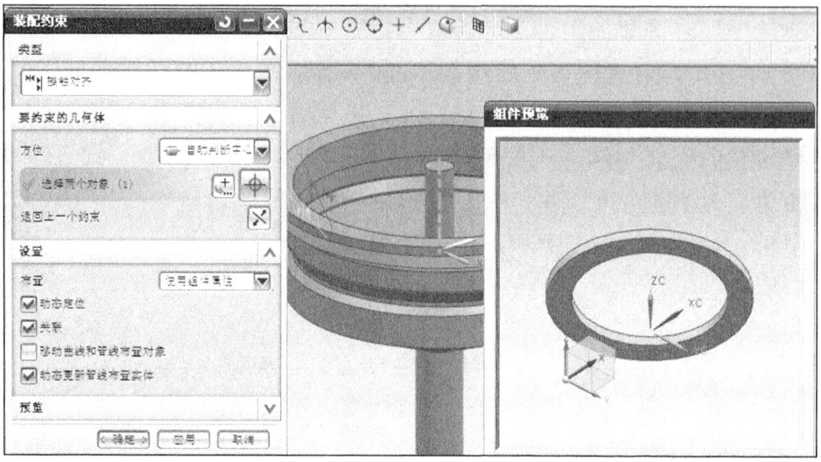

图 3-2-231　选择同轴线

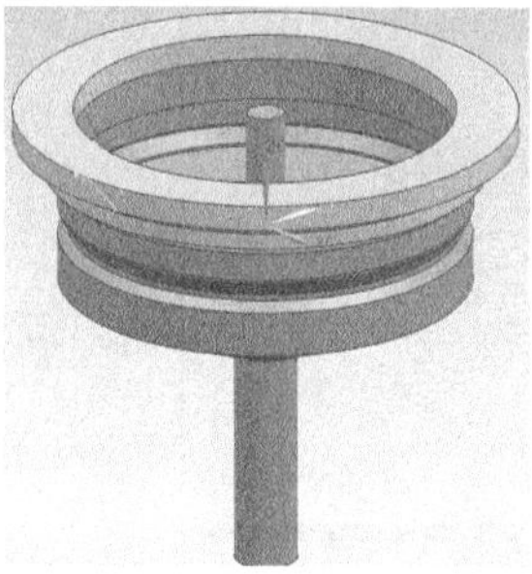

图 3-2-232　装入密封圈

(5)装入过滤网片。

在【添加组件】对话框中，打开 lvpian.prt(过滤片)文件，定位方式为通过约束，如图 3-2-233 所示，单击【应用】按钮，弹出对话框，设置类型为接触对齐，设置方位为首选接触，选择密封圈的顶面与过滤片凸缘的下表面，如图 3-2-234 所示，选择方位为自动判断中心/轴，单击选择漏斗的轴线，再选择过滤片的中轴，如图 3-2-235 所示，单击【确定】按钮，结果如图 3-2-236 所示。

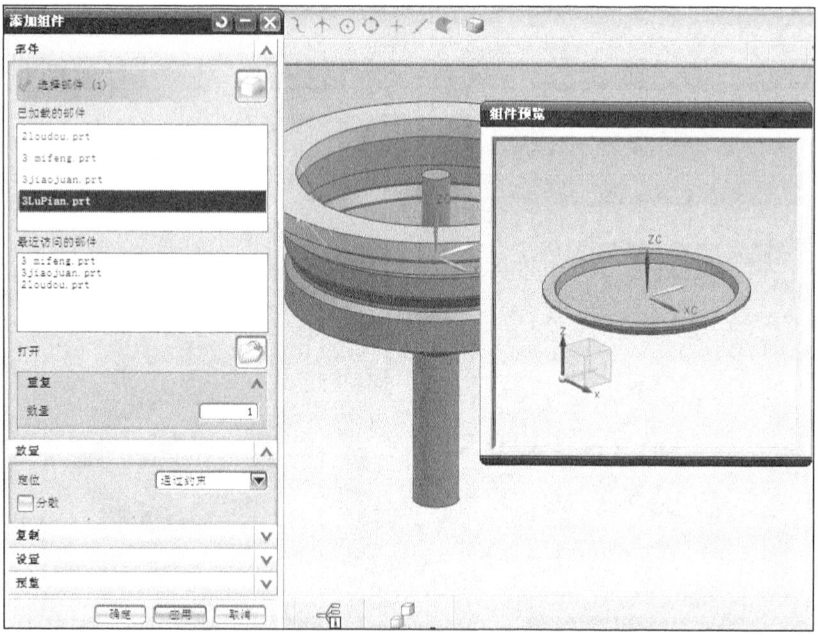

图 3-2-233　选择配对零件 3

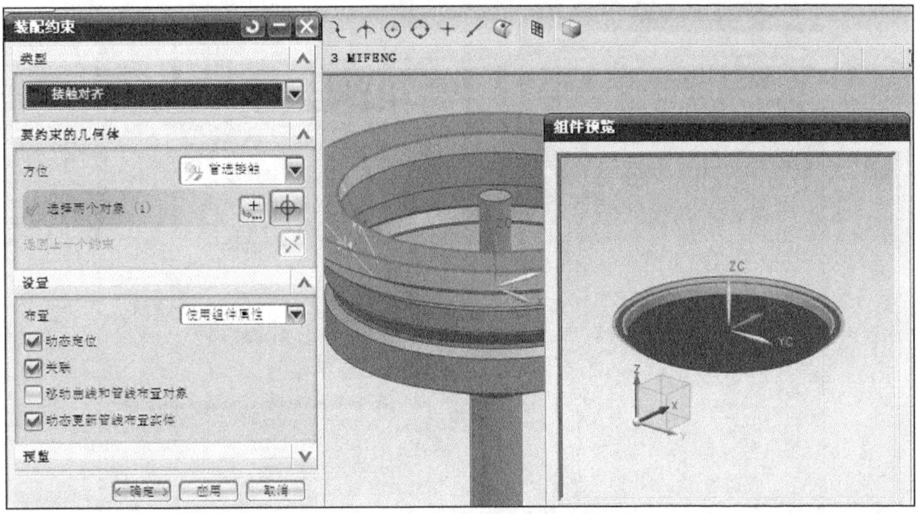

图 3-2-234　选择配对平面

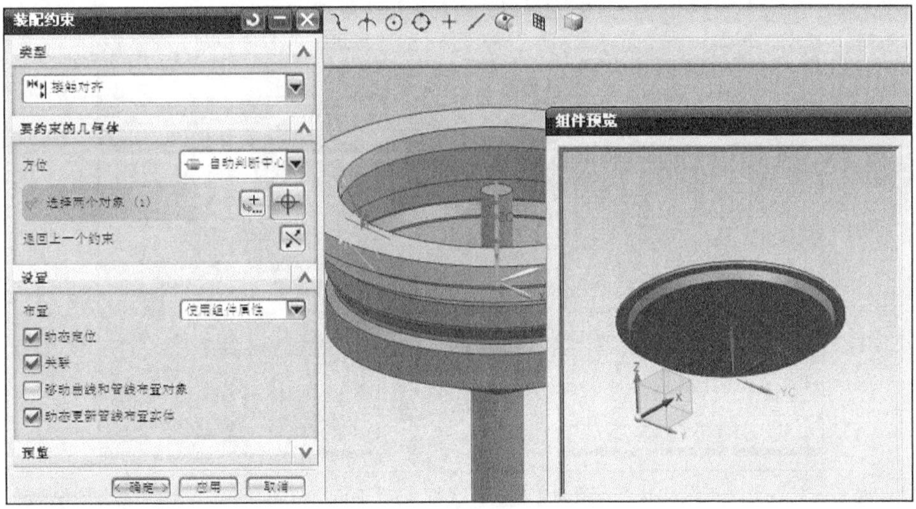

图 3-2-235　选择同轴线

(6)装入下壶体。

在【添加组件】对话框中，打开 xiahuti.prt(下壶体)文件，定位方式为通过约束，如图 3-2-237 所示，单击【应用】按钮，弹出对话框，设置类型为接触对齐，设置方位为首选接触，选择下壶体内表面台阶面与橡胶圈的下表面接触，如图 3-2-238 所示，选择方位为自动判断中心/轴，单击选择漏斗的轴线，再选择上壶体的中轴，如图 3-2-239 所示，单击【确定】按钮，结果如图 3-2-240 所示。

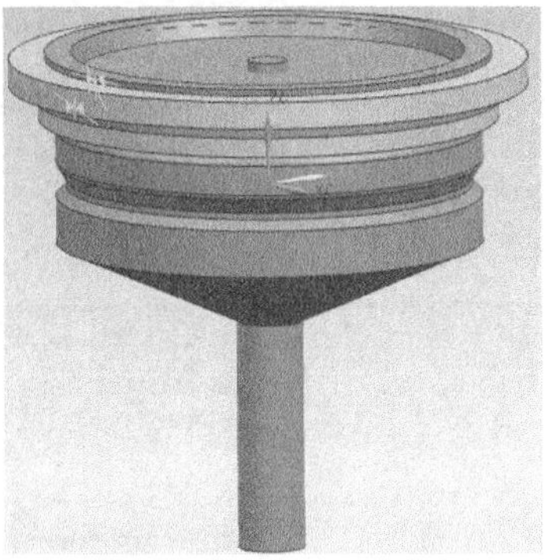

图 3-2-236　装入过滤网片

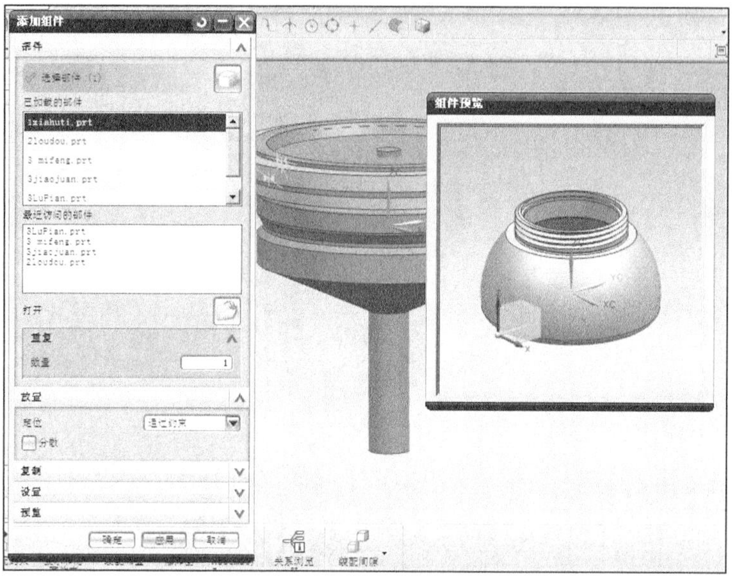

图 3-2-237　选择配对零件 4

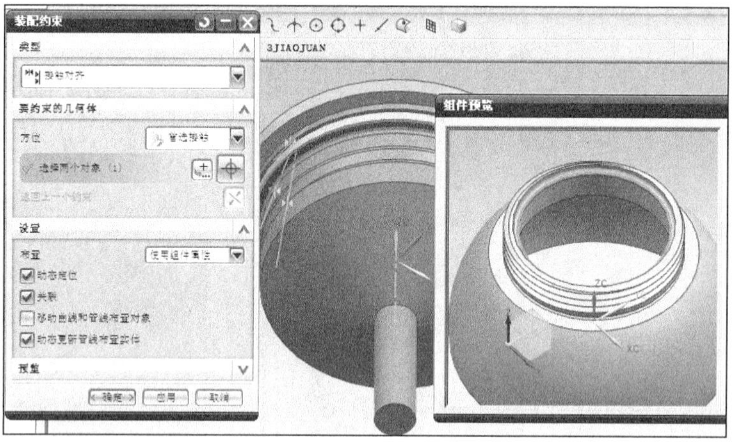

图 3-2-238　选择配对平面

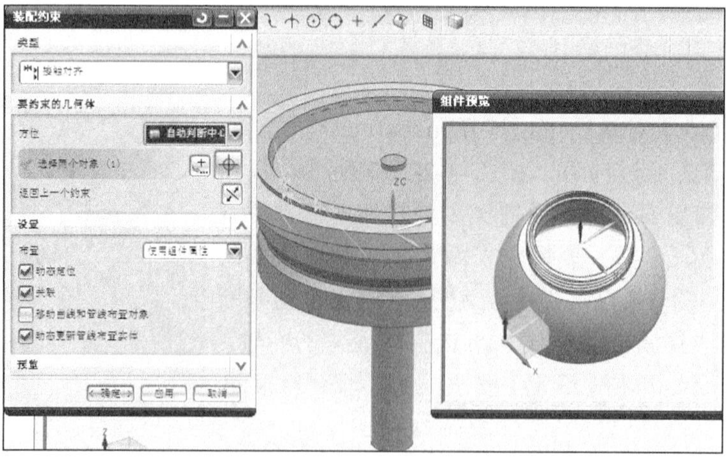

图 3-2-239　选择同轴线

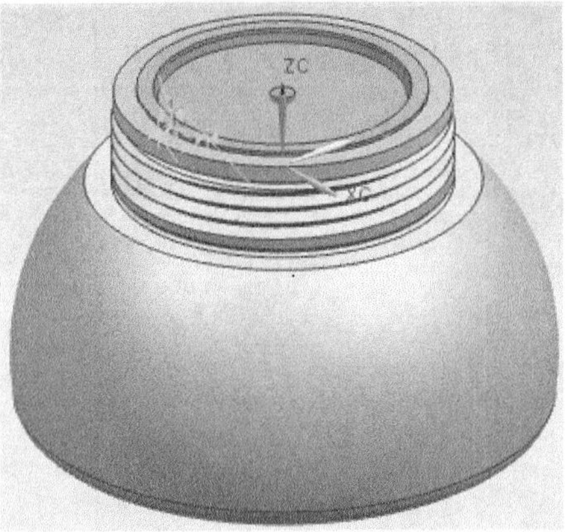

图 3-2-240　装入下壶体

完成漏斗装配总成。

2) 制作上壶体总成

(1) 新建新的装配文件。

设置文件名为 shanghutizhuang.prt（上壶体装配图），如图 3-2-241 所示。

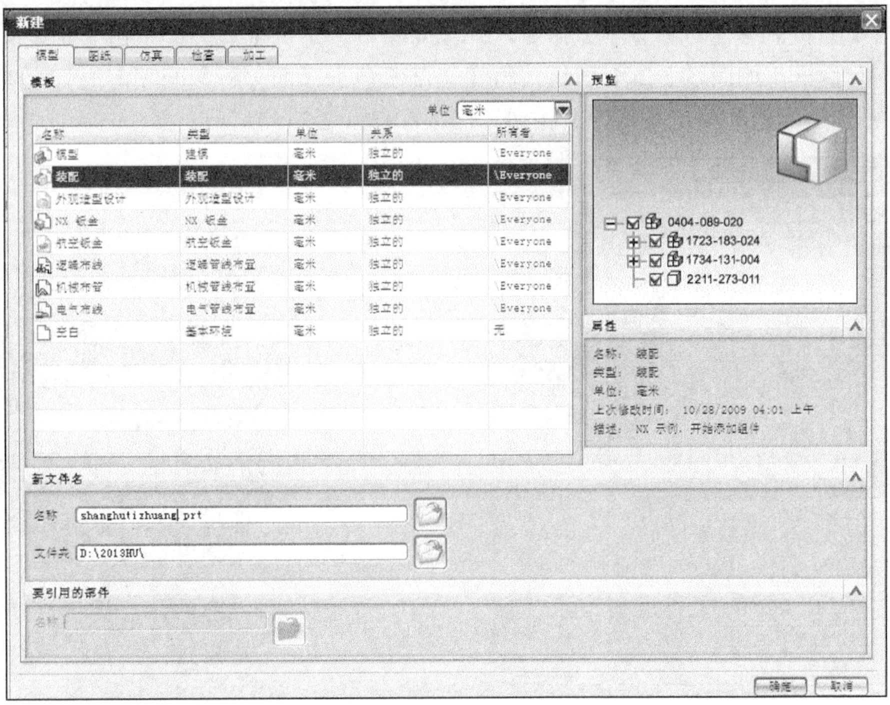

图 3-2-241　选择模板类型

(2) 以上壶体为基础。

装配图文件名单击【确定】按钮后，弹出对话框，打开 shanghuti.prt 文件，定位方式为绝对原点，如图 3-2-242 所示，单击【确定】按钮，结果如图 3-2-243 所示。

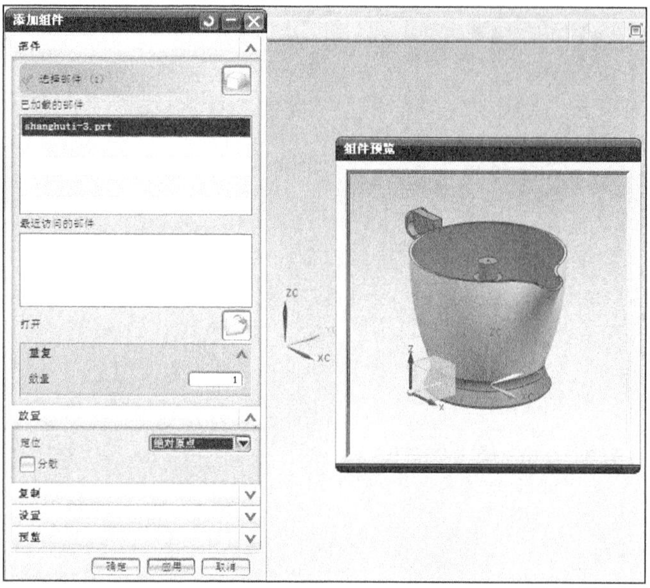

图 3-2-242　选择基础零件

图 3-2-243　插入上壶体

将上壶体统一颜色：从图 3-2-243 中可看到，插入上壶体后，上壶体的表面颜色不统一。单击【编辑】→【对象显示】命令，弹出对话框，选择上壶体，单击【确定】按钮，弹出另一对话框，如图 3-2-244 所示，将【局部着色】、【面分析】两项前面打上勾，单击【颜色】栏选定颜色，单击【确定】按钮，结果如图 3-2-245 所示。

图 3-2-244　改变颜色设置

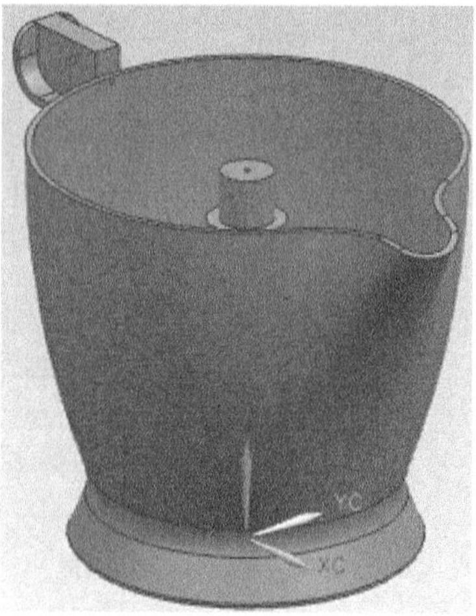

图 3-2-245　上壶体统一色

(3)装入汽阀。

单击【装配】工具条中的【添加组件】，弹出对话框，选择 qifa.prt(汽阀)文件，如图 3-2-246 所示，定位方法与以上多个装配相同，如图 3-2-247 所示，单击【确定】按钮，结果如图 3-2-248 所示。

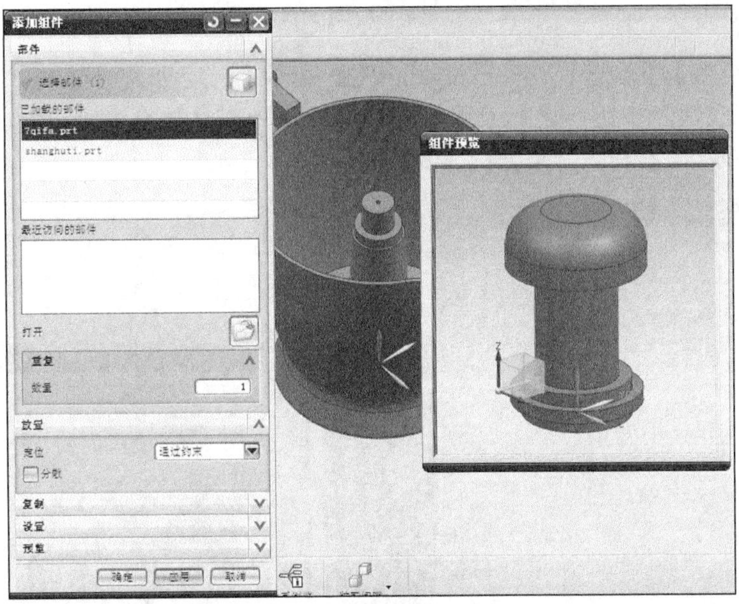

图 3-2-246　选择配对零件 1

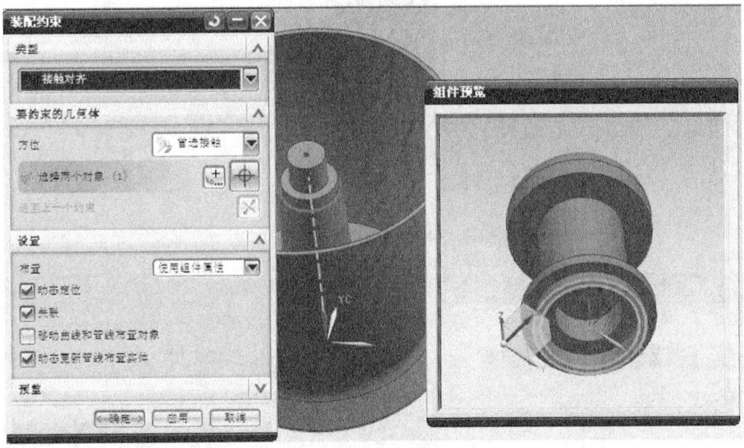

图 3-2-247　选择配对平面

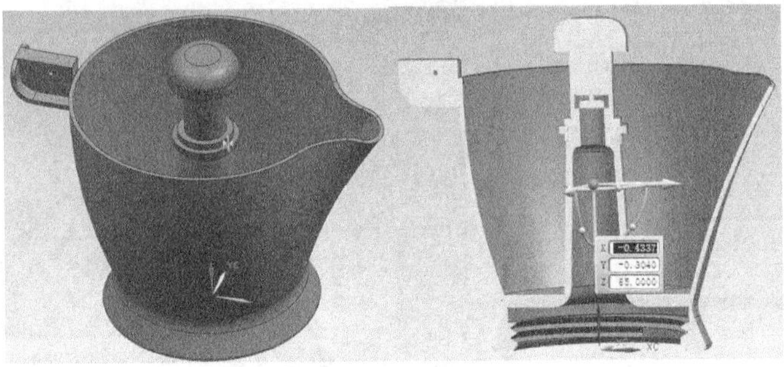

图 3-2-248　装入汽阀

(4)装壶盖。

在【添加组件】对话框中，打开 hugai.prt(壶盖)文件，定位为通过约束，如图 3-2-249 所示，单击【应用】按钮，选择壶盖的外台阶面与上壶体的上表面接触，如图 3-2-250 所示，单击【确定】按钮，结果如图 3-2-251 所示。

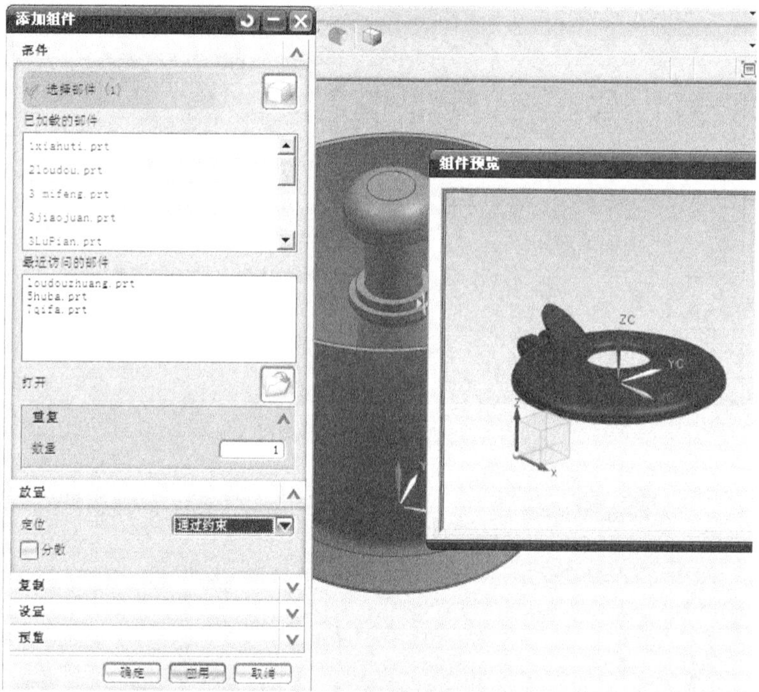

图 3-2-249　选择配对零件 2

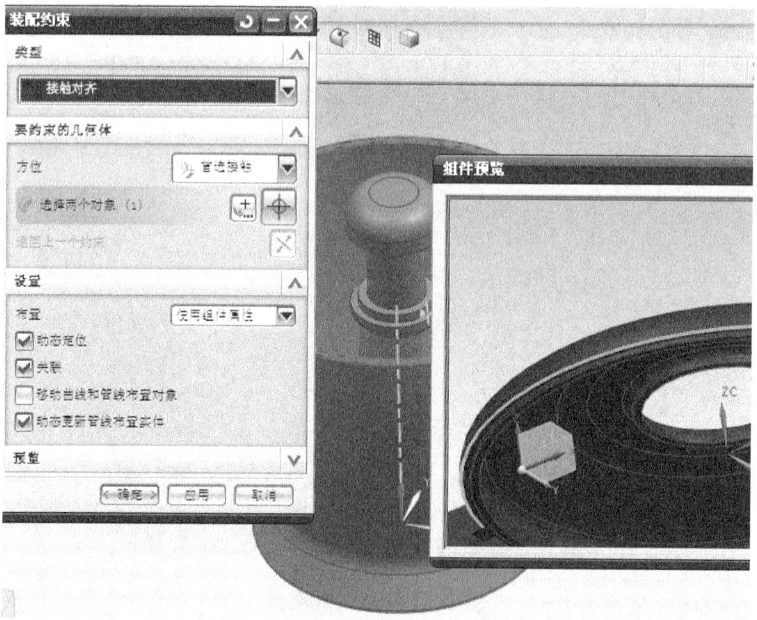

图 3-2-250　选择接触面

图 3-2-251 插入壶盖(检查各销孔已对齐)

(5)装入漏斗总成。

在【添加组件】对话框中，打开 loudouzhang.prt(漏斗装配)，定位方式选通过约束，如图 3-2-252 所示，单击【应用】按钮，选择下壶体台阶面与上壶体底面接触，如图 3-2-253 所示，单击【确定】按钮，结果如图 3-2-254 所示。

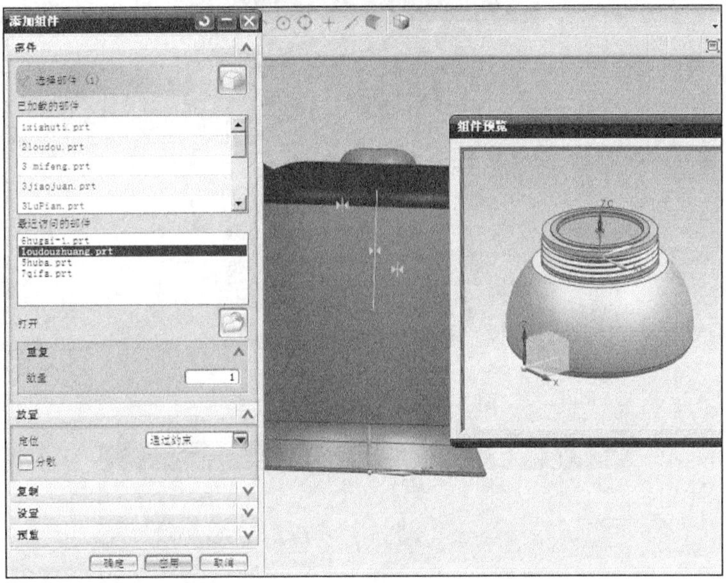

图 3-2-252 选择配对总成

另存文件名为 zhang-1.pr(总成 1)。

(6)装壶把。

打开 huba.prt(壶把)文件，将文件改成“装配”类型：在【开始】菜单中选择【装配】，如图 3-2-255 所示，进入装配模块，另存文件名为 assembly.prt。

在【添加组件】对话框中，打开 zhang-1.prt(总成)文件，定位为“选择原点”(原点位置经相关二维图计算所得)，如图 3-2-256 所示，单击【应用】按钮，将插入原点定为(83, 0, –34.5)，如图 3-2-257 所示，单击【确定】按钮，得如图 3-2-258 所示的最终总装图。

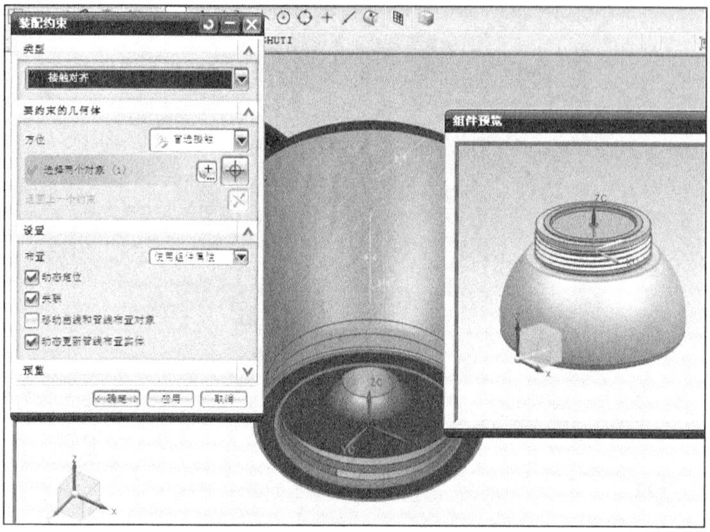

图 3-2-253　选择接触面

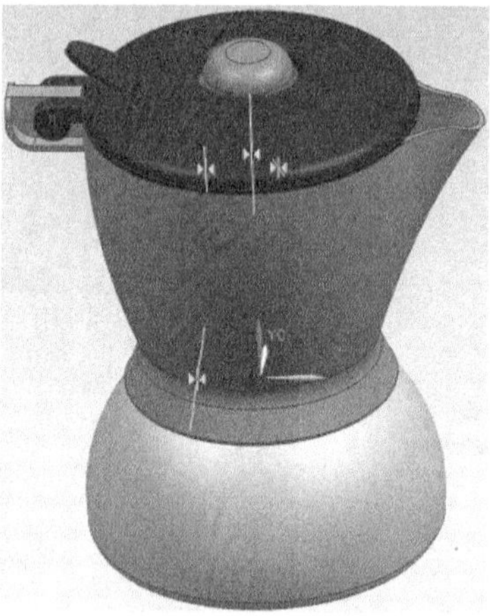

图 3-2-254　插入漏斗总成

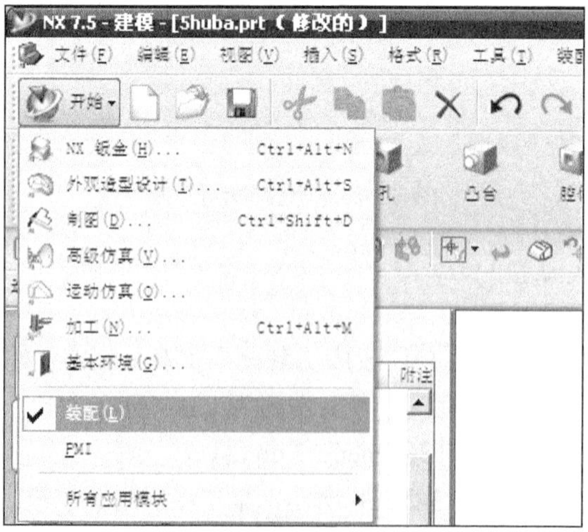

图 3-2-255　将建模改为装配模块

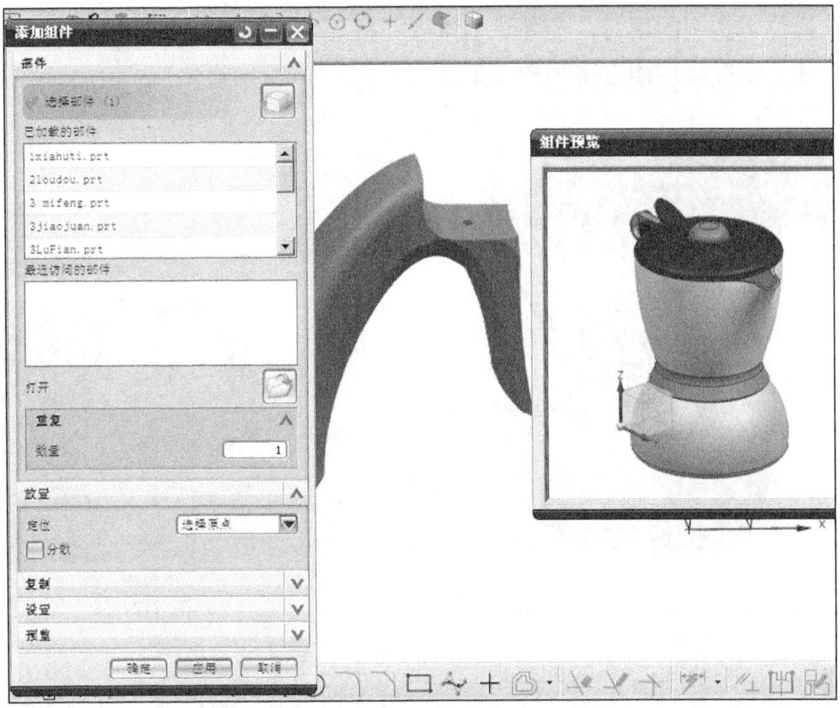

图 3-2-256　选择插入总成

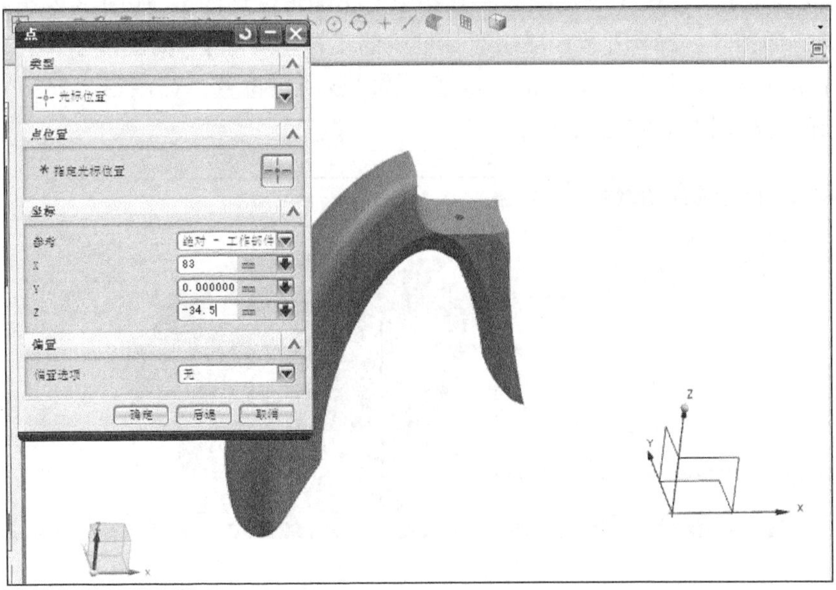

图 3-2-257　设置插入原点

6. 爆炸图制作

实例概述：本例介绍了创建爆炸图的过程。此实例主要运用编辑爆炸图工具中的移动对象命令。通过本实例的学习，能熟练地掌握在拆除装配图的零件过程中使用拖拽移动对象的操作方法。最终爆炸图方案如图 3-2-259 所示。

图 3-2-258　插入壶把完成整体总装图

图 3-2-259　爆炸图

(1)打开文件 assembly.prt(装配总成)。

(2)创建爆炸图。单击【爆炸图】工具条中的【创建爆炸图】，默认系统名称 Explosion 1，单击【确定】按钮。

(3)编辑爆炸图。单击【爆炸图】工具条中的【编辑爆炸图】，如图 3-2-260 所示，选中部件汽阀，如图 3-2-261 所示，单击对话框中的【移动对象】，如图 3-2-262 所示，光标放置在工作坐标原点，按住鼠标中键，将部件移动到所需位置，如图 3-2-263 所示，单击【确定】按钮，结果如图 3-2-264 所示。

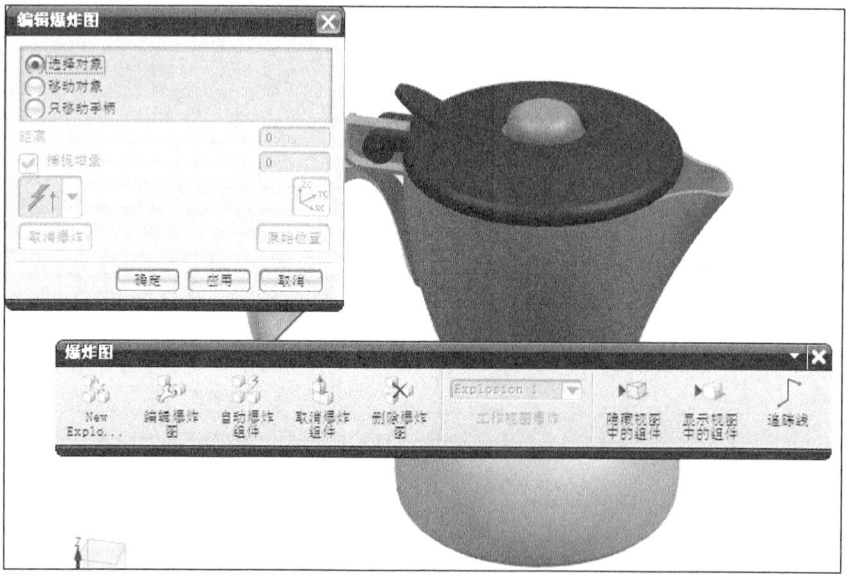

图 3-2-260　插入基础装配图

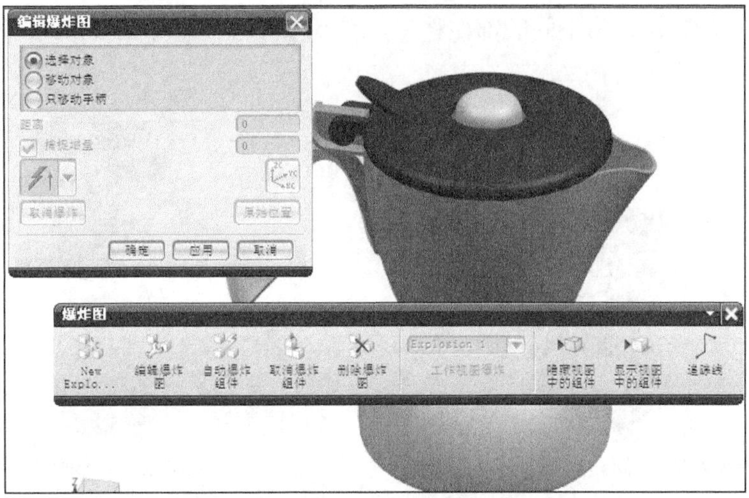

图 3-2-261　选择移动部件

图 3-2-262　移动设置

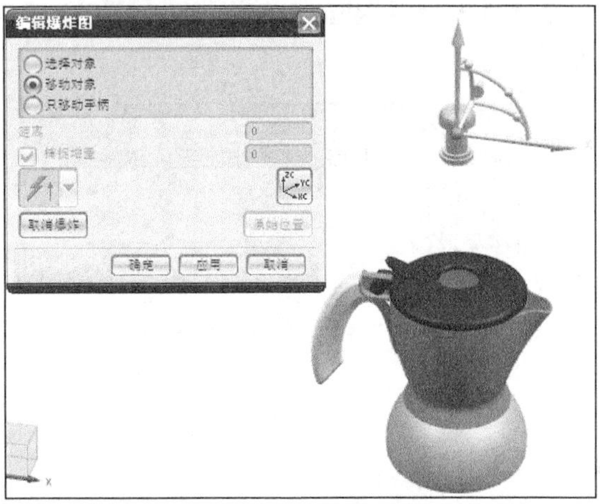

图 3-2-263　手动拖动零件

用上述同样的方法，将不同的部件移出，得到爆炸总图，如图 3-2-265 所示。

图 3-2-264　创建汽阀分离

图 3-2-265　爆炸总图

实例 3　运用 Rhino 和 Photoshop 进行效果图制作——以鼠标为例

案例介绍：本鼠标采用流线型薄壳造型，通过 Rhino 进行高精度建模，然后通过 VRay for Rhino 插件进行渲染，如图 3-3-1 所示。本造型曲面质量要求比较高，若前期 Rhino 建模质量不讲究，模型曲面质量差，后期修改起来会很复杂，所以 Rhino 建模的思路、方法和技巧就显得尤为重要。

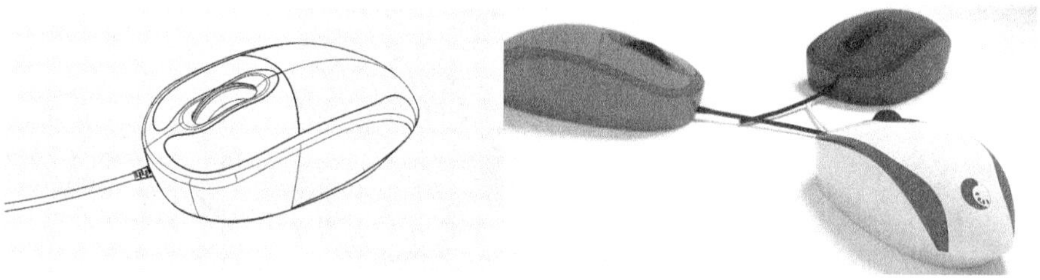

图 3-3-1　鼠标造型

启动 Rhino，新建一个文件，设置 Rhino 单位：单击【工具】→【选项】→【单位】命令，设置如图 3-3-2 所示。

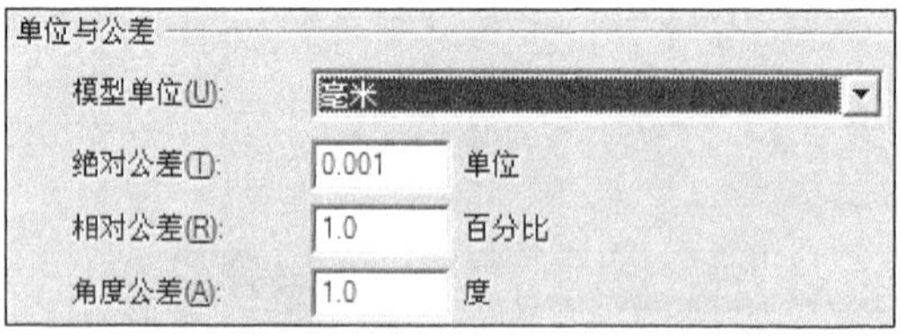

图 3-3-2　单位设置

1．绘制鼠标外观造型

(1) 鼠标外观尺寸约束。

设定该鼠标外观尺寸为长 110mm，宽 60mm。

在 Rhino Top 视图中绘制一个矩形，大小为 110mm×60mm，然后把矩形的中心放置到坐标原点，如图 3-3-3 所示。

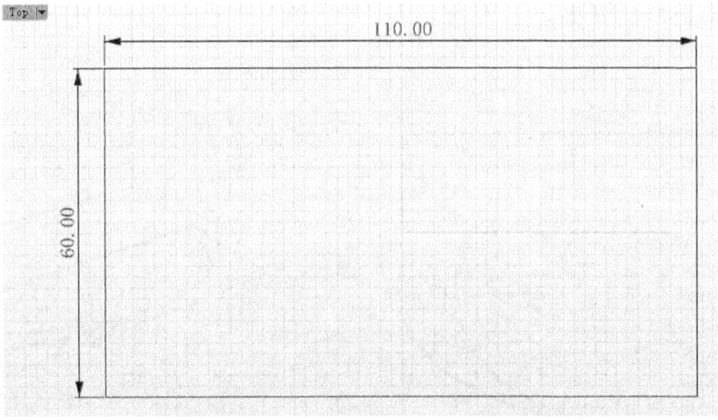

图 3-3-3　鼠标尺寸外廓

(2) 绘制鼠标底面轮廓曲线。在 Top 视图中，用从中心点绘制椭圆工具绘制鼠标底面轮廓曲线，并用曲线重建工具，设置重建曲线参数，如图 3-3-4 所示。调整曲线控制点的位置，如图 3-3-5 所示(注意看图中文字说明)，三点共线可以用犀牛的设定 XYZ 坐标工具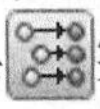实现；控制点与 X 轴对称可以采用缩放工具以 X 轴为缩放中心来调整。

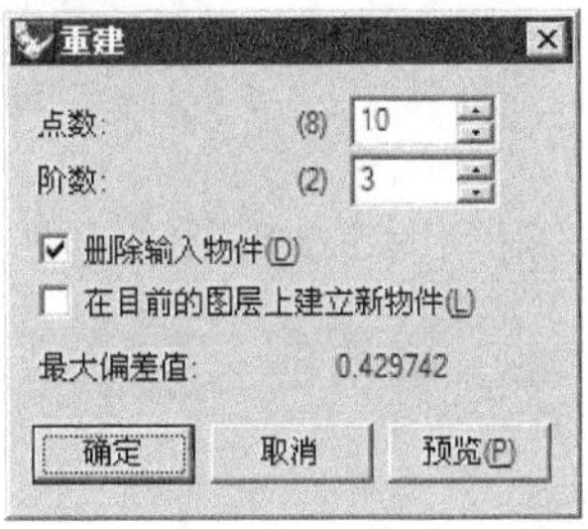

图 3-3-4　绘制鼠标底面轮廓曲线

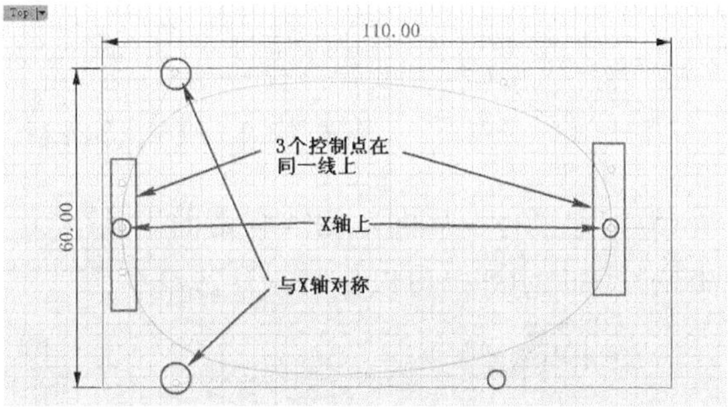

图 3-3-5　调整曲线控制点

(3) 打开中点捕捉，用直线工具，画一条经过矩形中心的直线，用这条直线修剪掉调整后的椭圆的上半部分，如图 3-3-6 所示。

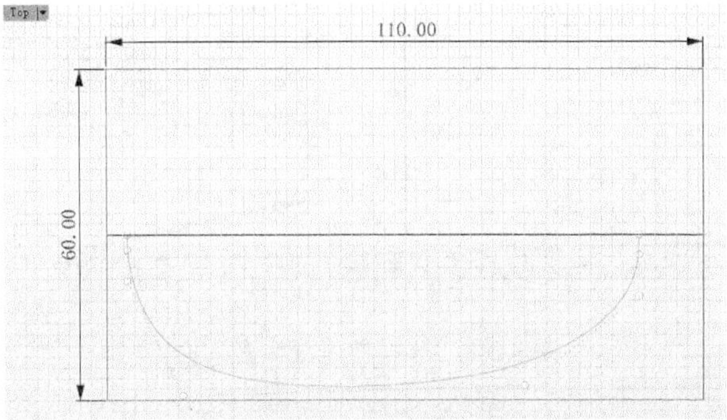

图 3-3-6　用中心线修剪椭圆

(4)绘制鼠标左后上边线曲线。用分割工具，命令提示栏中选择“点”分割，把曲线分成 2 段，以分割点为起点绘制曲线，终点在 X 轴上，并设置终点与它临近控制点在同一竖直直线上，如图 3-3-7 所示。

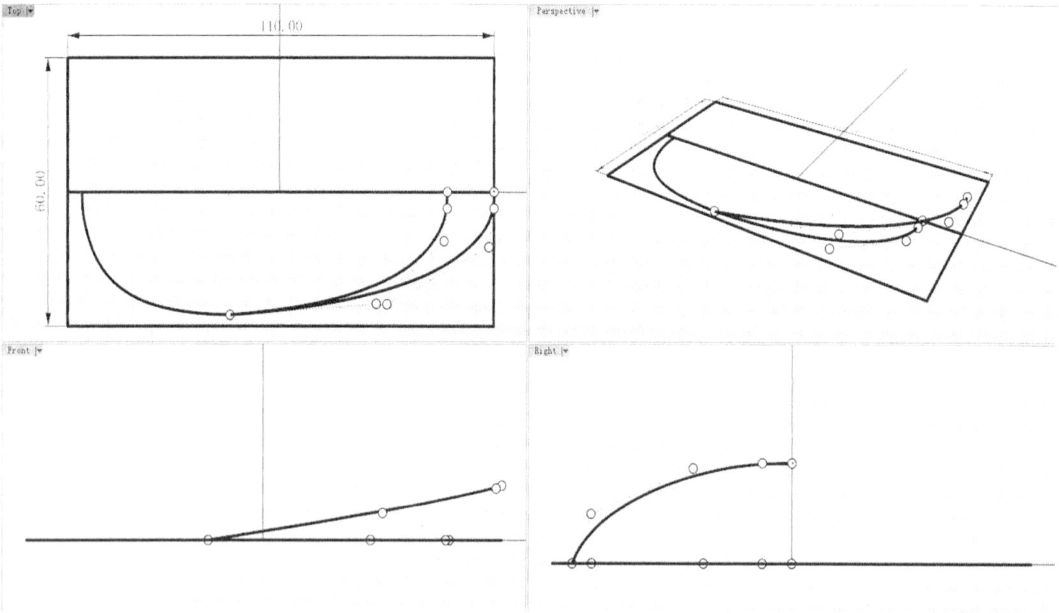

图 3-3-7　绘制鼠标左后上边线曲线四视图

(5)构建鼠标左后面，用放样造面工具，选择松弛的方式得到图 3-3-8 所示的面。如果法线方向朝外，可以做一次法线翻转。

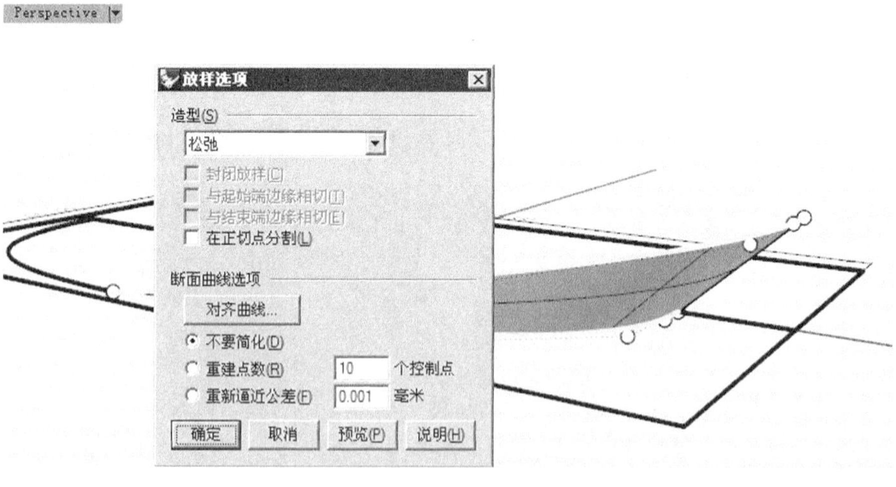

图 3-3-8　放样构建鼠标左后面

(6)绘制鼠标脊背曲线，调整脊线控制点得到四视图，如图 3-3-9 所示。

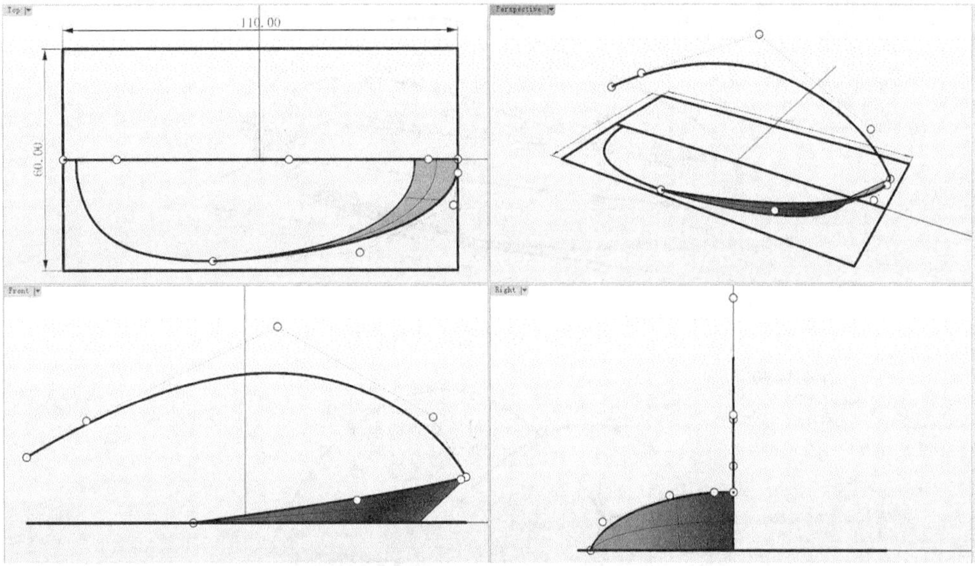

图 3-3-9　鼠标脊背曲线四视图

把脊背曲线复制一份并按图 3-3-10 调整好曲线位置，侧面曲线交于刚才做出来的曲面边缘上。(注意，背脊曲线与侧面曲线的控制点个数一样多，位置相互对应，做出来的曲面才可以有效地简化结构线。)

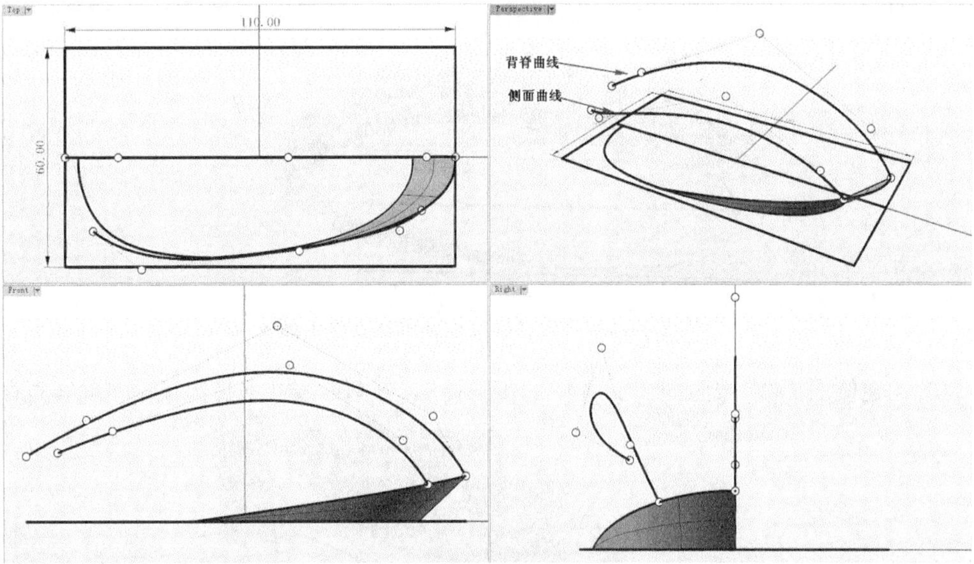

图 3-3-10　侧面曲线四视图

(7) 绘制按键前端曲线，形状如图 3-3-11 所示。

(8) 构建双轨扫掠截面线。用分割边缘工具，以面的边缘和侧面曲线相交点分割面的边缘，如图 3-3-12 所示。

(9) 构建鼠标上盖大面。用双轨扫掠工具，在弹出的选项对话框中勾选“最简扫掠”(前提是两条轨道控制点个数一样多)，得到如图 3-3-13 所示的结果。

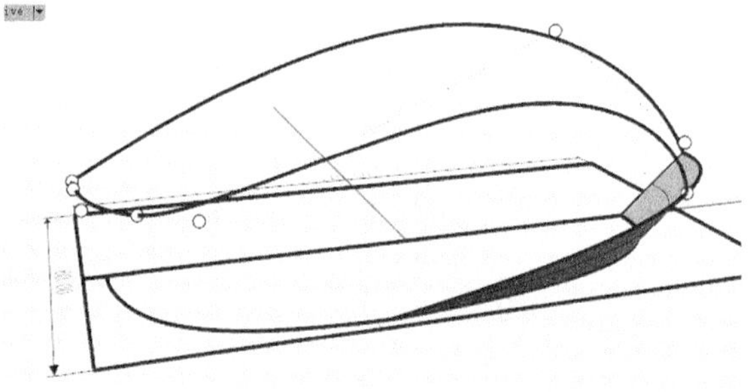

图 3-3-11　绘制按键前端曲线

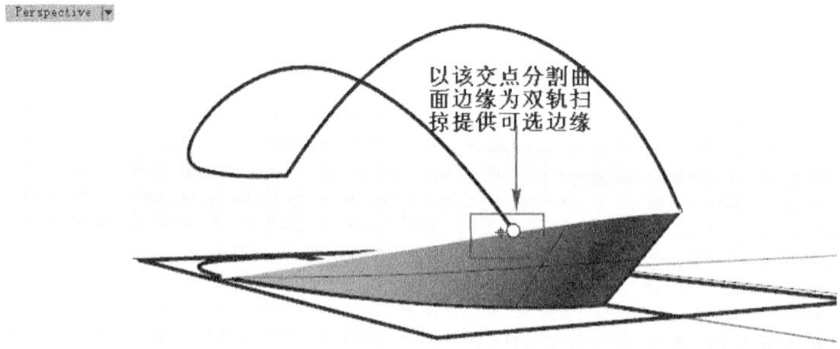

图 3-3-12　分割曲面边缘图(捕捉侧面曲线端点)

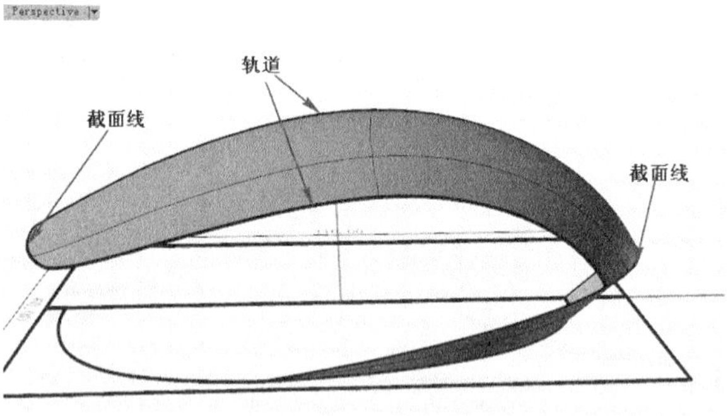

图 3-3-13　用双轨扫掠得到鼠标上盖大面

(10)构建侧面曲线。按照图 3-3-14 中的步骤提示,分割曲线并且做出鼠标侧面竖直曲线。

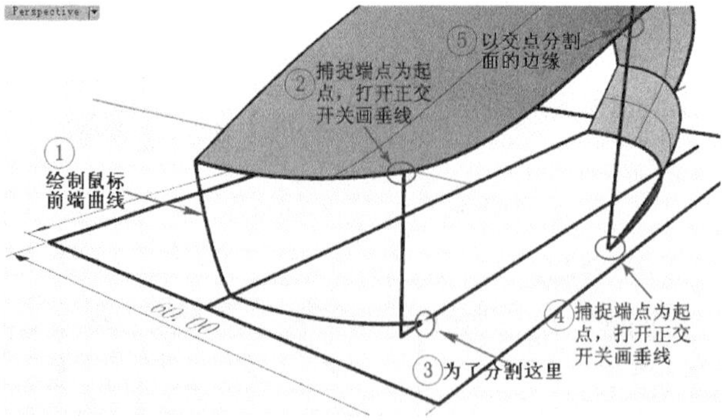

图 3-3-14　绘制竖直方向的曲线

(11) 以双轨扫掠构建鼠标侧面曲面 1、2、3，如图 3-3-15 所示。

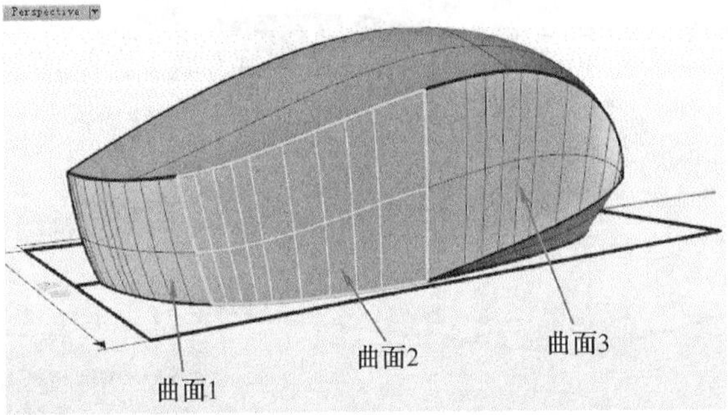

图 3-3-15　绘制鼠标侧面曲面

(12) 打开侧面曲面控制点，曲面 ISO 线和控制点很复杂，同时选中三块曲面，重建它，参数设置如图 3-3-16 所示，重建后的面如图 3-3-17 所示，简洁，ISO 线少，表面流畅。

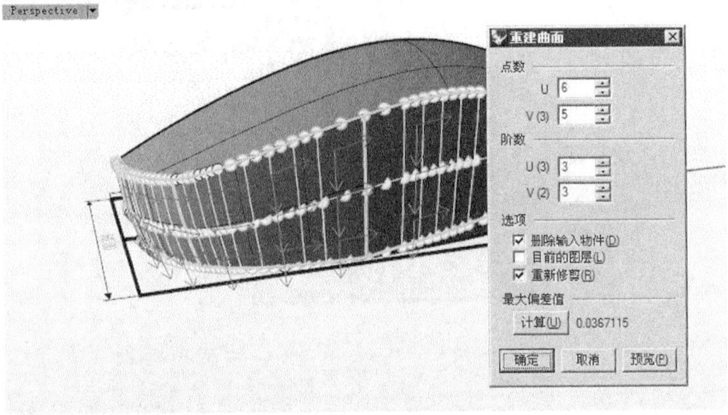

图 3-3-16　重建曲面参数

(13) 对图 3-3-17 中的曲面 1、2、3 用衔接曲面工具把曲面匹配过渡达到 G2 连续。匹配参数如图 3-3-18 和图 3-3-19 所示，衔接结果用斑马纹检验，结果如图 3-3-20 所示。

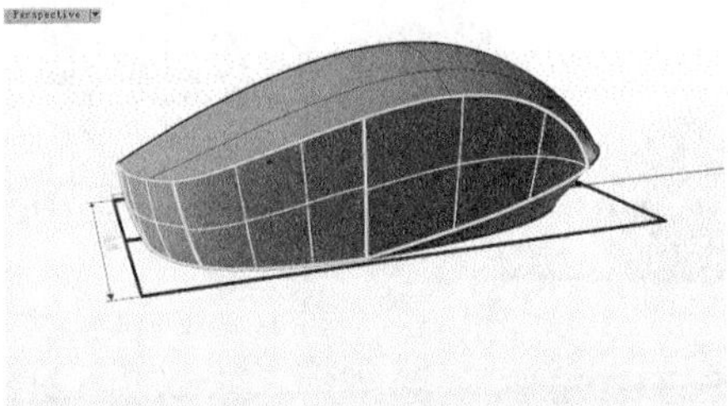

图 3-3-17　重建后的曲面

(14) 曲面之间的光顺连接处理。不规则曲面之间通常无法直接使用曲面倒角工具可以采用“以结构线分割接缝面+混接曲面”来进行过渡连接分割，结果如图 3-3-21 所示。如果 ISO 结构线分割达不到要求的，可以绘制辅助曲线分割曲面，如图 3-3-22 所示。

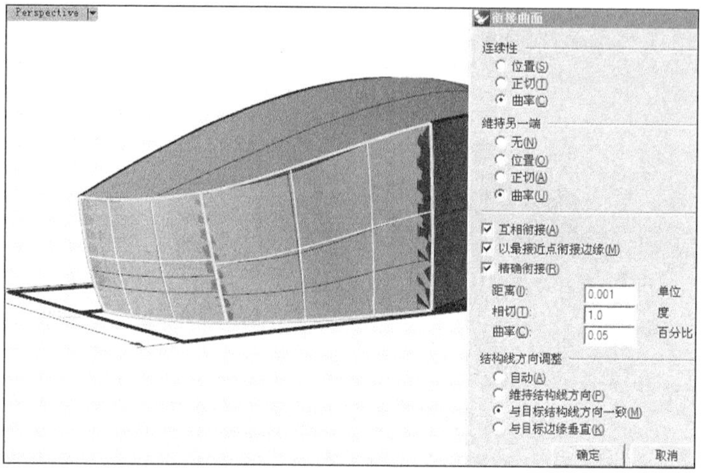

图 3-3-18　曲面匹配参数 1

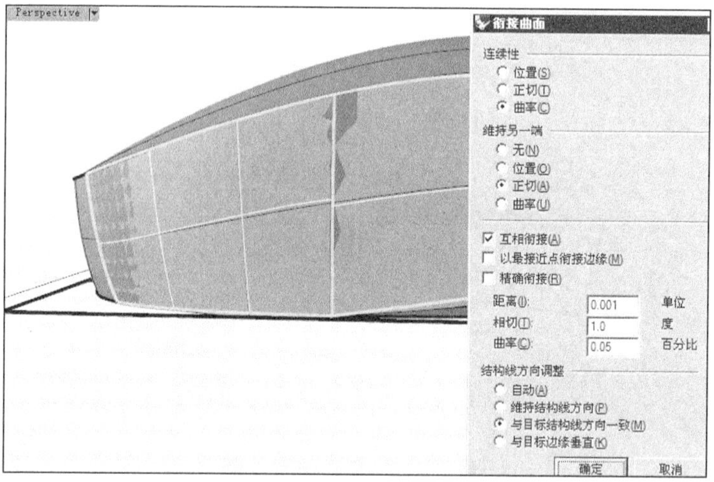

图 3-3-19　曲面匹配参数 2

图 3-3-20　用斑马纹检验曲面达 G2 连续

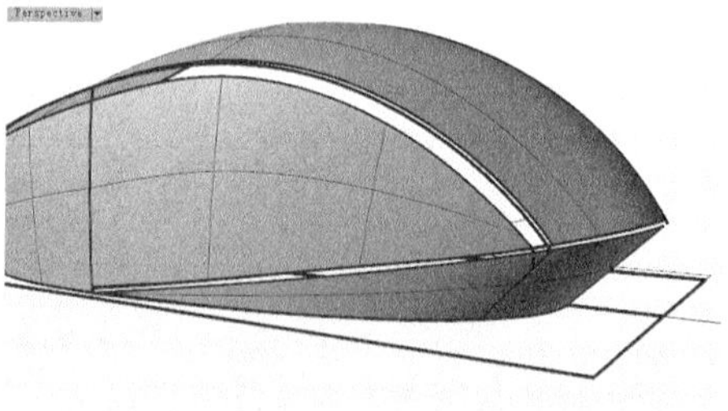

图 3-3-21　以结构线分割曲面接缝的两侧面

(15)用曲面混接工具和双轨扫掠工具构建曲面来模拟倒角，注意在有些地方混接 ISO 出现倾斜，用边缘分割工具和曲线混接工具建立截面线来约束构面条件，图 3-3-23 是采用分割曲面边缘后再进行曲线混接，然后开启控制点调节工具构造双轨的截面线。混接后得到如图 3-3-24 的鼠标曲面的一半。

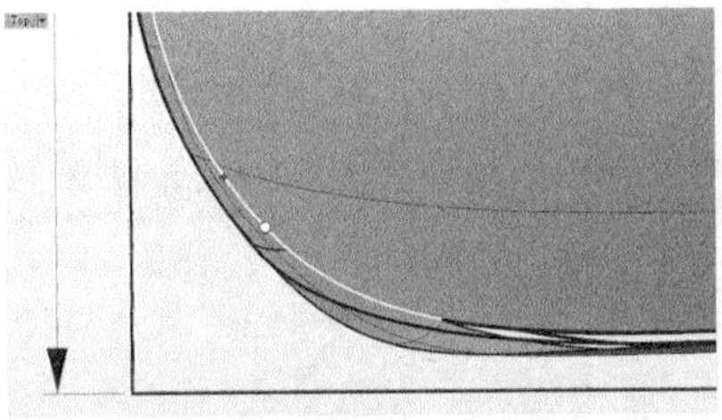

图 3-3-22　绘制曲线以投影的方式修剪连接处曲面

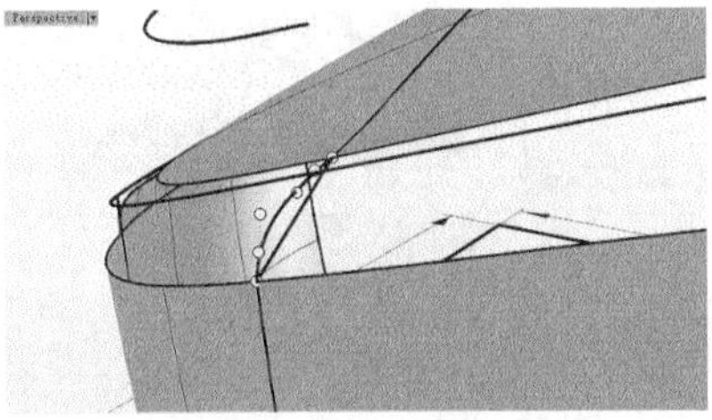

图 3-3-23　混接曲线

(16) 对图 3-3-24 创建的曲面沿 *X* 轴进行对称操作，得到如图 3-3-25 的鼠标造型。通过造型可以发现，图中画圈位置看到明显的接缝线，需要调整曲面控制点然后再一次进行对称操作。

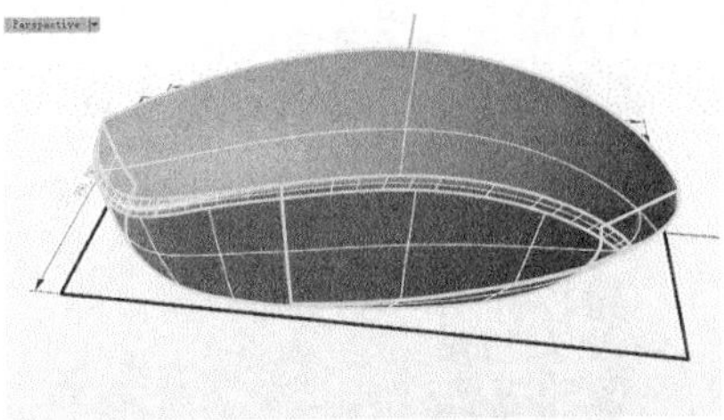

图 3-3-24　双轨扫掠构建过渡曲面

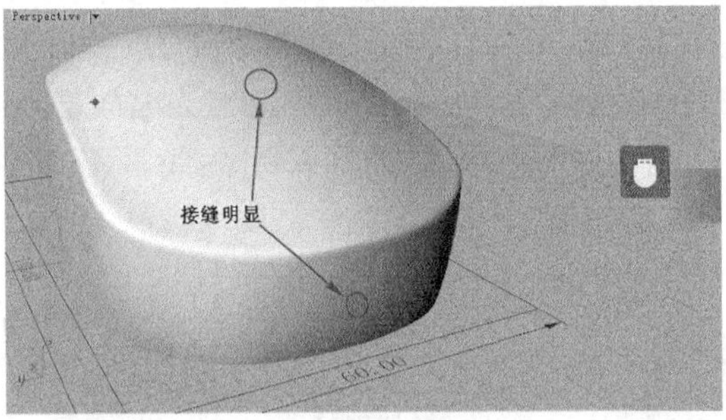

图 3-3-25　做对称操作观察曲面接缝效果

(17) 撤销到镜像之前，分别选中对称接缝的曲面，打开曲面控制点，对镜像面的每组控制点进行坐标调整，调整的方法如图 3-3-26 所示。

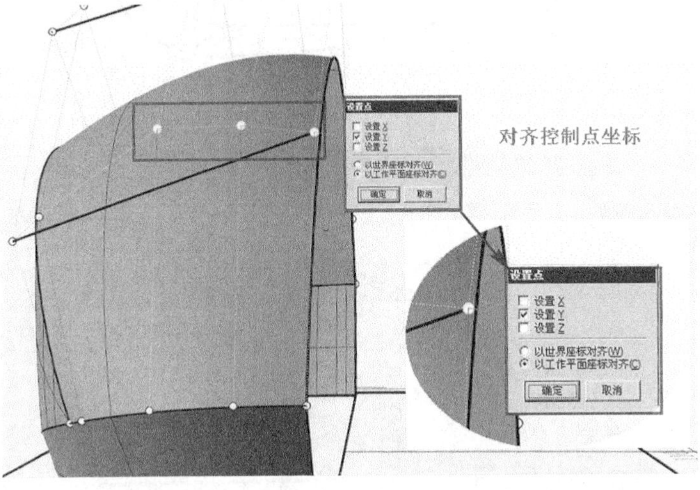

图 3-3-26　对镜像面的每组控制点进行坐标调整

(18) 调整结束后再次镜像曲面，用斑马纹检测，结果如图 3-3-27 所示，曲面光滑达到 G2 连续。切换到渲染模式观察，如图 3-3-28 所示，我们看到接缝处的棱线消失了。

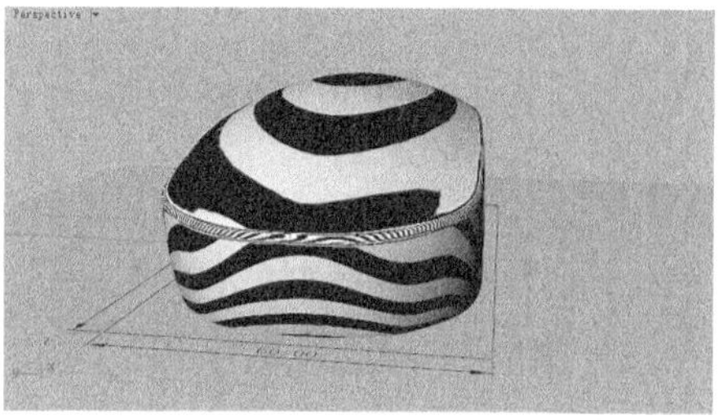

图 3-3-27　斑马纹检测

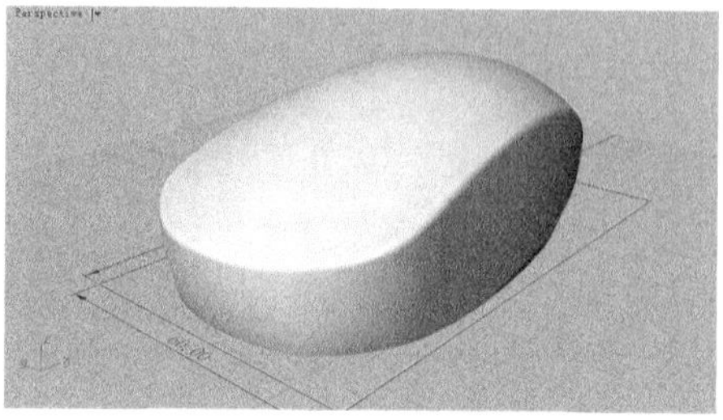

图 3-3-28　渲染模式检测

2. 绘制滚轮、鼠标线、脚垫等细节

(1)绘制鼠标滚轮洞。如图 3-3-29 所示，在 Top 视图中，绘制曲线 1，用“倒角矩形”，重建为 3 阶 10 个控制的；绘制曲线 2，用椭圆曲线重建为 3 阶 8 个控制点变形调整而得到；复制曲线 2，并以曲线 1 的中心点为缩放基点缩放得到曲线 3。

用曲线以修剪鼠曲面，用曲线 3 分割鼠标曲面，调整曲线 1 的位置和方向，参考图 3-3-30。

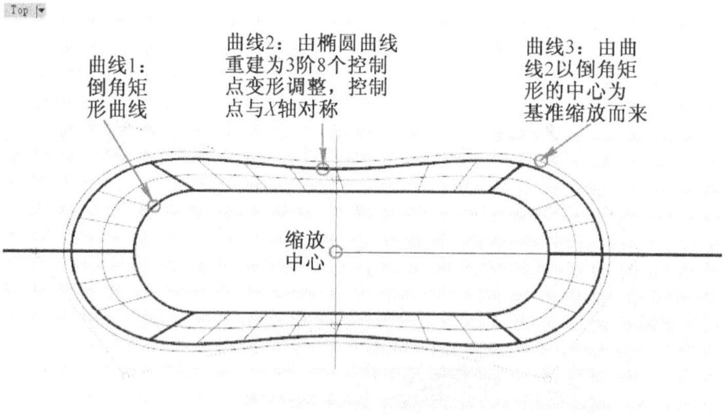

图 3-3-29　通过透视修剪曲面后的效果图

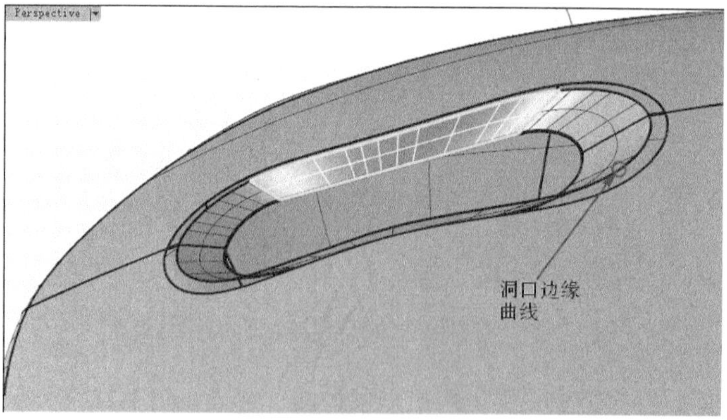

图 3-3-30　通过 Loft 生成的曲面

曲线 2 投影修剪鼠标表面，得到洞口边缘，边缘与倒角矩形进行 Loft 放样得到图 3-3-31

中选中的结构线呈黄色的环状面，然后用曲线 3 投影修剪鼠标表面。(此处也可以简单处理：直接复制修剪后的洞口边缘线，然后合并曲线成一条封闭曲线，再用重建工具重建曲线为 3 阶 10 个控制点。为了学习使用工具，本例图示采用较复杂的办法绘制。)

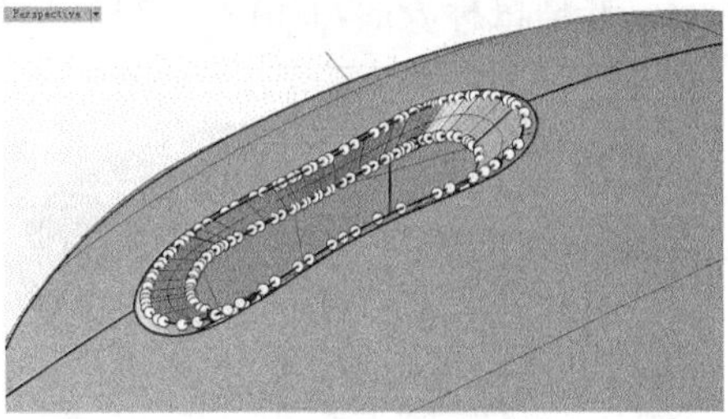

图 3-3-31　放样后出来的曲面 ISO 线及控制点

通过观察可知道这个环状面 ISO 线复杂，边缘控制点如图 3-3-31 所示，曲线被分割成了多个块面。

(2) 优化环状面。对各个环状块面进行重建，设定 3 阶，控制点个数以保持曲面形状的最少数量为佳，通常在 6～10 个，重建曲面后用合并曲面成一个环面，复制环面边缘，建立倒角矩形两端到环面边缘线两端的连线作为双轨扫掠截面线，如果复制出来的环状线的控制点个数与倒角矩形控制点个数不相等，可以考虑再一次重建环状曲线，使它的控制点个数与倒角矩形控制点个数相等，用双轨扫掠工具，勾选最简扫掠，然后用曲面混接工具，连接环状曲线边缘到曲线 3 修剪后的裁口线，得到如图 3-3-32 所示的鼠标洞口曲面。

(3) 绘制滚轮。绘制圆柱体，倒圆角后得到滚轮，用缩放和移动工具，把滚轮放置到恰当的位置，放置结果如图 3-3-33 所示。

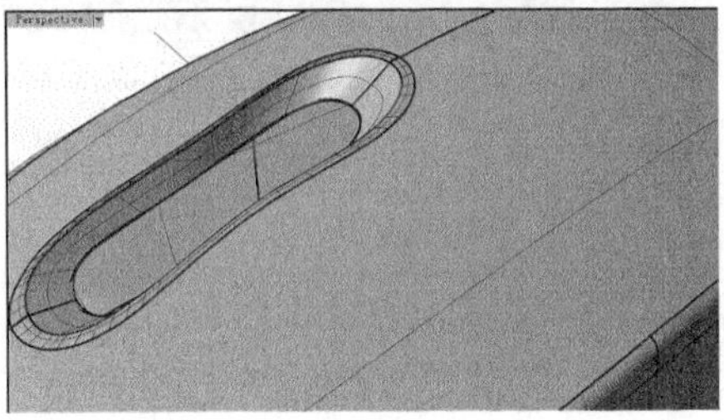

图 3-3-32　优化后的鼠标滚轮洞口曲面

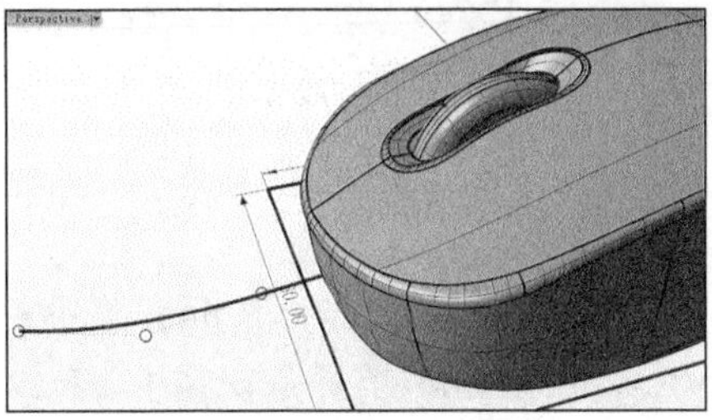

图 3-3-33　绘制滚轮

(4) 用管道工具、修剪体、放样等工具绘制鼠标线，结果如图 3-3-34 所示。

(5) 创建鼠标封口底面。由于有三角面交于底面曲线上，通常无法对底面进行加盖。在这里可以创建一个平面，刚好能够同时穿过鼠标各个侧面，用鼠标侧面曲面修剪底面即可。按照分模的结构要求把底面与尾部、还有鼠标线出口部分组合成一个整体，如图 3-3-35 所示。

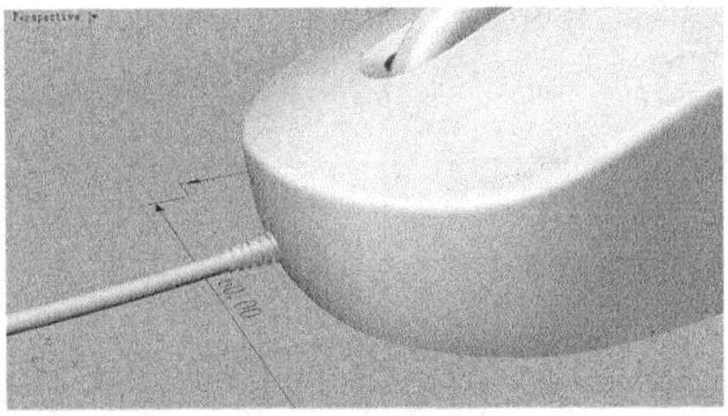

图 3-3-34　鼠标线造型图

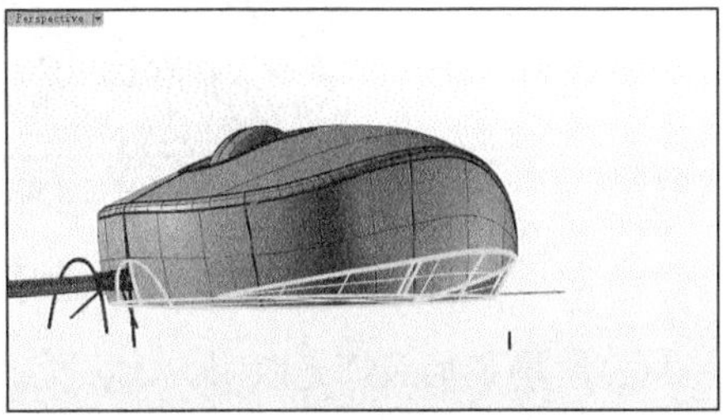

图 3-3-35　鼠标封口底面绘制

(6)创建鼠标按键和两侧分模线，把分模线偏移 0.3 个单位的方法复制一次，如图 3-3-36 所示，修剪鼠标表面，如图 3-3-37 所示。

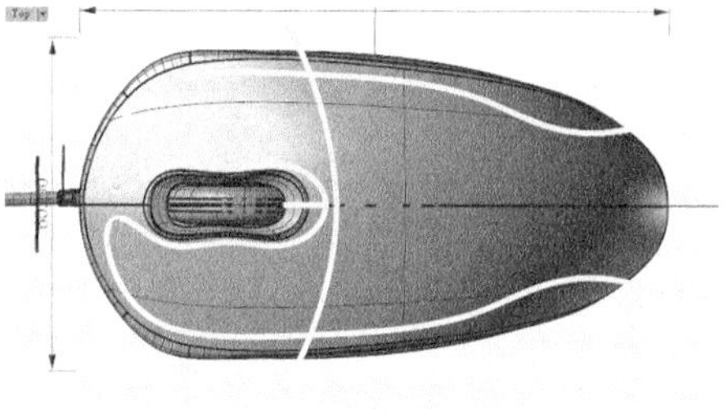

图 3-3-36　偏移复制分模线

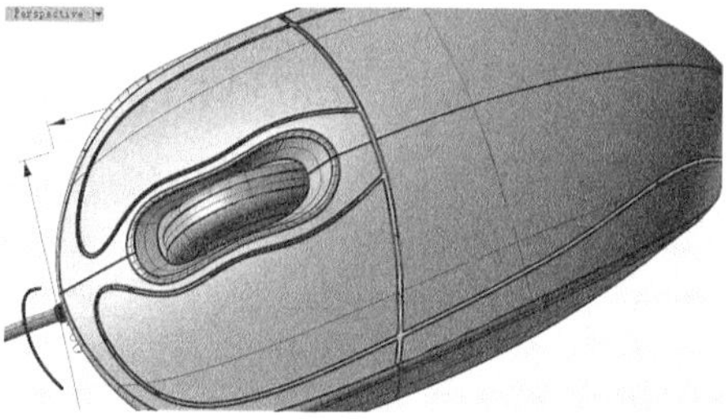

图 3-3-37　修剪鼠标表面

(7)对各个面进行偏移生成实体薄壳，如图 3-3-38 所示，生成壳体后就看不到鼠标的背面颜色了(背面颜色为粉红)。绘制底部脚垫和激光口，结果如图 3-3-39 所示。

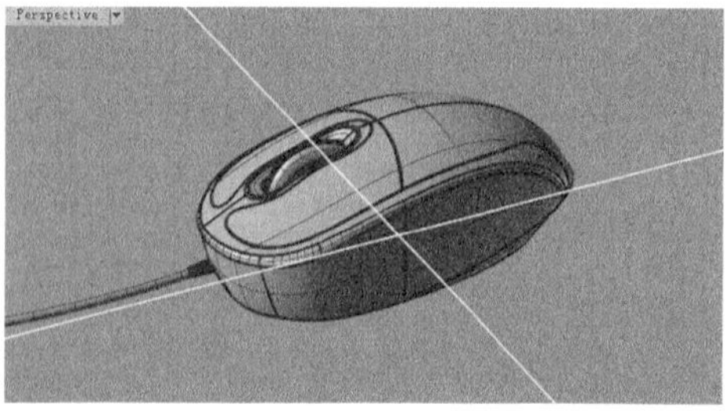

图 3-3-38　生成壳体后的鼠标造型

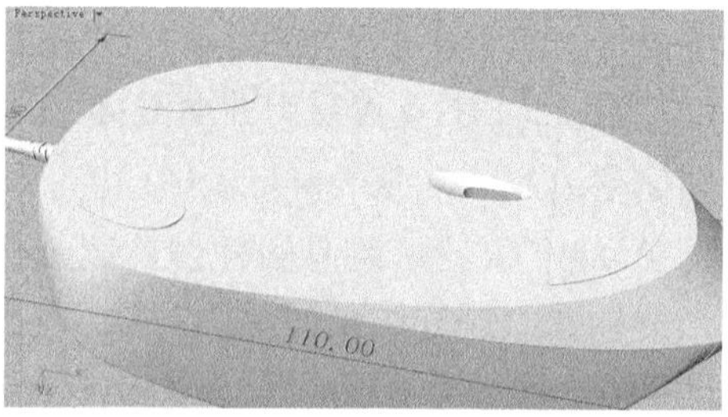

图 3-3-39　绘制底部脚垫和激光口

3. 鼠标渲染

(1)设置场景。在 Rhino 菜单栏中，选择【渲染】→【目前的渲染器】命令，切换到 VRay for Rhino(前提是安装了 VRay for Rhino，本案例安装的是 VRay for Rhino1.05.29 版本)，用矩形平面角到角工具在 Top 视图中绘制一张足够大的地面，调整好鼠标与地面之间的距离，使鼠标刚好放在地面上，选中鼠标所有实体面，用环形阵列工具将鼠标阵列成 3 个，如图 3-3-40 所示。

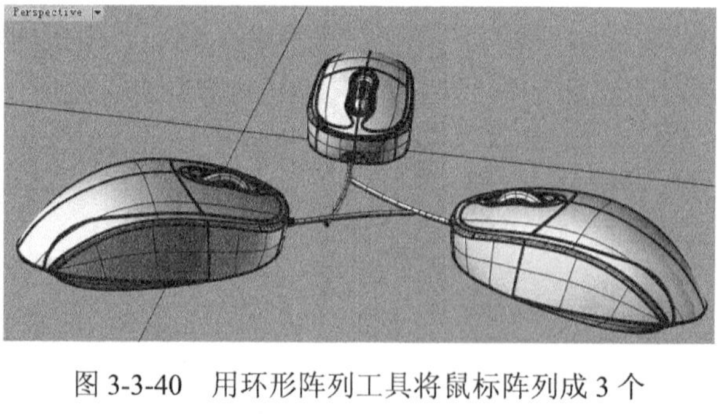

图 3-3-40　用环形阵列工具将鼠标阵列成 3 个

(2)给场景加入灯光照明。给场景加入两盏矩形灯。矩形灯的大小和方位可参考图 3-3-41，灯光参数设置如图 3-3-42 所示，把其中一盏矩形灯的不衰减选项勾掉，让灯光产生衰减，以减弱灯光强度，并且产生主次照明。

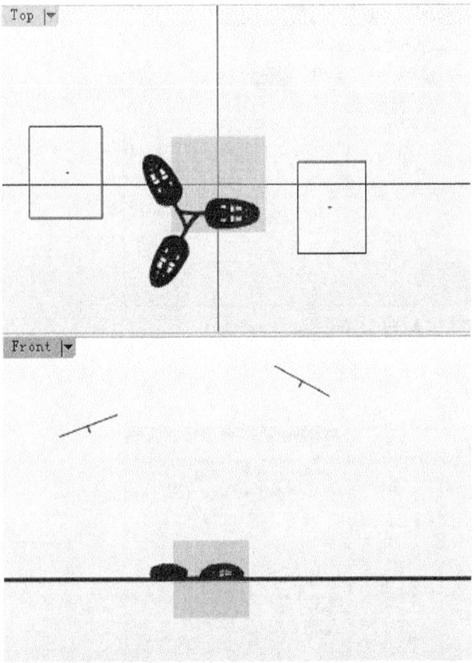

图 3-3-41　矩形灯的大小和方位

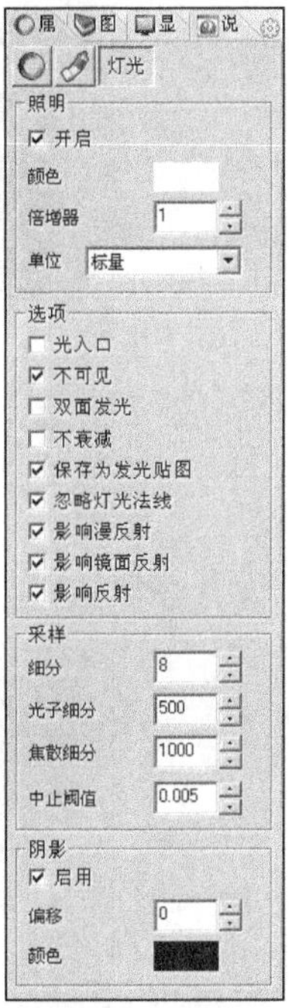

图 3-3-42　灯光参数设置

(3) 设置 VRay 环境选项。位置：VRay→选项，设置结果如图 3-3-43 所示。

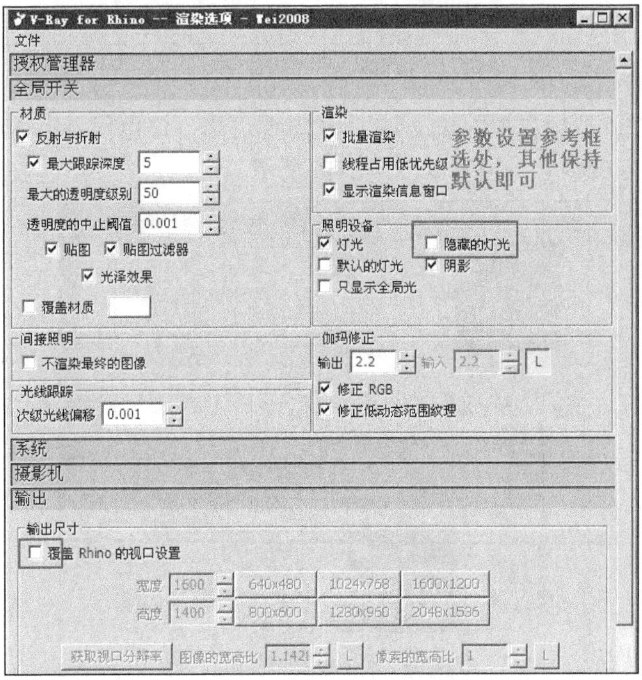

图 3-3-43　VRay 渲染器选项设置

(4) 材质设置。

① 设置地面材质，如图 3-3-44 所示。

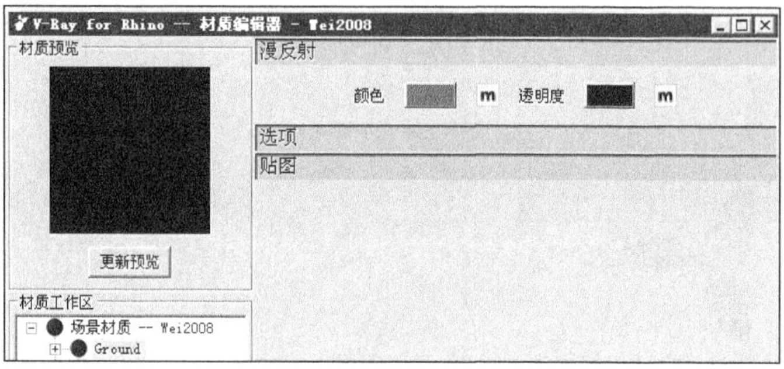

图 3-3-44　地面材质参数(系统默认的标准材质球)

② 设置亮边塑料材质，如图 3-3-45 所示。

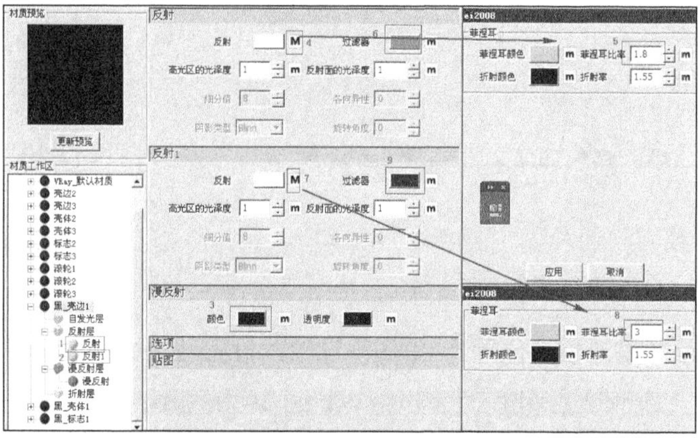

图 3-3-45　亮边塑料材质参数设置

③ 贴标识方法。把标志加入漫反射 1 的透明通道，白色代表穿透看到下层材料，黑色部分将显示上层贴图内容，设置如图 3-3-46 所示。

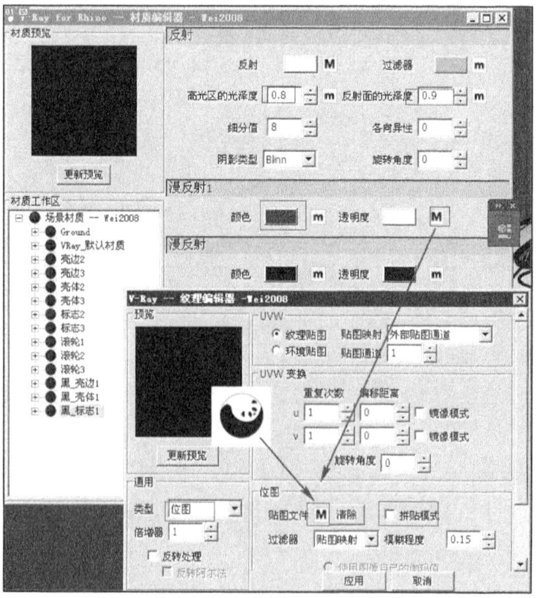

图 3-3-46　鼠标贴标签方法(透明度贴图通常用灰度图)

其他两只鼠标材质参数设置与此类似，不再赘述。推荐大家学习《VRay 你的 Rhino》这本书，可获得 VRay for Rhino 的详细相关参数。最后渲染一张大图，在 VRay 选项下选中【输出】复选框，在图片【输出尺寸】框中输入“1600×1400”，渲染效果如图 3-3-47 所示。

(5) 后期处理。图片可以经过 Photoshop 色阶调整进一步增加黑白场对比，为了突出主题通常还要设置景深效果，标签颜色太艳，与效果融合不好，这些后期可以用 Photoshop 工具中修正。修正后的效果如图 3-3-48 所示。

图 3-3-47　渲染后的效果图

图 3-3-48　经过 Photoshop 景深，色相处理后的效果图

实例 4　运用 3DS MAX 和 CorelDRAW 进行效果图制作——以酒瓶为例

案例介绍：本案例是某企业推出的一款酒瓶设计，主要传达该酒的文化内涵。在设计制作中，运用寿仙的葫芦酒壶造型、青花瓷的材质来表达。

1. 本案例效果图制作程序

绘制产品三视图 (CorelDRAW)——将三视图导入 3DS MAX 中 (3DS MAX)——以三视图为参考进行建模 (3DS MAX)——材质设置 (3DS MAX)——灯光和渲染设置 (3DS MAX)——渲染出图 (3DS MAX)——后期处理 (CorelDRAW)。

2. 具体步骤

1) 绘制产品三视图

打开 CorelDRAW，运用工具箱中的贝塞尔工具绘制产品三视图，并保存为 JPG 格式，如图 3-4-1 和图 3-4-2 所示。

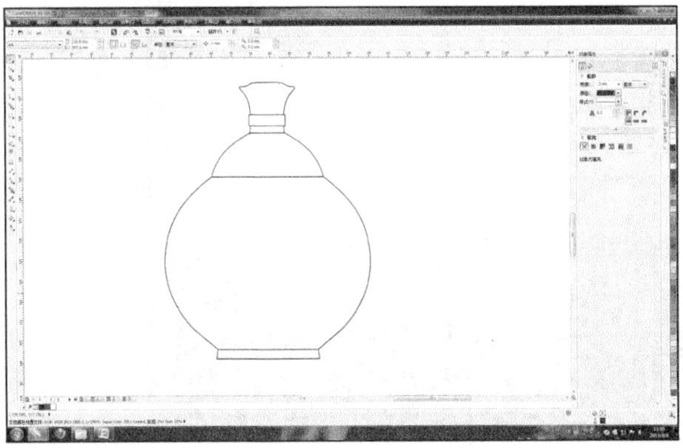

图 3-4-1　CorelDRAW 界面

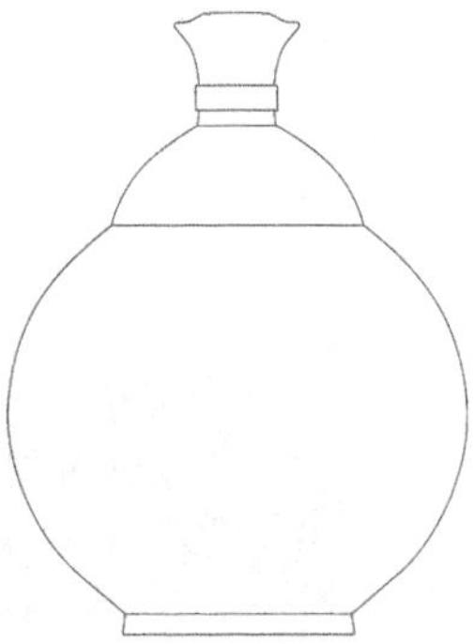

图 3-4-2　JPG 格式图样

2) 将三视图导入 3DS MAX

打开 3DS MAX，并保存为“酒瓶.max”，激活前视图工作区，执行【菜单】→【视图】→【视口背景】→【视口背景】命令，如图 3-4-3 所示，弹出【视口背景】面板，选择【文件】选项，如图 3-4-4 所示，弹出文件打开面板，找到上一步保存的视图 JPG 文件并打开，如图 3-4-5 所示。在如图 3-4-6 所示的【视口背景】面板中，选择横纵比的匹配位图，选中【锁定缩放/平移】后，单击【确定】按钮，这时在前视图工作区就显示了酒瓶的平面视图，如图 3-4-7 所示。

图 3-4-3　打开视口背景

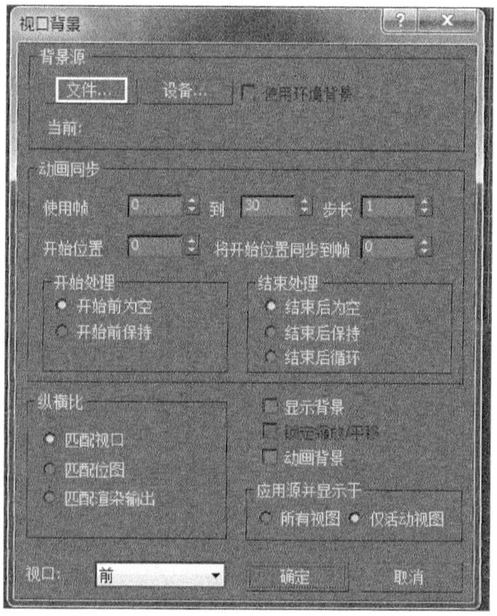

图 3-4-4　【视口背景】面板

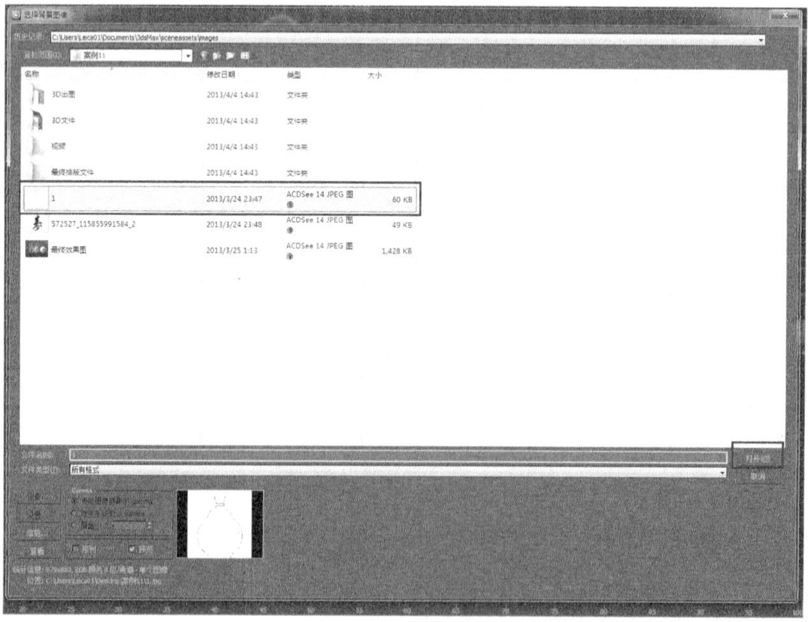

图 3-4-5　选择文件选项

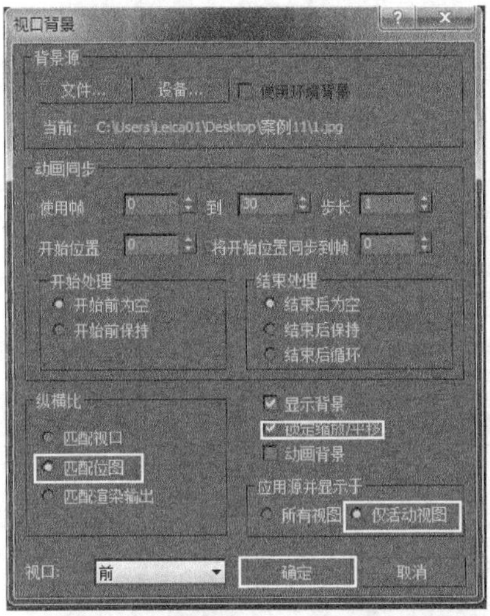

图 3-4-6　选择纵横比的匹配位图

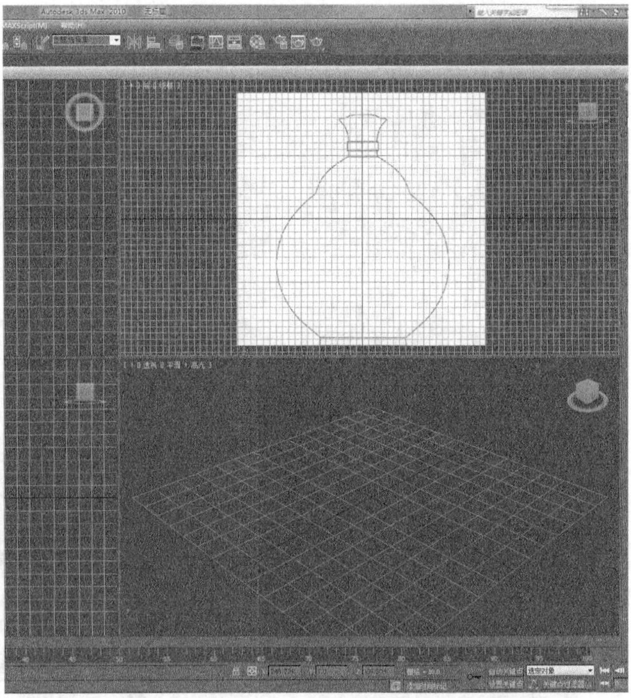

图 3-4-7　视口中显示导入的酒瓶平面图

3) 以导入的平面图为参考进行建模

(1) 选择【创建】→【圆柱体】命令，创建一个圆柱体，在修改面板将圆柱体尺寸改：半径为 70，高度为 225，高度分段为 4，端面分段为 1，边数为 18，如图 3-4-8 所示。

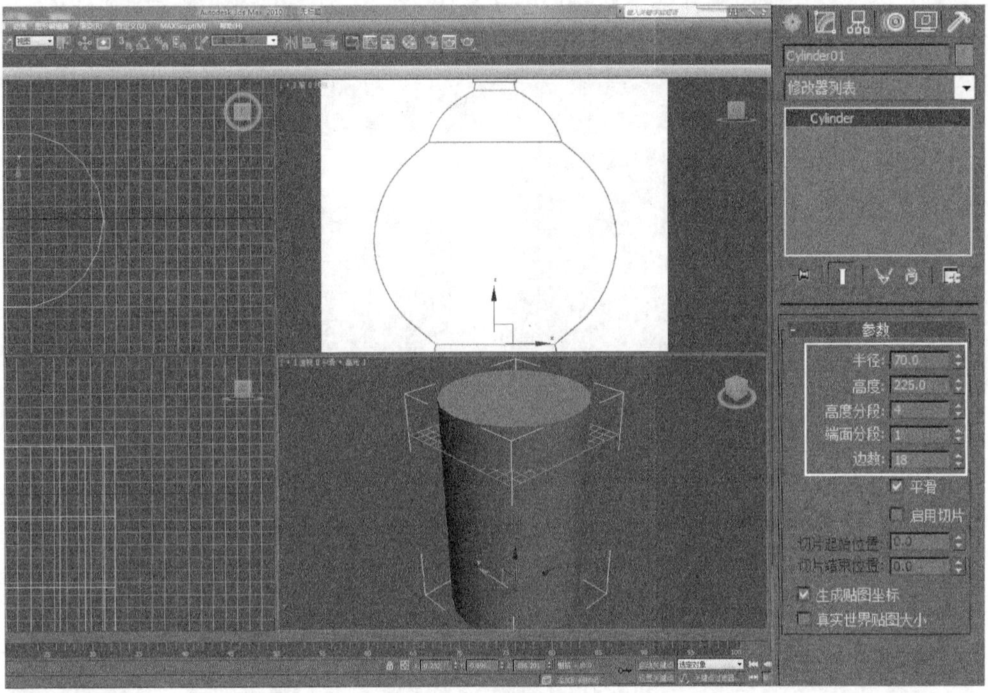

图 3-4-8　创建圆柱体

(2)将圆柱体转换成可编辑多边形。具体操作：选择圆柱体，右击，在弹出菜单中选择【转换为】→【转换为可编辑多边形】命令，如图 3-4-9 所示。

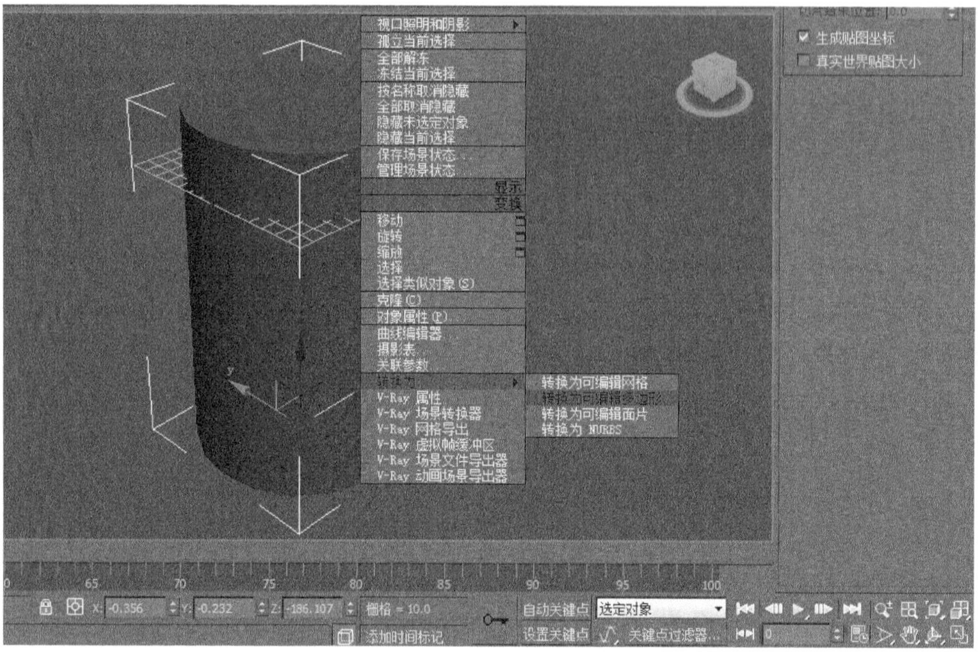

图 3-4-9　将圆柱体转换成可编辑多边形

(3)选择圆柱体，在修改面板执行【选择】→【顶点】命令，在前视图根据参考视图运用移动、缩放命令修改圆柱体形状，如图 3-4-10 所示。为了更直观地看到圆柱体，可按下键盘 F3 和 F4 键，其中，按 F3 键是显示平滑+高光，按 F4 键是显示边面。

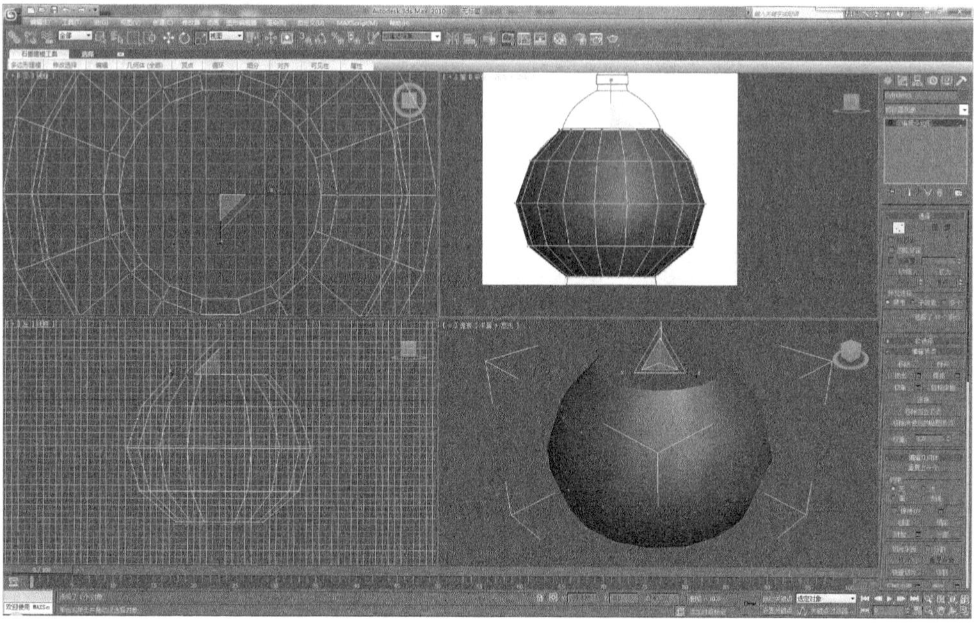

图 3-4-10　修改圆柱体形状

(4) 选择圆柱体，在修改面板执行【选择】→【多边形】命令，选择顶部多边形，按 Delete 键删除顶面，如图 3-4-11 所示。

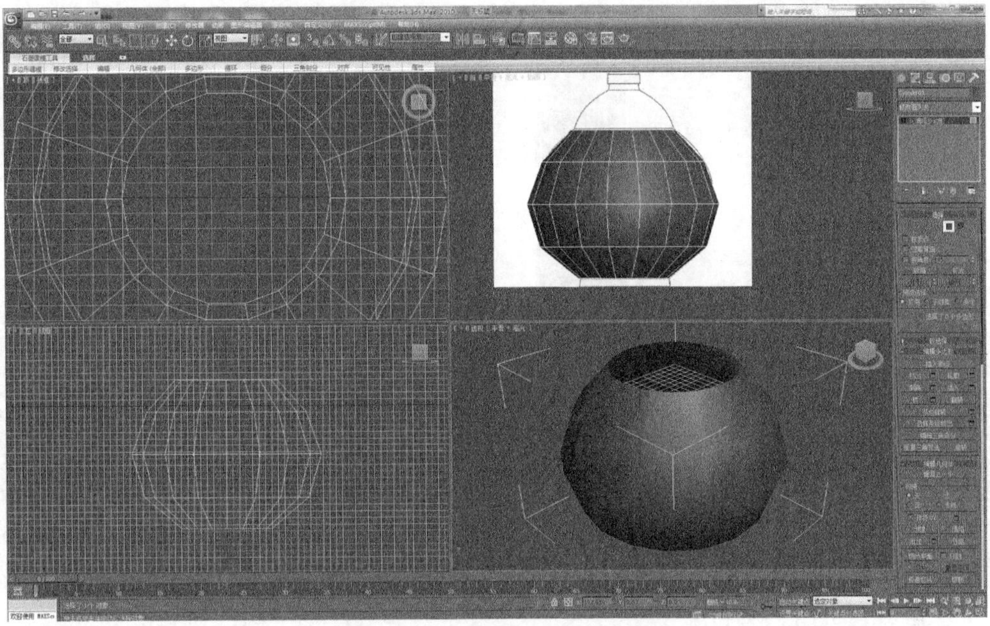

图 3-4-11　删除顶部多边形

(5) 选择圆柱体，在修改面板执行【选择】→【边界】命令，如图 3-4-12 所示；选择顶部边界，按住 Shift+左键移动，可复制边界，生成新的多边形面片，结合移动和缩放命令，制作上部酒瓶造型，如图 3-4-13 所示。

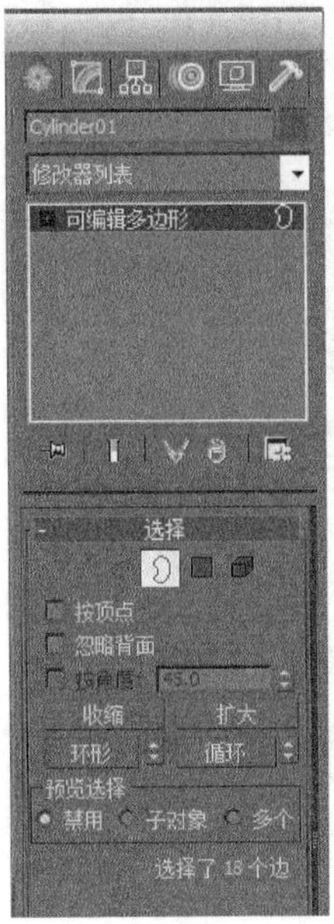

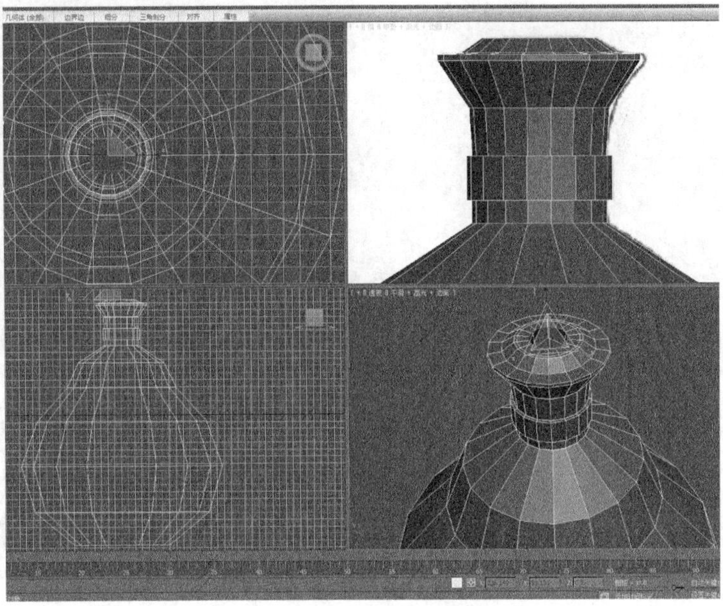

图 3-4-12　选择边界　　　　图 3-4-13　制作上部酒瓶造型

(6)选择圆柱体，在修改面板执行【选择】→【边界】命令，选择顶部边界，单击【编辑边界】→【封口】命令，将顶部进行封口，如图 3-4-14 和图 3-4-15 所示。

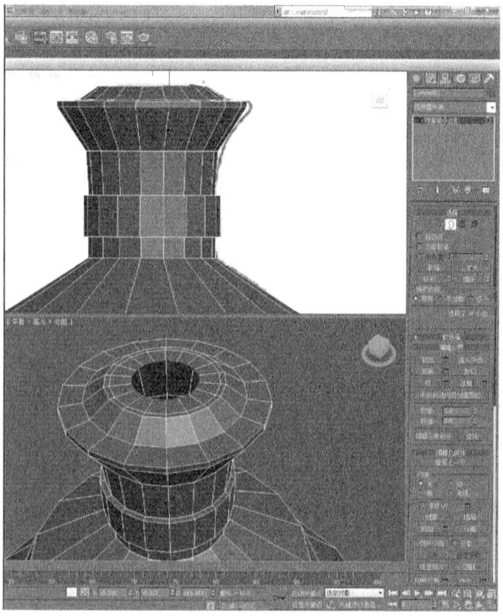

图 3-4-14　封口前

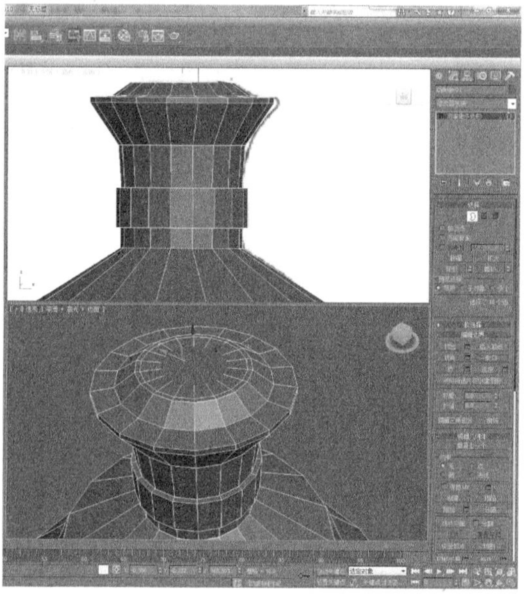

图 3-4-15　封口后

(7)选择顶点，间隔一个点位，选择瓶盖部分顶点，用移动工具向下移动，得到瓶盖边缘造型，如图 3-4-16 所示。

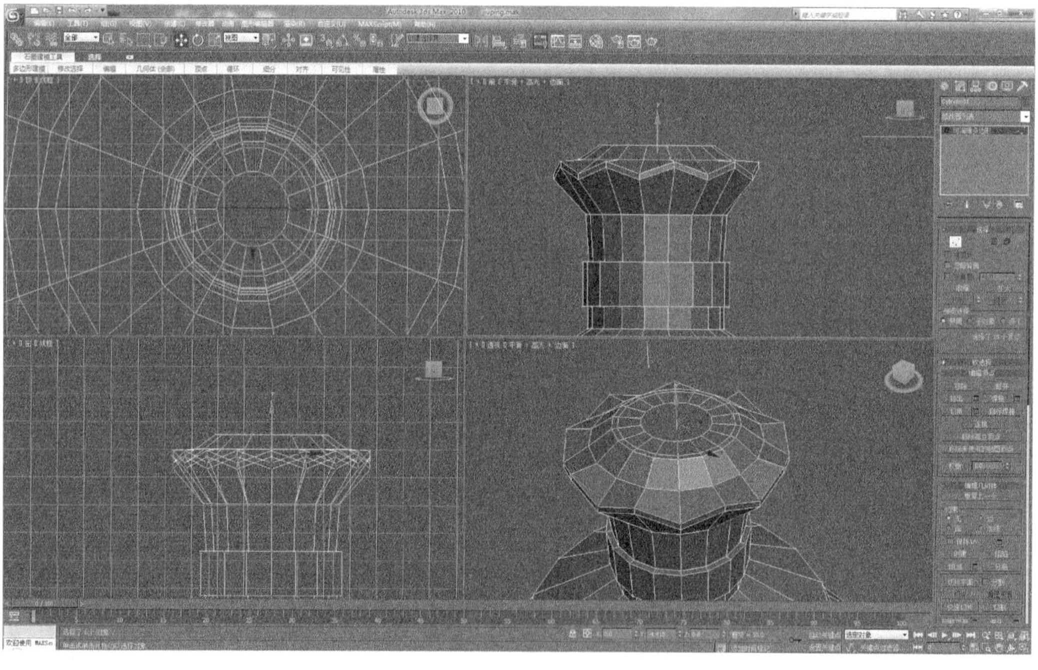

图 3-4-16　瓶盖边缘造型

(8)选择多边形，选择底部多边形，按 Delete 键，删除底面，如图 3-4-17 所示。

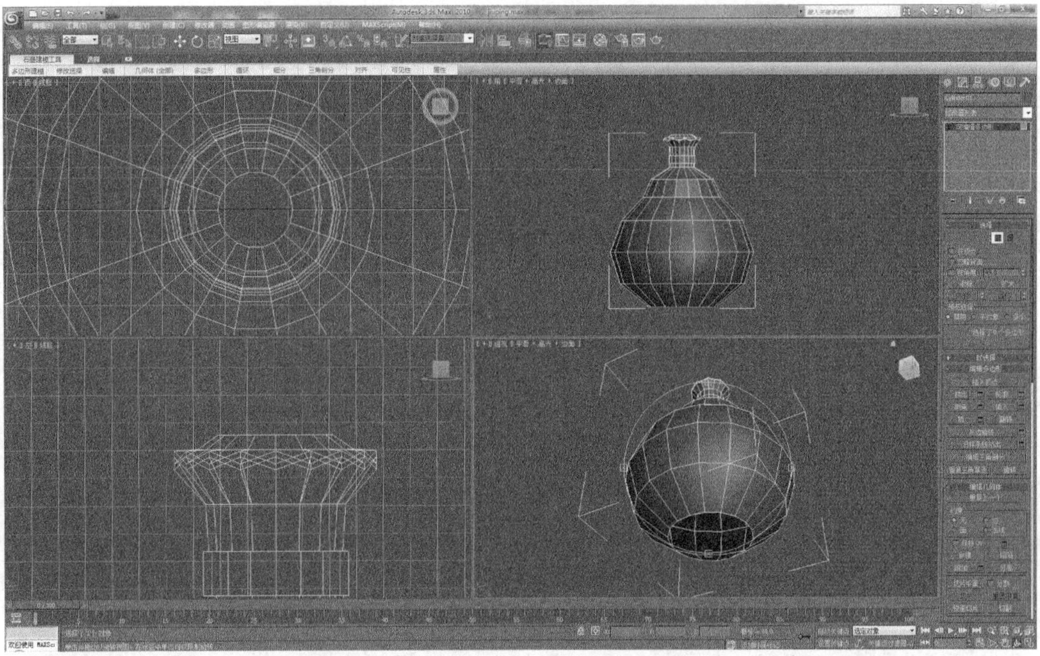

图 3-4-17　删除底面

(9) 选择酒瓶，在修改面板执行【选择】→【边界】命令，选择底部边界，按住 Shift+左键移动，可复制边界，生成新的多边形面片，结合移动和缩放命令，得到酒瓶底部造型，如图 3-4-18 所示；选择【编辑边界】→【封口】命令，闭合底部造型孔隙，如图 3-4-19 所示。

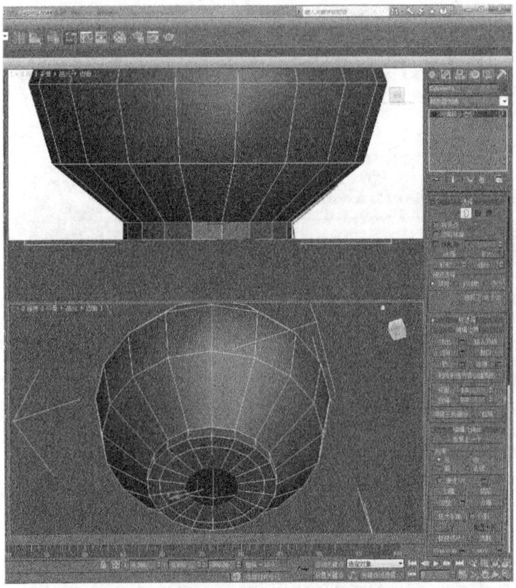

图 3-4-18　制作酒瓶底部造型

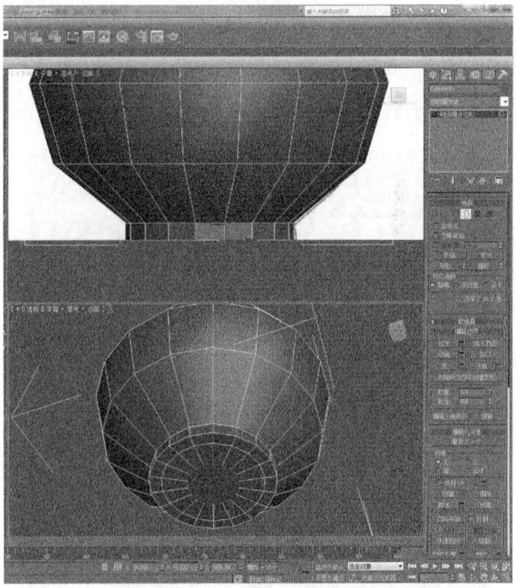

图 3-4-19　底部封口

(10) 选择酒瓶，在修改器列表选择网格平滑，其中【细分量】→【迭代次数】为 3，得到酒瓶圆滑后的造型，如图 3-4-20 所示。其中，迭代次数大小影响造型表面光滑程度，但是，参数越高，对计算机硬件要求也越高，一般设置在 1～4。

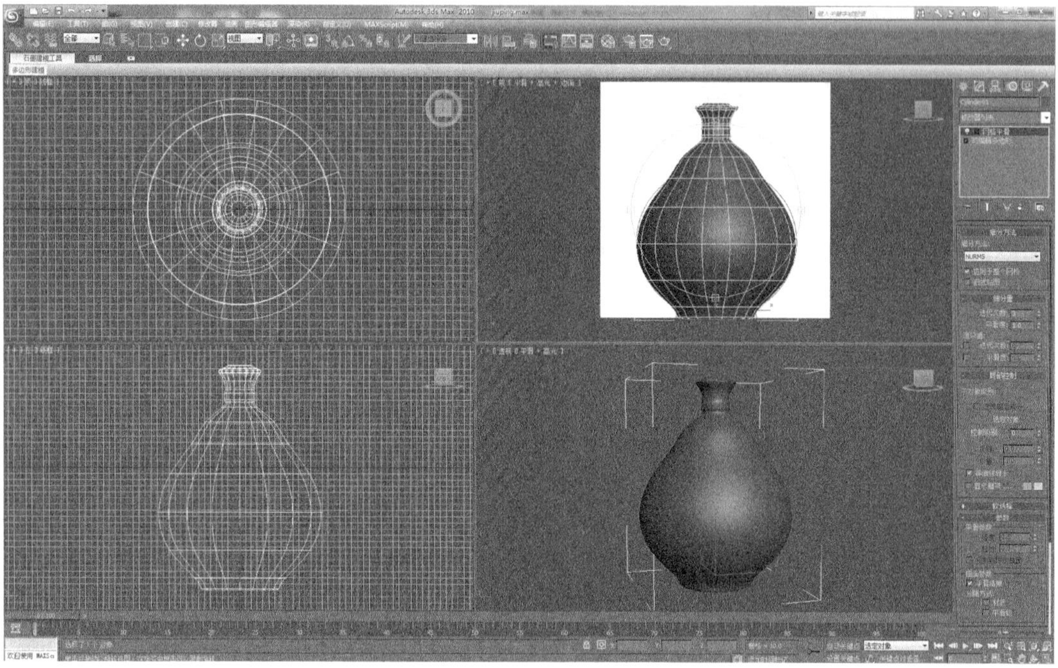

图 3-4-20　酒瓶圆滑后的造型

(11)修改细节，给酒瓶曲面转角部分设置切角，完善酒瓶造型细节。选择酒瓶，激活可编辑多边形，执行【选择】→【边】命令，在多边形上，选择循环边，可以先选择循环边上的一段线段，如图 3-4-21 所示，然后执行【选择】→【循环】命令，得到与首选线段循环的边线，如图 3-4-22 所示。用同样方法选择酒瓶上需要小圆角过渡的边，如图 3-4-23 所示，然后在修改面板执行【编辑边】→【切角】命令，切角量为 0.5，分段数为 2，如图 3-4-24 所示。

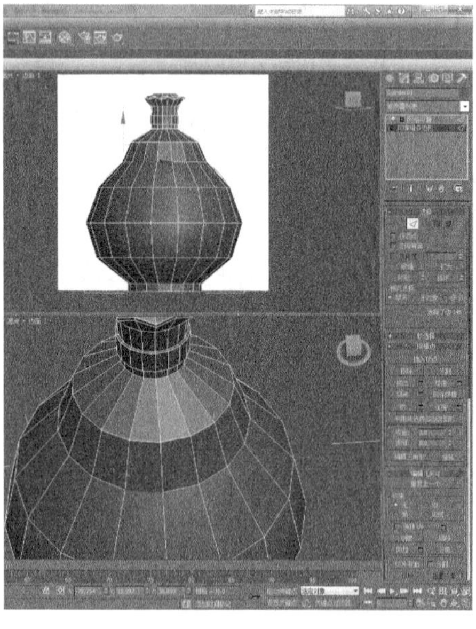

图 3-4-21　选择一段线段

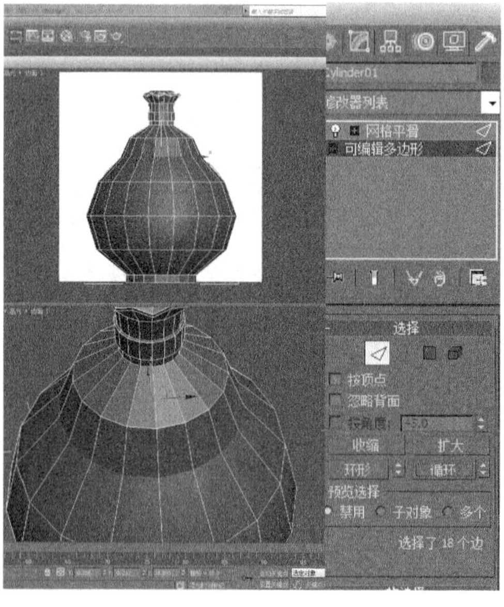

图 3-4-22　用循环工具选择的循环边

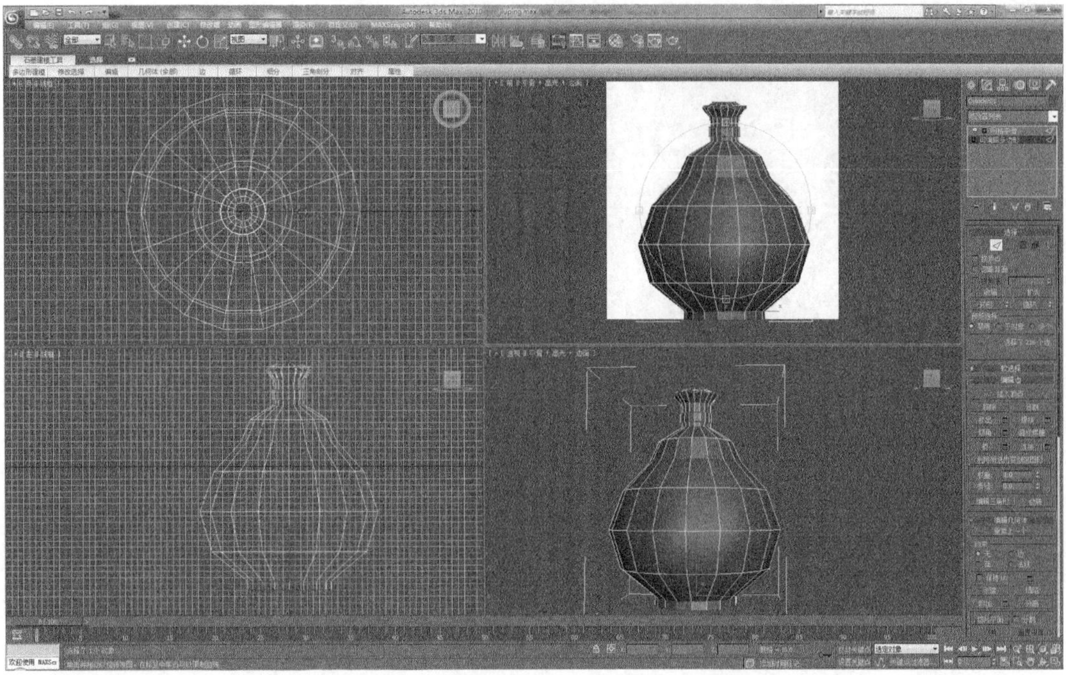

图 3-4-23　选择需要小圆角过渡的循环边

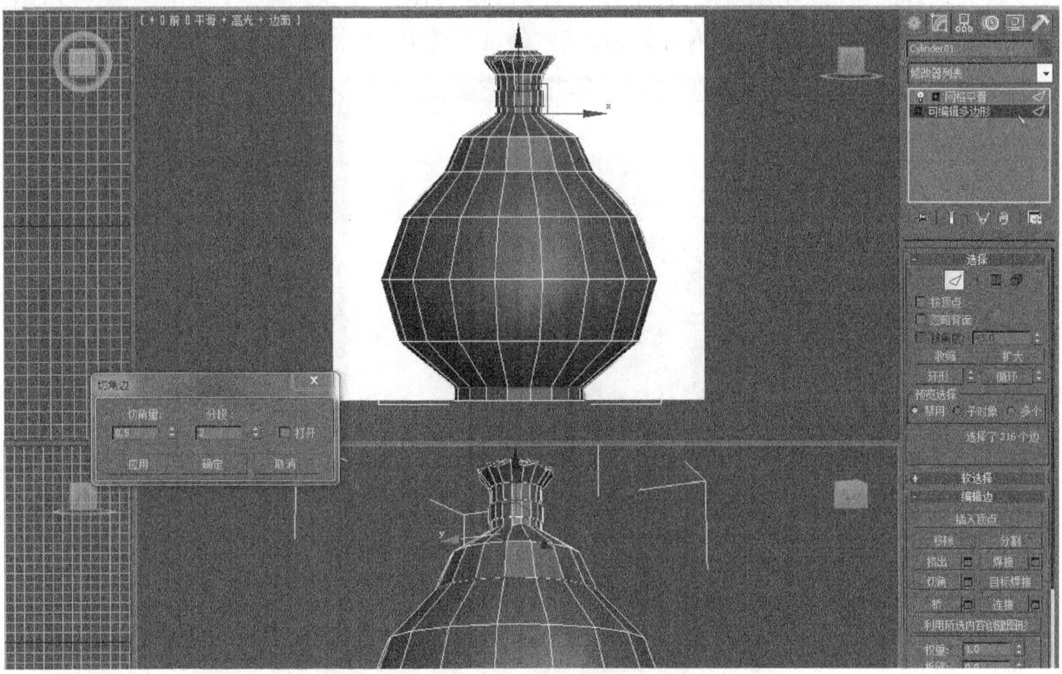

图 3-4-24　设置切角

(12)选择酒瓶，激活网格平滑，观察修改后的效果，如图 3-4-25 所示。

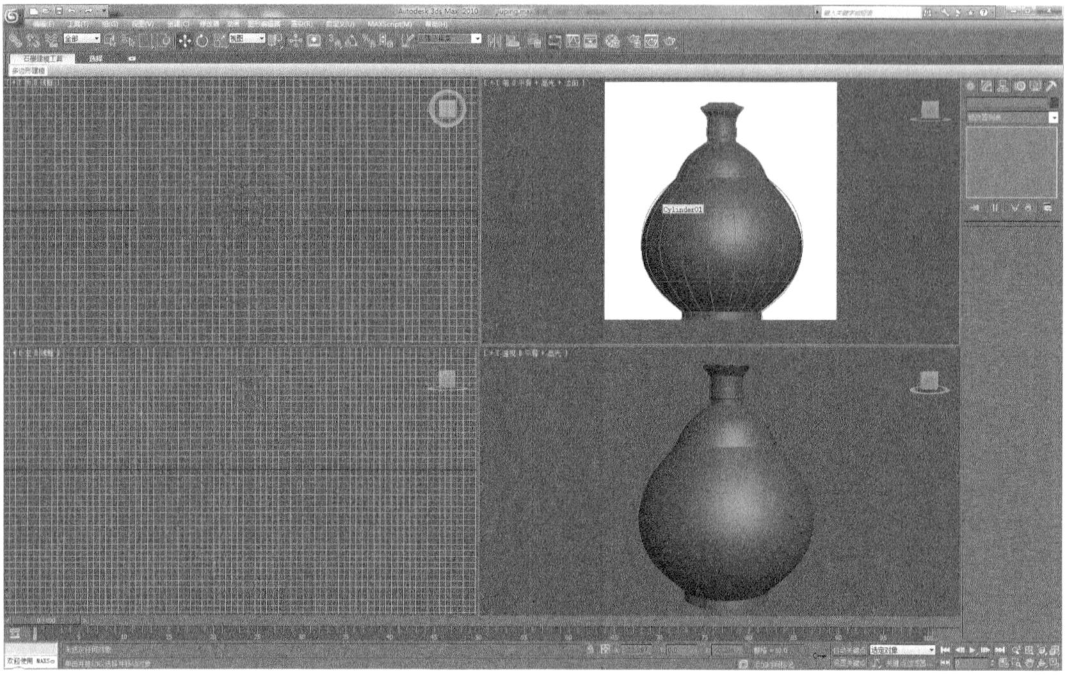

图 3-4-25　切角修改后的圆滑效果

(13) 选择酒瓶，单击【修改面板】→【修改器列表】-【壳】命令，如图 3-4-26 所示，给酒瓶添加壁厚，修改参数，内部量为 1.5，外部量为 0，如图 3-4-27 所示。

图 3-4-26　添加壳命令

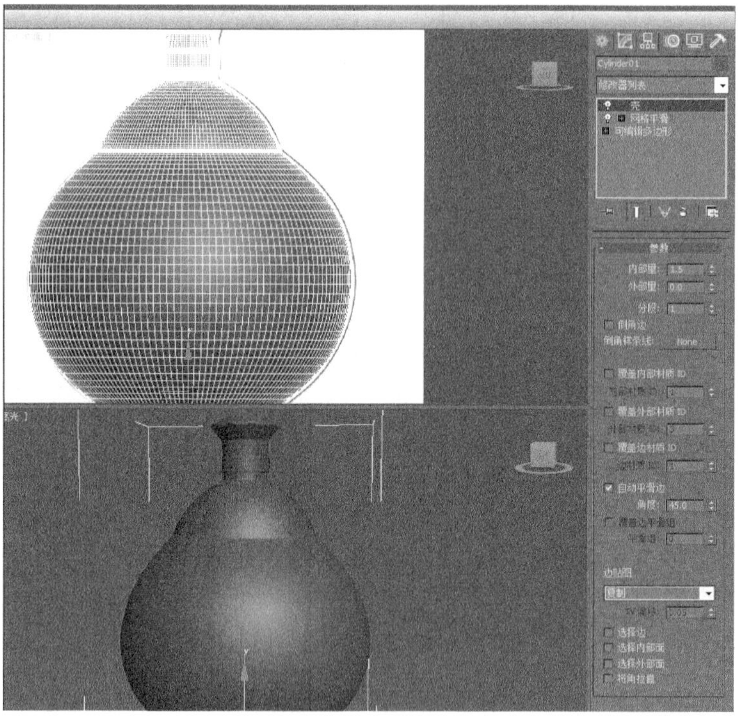

图 3-4-27　设置壳参数

(14) 制作水平面。选择【创建】→【VRay】→【VR 平面】命令，在顶视图单击创建水平面，完成酒瓶造型建模。

4) VRay 材质设置

(1) 选择【菜单】→【渲染】→【渲染设置】命令，弹出渲染设置面板，在【公用】→【指定渲染器】→【产品级】处单击右侧省略号位置，弹出【选择渲染器】面板，选择【VRay 渲染器】，确定后关闭渲染设置面板，如图 3-4-28 所示。

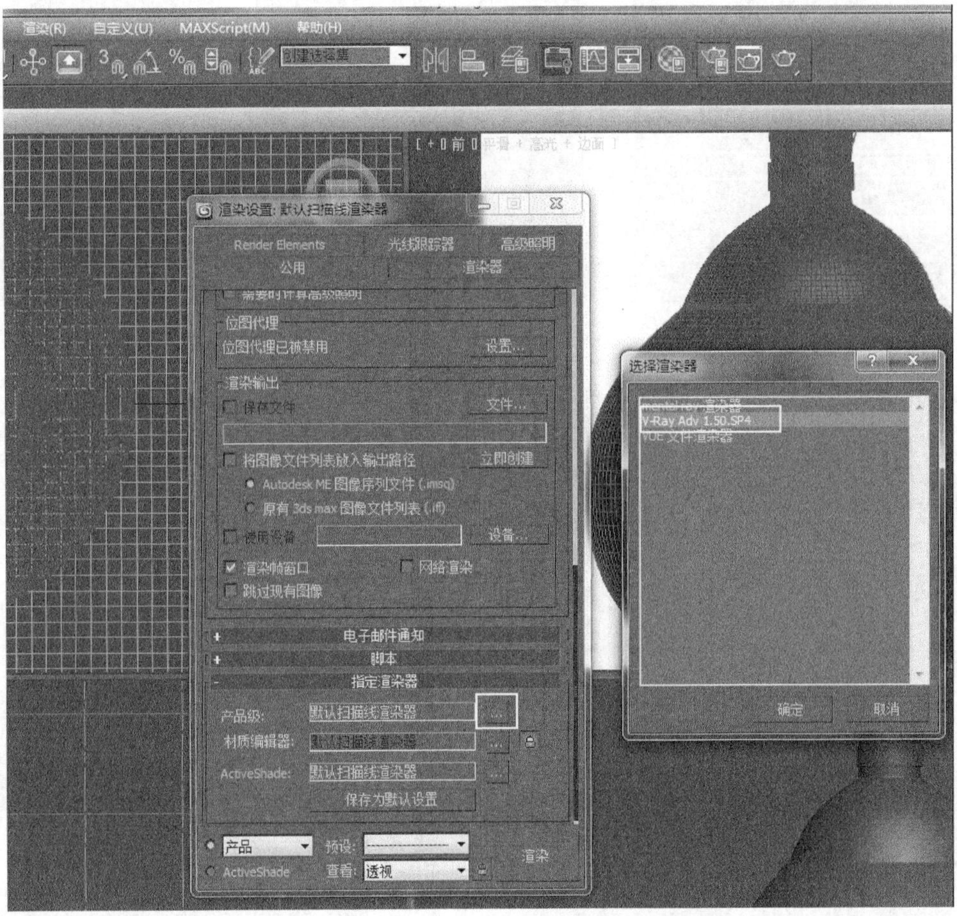

图 3-4-28　选择 VRay 渲染器

(2) 打开【材质编辑器】面板，选择一个材质球，命名为瓶身，如图 3-4-29 所示。单击【材质编辑器 Standard 选项】→【VR 材质】，单击【确定】按钮，如图 3-4-30 和图 3-4-31 所示。

将瓶身 VR 材质参数修改成图 3-4-32 所示，其中漫反射为白色(R255 G255 B255)，反射为深灰色(R30 G30 B30)，反射光泽度为 0.95，得到白色陶瓷材质。选择酒瓶模型，单击材质编辑器，将材质指定给选定对象，赋予酒瓶整体白色陶瓷材质，如图 3-4-33 所示。

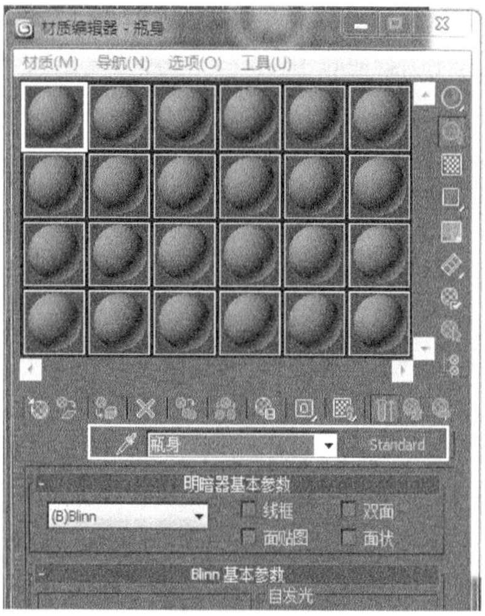

图 3-4-29　材质球命名

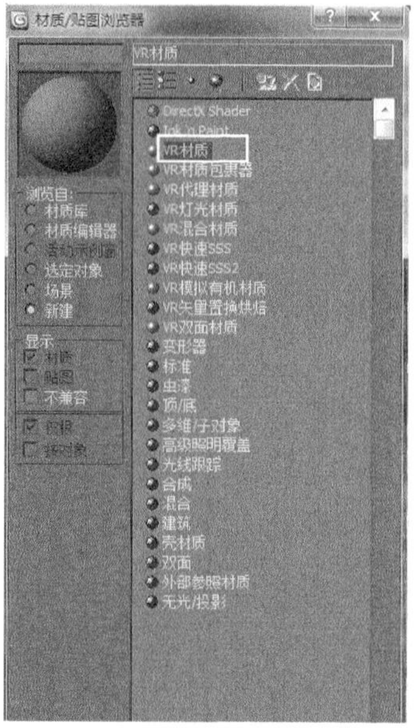

图 3-4-30　选择 VR 材质

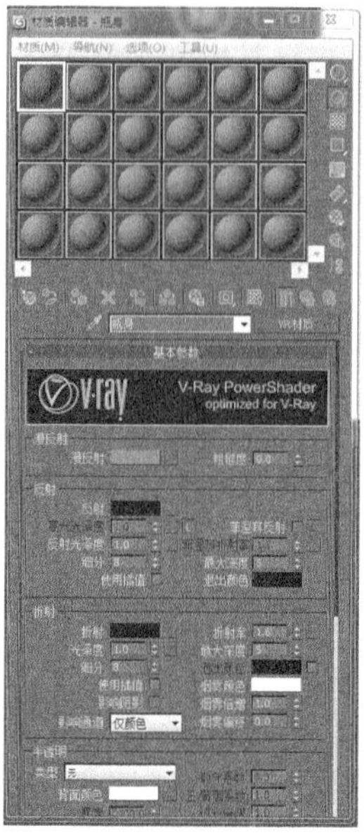

图 3-4-31　VR 材质面板

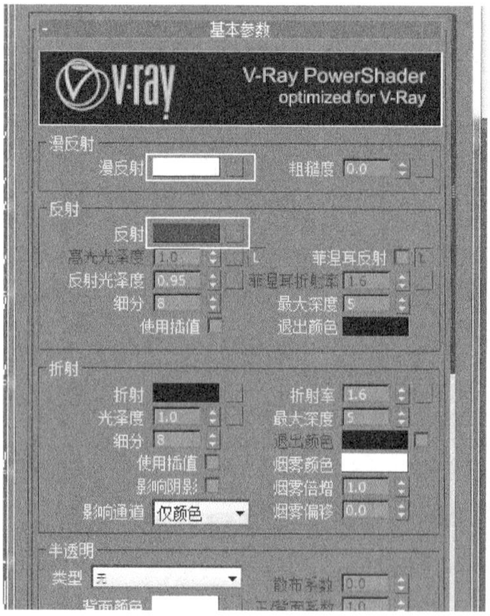

图 3-4-32　设置陶瓷参数

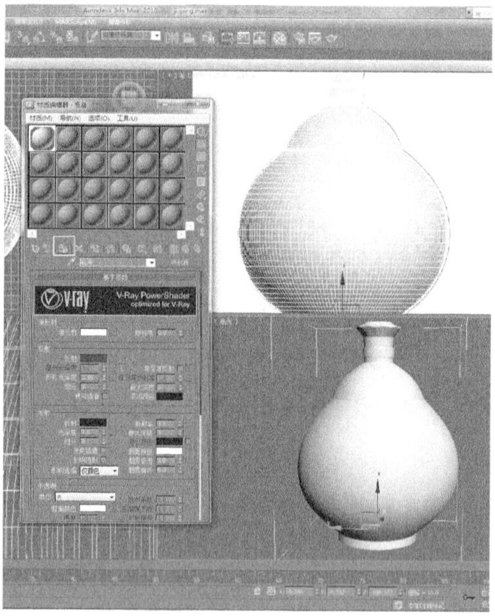

图 3-4-33　赋予瓶身白色陶瓷材质

(3) 设置瓶身纹案。选择一个材质球，命名为瓶身纹案；单击【材质编辑器 Standard 选项】→【VR 材质】，单击【确定】按钮。在 VR 材质中选择漫反射右侧方框，弹出【材质/贴图浏览器】面板，选择【位图】，单击【确定】按钮，如图 3-4-34 所示，弹出【选择位图图像文件】面板，打开 tt1.jpg 文件，单击【确定】按钮，如图 3-4-35 和图 3-4-36 所示，单击转到父对象，回到 VR 材质面板，设置瓶身纹案 VR 材质参数修改成图 3-4-37 所示，其中反射为深灰色(R30 G30 B30)，反射光泽度为 0.95，得到白色寿图陶瓷材质。

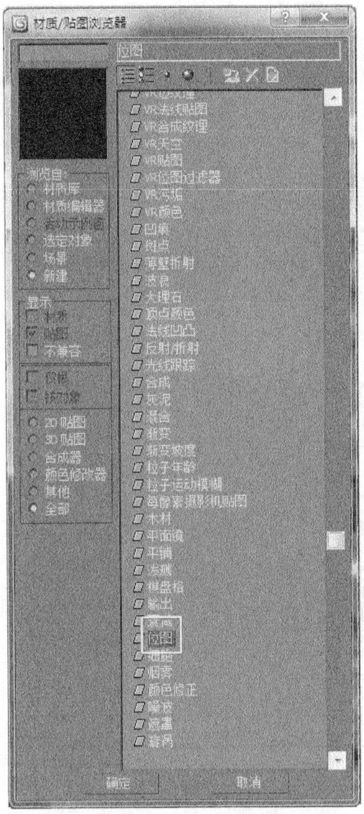

图 3-4-34　选择位图

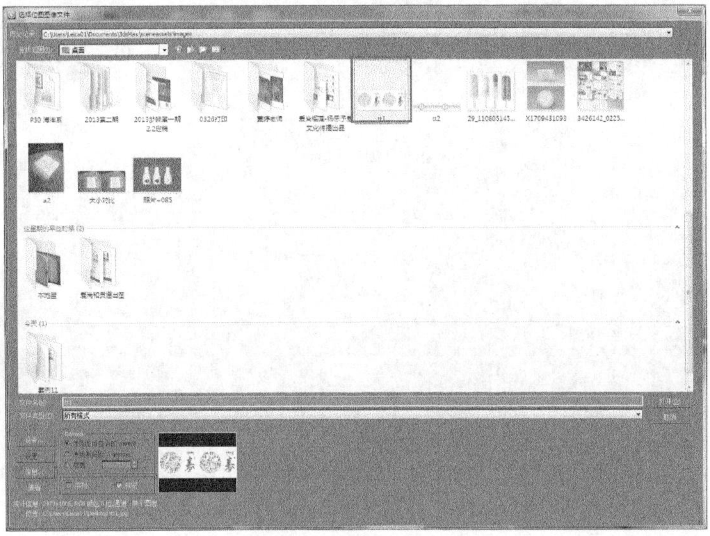

图 3-4-35　打开贴图文件

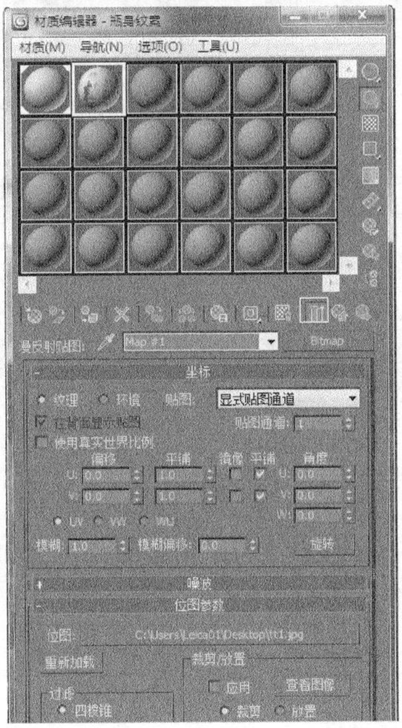

图 3-4-36　选择贴图后的面板显示

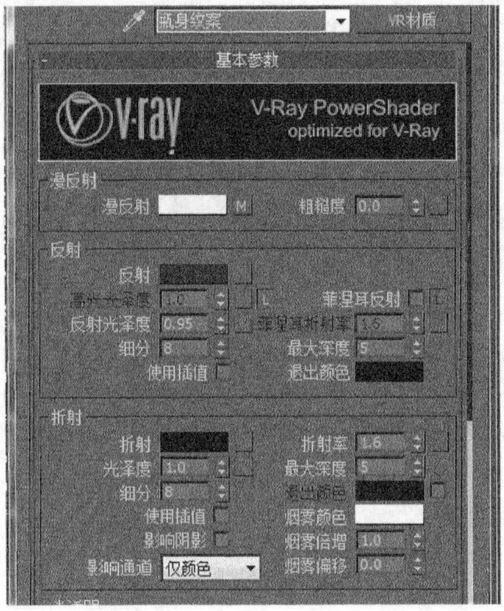

图 3-4-37　设置瓶身纹案材质参数

选择酒瓶模型，单击【修改面板】→【可编辑多边形】→【选择】→【多边形】命令，选择瓶肚部分的多边形，如图 3-4-38 所示，然后选择材质编辑器中的将材质指定给选定对象，赋予酒瓶瓶肚白色寿图陶瓷材质，如图 3-4-39 所示。

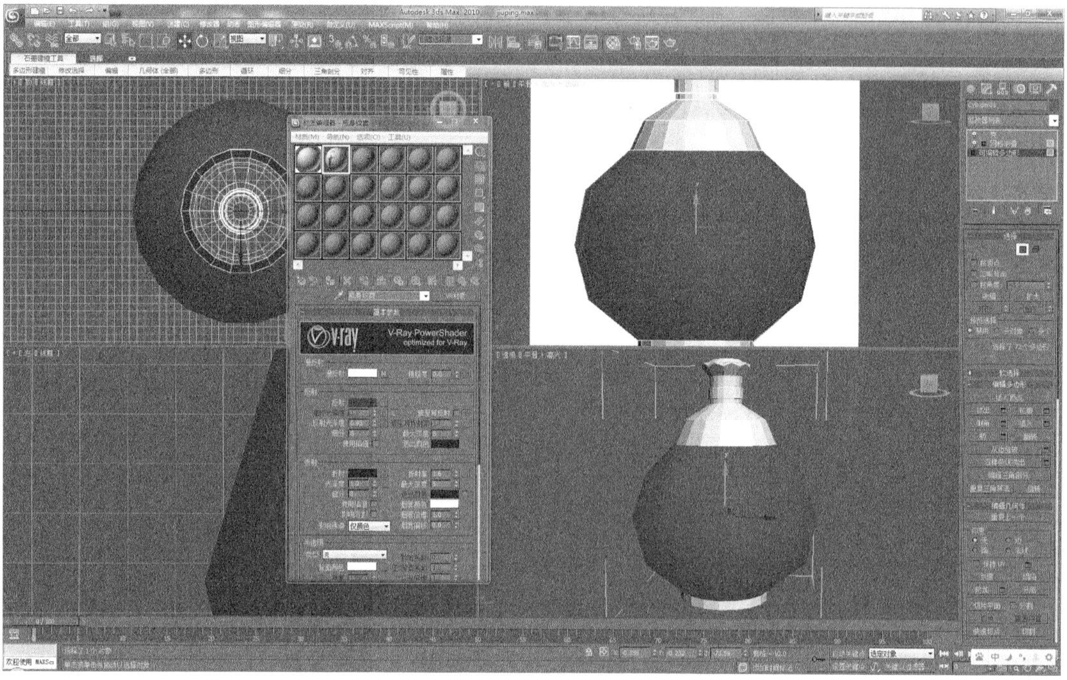

图 3-4-38　选择瓶肚位置的多边形

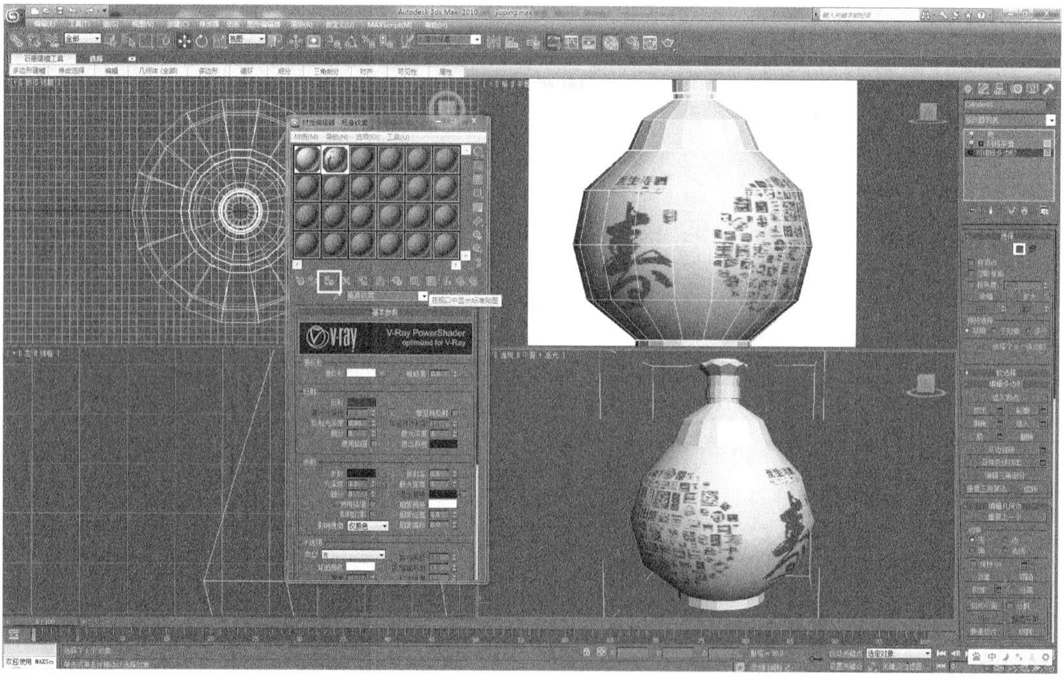

图 3-4-39　赋予酒瓶瓶肚白色寿图陶瓷材质

用上面的方法给瓶身上半部赋予另外一个纹案，完成瓶身纹案的材质设置。如果赋予材质后，视图区模型显示不出纹案，请在选定的多边形面片的基础上，选择修改器列表中的 UVW 贴图，如图 3-4-40 和图 3-4-41 所示，在【UVW 贴图面板】→【参数】→【贴图】中选择【柱形】，如图 3-4-42 所示，然后单击【UVW 贴图】展开菜单，选择 GIZMO，如图 3-4-43

所示，用旋转命令选择纹案，使得下部分和上部分纹案对齐，如图 3-4-44 所示。注意：当设置完之后，如果没办法显示出瓶肚纹案，请在可编辑多边形处，不选择任何多边形的前提下，退出修改面板。

图 3-4-40　选择 UVW 贴图

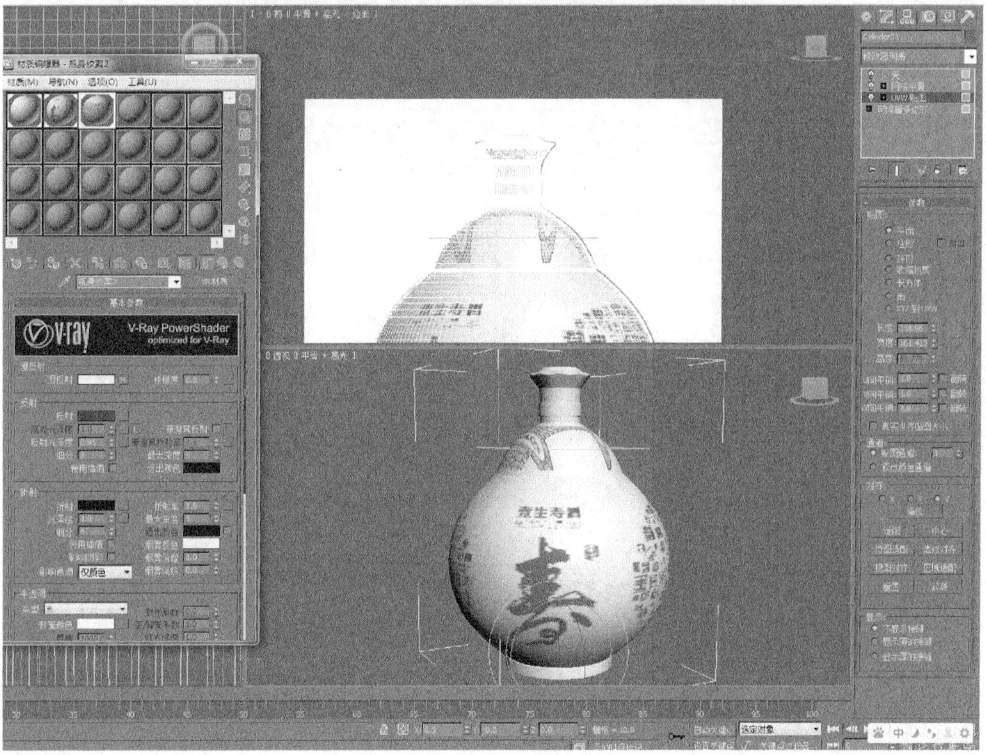

图 3-4-41　UVW 贴图面板

图 3-4-42　选择柱形贴图

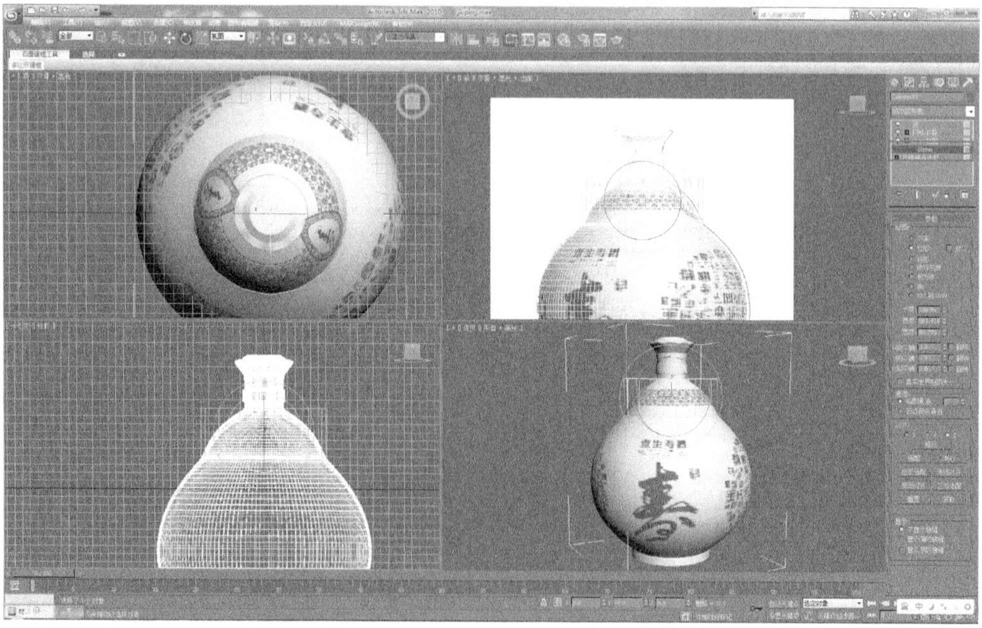

图 3-4-43　选择 GIZMO

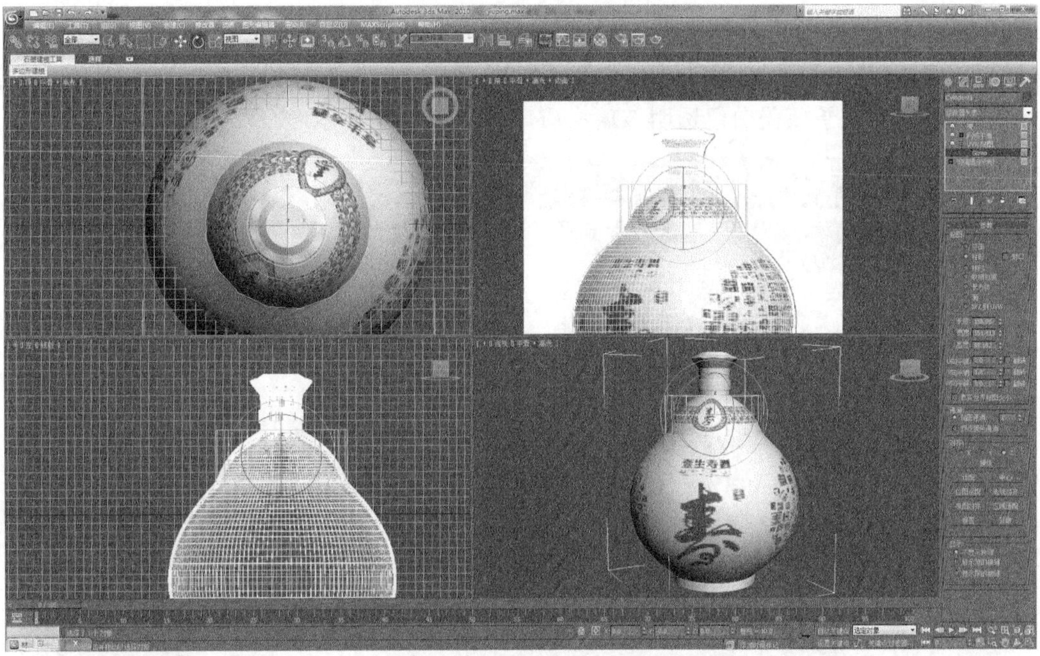

图 3-4-44　调整下部分和上部分的纹案

(4) 设置瓶盖玻璃材质。选择一个材质球，命名为瓶盖。单击【材质编辑器 Standard 选项】→【VR 材质】，单击【确定】按钮。设置 VR 材质参数，其中漫反射为白色 (R255, G255, B255)，反射为深灰色 (R40, G40, B40)，反射光泽度为 1，折射参数为 (R240, G240, B240)，得到白色透明玻璃材质，如图 3-4-45 所示。注意：以上参数要根据具体情况进行适当调整，一般调整范围在–10～+10。

图 3-4-45　设置白色透明玻璃材质

选择酒瓶模型，单击【修改面板】→【可编辑多边形】→【选择】→【多边形】命令，选择瓶盖部分(盖顶除外)的多边形，如图 3-4-46 所示，然后选择材质编辑器中的将材质指定给选定对象，赋予瓶盖白色透明玻璃材质，如图 3-4-47 所示。

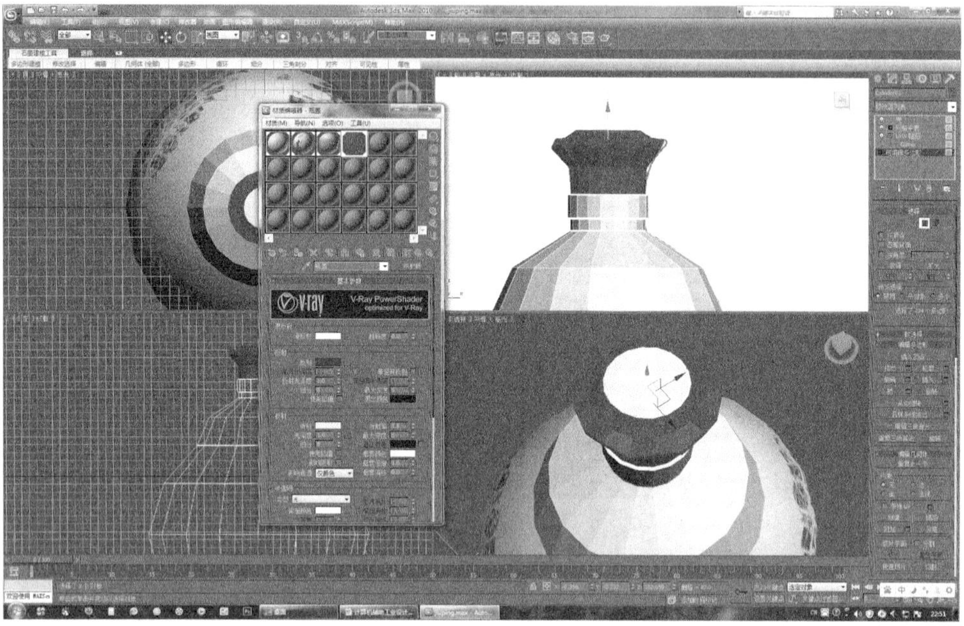

图 3-4-46　选择瓶盖部分(盖顶除外)的多边形

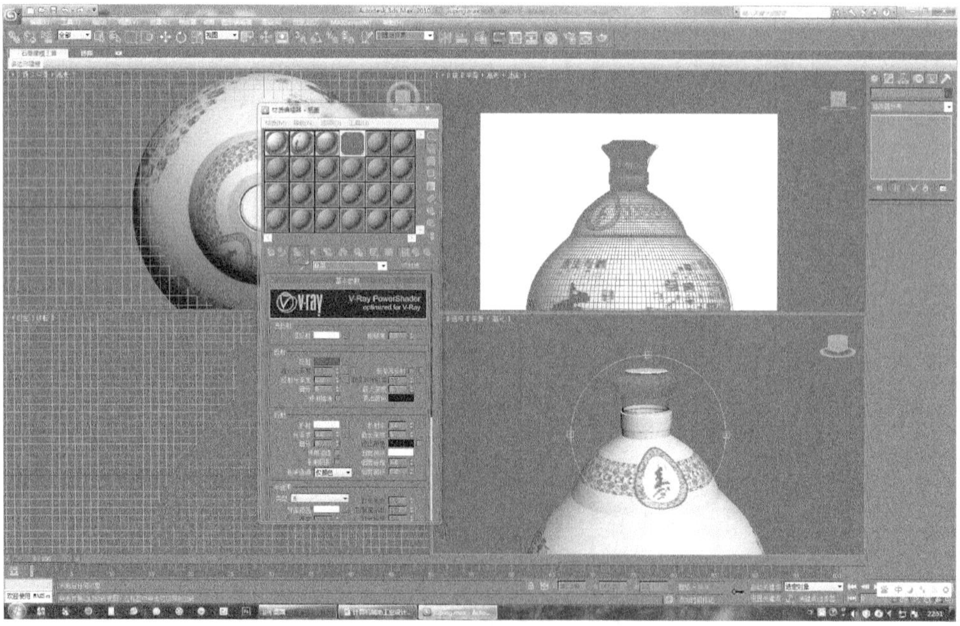

图 3-4-47　赋予瓶盖白色透明玻璃材质

(5) 设置瓶盖和瓶底装饰金属边材质。选择一个材质球，命名为“金属”。单击【材质编辑器 Standard 选项】→【VR 材质】，单击【确定】按钮。设置 VR 材质参数修改成

图 3-4-48 所示，其中漫反射为深灰色(R30, G30, B30)，反射为灰色(R150, G150, B150)，反射光泽度为 1，得到全光金属材质。

选择酒瓶模型，单击【修改面板】→【可编辑多边形】→【选择】→【多边形】命令，选择瓶盖侧面突出部分和瓶底部分的多边形，如图 3-4-49 所示，然后选择材质编辑器的将材质指定给选定对象，赋予模型局部全光金属材质，如图 3-4-50 所示。

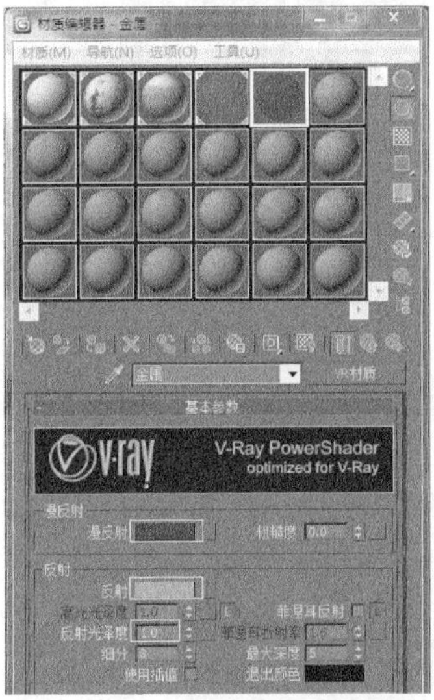

图 3-4-48　设置全光金属材质

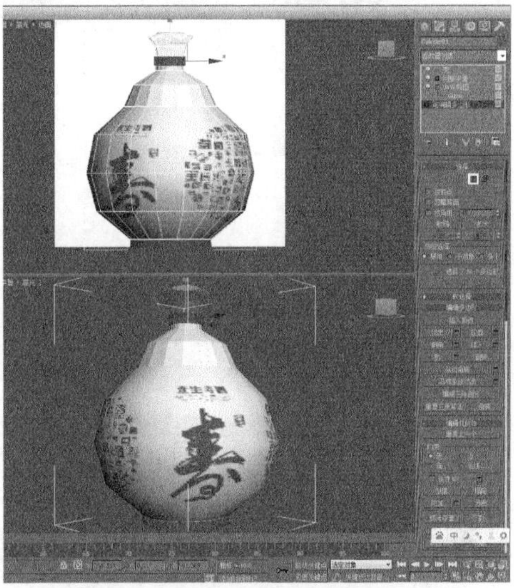

图 3-4-49　选择瓶颈和瓶底的多边形

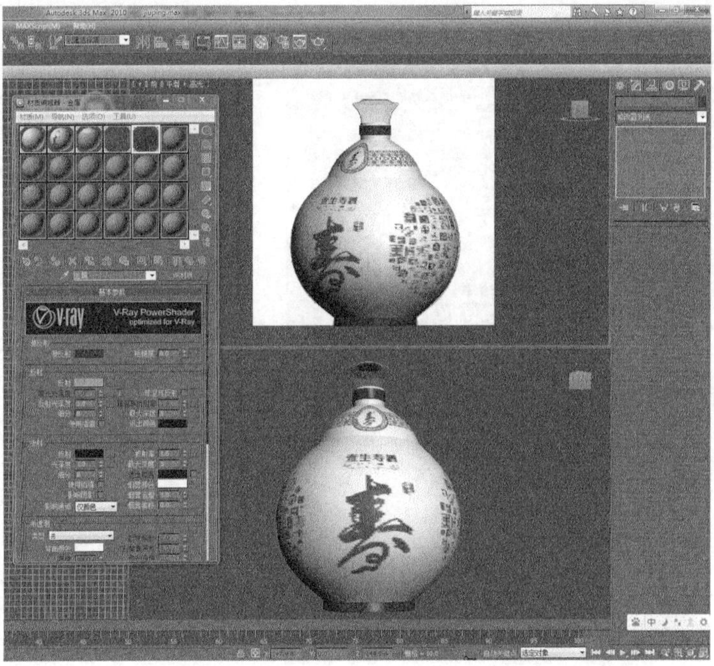

图 3-4-50　赋予模型局部全光金属材质

(6) 设置瓶盖顶部 LOGO。选择一个材质球，命名为 LOGO。单击【材质编辑器 Standard 选项】→【VR 材质】，单击【确定】按钮。在 VR 材质中选择漫反射右侧方框，弹出【材质/贴图浏览器】，选择【位图】，单击【确定】按钮，弹出【选择位图图像文件】面板，选择 logo.jpg 文件，单击【确定】按钮，如图 3-4-51 所示，单击转到父对象，回到 VR 材质面板，设置瓶身纹案 VR 材质参数修改成图 3-4-52 所示，其中反射为深灰色(R30, G30, B30)，反射光泽度为 0.95，得到 LOGO 贴图陶瓷材质。

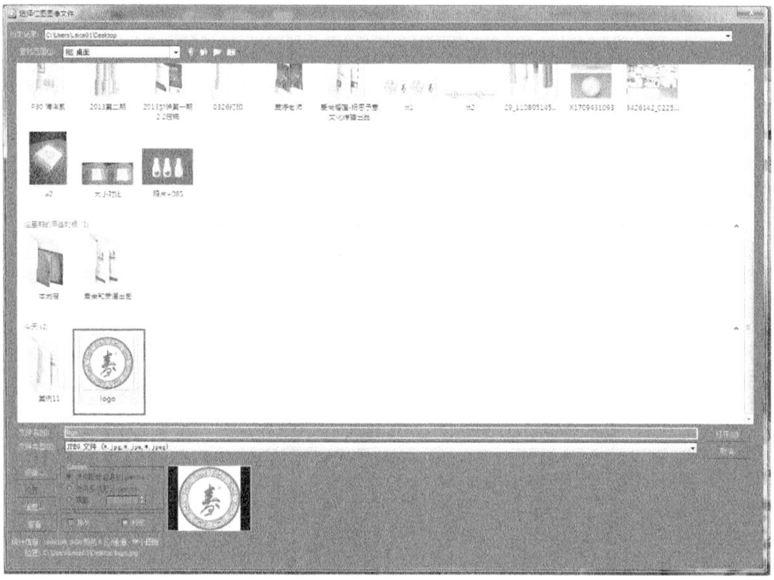

图 3-4-51　打开 LOGO 贴图文件

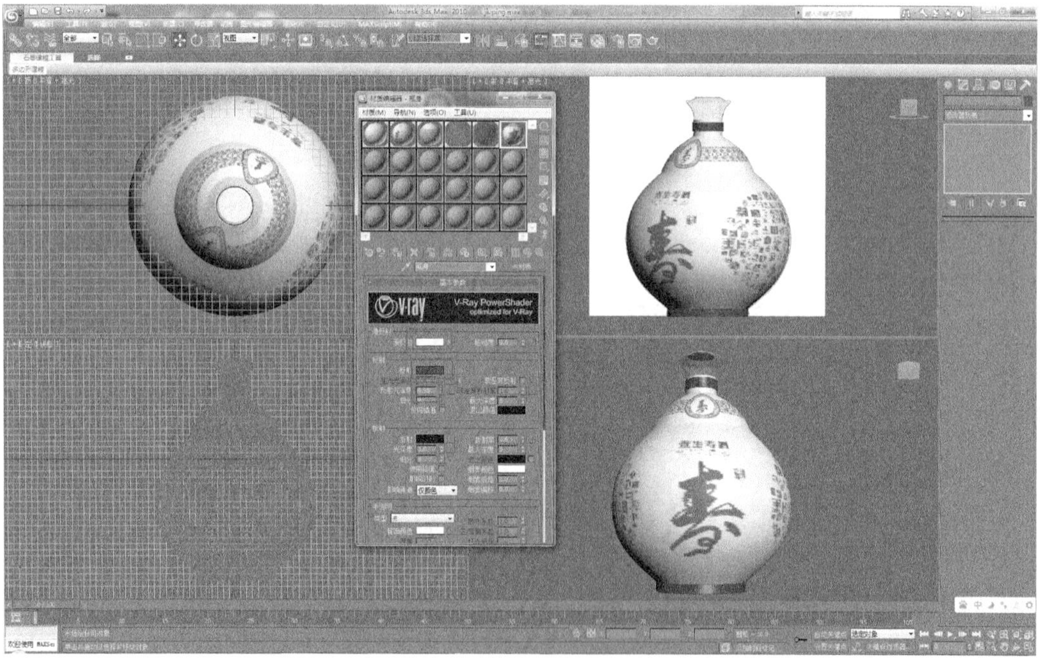

图 3-4-52　设置 VRay 材质参数

在顶部绘制一个与瓶盖顶部同等大小的圆柱体 2(半径为 20，高度为 0.5，边数为 64)，如图 3-4-53 所示，将设置好的 LOGO 材质赋予圆柱体 2，如图 3-4-54 所示。

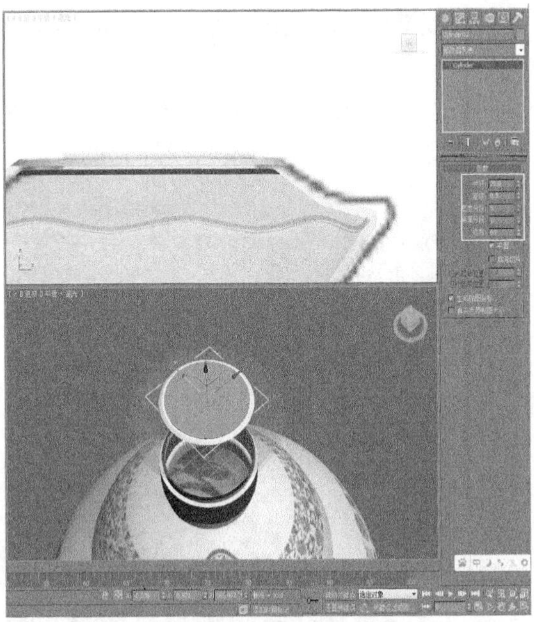

图 3-4-53　在顶部绘制与瓶盖顶部同等大小的圆柱体

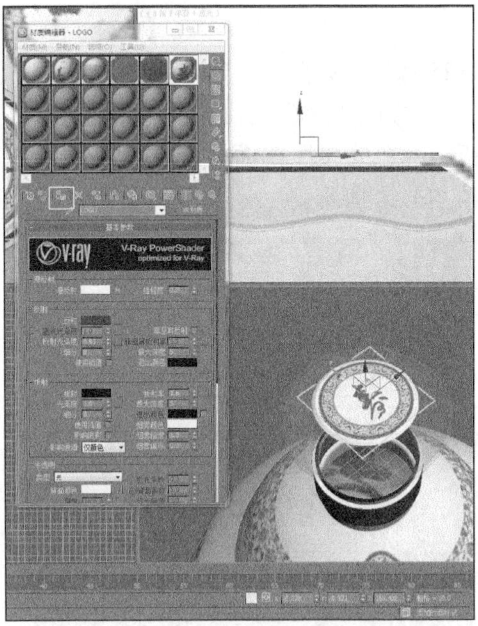

图 3-4-54　赋予顶部圆柱体 LOGO 材质

(7) 设置水平面材质。选择一个材质球，命名为“水平面”。单击【材质编辑器 Standard 选项】→【VR 材质】，单击【确定】按钮。设置 VR 材质参数：漫反射为深灰色 (R200, G200, B200)，得到灰色材质，将设置好的材质赋予 VR 平面，完成所有材质设置。

5) 灯光和渲染设置

由于该场景只有一个物体，在灯光设置上，可直接在 VRay 渲染器中完成，如图 3-4-55 所示。

图 3-4-55　渲染设置的位置

(1)渲染尺寸设置。在【渲染设置】→【公用面板】中，将输出大小改为1500像素×1125像素，如图3-4-56所示。

(2)灯光设置。打开渲染设置面板，在VRay的全局开关面板，关闭默认灯光，如图3-4-57所示，在间接照明面板勾选“开”，首次反弹选择发光图，二次反弹选择灯光缓存，如图3-4-58所示。

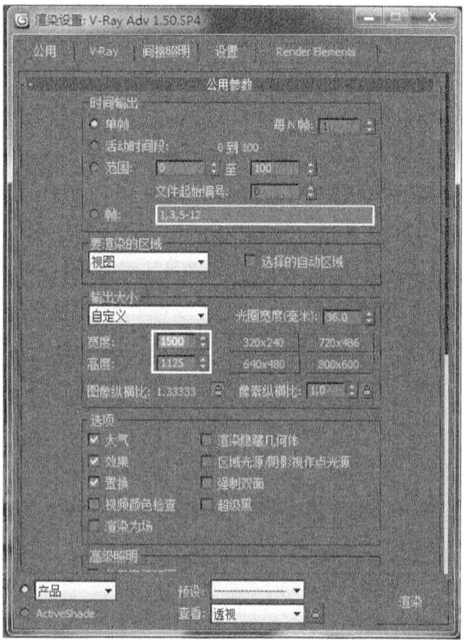

图3-4-56　渲染尺寸设置

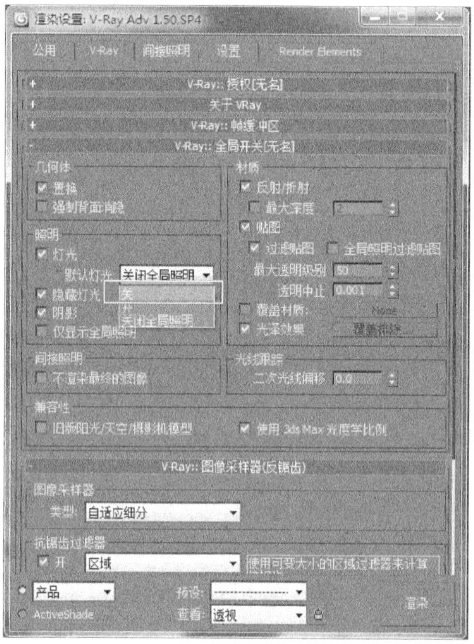

图3-4-57　灯光设置1

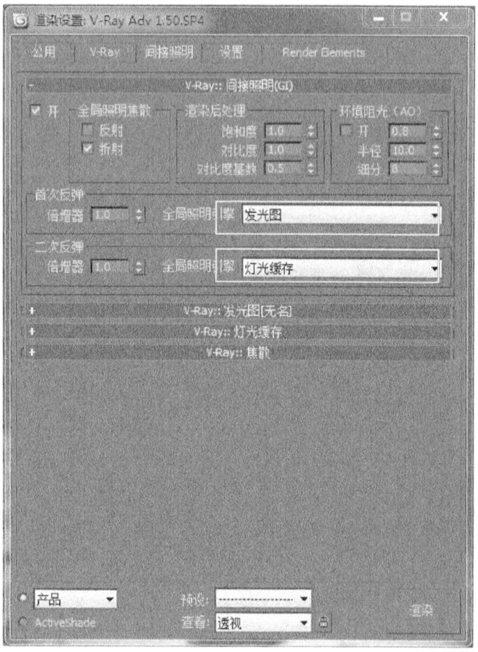

图3-4-58　灯光设置2

(3)渲染参数设置。打开渲染设置面板，在VRay的帧缓冲区面板，选中【启用内置帧缓冲区】复选框，如图3-4-59所示；在间接照明的发光图面板，选择当前预置的自定义选项，把半球细分设置为60，插值采样设置为30，颜色阈值设置为0.4，法线阈值设置为0.3，间距阈值设置为0.1，选中【显示计算相位】，其次，勾选细节增强的“开”，细分倍增设置为0.03，如图3-4-60所示；在间接照明的灯光缓存面板，选中【显示计算相位】，过滤器设置为“无”，如图3-4-61所示。

(4)设置环境。在菜单中选择【渲染设置】→【环境】命令，弹出【环境和效果】面板，单击环境贴图下方长方形，打开【选择材质/贴图浏览器】，选择【VRayHDRI】，单击【确定】按钮；然后打开【材质编辑器】，在环境贴图路径处，长按左键，从【环境和效果】面板，将 VRayHDRI 贴图拖动到材质编辑器中的一个空白的材质球，选择实例复制，在 VRayHDRI 材质球中单击【浏览】按钮，找到 HDR 文件，单击【打开】按钮，完成环境设置，如图 3-4-62～图 3-4-68 所示。

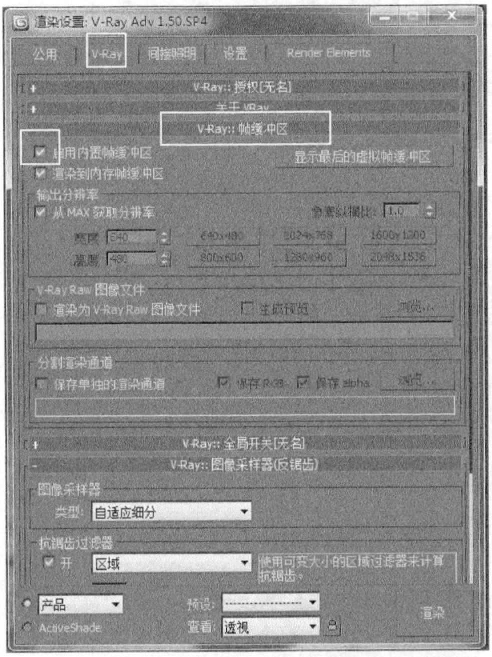

图 3-4-59　启用内置帧缓冲区

图 3-4-60　设置发光图参数

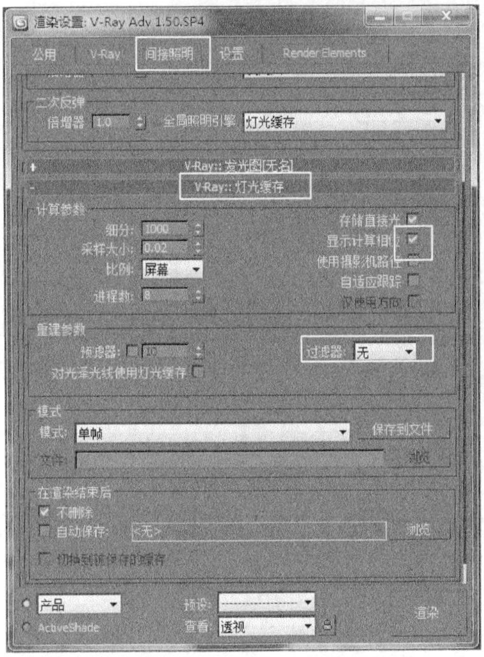

图 3-4-61　设置灯光缓存参数

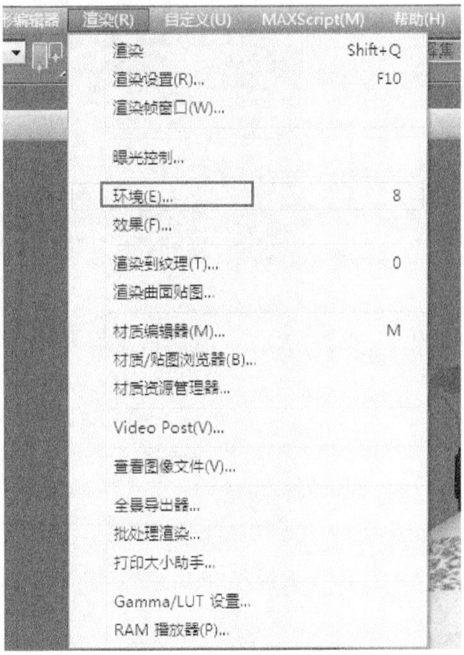

图 3-4-62　设置环境

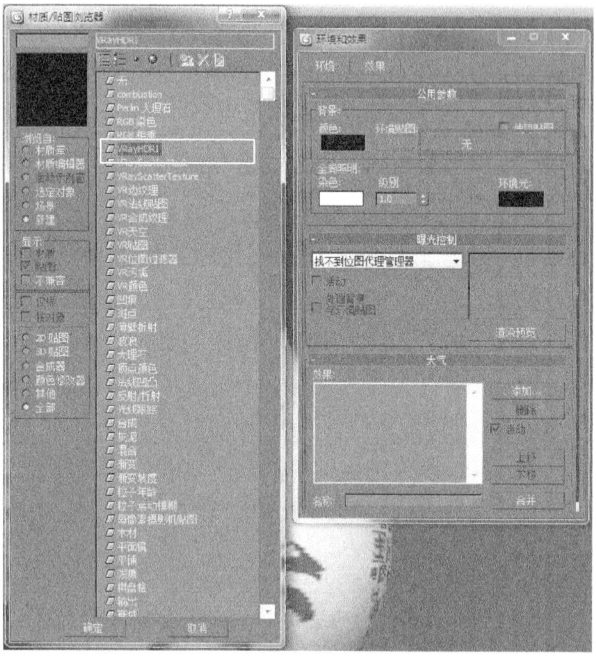

图 3-4-63　选择材质/贴图浏览器

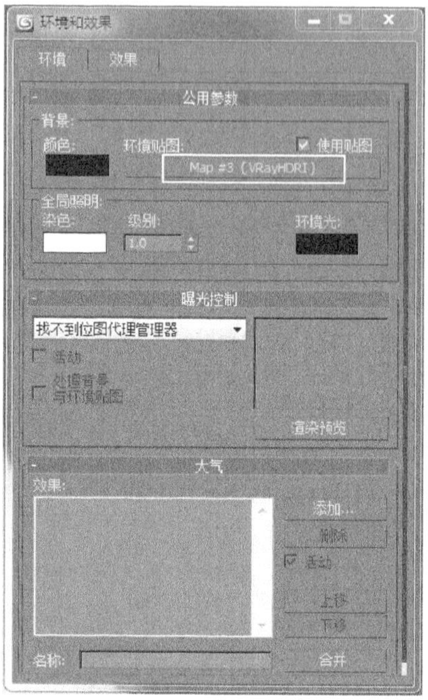

图 3-4-64　选择 HDRI 贴图

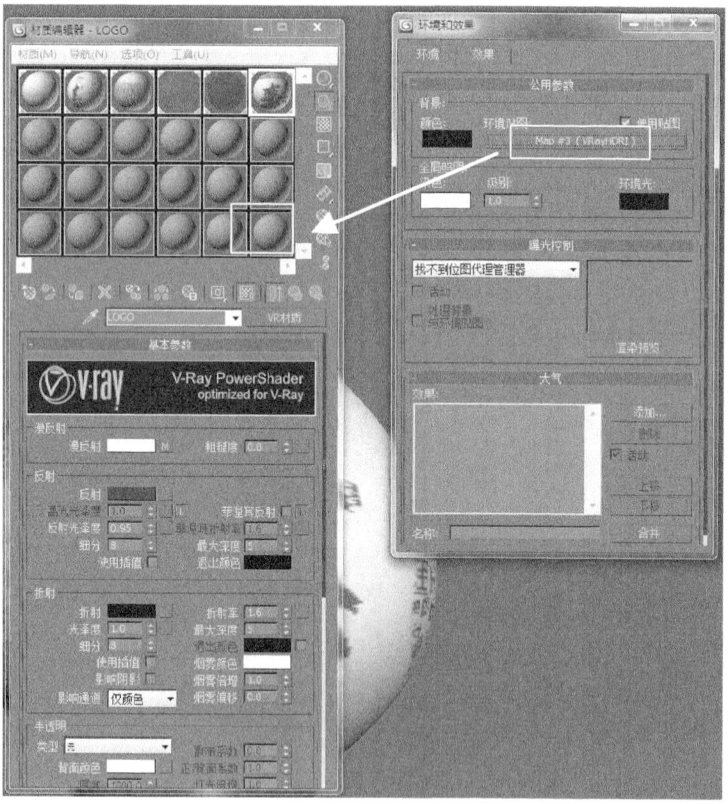

图 3-4-65　将 HDRI 贴图从环境复制到材质编辑器

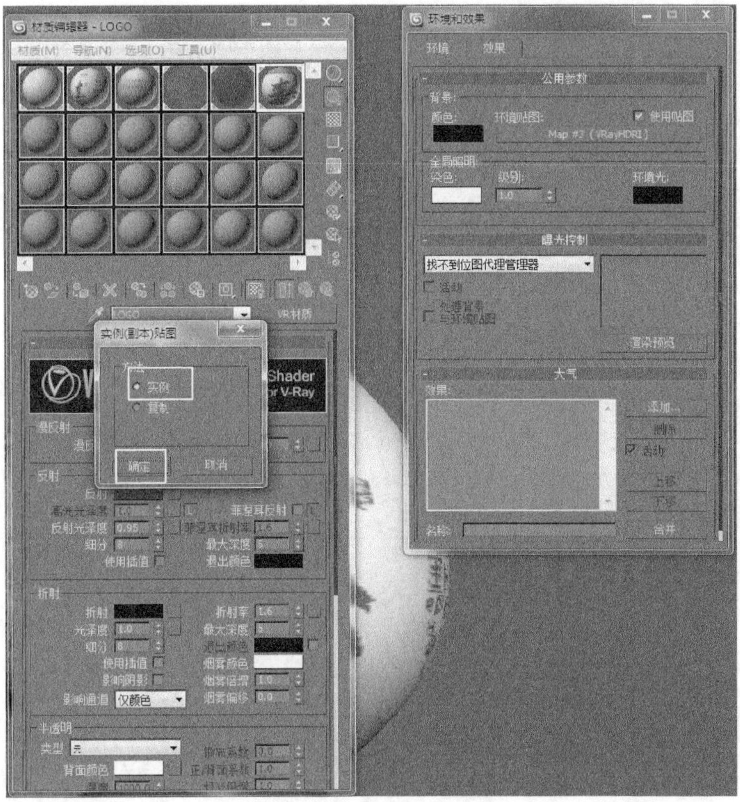

图 3-4-66　选择实例复制

图 3-4-67　选择 HDRI 贴图文件

6) 渲染出图

选择顶视图、前视图、左视图和透视图，分别渲染，渲染完毕后，单击【保存】按钮，保存为 PNG 格式，如图 3-4-69～图 3-4-72 所示。

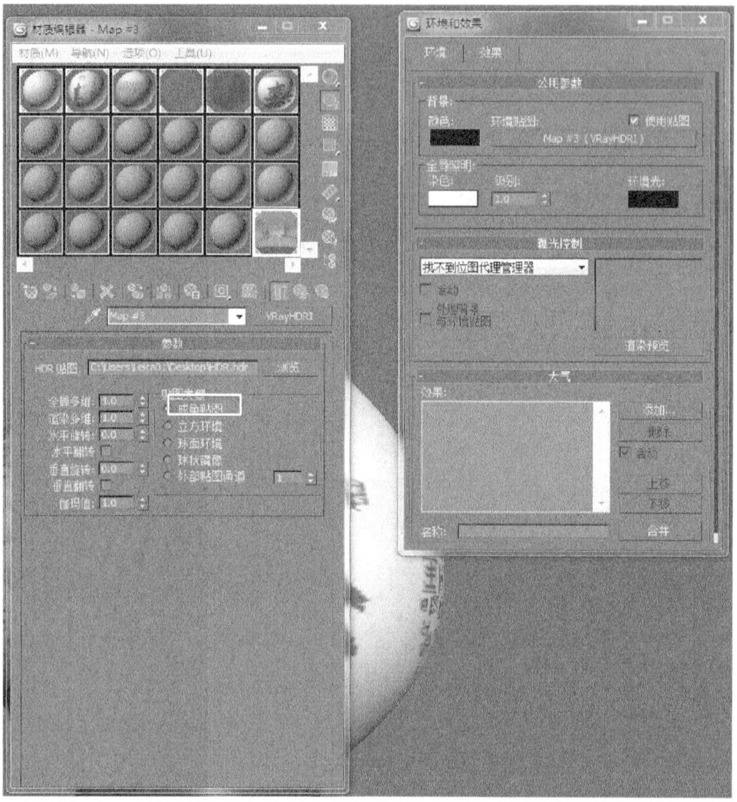

图 3-4-68　勾选成角贴图

图 3-4-69　分别渲染顶视图、前视图、左视图和透视图

图 3-4-70　渲染结果

图 3-4-71　将渲染结果保存为 PNG 格式

7) 后期处理（CorelDRAW）

(1) 打开 CorelDRAW，新建一个 A4 横版文件，在菜单中选择【文件】→【导入】命令，将保存好的顶视图、前视图、左视图 PNG 文件导入 CorelDRAW 工作区，然后将酒瓶位置摆好，如图 3-4-73 所示。

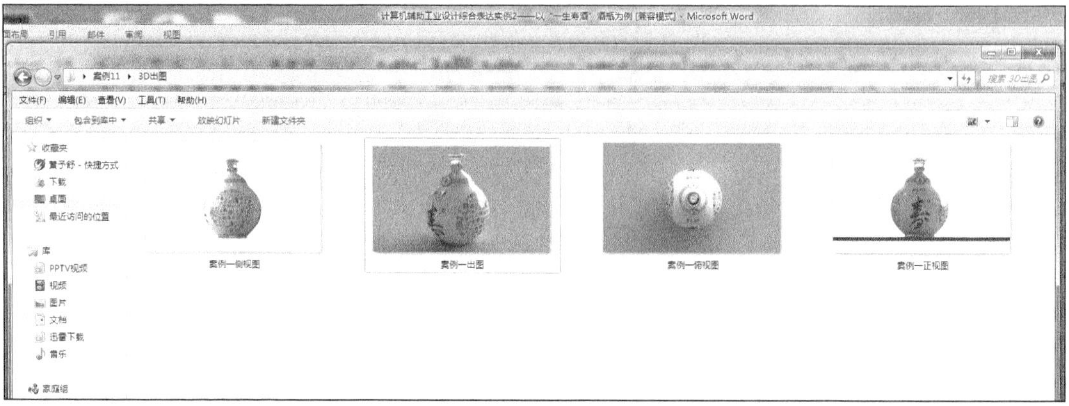

图 3-4-72　保存结果

图 3-4-73　导入三视图 PNG 文件

(2) 双击工具箱的矩形工具，得到 A4 尺寸的横版矩形，将深灰到灰色的射线渐变填充 A4 矩形，得到背景颜色，如图 3-4-74 和图 3-4-75 所示。

(3) 从酒瓶底部到 A4 矩形底部边界，绘制矩形，并填充黑色，得到支撑酒瓶的透视平面，如图 3-4-76 所示。

(4) 镜像复制酒瓶，然后用交互式透明工具，将镜像的瓶子从上至下进行透明，得到酒瓶倒影，如图 3-4-77 所示。

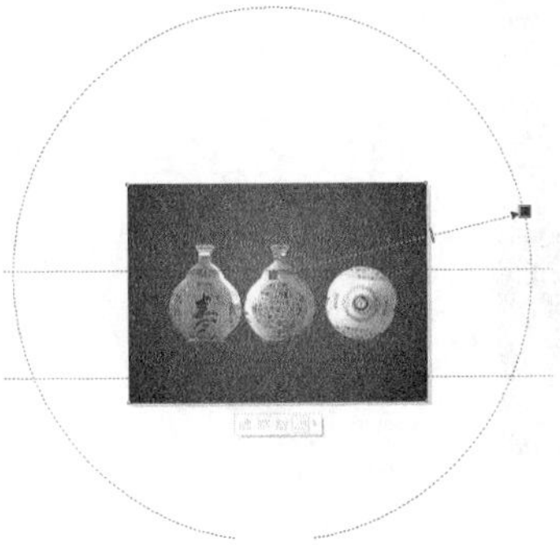

图 3-4-74　渐变填充背景

图 3-4-75　设置背景颜色

图 3-4-76　制作支撑酒瓶的透视平面

(5) 加入 LOGO。在菜单中选择【文件】→【导入】命令，将 LOGO 文件导入，用椭圆工具沿 LOGO 边缘绘制圆，选择圆和 LOGO 文件，选择属性栏的相交命令，得到圆形 LOGO，将 LOGO 放置右上角，如图 3-4-78 和图 3-4-79 所示。

图 3-4-77　制作酒瓶倒影

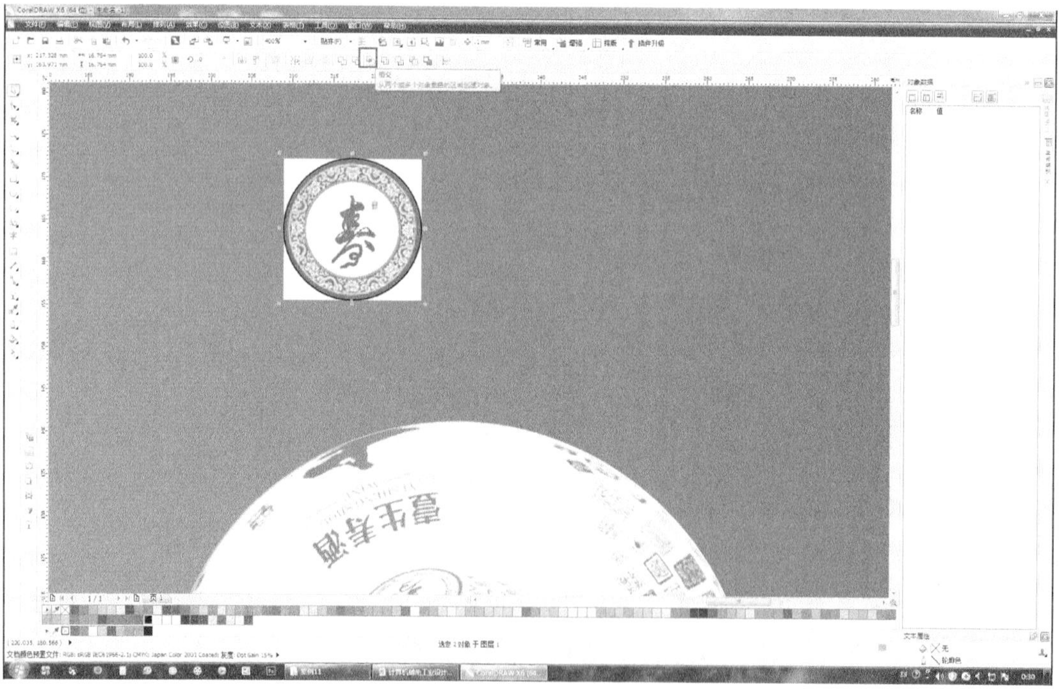

图 3-4-78　导入 LOGO 文件

图 3-4-79　去除 LOGO 背景颜色

(6)选择酒瓶、倒影和黑色矩形，选择【菜单】→【效果】→【图框精确裁切】→【置于图文框内部】命令，如图 3-4-80 所示。单击灰色背景矩形(图 3-4-81)，选择【文件】→【导出】命令，如图 3-4-82 所示，选择 jpg 格式，完成后期展示图制作，如图 3-4-83～图 3-4-85 所示。

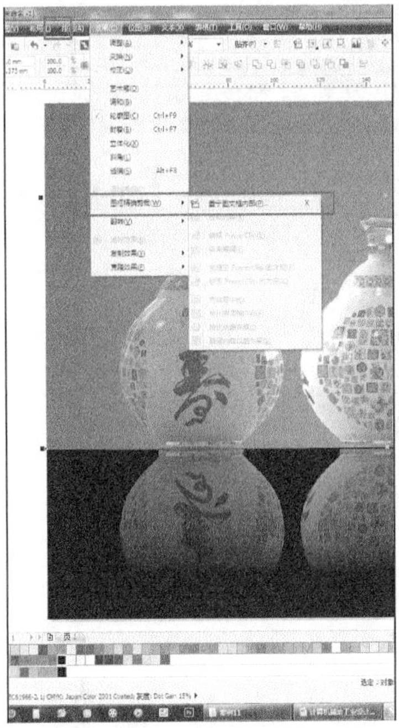

图 3-4-80　选择图形置入图文框内部

图 3-4-81　全选所有元素

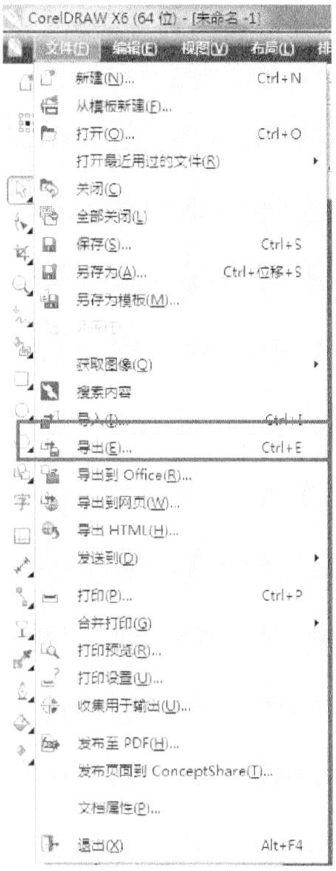

图 3-4-82　导出

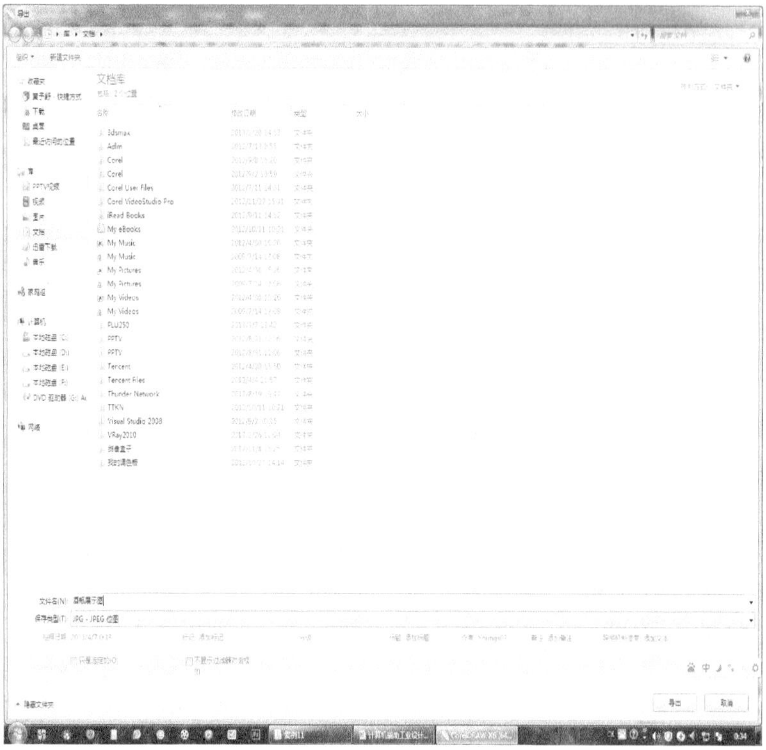

图 3-4-83　设置导出路径和文件名

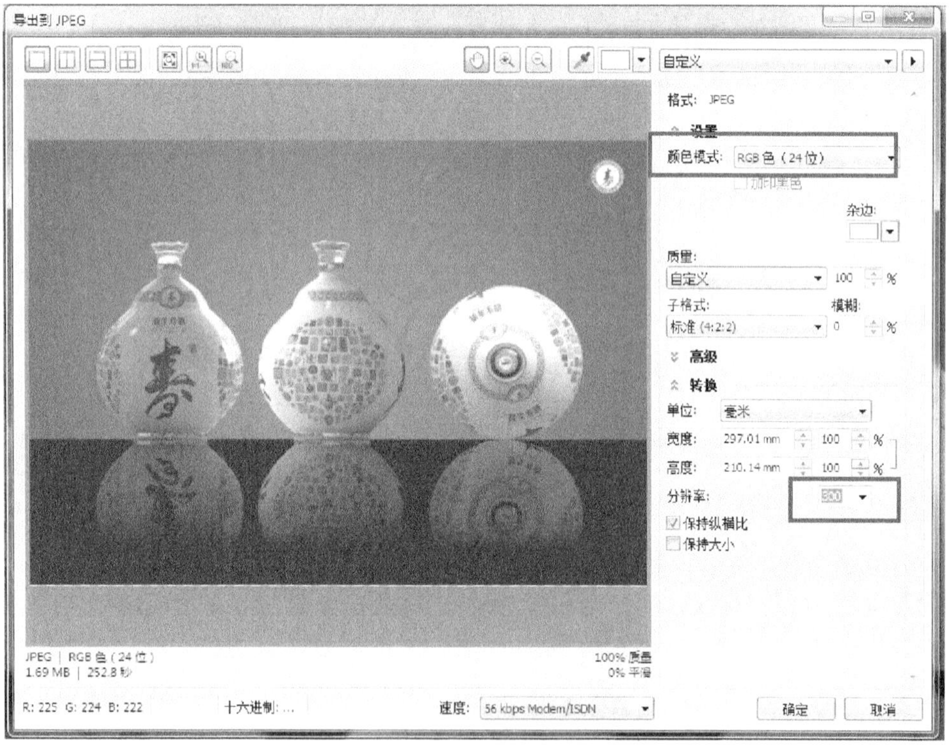

图 3-4-84　选择导出文件类型和分辨率

图 3-4-85　最终效果

实例 5　运用 3DS MAX 和 Rhino 进行三维建模及动画制作——以风扇为例

案例介绍：本例要求制作一台卡通风扇效果，完成建模之后，赋材质，制作风扇旋转动画。与普通的风扇制作不同，本例风扇外观造型具有不规则性，制作的难点是风扇扇壳和耳朵的建模，需要耐心调整，否则显示不出卡通老鼠可爱的造型。由于 3DS MAX 和 Rhino 软件在三维建模制作方面各有优点，本实例综合使用了这两种建模软件。

本例综合应用 3DS MAX 和 Rhino 两种软件完成耳朵的建模，发挥两种软件的长处，优势互补，使建模更方便、更快捷、效果更好。

本例介绍两种风扇扇线制作方法：一是使用【间隔】工具+编辑多边形的方法；二是使用【陈列】工具+编辑多边形的方法。两只耳朵的建模不能使用镜像功能完成，因为其造型不同。本例分别介绍使用 3DS MAX 和 Rhino 两种建模方法，耳朵的基本建模使用 Rhino 方法更方便快捷，但需使用 3DS MAX 完善，3DS MAX 和 Rhino 的综合完美结合使用是本例最大的亮点。本例的另一难点就是 3DS MAX 制作 360°的旋转动画，本例详细介绍制作的方法。风扇最终效果如图 3-5-1 所示。

图 3-5-1　风扇最终效果图

1. 建模

1) 风扇壳的建模

方法 1：使用【线】工具和【间隔】工具

(1) 使用【线】工具在左视图画风扇网线造型，效果如图 3-5-2 所示。

(2) 使用【圆】工具在左视图画一个圆，作为网线造型进行间隔阵列的路径，如图 3-5-3 所示。

图 3-5-2　风扇网线造型

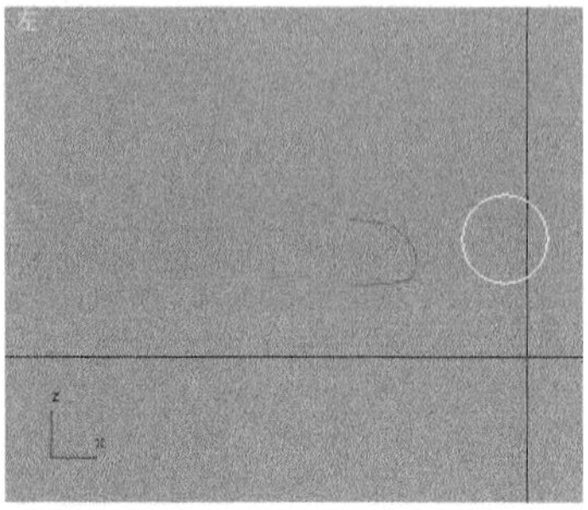

图 3-5-3　在左视图画一个圆

(3) 在左视图中，选中刚才创建的风扇网线，单击【工具】→【间隔工具】命令，弹出【间隔工具】对话框，如图 3-5-4 所示。

在【间隔工具】对话框中，单击【拾取路径】，在左视图中选择图 3-5-3 中所创建的圆，根据风扇的造型，在参数选项中，把计数值设为 20，在【前后关系】选项中选中【跟随】，如图 3-5-5 所示。

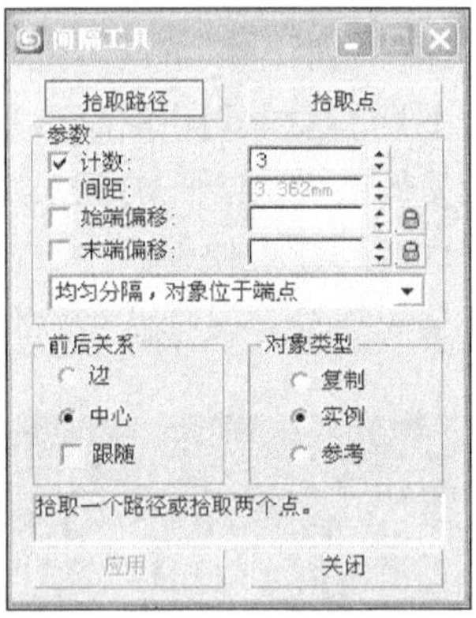

图 3-5-4　【间隔工具】对话框

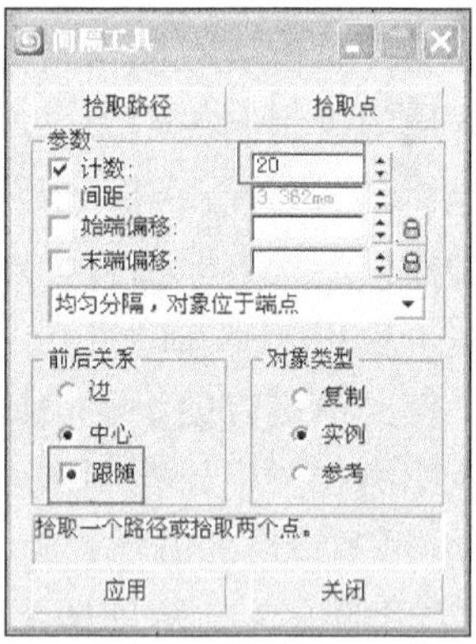

图 3-5-5　【间隔工具】参数设置

单击【应用】、【关闭】按钮，得如图 3-5-6 所示的效果。如果没有获得如图 3-5-6 所示的效果，请选择所创建的风扇网线状，单击【修改】命令面板，打开【顶点】次层级对象，对风扇网状线进行编辑，直到得到如图 3-5-6 所示的效果。

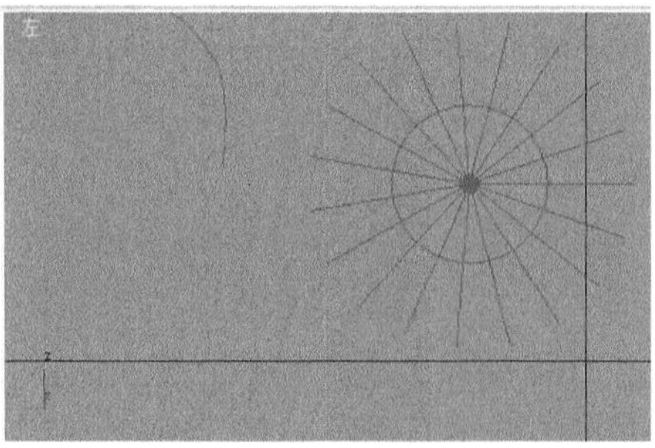

图 3-5-6　单击【应用】命令后的效果图

以上的操作只得到普通风扇的造型，接下来根据本例制作的老鼠风扇造型，对图 3-5-6 中的风扇网状线进行一一调整。

首先，退出【顶点】次层级编辑，选择所有的风扇网状线，在【修改】面板中单击【取消关联】按钮，如图 3-5-7 所示。

然后，打开【顶点】次层级对象，对网状线进行一一调整，直到得到如图 3-5-8 所示的效果。

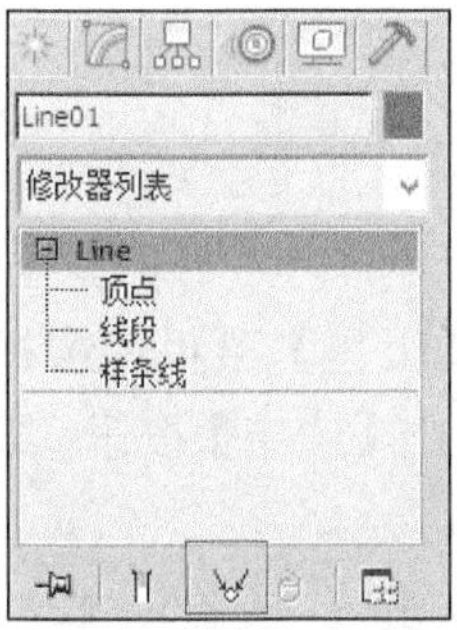

图 3-5-7　取消风扇网状线间的关联

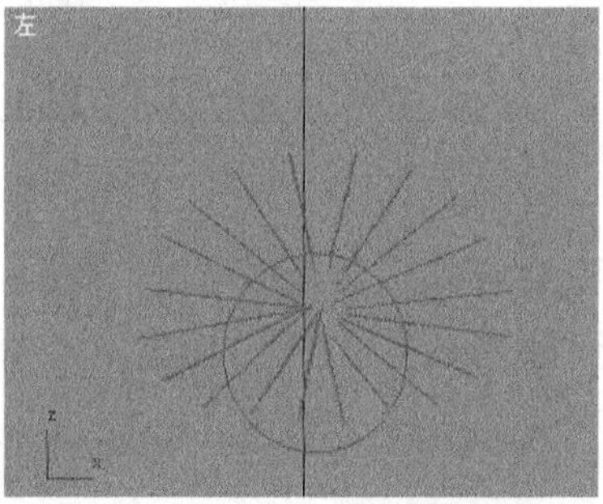

图 3-5-8　调整后的风扇网状线效果图

最后，在【渲染】面板中选中【在渲染中启用】、【在视口中启用】复选框，并选中【矩形】，设置长度、宽度值，如图 3-5-9 所示，最终得到如图 3-5-10 所示的老鼠风扇网状线效果图。

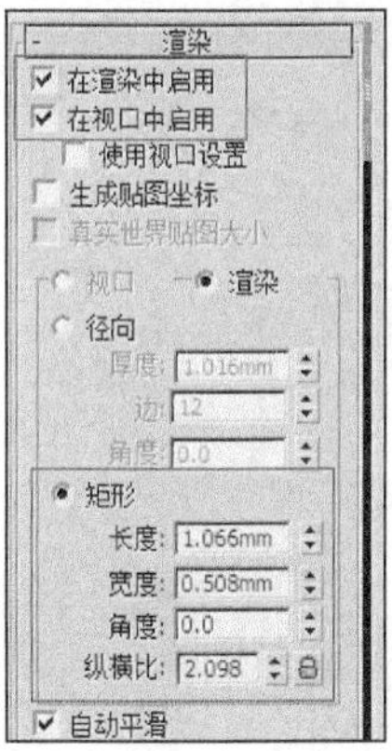

图 3-5-9　【渲染】面板的参数设置

图 3-5-10　老鼠风扇网状线的效果图

(4) 创建三个椭圆，并选中【渲染】和【视口中启用】复选框，修改调整，效果如图 3-5-11 所示。

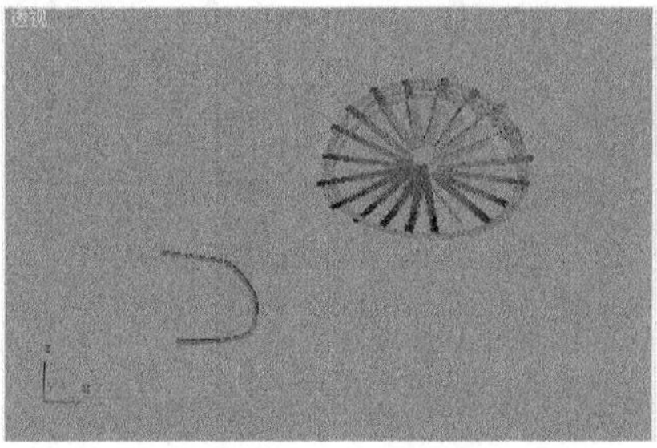

图 3-5-11　创建三个椭圆并调整后的效果

方法 2：使用【椭圆】工具和【阵列】工具

(1) 在左视图中创建一椭圆，如图 3-5-12 所示。

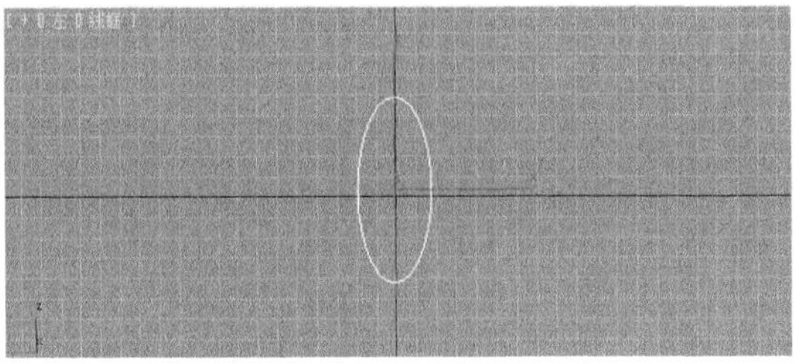

图 3-5-12　在左视图中创建椭圆

(2) 对椭圆进行阵列。选择椭圆，激活透视图，打开【工具】菜单，选择【阵列】工具，弹出【阵列】对话框，进行如图 3-5-13 所示的设置，单击【确定】按钮，即得图 3-5-14 所示的效果。

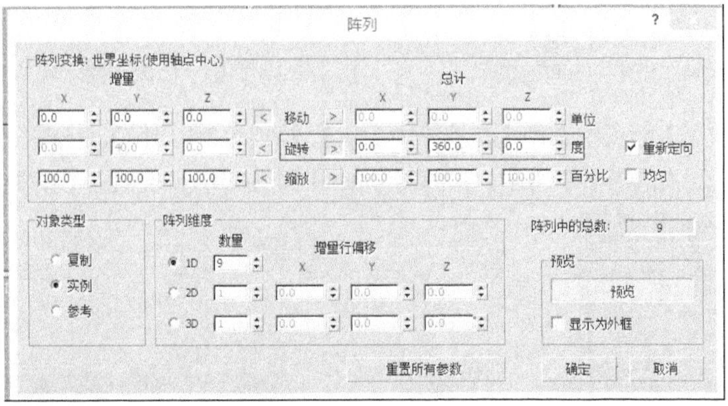

图 3-5-13　阵列椭圆

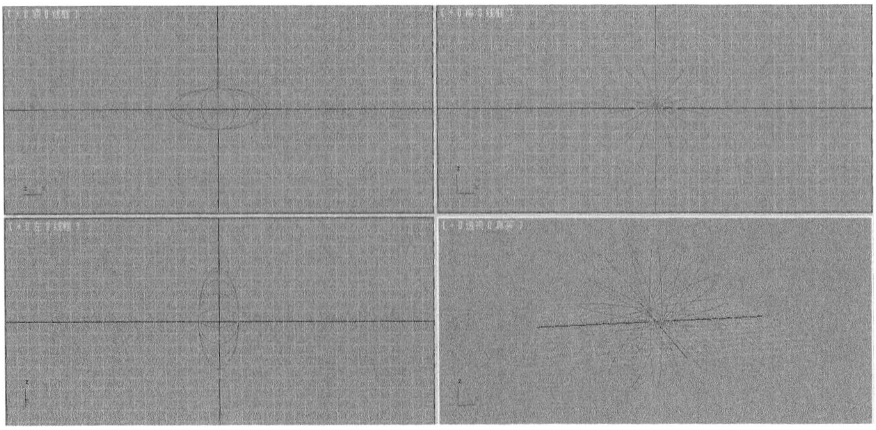

图 3-5-14　阵列后的效果

(3) 分解椭圆阵列。选择其中一个椭圆，打开【修改】命令，根据所给的风扇照片调整椭圆的形状，直至与所给的风扇照片吻合。依次类推调整其他椭圆的形状，即完成风扇壳的制作。

2) 风叶的建模

(1) 用【线】工具在前视图中绘画一封闭曲线，并进行扇叶形状的调整，如图 3-5-15 所示。然后对扇叶使用【挤出】修改器，参数设置如图 3-5-16 所示。再把扇叶转换成可编辑多边形，对扇面进行局部调整，使其具有一定的弧度。

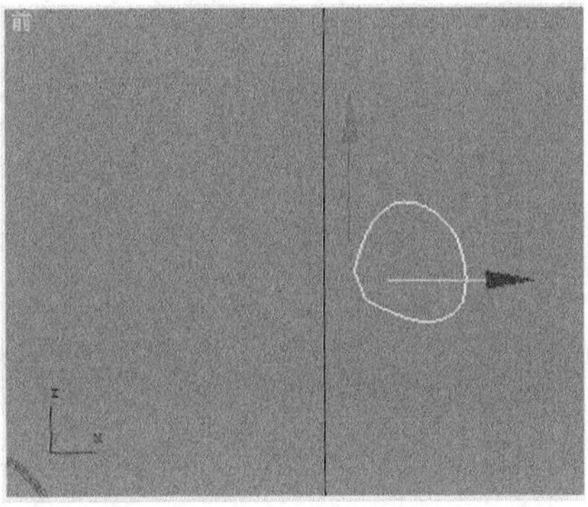

图 3-5-15　扇叶轮廓造型

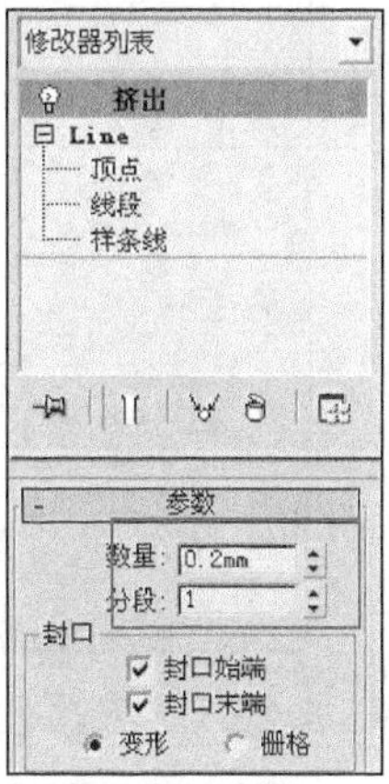

图 3-5-16　【挤出】修改器及参数设置

(2) 复制两个扇叶，并调整到如图 3-5-17 所示的效果，把三个扇叶群组，目的是方便下一步扇叶的旋转。到此完成了扇叶的制作。打开隐藏的扇壳，效果如图 3-5-18 所示。

图 3-5-17　扇叶效果图

图 3-5-18　取消隐藏扇壳后的效果图

3) 创建嘴部

使用【球体】工具创建半圆，打开【修改】命令面板，在修改器列表中选择【编辑多边形】，打开【顶点】次级对象，在【软选择】面板中单击【使用软选择】，调整【衰减】值，如图 3-5-19 所示，选择半圆球上部的点进行移动修改，得如图 3-5-20 所示的效果。

4) 创建耳朵

方法 1：使用 3DS MAX 软件创建

(1) 单击【几何体】工具，单击【标准基本体】→【NURBS 曲面】命令，如图 3-5-21 所示，打开如图 3-5-22 所示面板，单击【点曲面】按钮，在前视图中创建右耳朵基本造型，如图 3-5-23 所示。(注明：创建点曲面长度 CV 数值和宽度 CV 数值越大，最后采用【平滑】修改器制作出来的风扇耳朵就越平滑，越好看，本例采用默认的数值 4，建议读者设置 4 以上的值。)

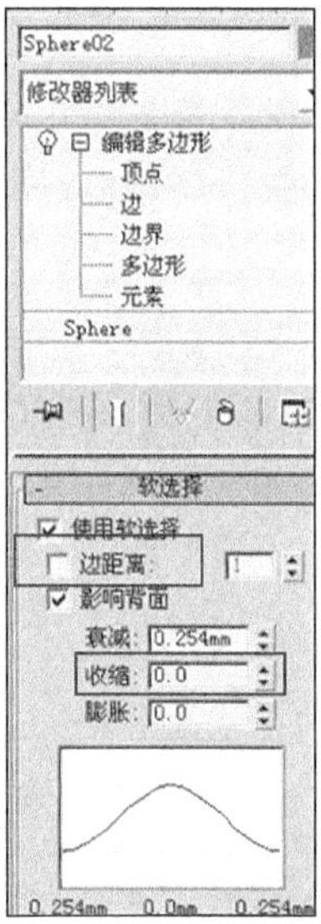

图 3-5-19　编辑多边形及软选择面板参数设置

图 3-5-20　选择半圆球上部的点进行移动修改后的效果图

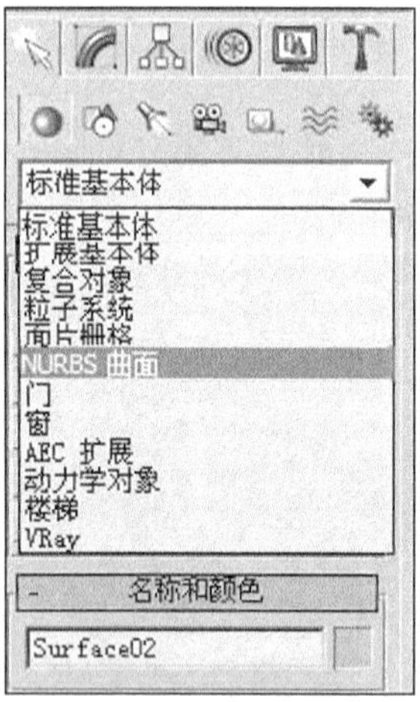

图 3-5-21　选择【NURBS 曲面】命令

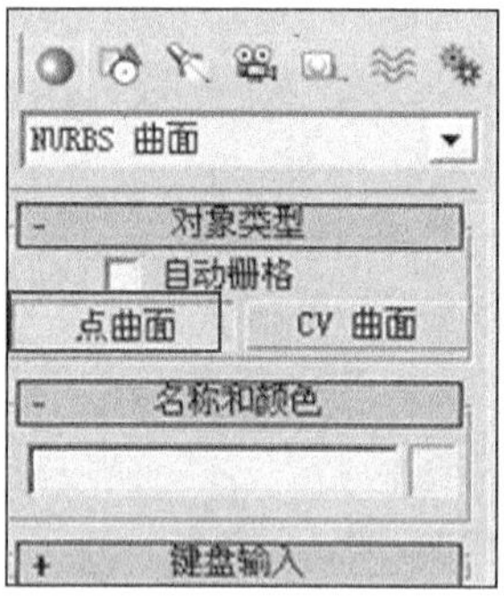

图 3-5-22　【NURBS 曲面】命令面板

(2)单击【修改】命令面板，打开【顶点】次级对象，如图 3-5-24 所示，对图 3-5-23 所示的点曲面进行调整，得右耳朵造型，如图 3-5-25 所示。

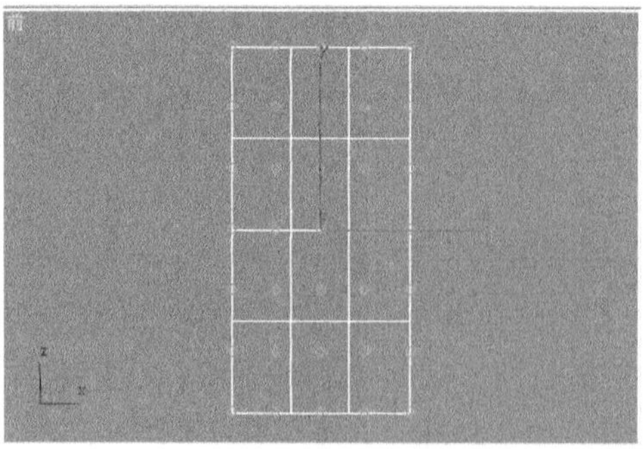

图 3-5-23　创建点曲面

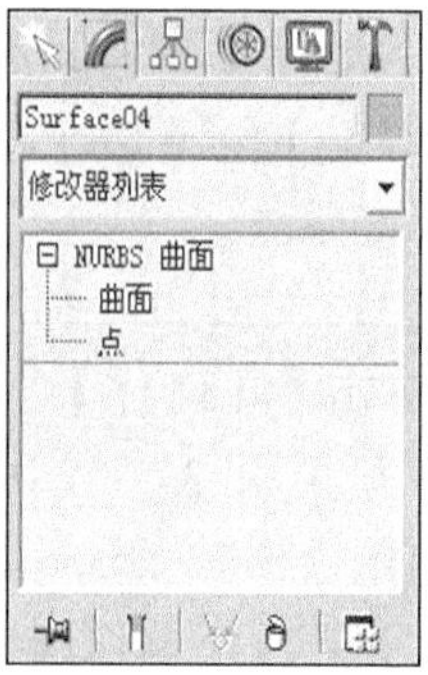

图 3-5-24　【顶点】次级对象

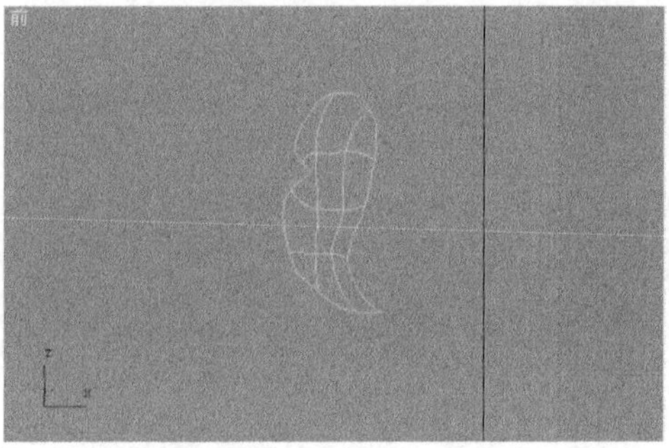

图 3-5-25　右耳朵造型的效果图

(3)对耳朵使用【壳】修改器，使耳朵有厚度，参数设置如图 3-5-26 所示，效果如图 3-5-27 所示。

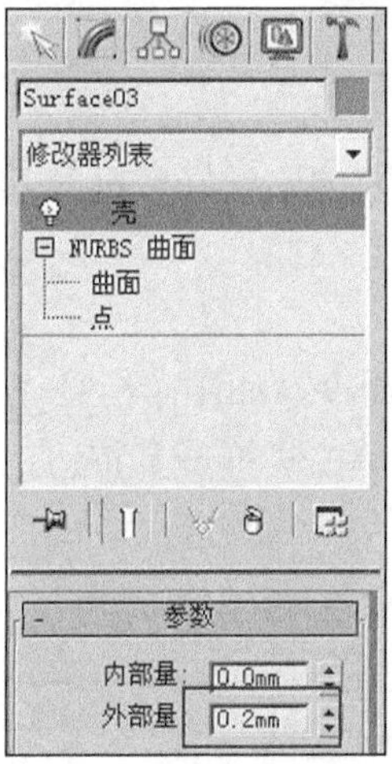

图 3-5-26　【壳】修改器及参数设置

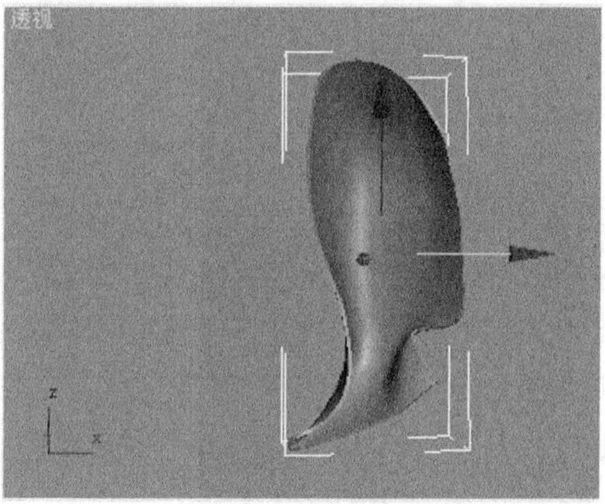

图 3-5-27　使用【壳】修改器后的效果图

(4)对右耳朵使用【平滑】修改器，参数设置如图 3-5-28 所示，效果如图 3-5-29 所示。

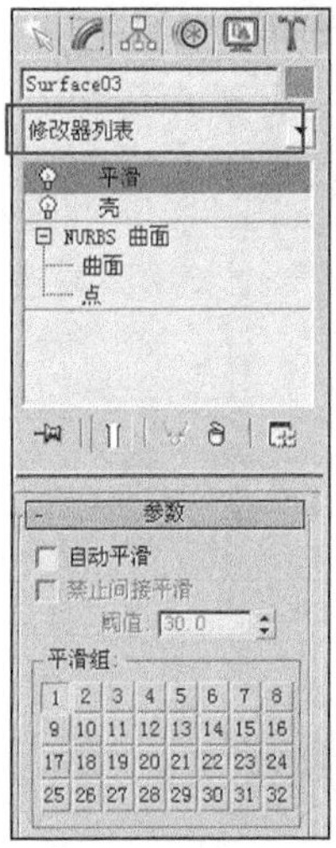

图 3-5-28　【平滑】修改器及参数设置

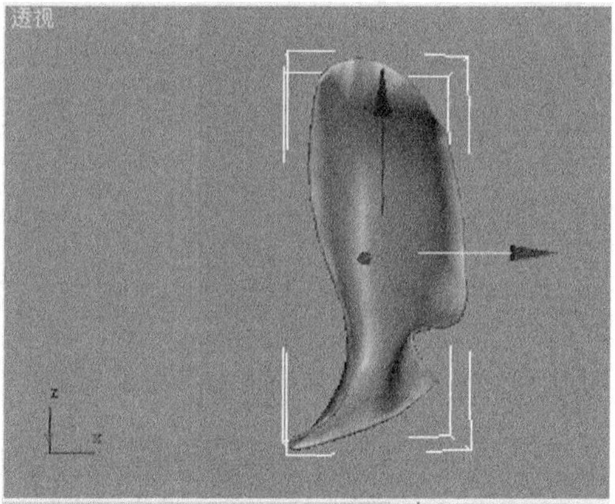

图 3-5-29　使用【平滑】修改器后的效果图

(5)用同样的方法制作左边耳朵，效果如图 3-5-30 所示。注意，本例制作的风扇两只耳朵并不对称，不能简单地复制翻转，而是用类似右边耳朵的方法从头单独建模，耐心调整完成而得到的。

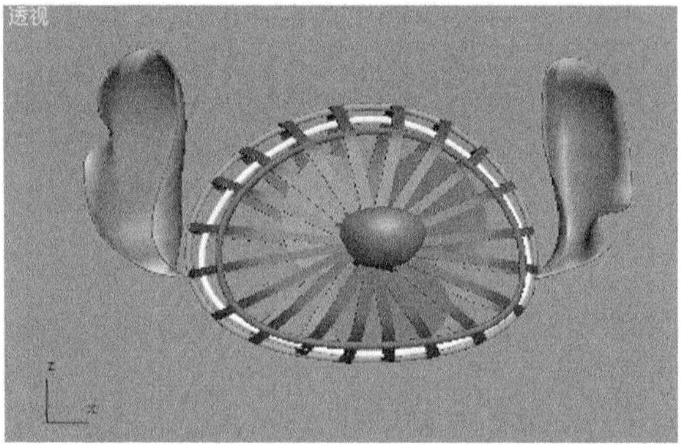

图 3-5-30　制作左边耳朵后的效果图

对于耳朵的制作，使用 Rhino 软件制作更加方便快捷，效果更理想，做好后再导入 3DS MAX 中进行后期处理。

方法 2：使用 Rhino 软件创建

(1)打开 Rhino 软件，单击 View→Backgroud Bitmap→Place 命令，如图 3-5-31 所示，弹出 Open Bitmap 对话框，选择风扇参照图片如图 3-5-32 所示，单击【打开】按钮，完成操作，在前视图中创建背景参考视图，如图 3-5-33 所示。

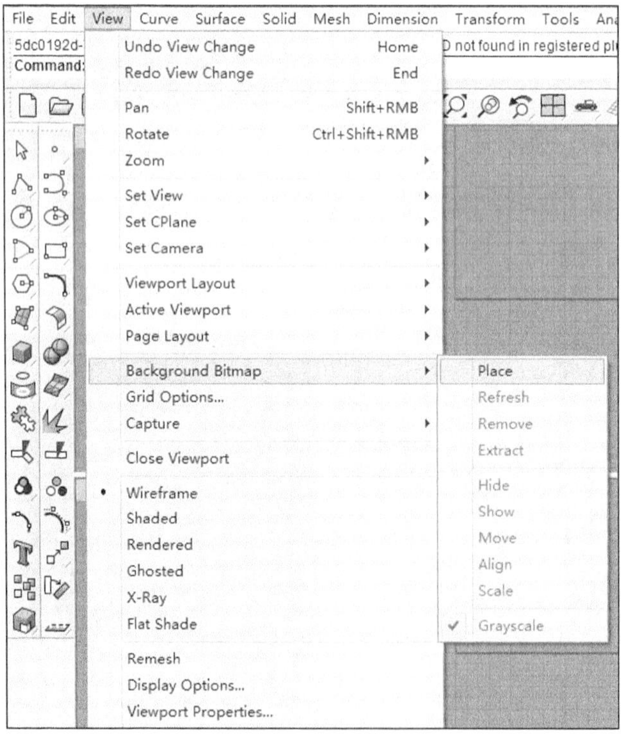

图 3-5-31　导入视图背景

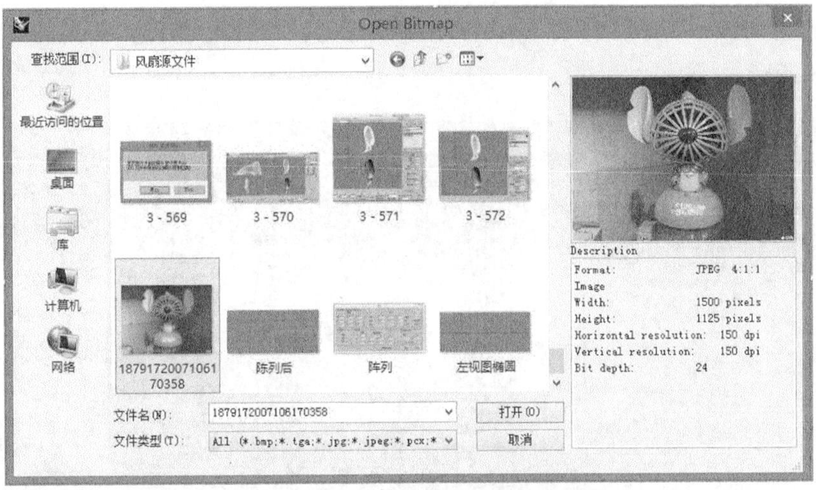

图 3-5-32　选择风扇背景参考图

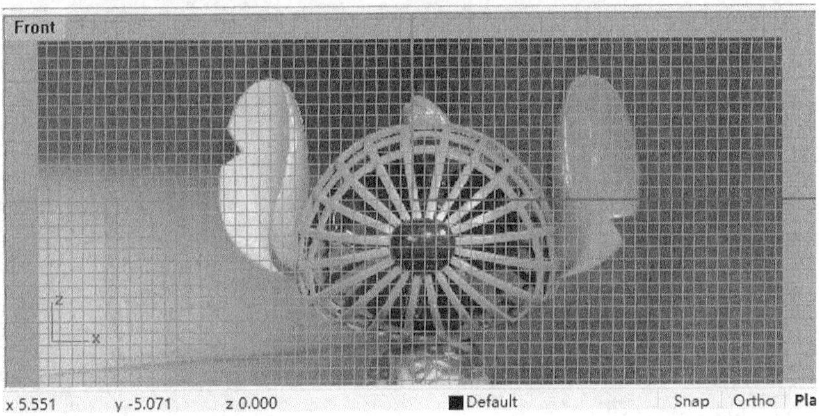

图 3-5-33　在前视图中创建参考背景视图

(2) 单击【创建曲线】图标，在前视图中沿着参考图右侧耳朵创建如图 3-5-34 所示的闭合曲线。

图 3-5-34　创建右侧耳朵曲线轮廓

(3) 单击【曲线控制点】图标，对刚才创建的曲线进行修改，使其与参考图吻合，如图 3-5-35 所示。

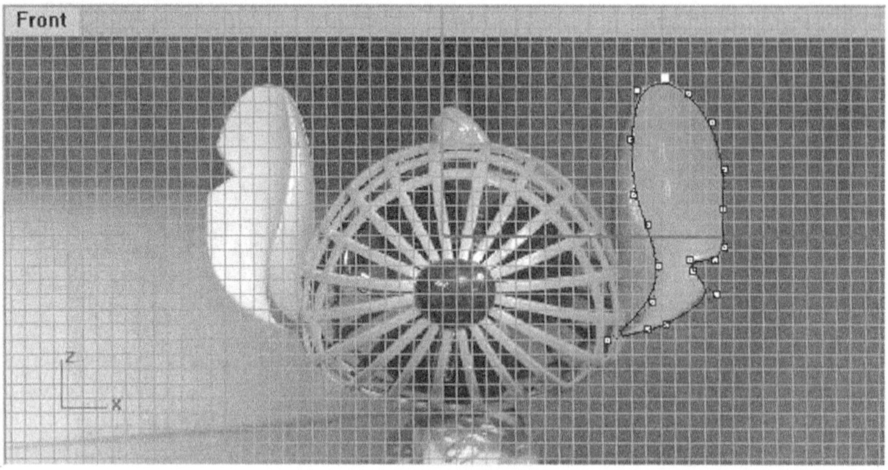

图 3-5-35　编辑轮廓线

(4) 使用如图 3-5-36 所示的【挤出】工具，在透视图中对轮廓线进行挤出（挤出值是多少没关系，此处只是过渡操作，最后还要删除此处挤出的面），得到如图 3-5-37 所示的效果。

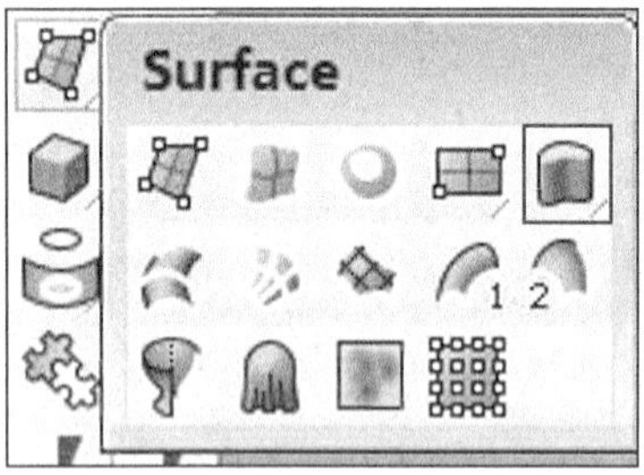

图 3-5-36　使用挤出工具进行挤出

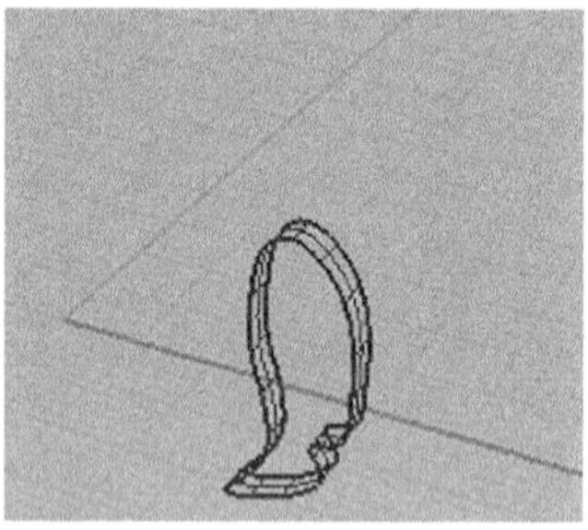

图 3-5-37　在透视图中挤出面

(5) 单击如图 3-5-38 所示的 Path 工具，单击透视图中的轮廓线边缘，弹出如图 3-5-39 所示对话框，选择 surface edge 选项，然后弹出如图 3-5-40 所示对话框，所有设置保持默认，单击 OK 按钮，即得到如图 3-5-41 所示的耳朵后侧封盖效果。

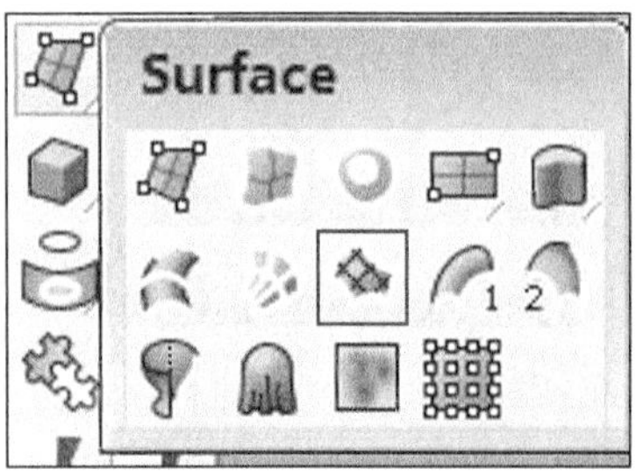

图 3-5-38　使用 Path 工具

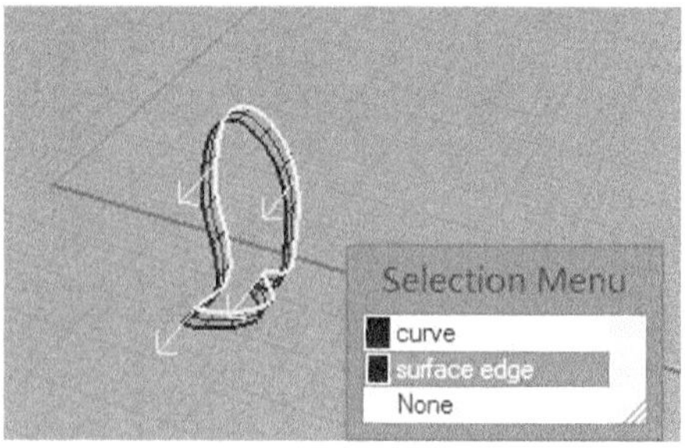

图 3-5-39　选择 surface edge

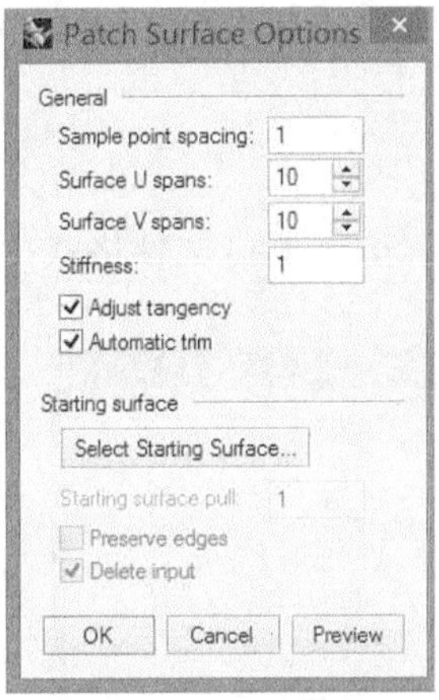

图 3-5-40　封盖选项

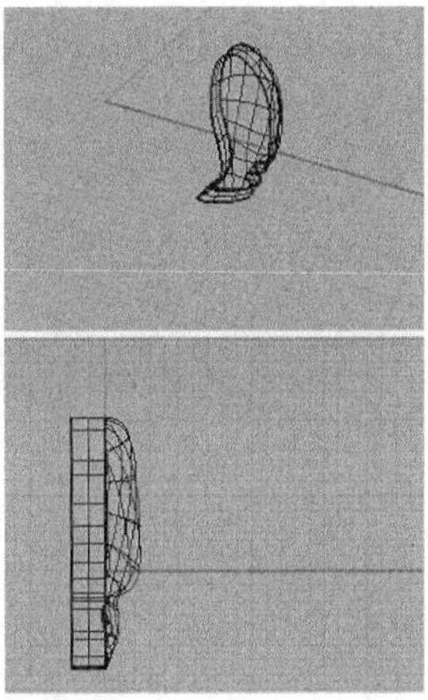

图 3-5-41　耳朵后侧封盖效果

(6) 单击步骤(4)中所挤出的面，即如图 3-5-42 所示的黄色部分，然后删除，最后得到右侧耳朵的模型，如图 3-5-43 所示的效果。

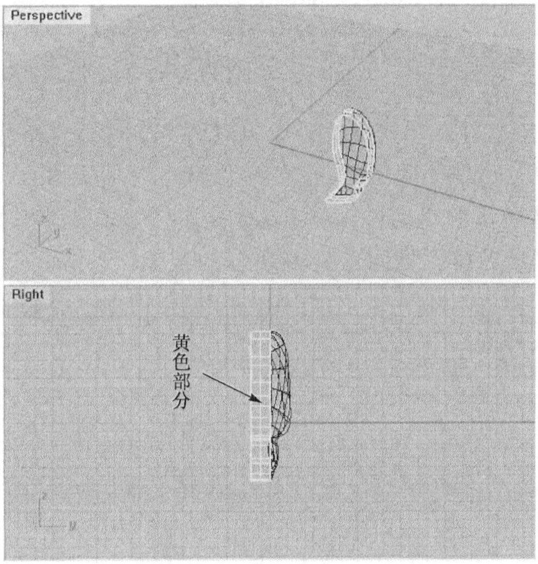

图 3-5-42　删除图中黄色部分的面

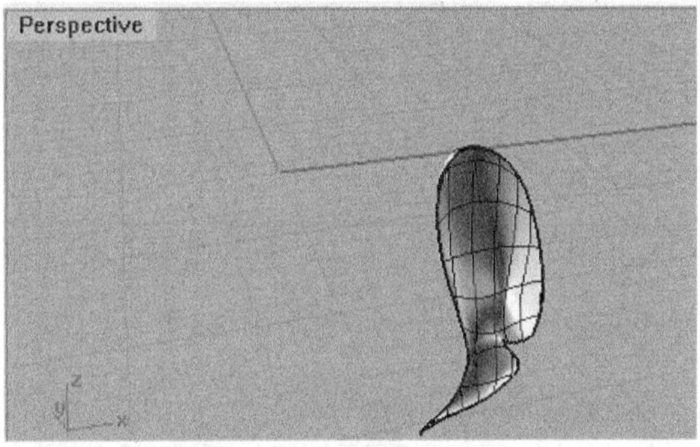

图 3-5-43　右侧耳朵效果

(7)左侧耳朵的建模方法同右侧耳朵建模方法类似，在此不再介绍。至此完成在 Rhino 中风扇耳朵的建模。

(8)把在 Rhino 软件中创建的耳朵导入 3DS MAX。

① 把用 Rhino 创建的右侧耳朵文件保存为 3D Studio(*.3ds)文件格式，如图 3-5-44 所示。

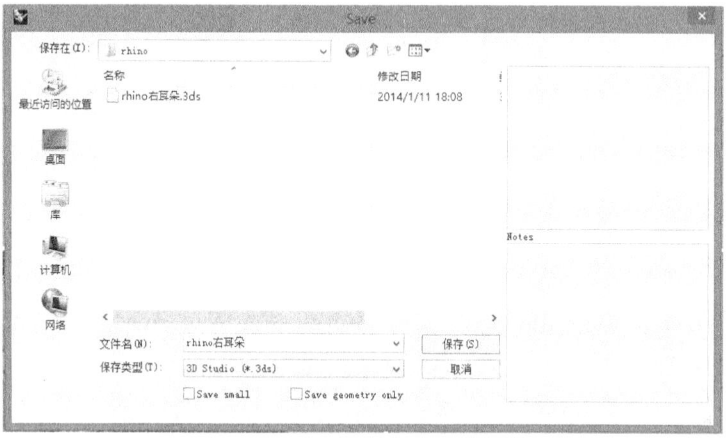

图 3-5-44　Rhino 文件保存为 3D Studio 格式

② 启动 3DS MAX 软件，单击【文件】→【导入】命令，如图 3-5-45 所示，弹出如图 3-5-46 所示的对话框，选择所要导入的文件“rhino 右耳朵.3ds”，单击【确定】按钮，此时会弹出如图 3-5-47 所示的对话框，单击【确定】按钮，又弹出如图 3-5-48 所示的对话框，单击【是】按钮，最后得到如图 3-5-49 所示的效果。

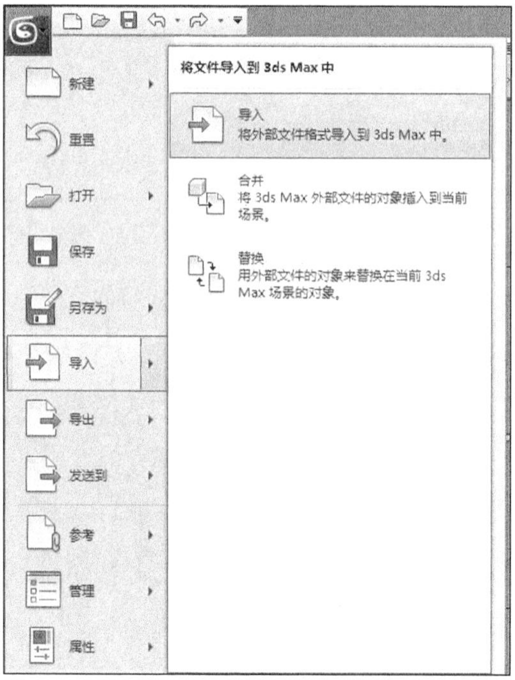

图 3-5-45　导入外部 3D Studio 文件

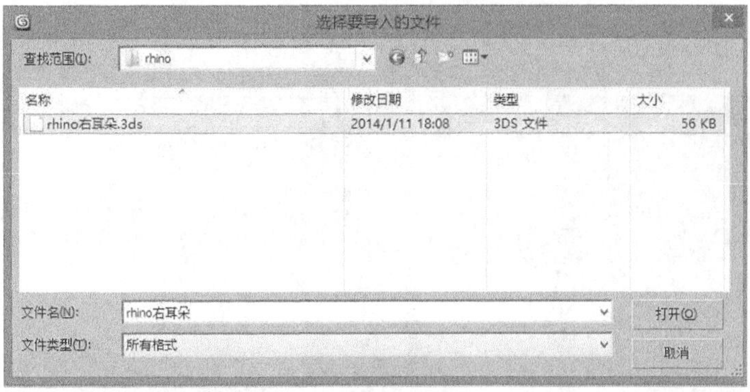

图 3-5-46 选择要导入的文件

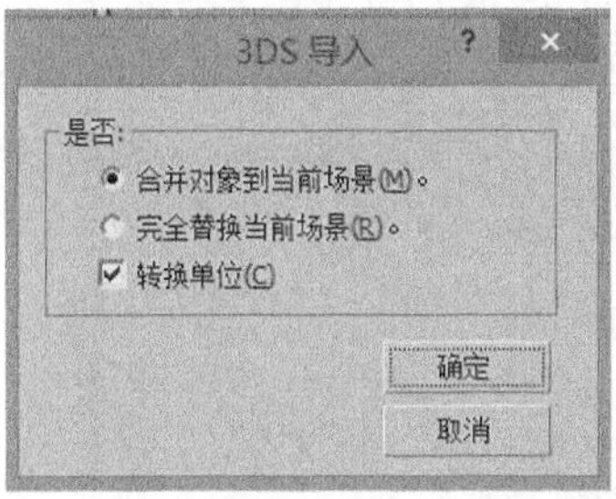

图 3-5-47 3DS 导入对象合并对话框

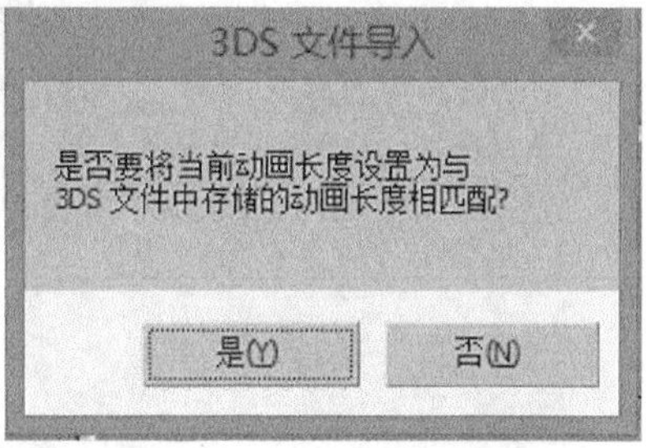

图 3-5-48 3DS 文件导入动画设置

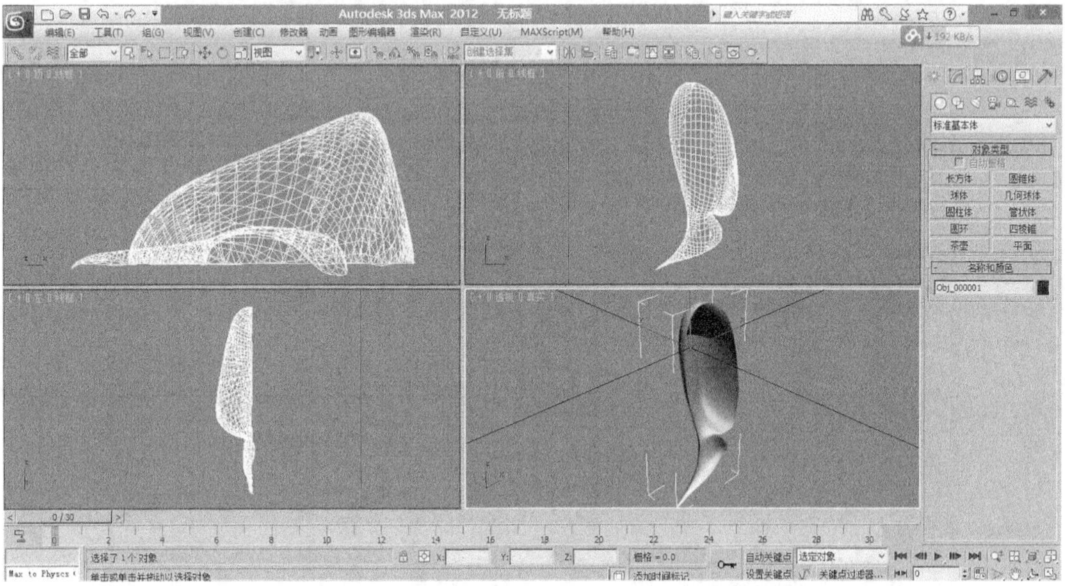

图 3-5-49 Rhino 文件导入 3DS MAX 软件后的效果

③ 步骤②已完成导入操作，但为了使耳朵效果更理想，使用 3DS MAX 强大的修改器功能对耳朵进行修改完善。首先使用【壳】修改器使耳朵有厚度，参数设置如图 3-5-50 所示。

④ 此时耳朵边缘比较锋利，使用【网格平滑】修改器，参数保留默认，平滑效果如图 3-5-51 所示。至此，完成耳朵的制作。

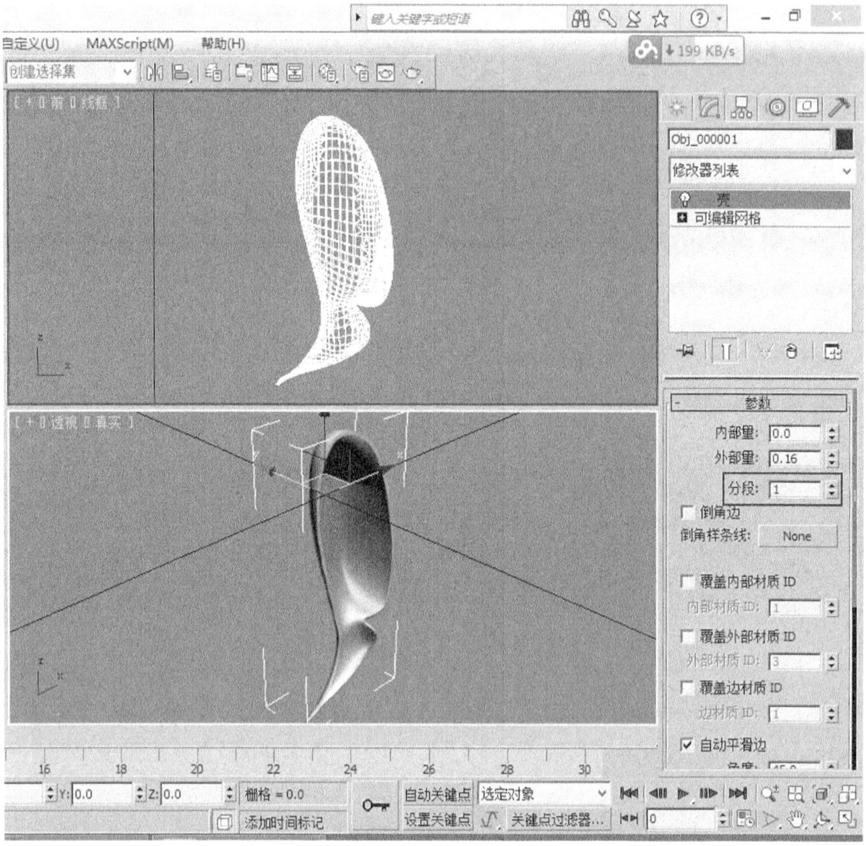

图 3-5-50　对耳朵使用【壳】修改器命令

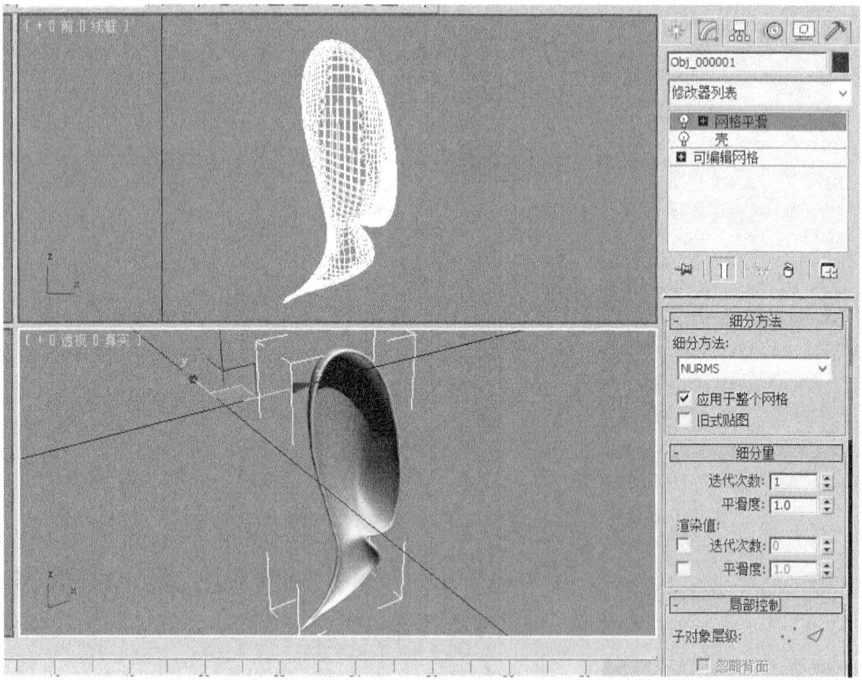

图 3-5-51　对耳朵使用【网格平滑】修改器的效果

5) 中间连带的创建

(1) 创建身躯。使用【圆锥体】工具创建一圆台，然后转换成可编辑多边形，将圆台修改成身躯效果，再使用【涡轮平滑】修改器，参数设置如图 3-5-52 所示，效果如图 3-5-53 所示。

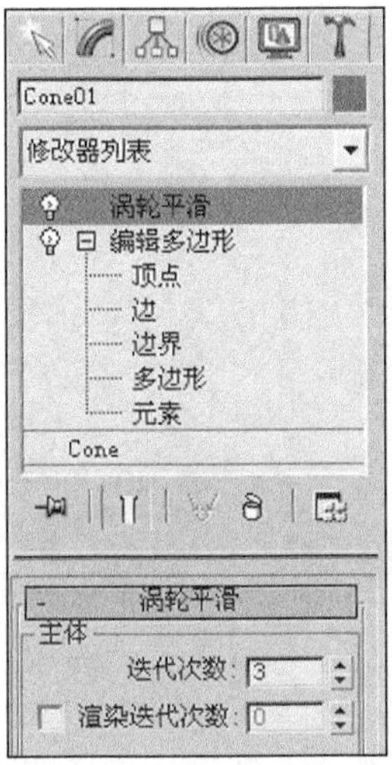

图 3-5-52 【涡轮平滑】修改器及参数设置

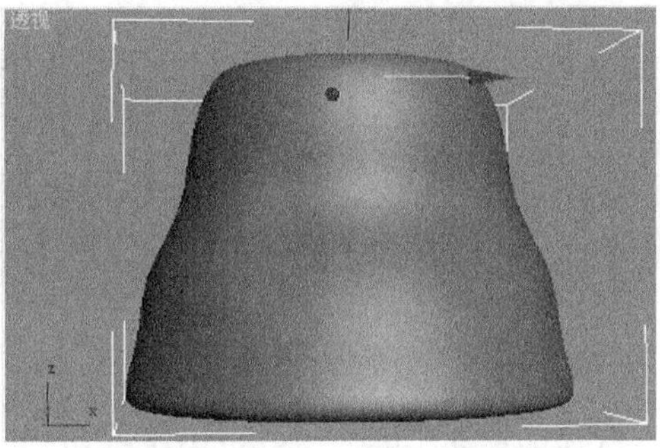

图 3-5-53　使用【涡轮平滑】修改器后的效果图

(2) 通过放样创建手臂。使用【线】工具在前视图中画一条线(形状如弯曲的手臂)作为放样的路径，用【椭圆】工具在前视图中画一椭圆作为图形，选择线，进行放样，单击【修改】面板，打开【变形命令】面板，单击【缩放】按钮对其进行缩放编辑，如图 3-5-54 和图 3-5-55 所示。

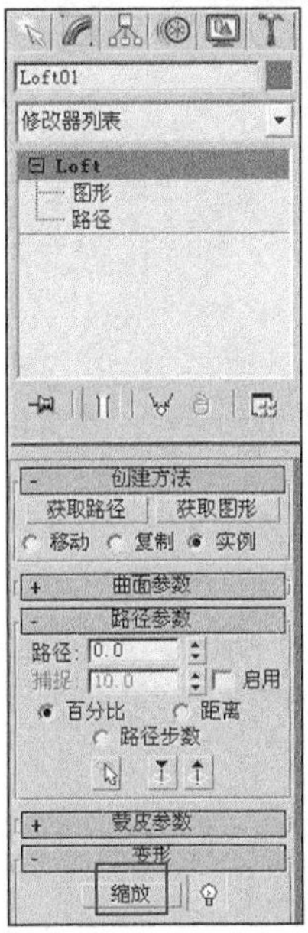

图 3-5-54　修改器面板

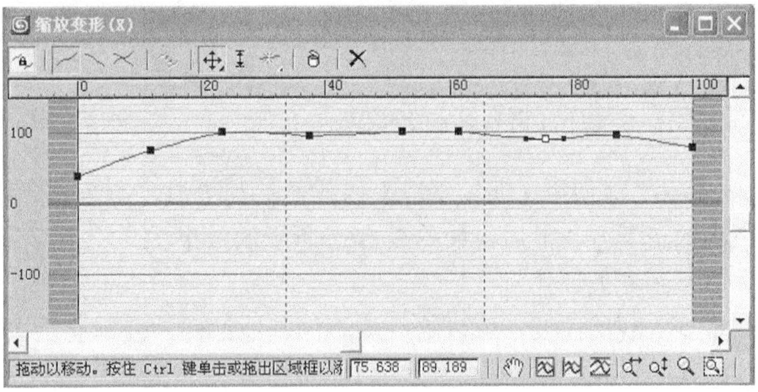

图 3-5-55　缩放变形编辑

(3) 使用【移动】工具和【旋转】工具将手臂旋转到合理的位置，如图 3-5-56 所示。

(4) 创建手指。在扩展基本体中单击【胶囊】工具，在前视图中创建一个胶囊，并且再复制两个胶囊，调整三个胶囊的位置及大小，组合成一个手指的三节，把三节胶囊成组，再复制三个组，以再生成四个手指，调整四个手指的位置，得如图 3-5-57 所示的效果。

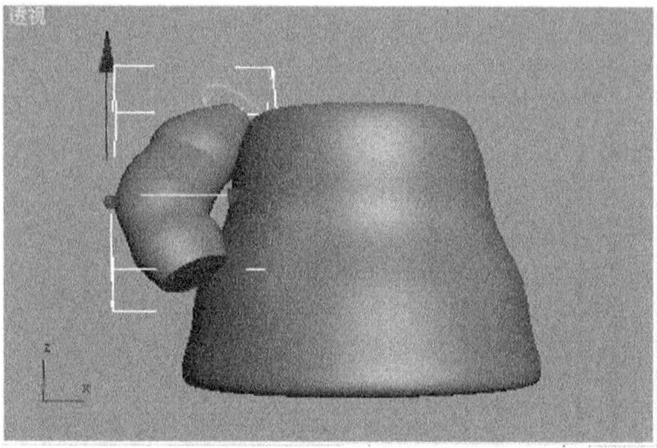

图 3-5-56　手臂效果

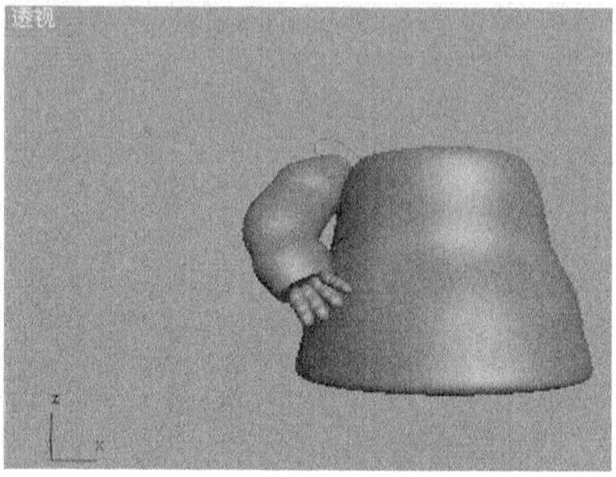

图 3-5-57　创建手指后的效果图

(5) 把手指和手臂群组，采用【镜像】命令复制组，得如图 3-5-58 所示的效果。

6) 创建底座

(1) 使用【球体】工具创建一半圆，并使用【缩放】工具对半圆进行适当的缩放，通过布尔运算在风扇开关位置挖一个孔，创建一个胶囊并移动到孔中作为开关，效果如图 3-5-59 所示。

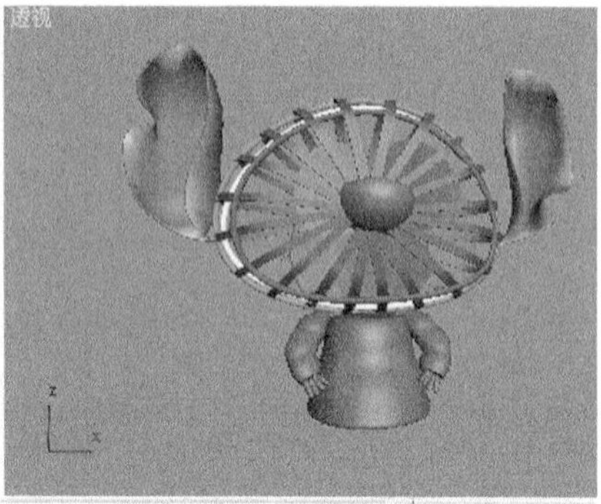

图 3-5-58　手指和手臂合成后的效果图

图 3-5-59　创建半圆后的效果图

(2) 对半球使用【涡轮平滑】修改器使其平滑，参数设置如图 3-5-60 所示，把球体移到风扇的正下方，最后得如图 3-5-61 所示的效果。

7) 添加其他部件

根据美观的需要，可以给风扇添加其他部件，使其看上去更加完整。至此，完成风扇的建模。

图 3-5-60 【涡轮平滑】修改器及参数设置

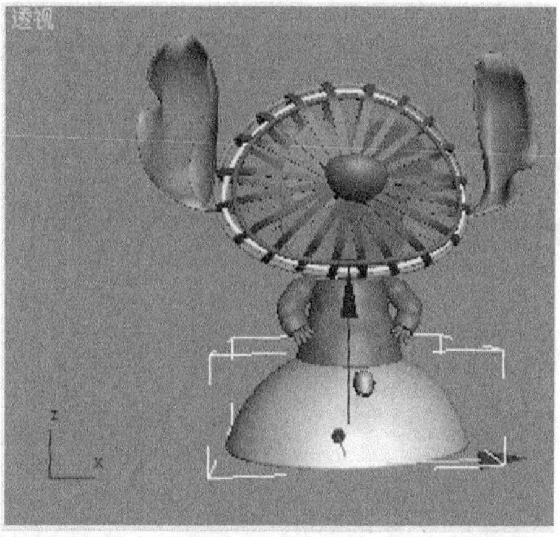

图 3-5-61　使用【涡轮平滑】修改器后的效果图

2. 添加材质

本实例材质的渲染使用 3DS MAX 默认的扫描线渲染器进行渲染。

(1) 打开材质编辑器，选择第一个材质样本球，在明暗器基本参数面板中，环境光、漫反射的颜色的设置如图 3-5-62 所示。设高光级别为 40、光泽度值为 49，可以根据场景环境的不同设置调整高光级别和光泽度值，以渲染看到的理想效果为准，如图 3-5-63 所示。打开贴图面板，单击漫反射【none】，在弹出的【材质/贴图浏览器】中选择【反射/折射】贴图，反射/折射参数设置保持默认，返回贴图面板，把反射值改为 74，如图 3-5-64 所示，这样就完成了样本球 1 的材质设置，把它赋给除耳朵、嘴巴以外的部件，渲染效果如图 3-5-65 所示。

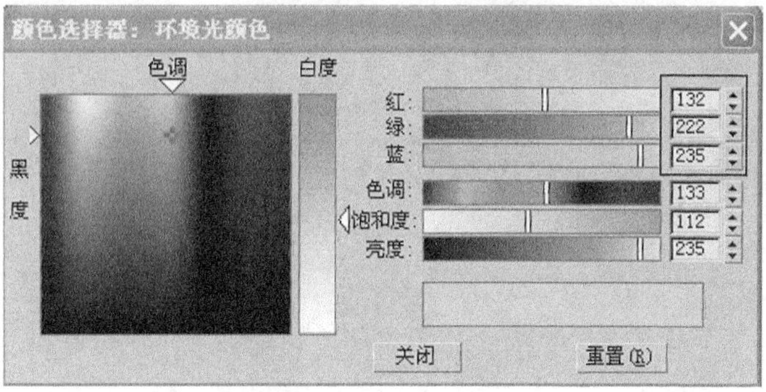

图 3-5-62　在颜色选择器中设置环境光、漫反射的颜色

(2) 给耳朵设置材质。先把耳朵变为【可编辑多边形】，然后打开【多边形】层级；选择耳朵的内表面，如图 3-5-66 所示，把多边形属性面板 ID 改为 2。选择第二个样本球，单击【Standard】面板，在弹出的对话框中选择【多维/子对象】，设置如图 3-5-67 所示。1 号材质的设置与材质样本球 1 相同，2 号材质的设置，如图 3-5-68 所示，漫反射及环境光的颜色设置如图 3-5-69 所示。把样本球材质赋给两只耳朵，效果如图 3-5-70 所示。

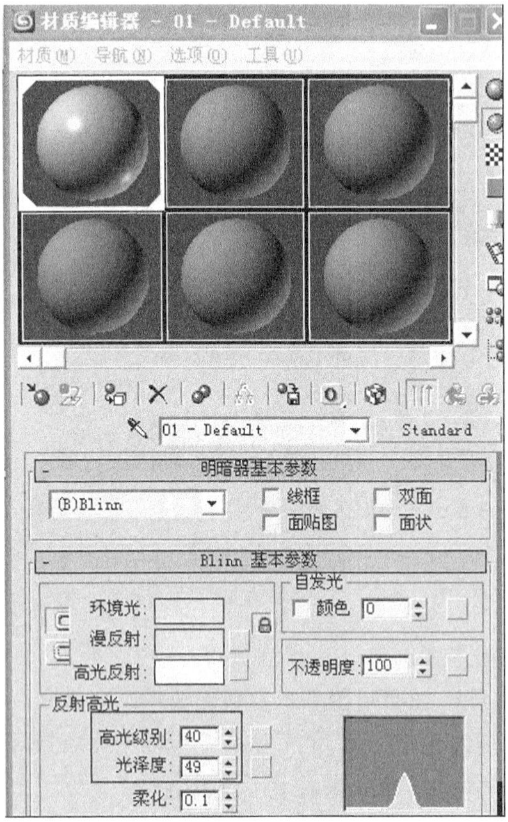

图 3-5-63　设置高光级别和光泽度值

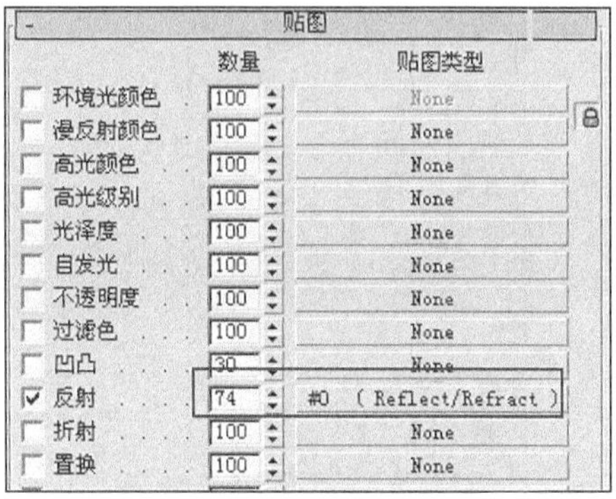

图 3-5-64　设置反射/折射参数

图 3-5-65　渲染后的效果图

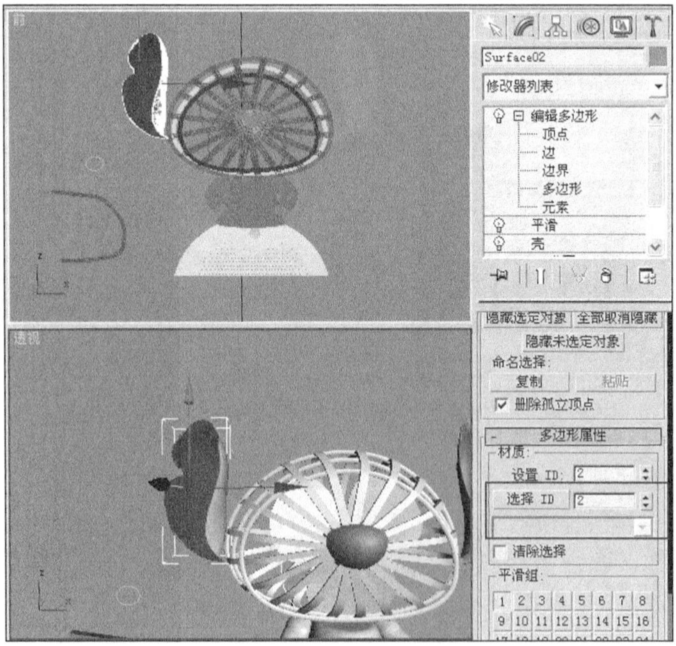

图 3-5-66 【编辑多边形】参数设置及效果图

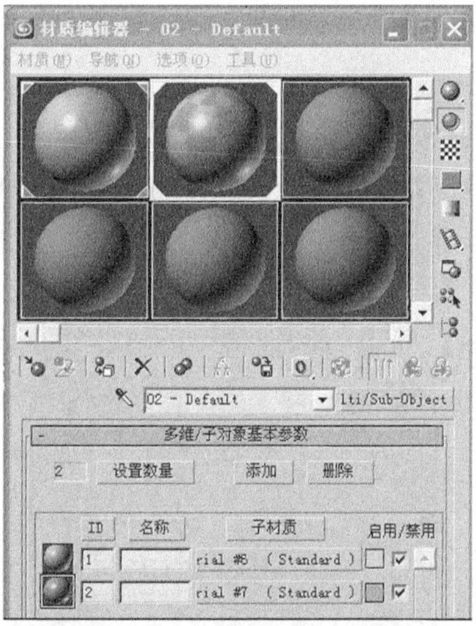

图 3-5-67　多维/子对象的设置

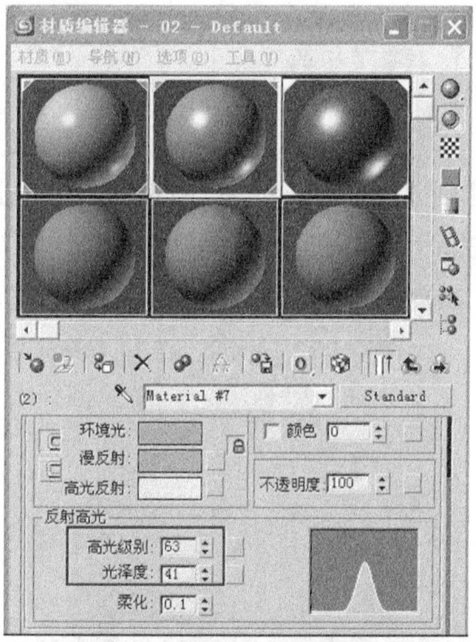

图 3-5-68　材质样本球 2 的设置

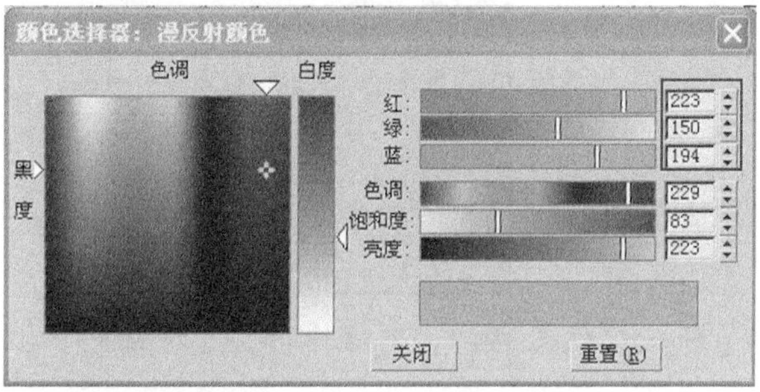

图 3-5-69　漫反射及环境光的颜色设置

图 3-5-70　给耳朵设置材质后的效果图

(3)给嘴巴赋材质。选第 3 个样本球赋给嘴巴，相应的参数设置如图 3-5-71 所示。漫反射、环境光颜色的设置，如图 3-5-72 所示，最后效果如图 3-5-73 所示。

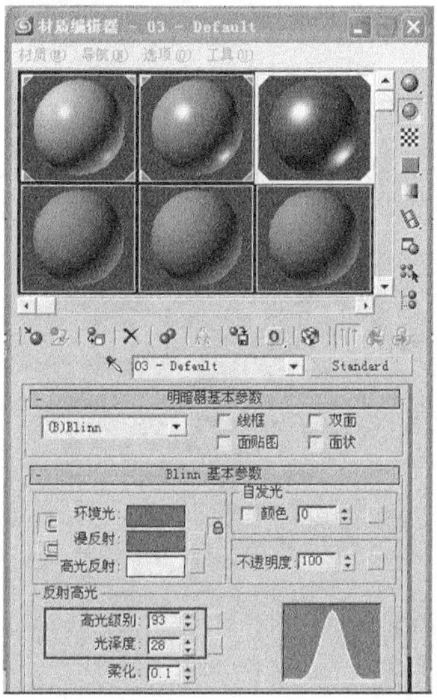

图 3-5-71　样本球 3 赋给嘴巴的参数设置

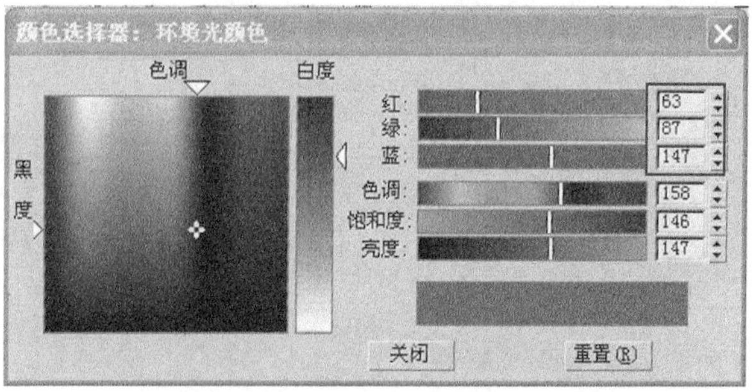

图 3-5-72　漫反射、环境光颜色的设置

3. 制作动画

3DS MAX 默认的动画播放速度是每秒钟 30 帧，面板上默认的时间轴是 100 帧，由于风扇的转速很快，所以需要改变时间轴的长度。又由于 3DS MAX 在制作 360°旋转动画存在缺陷，最好的办法是把 360°分解为四个 90°来制作。

(1)改变时间轴帧长度。单击【时间配置】按钮，在弹出【时间配置】对话框中把帧长度改为 4，如图 3-5-74 所示，单击【确定】按钮回到【时间轴】面板。此时面板如同 3-5-75 所示。

图 3-5-73　给嘴巴赋材质后的效果图

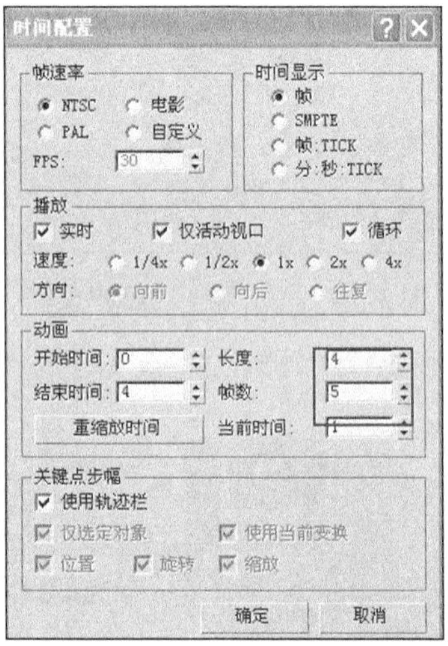

图 3-5-74　【时间配置】对话框

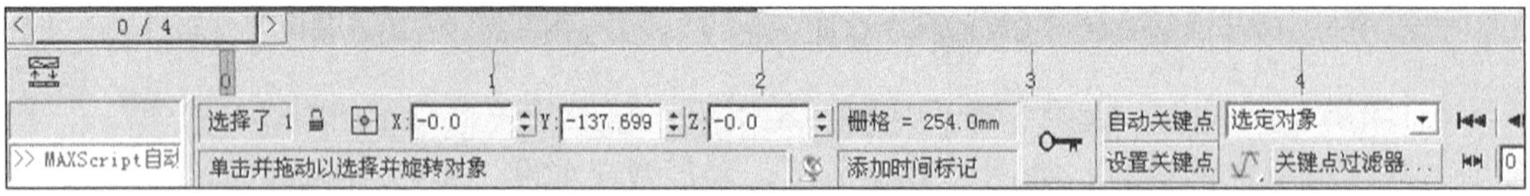

图 3-5-75　【时间轴】面板

(2)把三扇叶片成组，选择扇叶组，单击【自动关键点】，把时间滑块拖到第 1 帧。右击【旋转按钮】，在弹出的【旋转变换输入】对话框中，把【绝对:世界】Y 的值设置为 90，如图 3-5-76 所示。

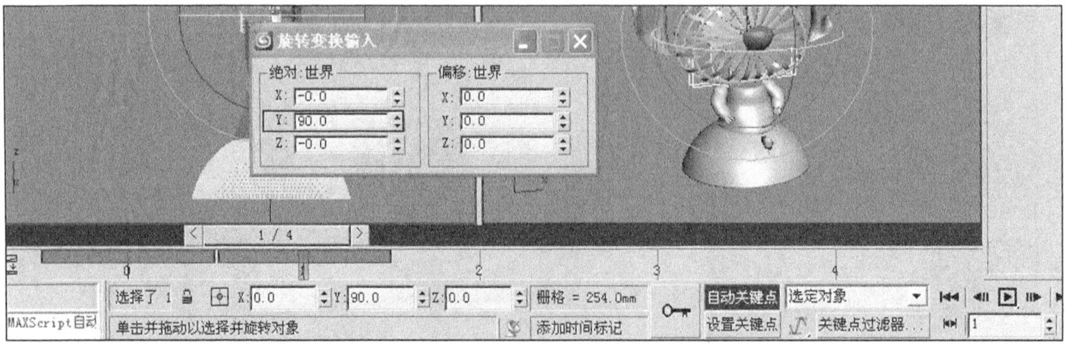

图 3-5-76　旋转变换 Y 值的设置

(3)把时间滑块拖到第 2 帧，在如图 3-5-76 所示的【旋转变换输入】对话框中把【绝对:世界】Y 的值设置为 180，按 Enter 键之后 Y 的值可能会变为–180，可不做处理。同样地，把时间滑块拖动到第 3 帧，把旋转变换输入框中 Y 的值设置为 270，按 Enter 键后 Y 的值可能会变为–90，可不做处理。接下来把时间滑块拖动到第 4 帧，把旋转变换输入框中 Y 的值设置为 360，按 Enter 后 Y 的值可能会变为 0，可不做处理。

(4)关闭【自动关键点】即完成动画的设置，渲染出 AVI 格式的动画，即完成动画的制作。

因为风扇旋转的速度很快，用 3DS MAX 能做最快的旋转就是 4 帧旋转 360°，这样风扇旋转的时间很短。如果要制作风扇长时间的旋转，可以用 Adobe Premier 等视频编辑软件把刚才导出的 AVI 格式的动画导入编辑，重复使用即可。

实例 6　运用 VRML 和 UG 进行虚拟现实制作——以咖啡壶为例

案例介绍：本例制作一个具有可控制零件分拆和装配交互动作的 VRML 虚拟咖啡壶。

在本例中介绍了如何利用 VRML 脚本编辑器 VrmlPad 软件对从 UG 软件导出的咖啡壶 VRML 源脚本代码进行优化，并运用虚拟现实构造语言 VRML 的相关功能节点，对组成咖啡壶的各零件进行坐标变换、外观设置、组合装配、动作效果设置和交互动作设置生成有可控动作的虚拟咖啡壶详细制作过程。

1. 对从 UG 软件导出的咖啡壶零件 VRML 程序文件进行去冗余处理

在 UG 软件中导出建造好的咖啡壶九个零件 VRML 脚本文件：shanghuti.wrl(上壶体)、xiahuti.wrl(下壶体)、hugai.wrl(壶盖)、qifa.wrl(气阀)、mifeng.wrl(密封圈)、lvpian.wrl(过滤片)、loudou.wrl(漏斗)、jiaoquan.wrl(密封胶圈)、huba.wrl(壶把)。为方便在网页调用，VRML 脚本文件用英文字母命名保存。

因为从 UG 软件导出的每个零件 VRML 脚本文件会存在不必要的节点命名 DEF 定义和光源节点定义，这些定义造成脚本代码冗余，它们占据了文件空间影响以后脚本运行和网络传输速度，应该先作相应的清除处理。

在 VRML 编辑软件 Vrmlpad 的安装目录中找到 AddIns 文件夹，向其复制第三方开发的【修改工具】插件文件 code.bas(见随书光盘)，运行编辑软件 Vrmlpad 打开 VRML 脚本文件后，单击下拉菜单【Tools】→【修改工具】→【代码】→【优化代码】命令即可对当前打开编辑的 VRML 脚本文件进行优化，去除冗余代码，如图 3-6-1 所示。经处理后，可在编辑软件 Vrmlpad 的信息提示区看到脚本文件容量会明显变小。如 huba.wrl(壶把)文件，原来大小是 197KB，处理后变为 178KB(文件体积越大效果越明显)。

从 UG 软件导出的 VRML 脚本文件还会带有不必要的光源节点，可在 Vrmlpad 编辑器的场景树查看窗口(SceneTree)中找到光源节点，用光标标定后按 Delete 键将该节点删除，如图 3-6-2 所示。

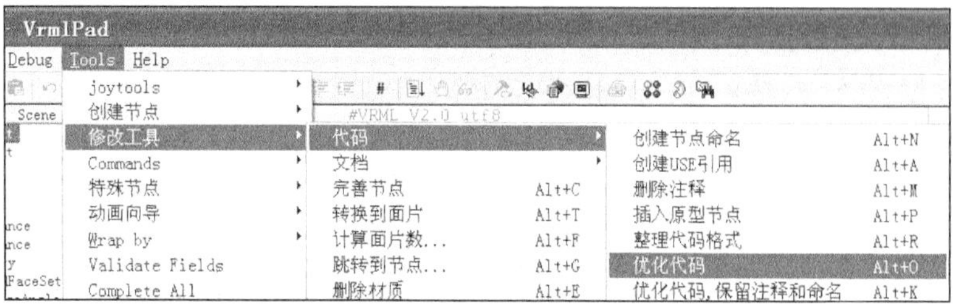

图 3-6-1　Vrmlpad 的代码优化菜单项

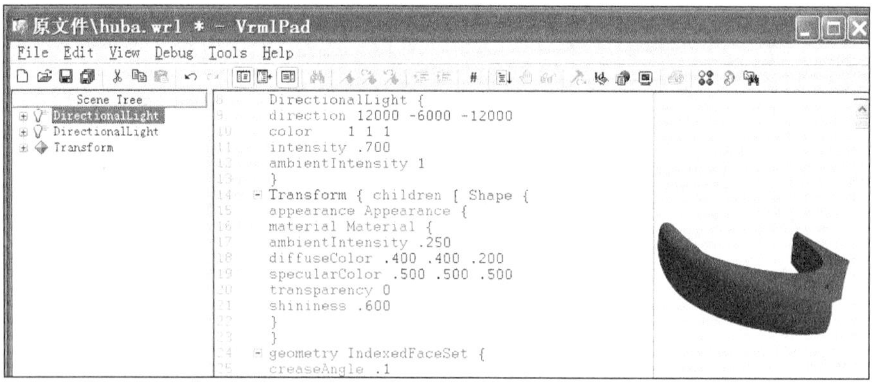

图 3-6-2　用 Vrmlpad 的场景树删除光源节点

经过处理冗余的文件应该换名保存，如 huba.wrl 文件可存成 huba-1.wrl 将原来的文件保存下来以备出现不测时还可调出重新修改。

2. 对从 UG 软件导出的咖啡壶零件进行坐标变换

VRML 系统采用直角坐标系，如图 3-6-3 所示，*X* 轴正向指向右方，*Y* 轴正向指向上方，*Z* 轴正向指向前方，三轴正向可用右手法则判断：打开右手让拇指、食指、中指互成 90°，拇指的指向为 *X* 轴正向，食指的指向为 *Y* 轴正向，中指的指向为 *Z* 轴正向。

而 UG 软件的坐标系则是 *X* 轴正向指向左方，*Y* 轴正向指向前方，*Z* 轴正向指向上方。从 UG 导出的造型在 VRML 下是卧放的，所以必须进行坐标变换才能与 VRML 的朝向相符合。

在 VRML 系统中，坐标变换主要是通过实现坐标变换的 Transform 节点来进行的，以下是坐标变换节点的主要语法结构：

```
Transform {
children  [ ]  # MFNode
translation  0 0 0  # SFVec3f
rotation  0 0 1 0  # SFRotation
scale  1 1 1  #SFVec3f
scaleOrientation  0 0 1 0  #SFRotation
center  0 0 0  #SFVec3f
}
```

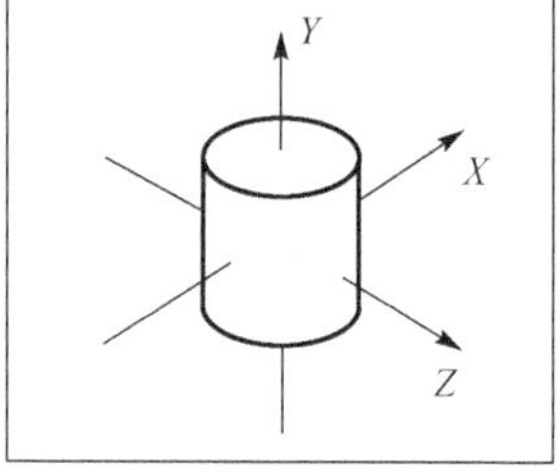

图 3-6-3　VRML 的坐标系

Transform 节点的相关域说明：

children 指定受该节点变换影响的子节点。

translation 指定 *X*、*Y*、*Z* 轴向的平移变换量。

rotation 指定旋转轴(由给定点与坐标原点连线决定)和角度(以弧度为单位)。

scale 指定 *X*、*Y*、*Z* 轴向的缩放比例，各轴向缩放比值可以不相等。

scaleOrientation 指定缩放和旋转操作的轴向(实现切变)。

center 指定缩放和旋转操作的中心点。

在上述 Transform 节点语法结构中，每个域后的值为系统的默认值。

(1) 导出的 VRML 脚本文件都已建立了 Transform 坐标变换节点，只要在该节点内增加 rotation 域的内容：“rotation 1 0 0 -1.57”(图 3-6-4)，即绕 *X* 轴作负 90°(1.57 弧度) 旋转变换，转换 *Y* 和 *Z* 轴的方向，这些造型就可以在 VRML 系统中立起来变为正常的位置状态了。

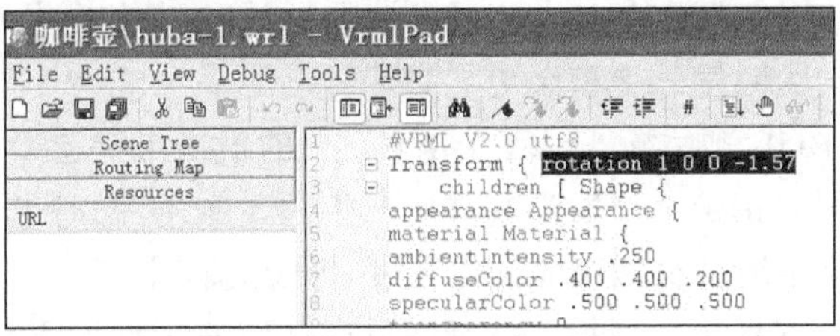

图 3-6-4　在 Transform 节点中设置旋转域

(2) 漏斗(loudou.wrl)部件是一个包含有多个零件的组合体，对它的变换要整体进行，此时 Transform 节点的 children 域应将原来所有的漏斗部件所有代码包括在其域值中，其脚本代码按下述方法编写：

```
Transform { rotation 1 0 0 -1.57
            children [
          # 此处放入除文件头外原来所有的程序代码
                       ]}
```

3. 对咖啡壶零件进行外观处理

在 VRML 系统中，对一般造型节点的外观设定主要是通过外观设置节点 Appearance 来进行的，以下是该节点的主要语法结构：

```
Appearance { material          NULL       # SFNode
             texture           NULL       # SFNode
         textureTransform      NULL       # SFNode
                           }
```

Appearance 节点的相关域说明：

material 域包含了一个材质节点 Material，用来设定造型的光学材质特性。

texture 域可含 ImageTexture(图片纹理)、PixelTexture(像素纹理)和 MovieTexture(影像纹理)节点中的一个，用来设定造型的表面贴图。

textureTransform 域包含了一个 TextureTransform 节点，用来进行造型表面纹理贴图的坐标变换。

1)设定造型的表面材质特性

对造型的表面材质设定主要在 Appearance 节点的 material 域中的 Material 节点中进行相关的设置。以下是 Material 节点的主要语法结构：

```
Material {
    ambientIntensity    0.2            #SFFloat
    diffuseColor        0.8 0.8 0.8    #SFColor
    emissiveColor       0 0 0          #SFColor
    shininess           0.2            #SFFloat
    specularColor       0 0 0          #SFColor
    transparency        0              #SFFloat
}
```

Material 节点的相关说明：

ambientIntensity 域用来指定有多少环境光被造型反射，其值是从 0.0 到 1.0 的一个实数，在相同的环境光下，值大时空间造型会更显眼。

diffuseColor 域用 RGB 颜色模式以三个从 0 到 1 的值来指定造型材质(漫反射)的颜色。

emissiveColor 域用来指定一个发光物体所产生的光颜色，同时也指定了物体是否发光。

shininess 域用来指定造型材质表面的光亮度(即反光程度)。

specularColor 域用来指定造型材料有镜面反射区域的颜色，同时也指定了物体是否发生镜面反射。

transparency 域用来指定造型物体的透明度，其值为从不透明表面的 0.0 到完全透明表面的 1.0。

设置壶把、气阀零件的表面材质：

壶把、气阀零件的材料是黑色塑料，从 UG 导出的 VRML 模型所含该零件的外观设置还不符合实际外观，需要对其外观进行改造。

用 Vrmlpad 编辑器打开壶把零件的 VRML 文件，首先在场景树窗口(SceneTree)中找到每个型节点的 Appearance 节点双击，将光标定位到该节点位置，如图 3-6-5 所示。然后在水平工具条中找到材质编辑器，单击调出材质编辑器，如图 3-6-6 所示。

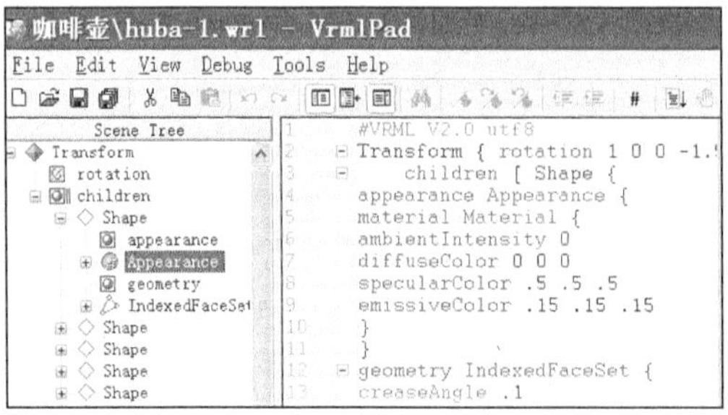

图 3-6-5　定位到 Appearance 节点

图 3-6-6　单击材质编辑器按钮

在材质编辑器类别(Category)中选 Plastic Colors(塑料颜色)样品球组中右下角的黑色样品球，如图 3-6-7 所示，然后单击 OK 按钮确认，材质编辑器就会自动将设好各域的域值写入各域中。如果已知其域值也可以不调出材质编辑器在程序代码中直接写入。

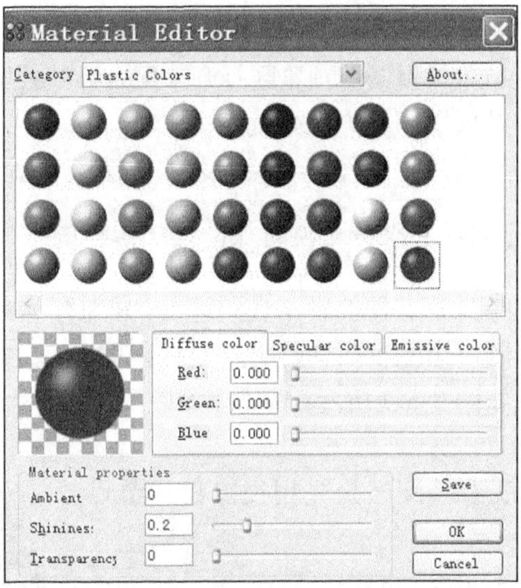

图 3-6-7　在材质编辑器中选定材质

由于 UG 导出的造型是以分散的多个面片形式来构造的，每次对表面材质的设置只能对其中一个面起作用，对整个零件要进行多次表面材质设置才能做到零件整体外观的一致。UG 将壶把分成 19 个面，所以对该零件要做 19 次表面材质设置。

对汽阀零件也可以用同样的方法做材质设置。

2) 设定造型的表面贴图

对造型的表面贴图设定主要在 Appearance 节点的 texture 域中的 ImageTexture 节点中进行相关的设置。以下是 ImageTexture 节点的主要语法结构：

```
ImageTexture {   url   [ ]  }    #MFString
```

其中，url 域指定贴图文件所在的地址(地址值要用双引号引住)。

对上壶体零件表面进行贴图处理：

上壶体零件表面有与奶牛身上类似的黑白相错的斑纹，可以先用 Photoshop 软件做好图片保存为 JPG 格式文件(本例该文件为 niu.jpg)。

用 Vrmlpad 编辑器打开上壶体零件的 VRML 文件，在造型节点的外观节点 Appearance 中加入“texture ImageTexture {　url　["niu.jpg"]}”即生成表面贴图，如图 3-6-8 所示。这时调用的贴图文件要与脚本文件放在同一文件夹内。

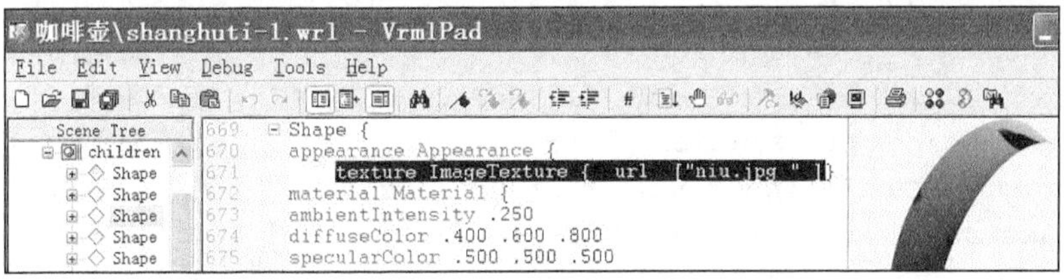

图 3-6-8　在外观节点中加入贴图设置

在对各面都采用同样的贴图时，可以用复制、粘贴的方法将相关语句复制到各节点中。

上壶体零件不需对所有表面都进行贴图，只处理外表面就可以了。由于UG造型产生的面较多，贴图处理时可以将Vrmlpad编辑器的预览区打开来配合寻找要贴图处理的表面造型节点。

对壶盖零件的外观可以采用同样方法来处理。

另外，封圈、漏斗、过滤片等零件可参照上述的做法设置适当的外观。

4. 对咖啡壶零件进行调用和坐标变换处理，装配咖啡壶

按以上步骤完成对咖啡壶各零件的脚本代码编制，并保存为独立的各零件的VRML文件，下一步的工作就是编制一个主程序文件将各零件VRML文件调入把咖啡壶装配起来，完成装配后的咖啡壶效果如图3-6-9所示。咖啡壶的装配主脚本代码编写内容如下：

图3-6-9　完成装配后的咖啡壶

(1)为在合适的位置观看装配结果先用视点设置节点设置一个合适的视点：

```
Viewpoint {position 0 20 350}
```

(2)用内连节点(Inline)调入上壶体零件：

```
Inline { url "shanghuti-1.wrl"}
```

(3)以上壶体的位置作为基准，用内连节点(Inline)在同一虚拟空间中装入各个零件。因为在装配时每个零件的位置是不一样的，在调入时还要对各个零件建立坐标变换节点(Transform)并设置它的坐标平移变换Translation域的x、y、z域值来改变各零件的位置。壶的各个零件是沿着壶的轴线(*Y*方向)装配的，主要是要对Translation域设置合适的*Y*坐标(对壶把零件，除设定高度外，还要在*X*方向做平移，将它摆到咖啡壶的左边)。零件装配脚本的主要代码如下：

```
Transform { translation 0 85 0                    #Y方向平移
    children Inline { url "qifa-1.wrl"}}          #装入气阀
Transform { translation 0 107 0                   #Y方向平移
    children Inline { url "hugai-1.wrl"}}         #装入壶盖
Transform { translation -83 41 0                  #X、Y方向平移
    children Inline { url "huba-1.wrl"}}          #装入壶把
Transform { translation 0 -42 0                   #Y方向平移
    children Inline { url "xiahuti-1.wrl" }}      #装入下壶体
Transform { translation 0 10 0                    #Y方向平移
    children Inline { url "jiaoquan-1.wrl"}}      #装入密封胶圈
Transform { translation 0 0 0                     #虽无移动，但为动画准备节点
    children Inline { url "loudou-1.wrl"}}        #装入漏斗
Transform { translation 0 16 0                    #Y方向平移
    children Inline { url "mifeng-1.wrl"}}        #装入密封圈
Transform { translation 0 15 0                    #Y方向平移
    children Inline { url "lvpian-1.wrl"}}        #装入过滤片
```

由于各个建模的设计师从UG导出的零件定位或尺寸会有所不同，Translation域的*Y*坐标值可根据实际情况作相应的调整。完成后将主脚本保存为cfh1.wrl文件。

5. 对咖啡壶零件进行动画和交互动作处理

实现人机交互是 VRML 系统的优点，在本例中主要用 VRML 系统的动画设置和交互设置来实现咖啡壶零件的展开和装配表现(图 3-6-10)。

动画着重表现咖啡壶各零件沿轴线分开和装配的两个运动，以及壶盖的打开和关闭的两个动作。

在 VRML 中实现动画要用到时间传感器节点和位置插补器、朝向插补器等节点。

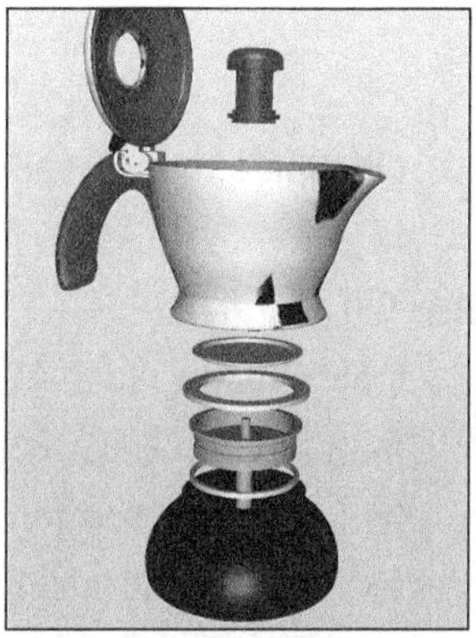

图 3-6-10　咖啡壶零件分解图

1) 时间传感器节点语法结构

```
TimeSensor  {
   enabled       TRUE      #SFBool
      loop       FALSE     #SFBool
   cleInterval  1         #SFTime
   startTime     0         #SFTime
   stopTime      0         #SFTime
                 }
```

TimeSensor 节点的相关说明：

enabled 域：控制时间传感器打开(TRUE)或关闭(FALSE)的状态。

loop 域：表明时间传感器是循环输出(TRUE)，还是在完成一个时间周期后被终止(FALSE)。

cycleInterval 域：指明一个时间周期的长度，以秒为单位，取值大于 0。

startTime 域：指定开始计时事件的时间。

stopTime 域：指定停止计时事件的时间。

时间传感器的主要输出接口：

isActive：表明时间传感器当前是否在运行。若在运行，则输出 TRUE；若处于停止状态，则输出 FALSE。

cycleTime：时间传感器在每个周期开始时，输出当前时间。

time：输出目前的时间，即从格林尼治时间 1970 年 1 月 1 日子时(午夜 12 点)到当前所经过的秒数。

fraction_changed：输出当前时间周期的完成比率。其值在 0(周期开始)到 1(周期结束)之间。

2) 位置插补器节点主要语法结构

```
PositionInterpolator {
                    key      [ ]      #MFFloat
               keyvalue      [ ]      #MFVec3f
                             }
```

PositionInterpolator 节点的相关说明：

key 域：指定了关键时间比率值列表。为介于 0.0 和 1.0 之间按依次递减的浮点数，并可包括 0.0 和 1.0。

keyvalue 域：指定了对应于 key 域指定的关键时间比率值的关键点坐标插值列表。这个列表的数值与 key 域的关键时间比率值列表数值有一一对应的关系。

输入接口 set_fraction：通常接收时间传感器传来的动画时间完成比率。

输出接口 value_changed：输出与关键时间比率相对应的插值点坐标值。

3) 朝向插补器节点主要语法结构

```
OrientationInterpolator   {
                         key     [ ]     #MFFloat
                    keyvalue     [ ]     #MFRotation
                                  }
```

OrientationInterpolator 节点的相关说明：

key 域：指定关键时间比率值列表。为介于 0.0 和 1.0 之间按依次递减的浮点数，并可包括 0.0 和 1.0。

keyvalue 域：指定对应于 key 域指定的关键时间比率值的关键方向插值列表。这个列表的数值与 key 域的关键时间比率值列表数值有一一对应的关系。

输入接口 set_fraction：通常接收时间传感器传来的动画时间完成比率。

输出接口 value_changed：输出与关键时间比率相对应的关键方向值。

在本例中，设想用鼠标单击零件造型的形式来产生触发事件，从而实现实时的人机交互，由此来控制咖啡壶的分解和装配两个动画过程，这里就用到了 VRML 的触动传感器节点。

4) 触动传感器节点主要语法结构

```
TouchSensor   {  enabled    TRUE    #SFBool
                 }
```

TouchSensor 节点的相关说明：

enabled 域：控制了传感器打开(TRUE)或关闭(FALSE)的状态。

输出接口 isActive：当定点设备的键被按下时输出 TRUE 值，当键被松开时输出 FALSE 值。

输出接口 isOver：当定点设备光标移到可传感的造型时会输出 TRUE 值(不论是否按下键)。

输出接口 touchTime：输出定点设备单击可传感造型时的时间。

5) 路由(ROUTE)

在实现动画和交互动作的过程中，必须通过路由(ROUTE)语句来设定造型、各种传感器、插补器的输入、输出接口之间的关联关系。

因为路由(ROUTE)语句是要用到有命名的输入、输出接口来建立关联关系的，本例对原来的装配主程序中涉及有动画和交互设置的零件都做了定义(DEF)命名。

6) 主脚本代码的具体编制

为实现单击上壶体零件时用动画将咖啡壶的零件分开，对上壶体设置了触动传感器 t1，为了让该传感器不影响其他造型零件，必须将该传感器用组节点(Group)捆绑在上壶体的造型节点内。

本例设计在单击下壶体零件时咖啡壶的零件做组合的装配动作，所以也在下壶体零件的坐标变换节点里设定了触动传感器 t2。

为控制咖啡壶分解和装配动画启动和动画过程时间，本例设定了两个时间传感器

clock1 和 clock2，每个动画的时间周期设为 5s，用它们来控制动画过程时间，并设定路由关系将触动传感器 t1、t2 感应到的用户鼠标单击上壶体、单击下壶体的时刻分别传送到时间传感器 clock1 和 clock2，由它们来驱动动画的启动。

为能看到咖啡壶分解后的情况，本例还在 Viewpoint 节点中调整了视点到咖啡壶的距离。修改后的主脚本代码如下：

```
#VRML V2.0 utf8
Viewpoint { position 0 0 550 }
Group { children  [
    DEF  t1  TouchSensor { }
 Inline {  url "shanghuti-1.wrl"} ] }
DEF qifa Transform { translation 0 85 0
    children Inline { url "qifa-1.wrl"}}
DEF hugai Transform { translation 0 107 0
                      center     -70 0 0
    children Inline { url "hugai-1.wrl"}}
Transform { translation-83 41 0
    children Inline { url "huba-1.wrl"}}
DEF xiahuti Transform  { translation   0 -42 0
    Children [ DEF t2  TouchSensor{}
       Inline  {  url "xiahuti-1.wrl"  }]}
DEF jiaoquan Transform { translation 0 10 0
    children Inline { url "jiaoquan-1.wrl"}}
DEF loudou  Transform { translation 0 0 0
    children  Inline { url "loudou-1.wrl"}}
DEF mifeng Transform { translation  0 16 0
    children  Inline { url "mifeng-1.wrl"}}
DEF lvpian  Transform { translation 0 15 0
    children  Inline { url "lvpian-1.wrl"}}
DEF clock1 TimeSensor  {cycleInterval 5}
DEF  clock2 TimeSensor {cycleInterval 5}
ROUTE t1.touchTime TO clock1.startTime
ROUTE t2.touchTime TO clock2.startTime
```

在上面的程序中因壶盖零件将来要绕铰链轴线做旋转移动，本例在坐标变换节点 Transform 中增加了对 center 域的定义，用来指定壶盖的旋转中心。

7) 气阀零件分开时的动画位置插补器和路由设置脚本代码

```
DEF qifa1 PositionInterpolator {
        key [  0.1  0.2  ]
        keyValue [ 0 85 0,0 135 0 ]}
ROUTE   clock1.fraction_changed TO qifa1.set_fraction
ROUTE   qifa1.value_changed TO qifa.translation
```

这里用 qifa1 位置插补器来控制气阀在 0.1 和 0.2(气阀是第二个分解的零件)时间完成比率时的插补坐标位置“0 85 0”和“0 135 0”。

第一个路由关系将时间传感器 clock1 输出接口发送的时间完成比率传到 qifa1 位置插补器输入接口。第二个路由关系将 qifa1 位置插补器按时间完成比率对应关系提取出的坐标值通过输出接口发送到 qifa 节点的 Translation 域，从而实现向上移动的动画。

8) 气阀零件装配时的动画位置插补器和路由设置脚本代码

```
DEF qifa2 PositionInterpolator {
        key [ 0.8  0.9 ]
        keyValue [ 0 135 0, 0 85 0 ]}
ROUTE   clock2.fraction_changed TO qifa2.set_fraction
ROUTE   qifa2.value_changed TO qifa.translation
```

这里用 qifa2 位置插补器来控制气阀在 0.8 和 0.9(气阀是最后第二个装配的零件)时间完成比率时的插补坐标位置“0 135 0”和“0 85 0”。

第一个路由关系将时间传感器 clock2 输出接口发送的时间完成比率传到 qifa2 位置插补器输入接口。第二个路由关系将 qifa2 位置插补器按时间完成比率对应关系提取出的坐标值通过输出接口发送到 qifa 节点的 Translation 域，从而实现向下移动的动画。

9) 壶盖零件打开时的动画朝向插补器和路由设置脚本代码

```
DEF hugai1 OrientationInterpolator {
        key [ 0  0.1  ]
        keyValue [ 0 0 1 0,0 0 1 1.57, ]}
ROUTE   clock1.fraction_changed TO hugai1.set_fraction
ROUTE   hugai1.value_changed TO hugai.rotation
```

这里用 hugai1 朝向插补器来控制气阀在 0.0 和 0.1(壶盖是第一个打开的零件)时间完成比率时的插补角度“0 0 1 0”和“0 0 1 1.57”。

第一个路由关系将时间传感器 clock1 输出接口发送的时间完成比率传到 hugai1 朝向插补器输入接口。第二个路由关系将 hugai1 朝向插补器按时间完成比率对应关系提取出的旋转值通过输出接口发送到 hugai 节点的 rotation 域，从而实现壶盖转动打开的动画。

10) 壶盖零件关闭时的动画朝向插补器和路由设置程脚本代码

```
DEF hugai2 OrientationInterpolator {
        key [ 0.9  1 ]
        keyValue [ 0 0 1 1.57, 0 0 1 0, ]}
ROUTE   clock2.fraction_changed TO hugai2.set_fraction
ROUTE   hugai2.value_changed   TO hugai.rotation
```

这里用 hugai2 朝向插补器来控制气阀在 0.0 和 1(壶盖是最后一个关闭的零件)时间完成比率时的插补角度“0 0 1 1.57”和“0 0 1 0”。

第一个路由关系将时间传感器 clock2 输出接口发送的时间完成比率传到 hugai2 朝向插补器输入接口。第二个路由关系将 hugai2 朝向插补器按时间完成比率对应关系提取出的旋转值通过输出接口发送到 hugai 节点的 rotation 域，从而实现壶盖转动关闭的动画。

11) 其他零件的动画位置插补器和路由设置

其他零件 xiahuti.wrl(下壶体)、mifeng.wrl(密封圈)、lvpian.wrl(过滤片)、loudou.wrl(漏斗)、jiaoquan.wrl(密封胶圈)都是和气阀一样作沿 *Y* 轴移动的动画，可以用复制的方法将气阀的代码复制过来，分别按分解和装配两种情况修改插补器名字、关键时间完成比率组、一一对应于时间完成比率变化的位移坐标值序列和接受新坐标值的造型坐标变换节点的名字后便成为它们自己的动画设置了。将每个零件的动画设置代码都加在主脚本代码的后面，就构成可以使用的完整咖啡壶 VRML 脚本。

动画位置插补器的一般设置：

DEF　名字　PositionInterpolator　　{

　　　　key [关键时间完成比率组（每个值在 0 到 1 之间）]

　　　　keyValue [对应时间完成比率变化的位移坐标值序列]}

对应动画位置插补器的路由一般设置：

ROUTE 时间传感器名字.fraction_changed　TO 插补器名字.set_fraction

ROUTE 插补器名字.value_changed TO 造型坐标变换节点名.translation

12）保存文件

做完以上程序的编制处理后，可将主程序命名保存为 VRML 文件，并与其他零件 VRML 文件和要调用的贴图图片文件放在同一文件夹内供浏览使用。至此咖啡壶的虚拟现实制作全部完成。

实例 7　运用 VRML 和 3DS MAX 进行虚拟现实制作——以座灯为例

案例介绍：本例制作一个具有能实时实现开灯关灯、绕灯杆水平轴旋转、绕灯柱垂直轴旋转和平移灯整体四种交互动作的 VRML 虚拟座灯。

本例介绍如何从 3DS MAX 中导出座灯的 VRML 脚本代码、并对代码进行优化，以及运用虚拟现实构造语言 VRML 的相关节点功能，对座灯各部件进行外观设置、组合装配、交互动作控制设置，生成虚拟可控座灯的详细制作过程。

1. 对从 3DS MAX 软件导出的座灯零部件 VRML 脚本文件进行优化

在 3DS MAX 软件中打开座灯的造型文件“RW 座灯.max”，选择保留要导出的零件，删除其他零件，选择【文件】→【导出】命令，在弹出的【选择要导出的文件】对话框【保存类型】下拉框中选择【VRML97(*.WRL)】格式，并进行文件名和文件存储路径的设置，如图 3-7-1 所示。然后在弹出的【VRML97 导出器】对话框选默认设置。

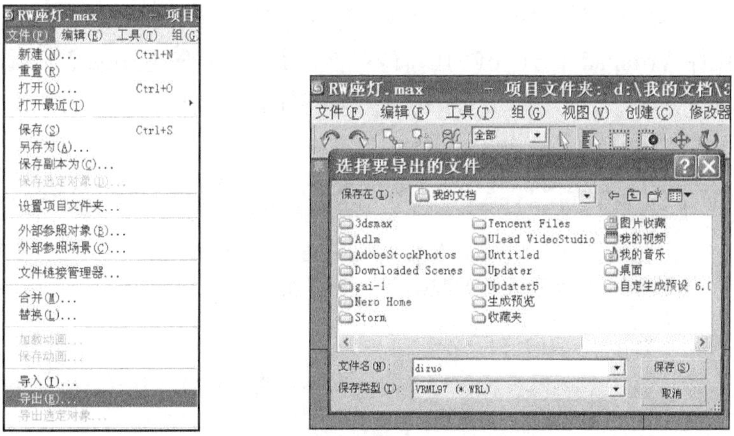

图 3-7-1　在 3DS MAX 中的导出设置

按上述方法逐个独立导出座灯的七个零部件 VRML 脚本文件：dengpao.wrl（灯泡）、dizuo.wrl（底座）、xian.wrl（电源线）、kaiguan. wrl（开关）、zhijia1.wrl（支架一）、zhijia2.wrl（支架二）、shouzhijia.wrl（手型支架），如图 3-7-2～图 3-7-4 所示。为方便在网页调用，VRML 脚本文件用英文命名保存。

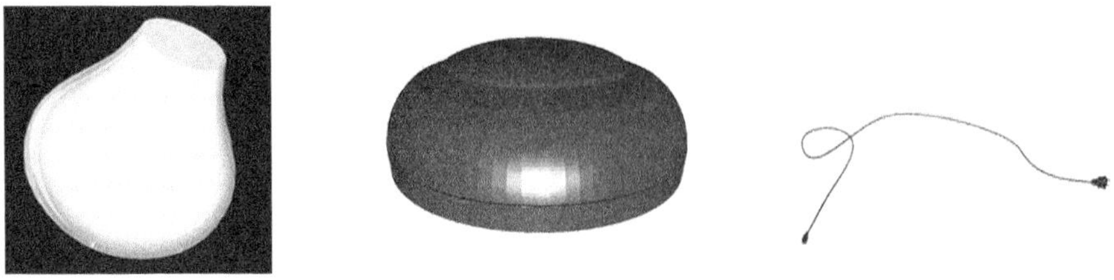

图 3-7-2　导出的灯泡、灯座、电源线零部件

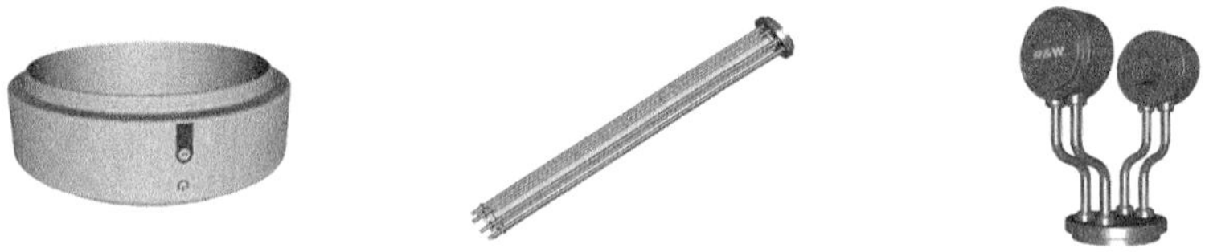

图 3-7-3　导出的开关、支架一、支架二零部件

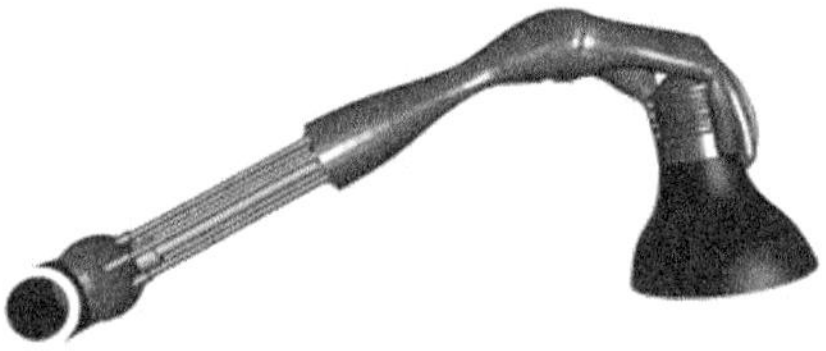

图 3-7-4　导出的手形支架部件

从 3DS MAX 软件导出的每个 VRML 脚本文件含有不必要的节点命名 DEF 定义、光源节点、计时器节点、版本说明等定义和信息，造成脚本代码有无用冗余，它们占据了文件空间影响以后脚本运行和网络传输，应该先作相应的清除处理。

运行编辑软件 Vrmlpad 打开 VRML 脚本文件后，单击→【Tools】→【修改工具】→【代码】→【优化代码】命令，即可对当前打开编辑的 VRML 脚本文件进行优化，去除冗余代码，如图 3-7-5 所示。

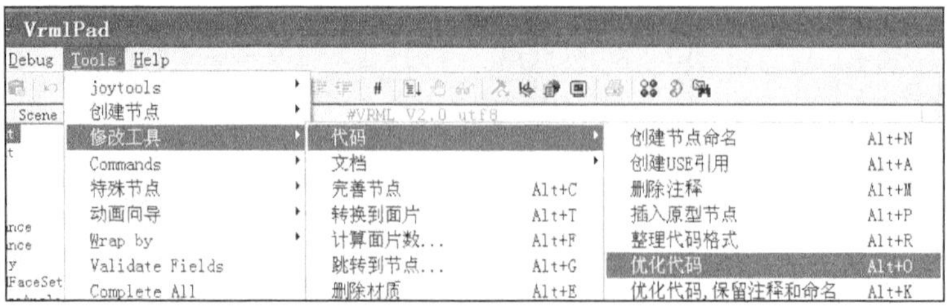

图 3-7-5　Vrmlpad 的代码优化菜单项

从 3DS MAX 软件导出的 VRML 脚本文件经处理后还会带有不必要的时间传感器节点，可在 Vrmlpad 编辑器的场景树查看窗口(SceneTree)中找到时间传感器节点，用光标标定后按 Delete 键将该节点删除。

经过处理冗余的文件应该换名保存，如 dizuo.wrl 文件可存成 dizuo-1.wrl 将原来的文件保存下来以备出现不测时还可调出重新修改。

2. 对座灯零件进行外观处理

从 3DS MAX 软件导出的 VRML 脚本文件都已经带有外观节点(Appearance)的设置，在 3DS MAX 中如果做过贴图处理。导出时也会带有贴图节点(ImageTexture)。3DS MAX 对 VRML 模型的导出是整体性的，不像 UG 那样分成很多面，因此对独立的零件造型外观处理一次性设置就可完成。

本例要进行外观材质(颜色)处理的零件有：开关、手形支架的灯罩、灯泡、手形支架和支架 1 的中心轴柱。可在 Vrmlpad 编辑软件中打开它们的脚本文件，在场景树查看窗口(SceneTree)中找到相应的外观节点(Appearance)对其相关材质节点(Material)进行修改即可。

本例要进行外观贴图处理的零件有灯座、支架 1、支架 2 和手形支架的部分零件。从 3DS MAX 软件导出设置了贴图 VRML 脚本文件出现问题的情况通常有两个原因：一是没有能导出引用的贴图文件；二是导出的贴图文件存储路径、文件名不正确。

对于第一种情况，可以制作或另找其他合适的图片来替代被引用的贴图。

对于第二种情况，可在 Vrmlpad 编辑软件中打开它们的脚本文件，在资源查看窗口(Resource)中找到相应贴图文件名，直接双击后按贴图文件保存的实际路径、文件名进行修改即可(这时多处引用该贴图文件相关节点的代码都会同时自动被修改)，如图 3-7-6 所示。如果贴图与 VRML 脚本文件放在同一文件夹，代码里只需直接给出文件名即可。

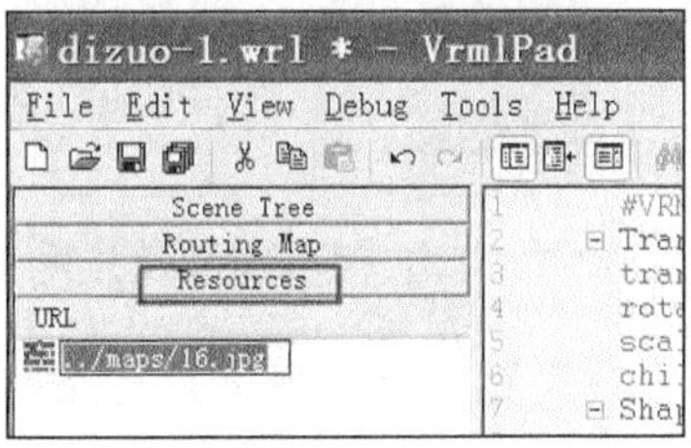

图 3-7-6　在 Vrmlpad 中修改贴图文件路径和文件名

3. 对灯泡、开关和手形支架零件进行关联和交互动作处理

本例的座灯有四个用鼠标控制的交互动作：转动开关实现灯的打开和关闭、摇动手形支架实现该支架绕水平轴旋转、转动手形支架和支架 2 可让它们绕座灯的垂直轴旋转、拖动整个座灯可让它整体做平移动作。这些交互动作都是靠在脚本中设置相应的传感器节点和路由关系建立起来的。

在 VRML 中，造型间每一交互关系要在同一文件中设置，不能跨文件建立交互，所以要按零件交互的关联分层次建立交互关系。灯泡和手形支架有同时绕水平轴旋转的动作的关联、灯泡与开关又有灯打开和关闭的关联，这三个零、部件要组合在一起，它们的交互动作要在同一个文件里设立，如图 3-7-7 所示。

1) 在灯泡脚本代码设置光源节点(图 3-7-8)

打开灯泡文件dengpao-1.wrl，在脚本代码第一个children域值最前位置加入一个用DEF语句定义名为guang的锥光源，以便实现灯发光的效果，该锥光源节点(SpotLight)有关域的域值设置如下：

```
DEF guang  SpotLight {
               on FALSE
               direction 0 0 1
               intensity 1
               radius 50000
               ambientIntensity 1
               color 1 1 1
               location 0 0 -100
               beamWidth 0.7
               cutOffAngle 1.0}
```

完成设置后将代码按原文件名保存以便后面的应用。

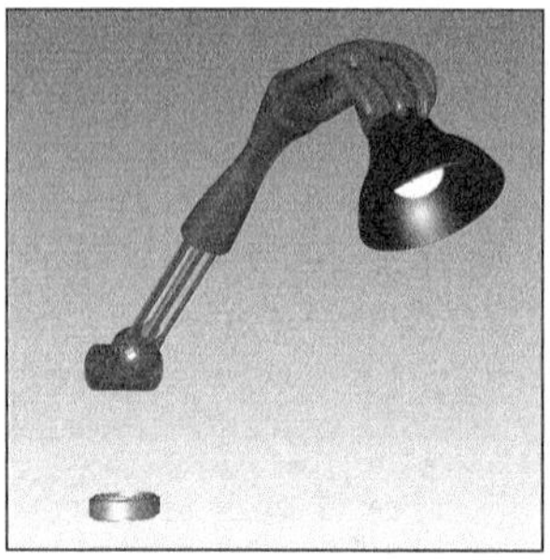

图 3-7-7　灯泡、手形支架及开关组合

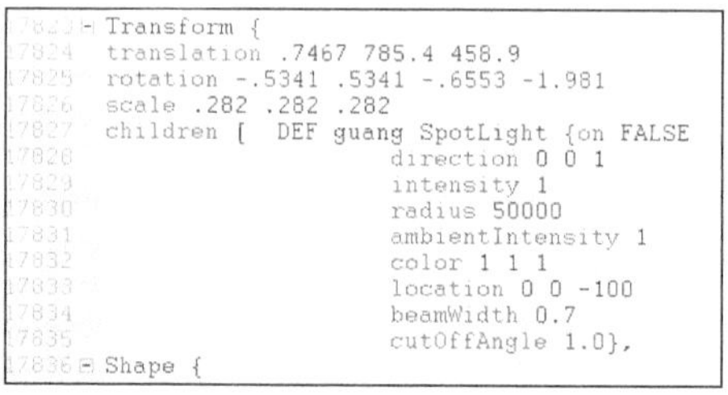

```
Transform {
translation .7467 785.4 458.9
rotation -.5341 .5341 -.6553 -1.981
scale .282 .282 .282
children [  DEF guang SpotLight {on FALSE
                direction 0 0 1
                intensity 1
                radius 50000
                ambientIntensity 1
                color 1 1 1
                location 0 0 -100
                beamWidth 0.7
                cutOffAngle 1.0},
Shape {
```

图 3-7-8　在代码中设置锥光源

2) 设置手形支架旋转交互

打开手形支架文件shouzhijia-1.wrl，将经上述处理的灯泡脚本代码全部复制粘贴到手形支架脚本代码的后面，这样灯泡就装配到了手形支架的灯泡安装位置中。因为在3DS MAX导出零部件时是在装配整体拆分出来的，各零部件造型坐标都保存了相互的位置坐标关系，在零部件装配时不需要再进行坐标变换，用简单的调入就可自行按装配位置进行装配。

带灯泡的手形支架绕水平轴旋转的交互动作由VRML的圆柱传感器定义来设定。由于圆柱传感器只能控制以铅垂轴(平行 *Y* 轴)为回转轴的旋转，所以要先将整个部件绕 *Z* 旋转将手形支架的旋转水平轴转成铅垂轴，在设定了旋转交互动作后再把它们回转回原状态。具体设置的代码编写详情如下：

```
Transform { rotation 0 0 1 -1.57  center -42 733 0  #将部件转回原状态
  children [  DEF sz              #以“sz”为名定义手形支架圆柱旋转交互节点
Transform {  center  -45  0  0   #指定旋转中心，调整正确的回转轴线
     children [ DEF z  CylinderSensor        #定义以“z”为名的圆柱传感器
        {maxAngle 1.0    minAngle -1.57}     #设定手形支架的旋转角度范围
Transform { rotation 0 0 1 1.57  center -42 733 0 #旋转部件使转轴垂直
```

```
        children  [                                  #(放置原来脚本全部代码)
                  ]}
                     ]}
                        ]}
```

完成以上设置后将结果按原手形支架文件 shouzhijia-1.wrl 保存。

3) 设置开关旋转交互

本例对灯的控制开关是采用旋转式开关控制方式，开关的旋转动作是绕灯的垂直主轴线进行的。先打开开关造型文件 kaiguan-1.wrl 并在代码的开头作如下旋转交互设置：

```
DEF  kaiguan                   #以 kaiguan 为名定义开关圆柱旋转交互节点
Transform { translation .2603 586.3 .004042  children [ #原来代码
DEF kg  CylinderSensor {  } ,   #定义以 kg 为名的圆柱传感器
```

然后复制除文件头外的全部代码，将复制的代码粘贴到前面做好的手形支架文件 shouzhijia-1.wrl 代码的最后面。

4) 插入脚本节点

由于在对灯的开与关控制操作是在同一个开关中进行的，第一次转动开关实现开灯，第二次转动开关实现关灯，需要用程序控制开关，交替传递开或关的状态，本例运用建立 vrmlscript 语言脚本节点的方式来实现这一过程，该脚本节点定义名为 dkg。因本书篇幅有限对脚本节点和 vrmlscript 语言不作详细的介绍，直接引用即可。本例具体的脚本节点代码如下：

```
DEF dkg Script {
    field    SFBool on TRUE
    eventIn  SFBool set_active
    eventOut SFBool on_changed
        url "vrmlscript:
        function set_active( b, tm ) {
        if ( b == FALSE ) return;
        if ( on == TRUE ) on = FALSE;
            else    on = TRUE;
            on_changed = on;
        }" }
```

可把上述脚本节点代码复制加入手形支架文件 shouzhijia-1.wrl 代码的最后面。

5) 设置路由

上面的代码编写完后还要设定路由关系指明交互动作出、入事件的关联关系才能实现交互动作，本例要编写四个路由关系：

```
ROUTE z.rotation_changed  TO sz.rotation
```

将名为 z 的圆柱传感器感应到的用鼠标交互拖动手形支架时的旋转角度，通过该传感器 rotation_changed 输出接口传送到定义名为 sz 的圆柱旋转交互节点 rotation 旋转域中，实现手形支架按拖动的角度旋转。

```
ROUTE kg.rotation_changed TO kaiguan.rotation
```

将名为 kg 的圆柱传感器感应到的用鼠标交互拖动开关时的旋转角度，通过该传感器 rotation_changed 输出接口传送到定义名为 kaiguan 的圆柱旋转交互节点 rotation 旋转域中，实现开关按拖动的角度旋转。

```
ROUTE  kg.isActive   TO dkg.set_active
```

将名为 kg 的圆柱传感器感应到用鼠标交互触动开关时的启动状态，通过该传感器 isActive 输出接口传送到定义名为 dkg 的脚本节点 set_active 输入接口中，激活脚本节点运行 vrmlscript 语言程序。

```
ROUTE dkg.on_changed  TO guang.set_on
```

名为 dkg 的脚本节点将脚本运行结果(灯开或关的状态)通过 on_changed 输出接口传送到定义名为 guang 灯泡光源的 set_on 输入接口实现光源的开或关控制。

将以上四段路由编写到手形支架文件 shouzhijia-1.wrl 代码的最后面，并保存文件以便后面装配调用，这就完成了对该部件的全部交互设置。

4. 对座灯零件进行调用装配处理，设置绕垂直轴旋转和平移交互动作

在前面制作完成的基础上就可进行座灯的最后各零部件装配和交互设置。除手形支架所含的两个交互动作外，座灯还有支架 2、手形支架和开关可绕垂直轴旋转(用圆柱传感器控制)；整体可在水平面(xOz 坐标面)拖动平移(用平面传感器控制)的两个交互动作。

因为平面传感器只能对平行 xOy 坐标面的拖动起作用，对水平面的平移拖动设置时要先将造型绕 x 轴转到平行 xOy 坐标面的位置后再进行，在设置完成后再反方向旋转回原位置。

以上的装配和交互设置都可在主控脚本文件中进行，具体脚本代码如下：

```
#VRML V2.0 utf8
Viewpoint {position 0 500 1600                        #设置合适的视点以利于观察
    description "1"}
Transform { rotation 1 0 0  -1.57                         #将造型旋转回水平面
children [  Transform { translation 0 0 -10
    children [   Shape {  appearance Appearance {        #建造一带木纹图的地板
            texture ImageTexture {url "28.jpg"}}
            geometry    Box {size 2000  2000 0}} ] }
  DEF p1                                       #定义名为 p1 的平面移动节点
Transform {  rotation 1 0 0  1.57              #将造型旋转到平行 xOz 坐标面的位置
    children [ DEF  s1 PlaneSensor             #定义名为 s1 的平面传感器
             { minPosition -1000 -1000         #定义平面移动范围
               maxPosition 1000 1000},
Transform { children [
    Inline {url "dizuo-1.wrl"},                #用内联节点装入底座零件
    Inline {url "zhijia1-1.WRL"},              #用内联节点装入支架一部件
    Inline {url "xian-1.wrl"} ]} ,             #用内联节点装入电源线零件
DEF z1 Transform {   children    [             #定义名为 z1 的圆柱旋转节点
     DEF s2 CylinderSensor {  },               #定义名为 s2 的圆柱传感器
```

```
    Inline {url"zhijia2-1.wrl"},          #用内联节点装入支架二部件
   Inline {url "shouzhijia-1.wrl"} ]}  #用内联节点装入手形支架部件
]}   ]}
ROUTE s1.translation_changed TO    p1.translation #设定平面移动交互路由
ROUTE s2.rotation_changed TO   z1.rotation         #设定旋转交互路由
```

做完以上主程序的编制处理后，可将程序命名(如 mian.wrl)保存为 VRML 文件，并与其他零件 VRML 文件和要调用的贴图图片文件放在同一文件夹内。至此座灯的虚拟现实制作全部完成，如图 3-7-9 所示。

图 3-7-9　装配完成后的座灯

实例 8　运用 Photoshop、Flash 和 Dreamweaver 等进行网页制作

案例介绍：本例需要运用 Photoshop、Flash 和 Dreamweaver 等软件制作静态网页页面，具体的制作步骤如下。

(1)以计算机屏幕分辨率 1024×768 像素为例。用 Photoshop 软件进行首页效果设计，页面宽度不宜超过 1000 像素，高度不限，可选 600 左右。读者可根据自己创意的需要自行设计不同风格的首页。

(2)用 Photoshop 设计好首页之后，根据 Dreamweaver 中网页布局的需要，在 Photoshop 中用切片工具对首页进行切割，切割的方法是先横向切割为几行，再对每一行进行列的切割。然后单击【文件】→【存储为 Web 和设备所用格式】命令，弹出的对话框参数采用默认值，单击【存储】按钮即可。

(3)打开 Dreamweaver 软件，创建一个站点，把所有用到的资料保存到站点根文件夹下面，根据具体情况，在根文件夹中创建多个子文件夹分别保存不同类型的文件，如创建 images 文件夹保存图片文件。

(4)在 Dreamweaver 中新建一个文档作为首页，命名为 index.html 或 default.html，使用表格布局网页，最大表格的宽度不能超过 1000 像素，根据 Photoshop 中页面设计的样式，在表格中插入相应的内容。页面顶部 banner 最好用 Flash 做成动画形式。根据页面设计的需要，可以适当地添加其他元素，如背景音乐等。参考效果如图 3-8-1 所示。

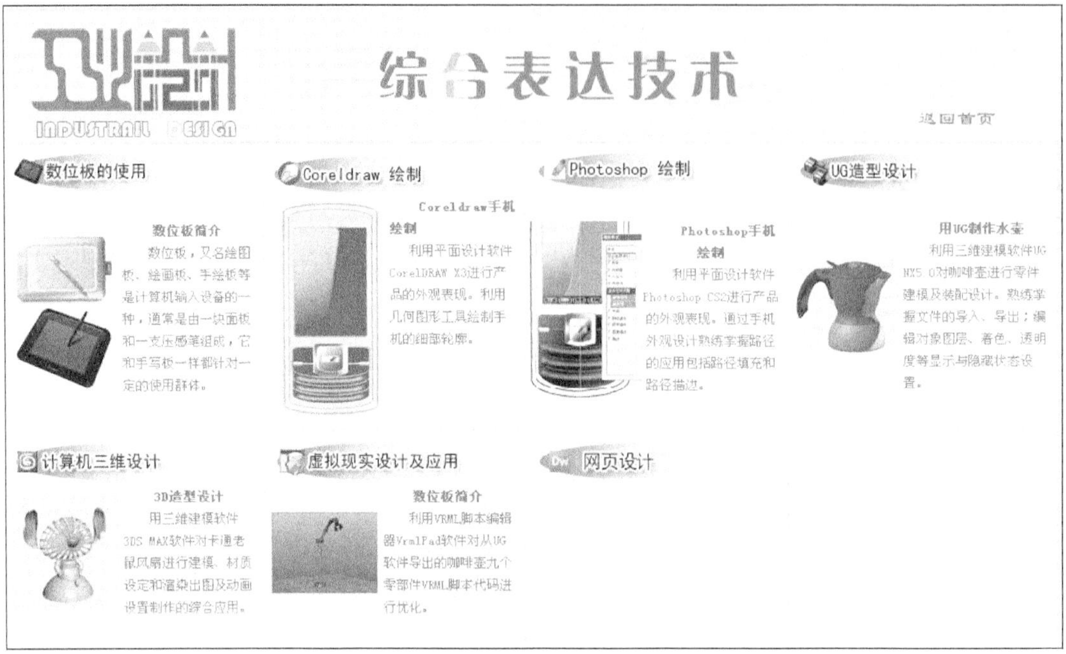

图 3-8-1　网页制作效果图

(5) 二级页面的制作与首页制作的方法类似，需要注意的是播放 VRML 格式的文件时，需要安装专用的浏览器插件，即安装 Cortona 或 BS 浏览器插件，可以在首页提供这两种浏览器的下载链接。最终完成网页效果表达的设计。

第 4 章　应用数位板绘制产品效果图

4.1　数位板简介

数位板，又名绘图板、绘画板、手绘板等，如图 4-1-1 和图 4-1-2 所示。数位板是计算机输入设备的一种，通常是由一块面板和一支压感笔组成的，它和手写板一样都针对一定的使用群体。与手写板不同的是，数位板主要针对设计类的办公人士，用于绘画创作方面，就像画家的画板和画笔，电影中常见的逼真的画面和栩栩如生的人物，大多是通过数位板一笔一笔地画出来的。数位板的绘画功能，是键盘和手写板无法媲美的。

图 4-1-1　Bamboo Fun 数位板图

图 4-1-2　友基 8080 数位板

4.1.1　数位板的功能和作用

数位板运用于动漫制作、商业插画、工业设计、平面设计、服装设计、计算机手绘、游戏动画、影视处理、建筑设计等行业，应用范围相当广泛。

数位板可以让使用者找回拿笔在纸上画画的感觉，不仅如此，它还能做很多意想不到的事情。它可以模拟画家的各种各样的画笔，例如，模拟最常见的毛笔，压力大的时候它能画很粗的线条，压力小的时候，它可以画出很细很淡的线条；它还可以模拟喷枪，压力大的时候它能喷出更多的墨和更大的范围，而且还能根据笔倾斜的角度，喷出扇形等效果。除了模拟传统的各种画笔效果外，它还可以利用计算机的优势，做出使用传统工具无法实现的效果。

数位板能促进动画和动漫产业的发展，在计算机技术和数位板没有诞生的时候，动画片的每一个镜头，都要经过绘制黑白稿、绘制连续动作、叠合人物与背景、上色、一张张拍摄、拍摄胶片、剪辑等大量密集和乏味的劳动产生，这里面还不包括在纸上作业时反复的擦涂、修改、上色之后的错误修正。随着科技的进步，现在已经无需这么烦琐，只需要计算机动画软件加上数位板，就可以直接在计算机上绘制或加工动画。如今数位板已经大量运用在商业动画动漫的制作中，在“变形金刚”或“星球大战前传”等大片中，很多恢弘壮大的场面和叹为观止的电影特技，都是通过数位板精雕细琢的。可以说，数位板的出现让绘画作者的成果迅速与计算机相结合，大大缩短了动画、特效电影、广告等产业的制作周期。

4.1.2　数位板的发展和品牌

自 1984 年第一块数位板面市至今，已有了 40 年的发展历史。如图 4-1-3 所示，它自问世后经历了几个发展阶段，从有线有源到无线有源，继而发展到无线无源，从无压力感应到有压力感应。随着压力感应技术的发展，数位板的精度得到了提升。世界上第一款数位板，压感只有 256 级，虽然当时它还不能取代传统手绘，但是却给了走在潮流前端的艺术家全新的创作思路：原来用计算机也能画出和传统手绘一样的作品。近十年来，具有 512 级、1024 级、2048 级压感的数位绘图产品相继推出。每一次压感技术的革新都能显著提升无纸绘画的手感。一台计算机、一块数位板，就足以媲美无数的传统绘画工具，并让艺术工作者极大程度地体验无纸绘画的乐趣。

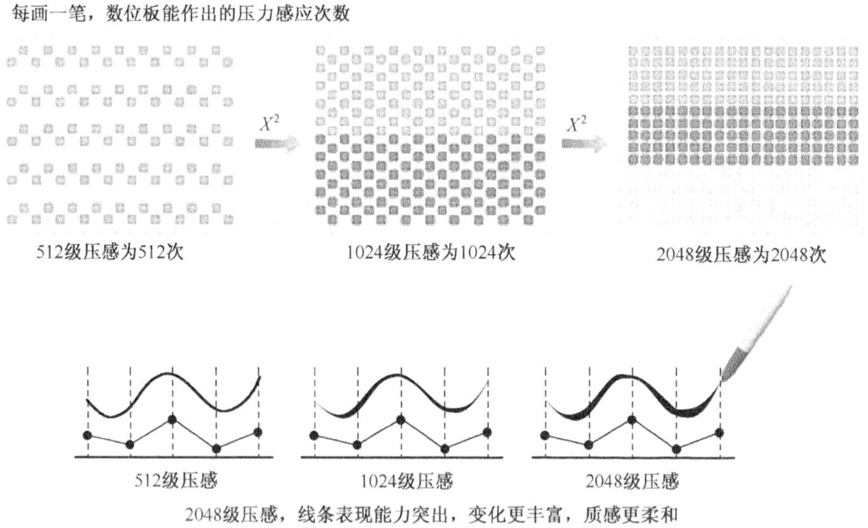

图 4-1-3　压感级别的发展

数位板的品牌众多，主要有 Wacom 数位板、友基数位板、文明唐朝电脑笔、凡拓数位板、汉王数位板等。下面对各品牌进行简单的介绍。

1) Wacom 数位板

Wacom 是一家全球顶尖的用户界面产品生产商，其产品不仅在计算机辅助设计(CAD)、DTP、CG 等领域占据着支配地位，更已成为业界最高技术与最新潮流的引领者，Wacom 的数位板和数位屏产品更广泛应用于计算机绘画、游戏制作、电影特技、工业设计等多个计算机辅助设计领域，不断满足用户的全新需求。

2) 友基数位板

友基科技是一家拥有国际先进水平的专业数字化技术产品企业，友基数位板核心技术采用电磁压感原理，是世界手写数字化实现最精确、表现最自然的技术解决方案。其压感笔采用有源无线技术，压感性能达到了 2048 级的世界高标准，可以真实地实现笔画的粗细、浓度变化。

3) 文明唐朝电脑笔

文明唐朝电脑笔是中文识别领域的发起者，它效力于汉字输入发展。其文明唐朝电脑笔内置世界顶尖技术的 Wacom 数位板，无源无线技术，以及超微型电磁感应供能系统，这些无可替代的优势使它具有多种用途：艺术工作者能够用它做专业绘画工作；老师用它进行电子教学；商务人士用它开展会议、远程商谈、原迹签字；“网虫”用它畅享冲浪快感。

4) 凡拓数位板

凡拓拥有强大的技术研发队伍，该品牌数位板提倡人性化，且具有创造性，获得 ISO-9001、ISO-9002 国际品质认证后，于 1996 年率先取得 ISO-14001 绿色环保认证，一直秉承的绿色研究、设计、制造、行销的经营理念。

5) 汉王数位板

汉王科技提供具有较低价格的数位板产品。汉王绘图板采用获国内外专利的无线无源设计，绘画笔无需电池，创作不受羁绊。最新研发的微压技术，带来使用上的重大突破，能敏锐地感受到用笔的力度，只需轻轻一画，线条如行云流水，感觉如同纸上绘画。创艺大师的 1024 级压感、5080lpi 的分辨率、200 点/秒的读取速度，均为业界极高值，绘画手感细腻流畅，纤毫毕现，可真正与使用者融为一体。

4.2　数位板使用

4.2.1　数位板的构成组件

数位板主要由绘图面板(图 4-2-1)和压感笔(图 4-2-2)组成。下面分别对各个组件进行介绍。

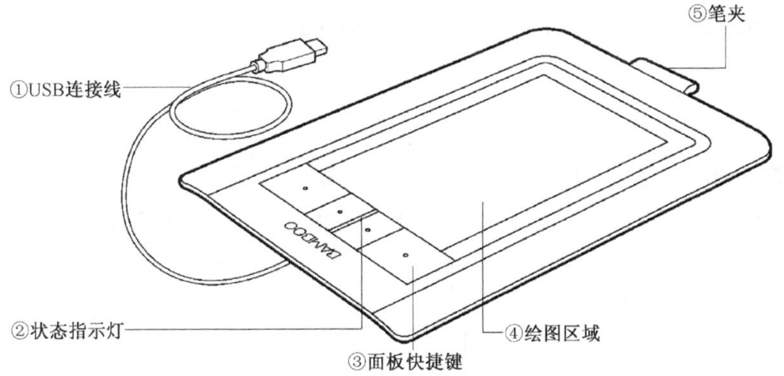

图 4-2-1　绘图面板

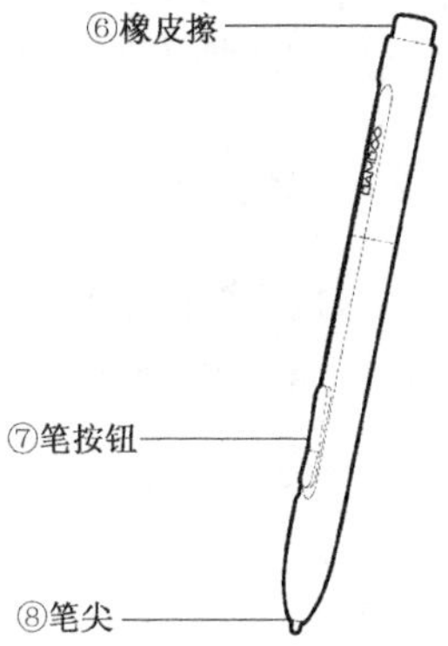

图 4-2-2　压感笔

(1) USB 连接线：先插入数位板安装光盘，按照提示进行安装。然后把 USB 连接线插到计算机上，即可使用。

(2) 状态指示灯：连接 USB 线到计算机上，数位板状态指示灯将亮起，表明数位板处于工作状态。

(3) 面板快捷键(Express Keys)：大部分数位板具有可自定义的面板快捷键。按下单个按键可执行常用的功能或键盘，也可与另外一个按键一起操作使用。例如，如果自定义一个按键为模拟 Ctrl 键，另外一个按键为模拟 Alt 键，那么同时按下两个按键以模拟 Ctrl+Alt 组合键。自定义面板快捷键如图 4-2-3 所示。

(4) 绘图区域：也称触控传感器。可以使用单指或双指输入，也可以使用手写笔输入。

(5) 笔夹：当不使用压感笔时，可将笔放置到笔夹内。

(6) 橡皮擦：压感笔上端的橡皮擦的工作方式就像铅笔上的橡皮擦一样。在支持笔橡皮擦的图形应用程序中，程序会自动切换到橡皮擦工具，可以很直观和自然地进行擦除。

(7) 笔按钮：压感笔配备有两个按钮，每个按钮都具有可自定义的功能，在按下按钮时可进行选择。只要笔尖位于数位板活动区域 7 毫米(0.28 英寸)距离内，就可使用笔按钮。不必将笔尖碰触数位板即可使用按钮。默认按钮位置上端为“右键单击”，下端为“平移”。

(8) 笔尖：用压感方式书写及绘画。笔尖可以对手的运动作出反应，可创建笔触看起来比较自然的笔刷线条。若要调节笔尖感应，可以自定义感应参数，如图 4-2-4 所示。

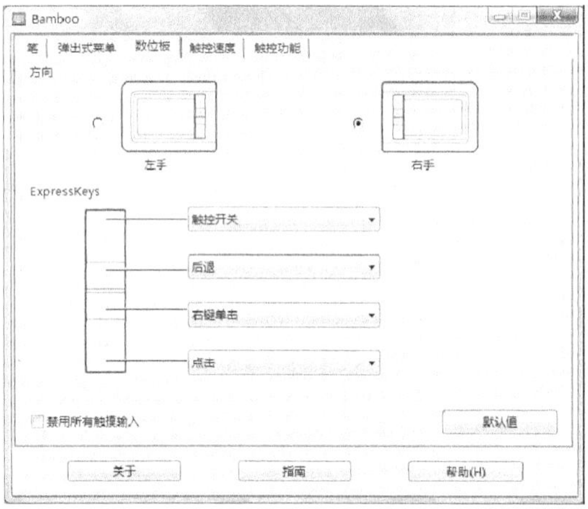

图 4-2-3　自定义面板快捷键

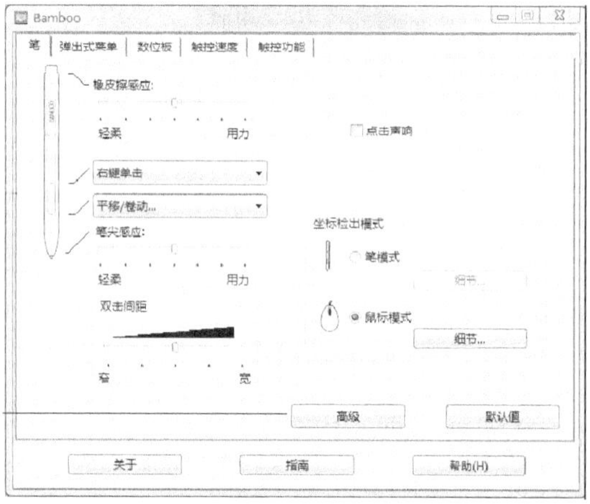

图 4-2-4　自定义笔按钮

4.2.2　数位板的使用

(1) 坐姿：端坐在计算机前应保持舒适的姿势，如图 4-2-5 所示。使用压感笔时，手要轻握。尽量避免会导致不适和重复性的动作，在完成一项任务后稍微休息，以伸展和放松肌肉。

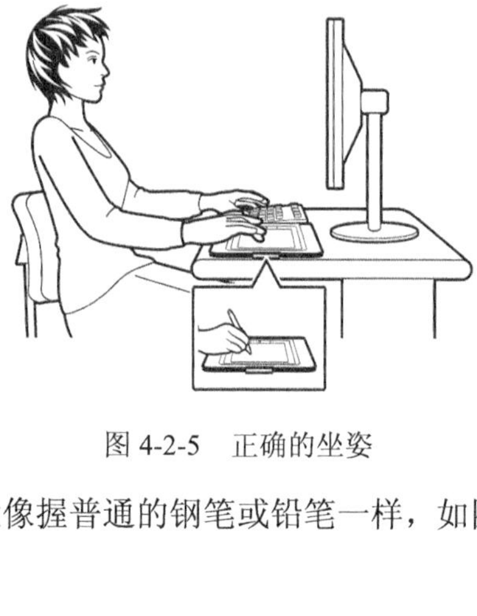

图 4-2-5　正确的坐姿

(2) 握笔：握压感笔时就像握普通的钢笔或铅笔一样，如图 4-2-6 所示。确保笔按钮处在一个非常方便的位置，以便可以使用拇指或食指对其进行操作，而不会在用笔绘画时意外地按下按钮，可根据需要向最舒适的任何方向倾斜笔。

(3)定位：压感笔可以定位屏幕上的光标，如图 4-2-7 所示。当拿起笔并将笔尖放在数位板的绘画区域时，光标就会立刻跳到新的位置。在数位板表面(或距离数位板表面 7mm 以内)移动笔即可移动屏幕光标。如果要选择一个图标或文件夹，用笔将屏幕光标定位在对象上，按下即可选中。

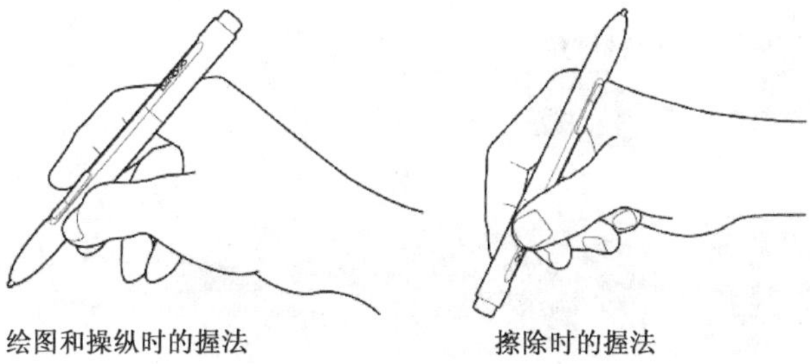

图 4-2-6　正确的握笔方式

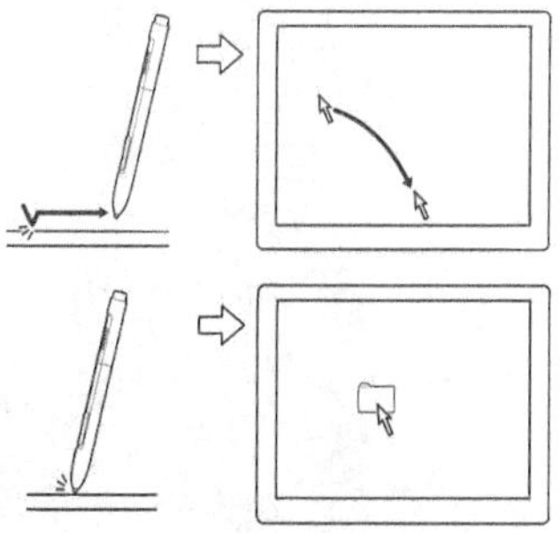

图 4-2-7　定位

4.2.3　数位板的应用软件

数位板与键盘、鼠标、手写板一样都是计算机输入设备。在普通的计算机下都可以运行使用，一部分的数位板在使用前需要安装驱动，使用厂家配备的光盘就可以简单驱动了。

数位板除了可以完成鼠标的输入功能外，还可以配合一些应用软件使用达到高效、便捷的目的，其中包括二维软件 Photoshop、Painter、Flash、Open Canvas、Illustrator、CorelDRAW 等；三维软件 3DS MAX、AutoCAD、MAYA 等。

注：本书主要是以 Corel Painter XI 为应用软件进行手绘板使用实例分析。

4.3　数位板应用软件 Corel Painter 入门

4.3.1　Corel Painter 软件介绍

John Derry 创始的 Corel Painter 是数码素描与绘画工具的终极选择，是一款极其优秀的仿自然绘画软件，拥有全面和逼真的仿自然画笔。它是专门为渴望追求自由创意及需要数码工具来仿真传统绘画的数码艺术家、插画画家和摄影师而开发的。它能通过数码手段复制自然媒质(natural media)效果，是同级产品中的佼佼者，获得业界的一致推崇。Corel Painter 被广泛应用于动漫设计、建筑效果图、艺术插画等方面。该软件一般情况下是与数位板配合使用的，虽然也可以使用鼠标进行绘制，但总体上说会很不顺畅，很难达到手绘的效果。

4.3.2　Corel Painter XI 的界面

通过标准的软件方式对 Painter XI 软件进行安装后，双击 Painter.exe 文件，即可启动 Painter XI 软件，该软件的界面如图 4-3-1 所示。

图 4-3-1　Painter XI 软件界面

1. 菜单栏

在 Painter 软件的顶部，拥有 Windows 平台软件惯有的菜单栏，如图 4-3-2 所示。在该软件的【菜单栏】中拥有 10 个菜单，分别是文件、编辑、画布、图层、选择、矢量图形、效果、影片、窗口、帮助。

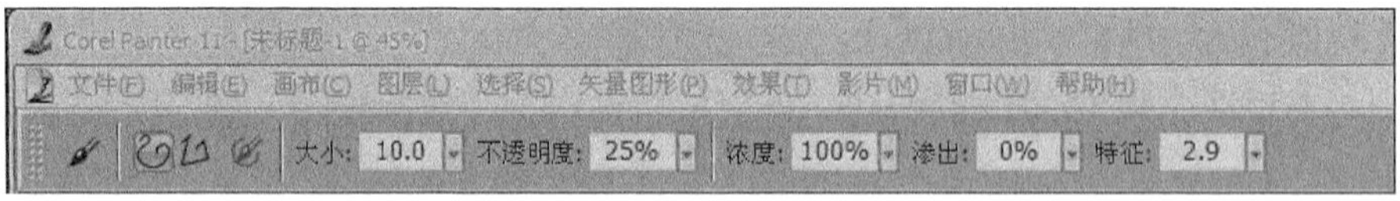

图 4-3-2　菜单栏

在这些菜单中按照不同的分类，包含相应的功能和命令。

文件：含有对图像【新建】、【保存】和【打印】等操作的命令，并且“克隆”功能也放置在该菜单中。

编辑：含有的功能并不是很多，除了常用的【复制】和【粘贴】命令外，还有针对软件设置的预置功能。

画布：含有对软件中图像尺寸和方向的调整命令，还有一些辅助设计的参考线的显示和隐藏的控制命令，另外包含有关该软件的颜色管理命令。

图层：主要是放置在图像软件中涉及的图层功能的一些操作命令，Painter XI 软件中的图层功能相对其他图像软件要复杂一些，因为按照不同的绘画方式，需要放置到不同类型的图层中，这些方面的操作命令也都要放置到该菜单中。

选择：含有在软件中进行图像选择的一些功能，并且含有编辑当前选区的操作命令。

矢量图形：含有在该软件中进行矢量图像编辑的所有功能命令。

效果：在该菜单中，含有提供的所有【效果】命令，其效果也就是在其他软件中所提供的【滤镜】命令。

影片：在Painter软件中，除了可以针对单帧的图像进行绘制或编辑外，还可以制作相对比较简单的动画，当创建的文件为动画时，才可以使用该菜单中的命令。该菜单中的命令是全部为针对动画的操作。

窗口：包含用于控制在软件中打开或关闭相应的功能面板的命令，也可以使用该菜单中的相应命令对全局的面板进行位置的调节。

帮助：主要包含软件官方提供的帮助命令，可以打开本地的帮助文件，也可以浏览网络中的帮助站点。

2. 工具栏

工具栏由两部分组成，即工具栏和材质库。工具栏中的工具种类繁多，都由图标表示，十分直观。有几种图标右下角标有黑色三角，单击这种图标并稍停留，会延伸出数个类似的工具，单击其中一个工具后，这个工具变为当前使用的工具，替换原有的图标显示在工具面板上，如图4-3-3所示。

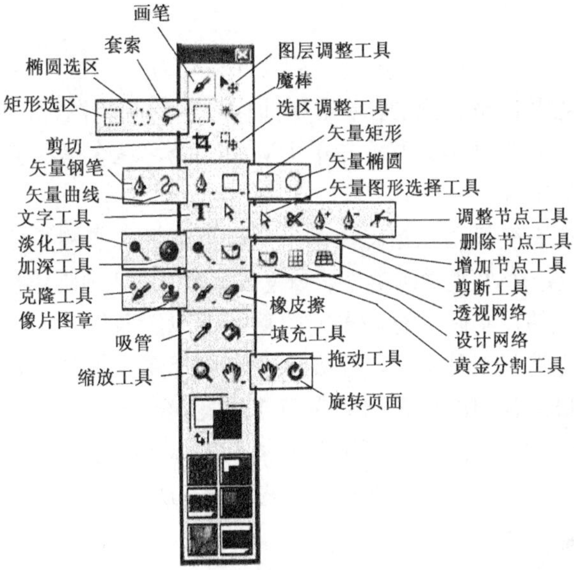

图4-3-3　工具栏

工具栏中的材质库分为纸张纹理库、渐变样式库、图案笔库、布纹库、综合图像笔触库、图像水管库。每个库都可以添加用户自定义的或捕获的材质，如图4-3-4所示。

3. 工具属性栏

在Painter软件中，每一个工具多少都会拥有一些关于该工具的设置功能，并且这些设置选项都将出现在【菜单栏】的下面。通过选择【窗口】菜单下的【显示工具属性栏】或【隐藏工具属性栏】命令，对【工具属性】进行显示或隐藏操作。在默认的状态下，【工具

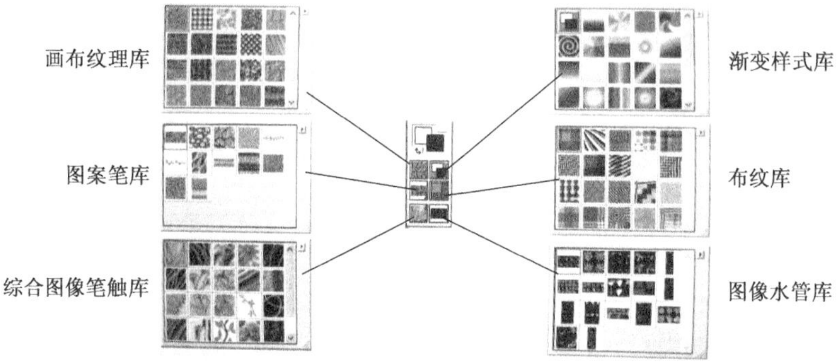

图 4-3-4　材质库

属性栏】被吸附放置在【菜单栏】的下面，当要移动【工具属性栏】的位置时，可以将鼠标或压感笔放置到【工具属性栏】的最右侧，拖拽鼠标或压感笔即可将【工具属性栏】放置到需要的位置上。

【工具属性栏】用于设置每一个工具属性。当要对不同的工具进行调整时，不需要选择不同的选项，只要在工具箱中选择要设置的工具，【工具属性栏】将会自动转换到相应的工具选项上。

4. 画笔工具箱

界面的画笔工具箱默认是隐藏的，单击属性栏右侧的画笔图标，弹出下拉式画笔列表，列出了各种画笔图标，如图 4-3-5 所示，单击其中一个，这个笔标会替换属性栏右侧原来的笔标成为当前使用的笔标。

在画笔图标旁边还有变量画笔标志，单击变量画笔标志右侧黑三角，弹出下拉式变量画笔清单，有些多达数十个“变量画笔”。画笔工具箱中 37 种画笔样式总计约近千支，用户是很难记住所有的笔的，实际上有许多笔的功能近似，而每个人按照习惯仅用其中的三四十支足矣。绘画前先选择某种画笔，还要进一步选择变量画笔。软件有记忆功能，再次打开某画笔时，上次最后使用的变量画笔为当前画笔。

在绘制一幅作品时，为了工作方便可以把某个笔标“拖拉”到画面上，软件自动生成一个新面板重新组成一个自定义画笔面板，如图 4-3-6 所示。

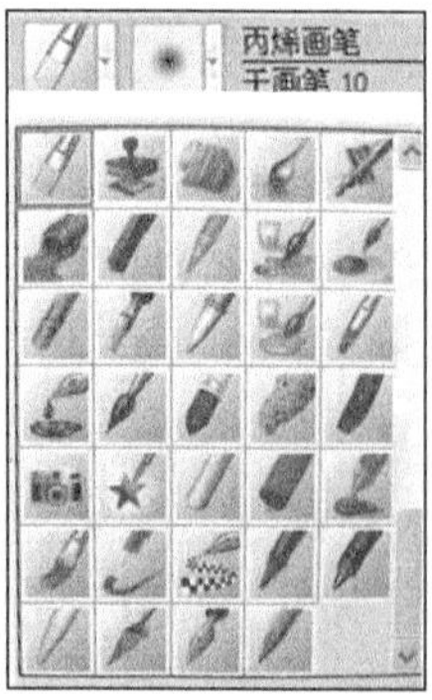

图 4-3-5　画笔工具箱

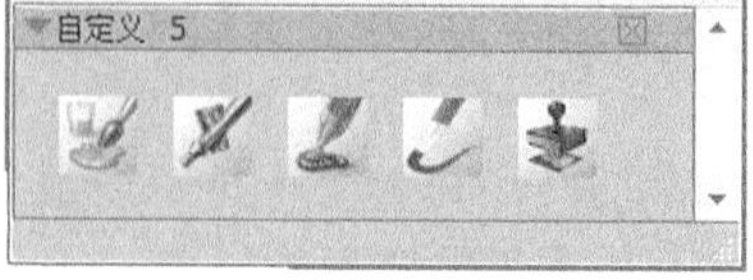

图 4-3-6　自定义画笔面板

5. 【颜色】面板

Painter XI 提供的颜色面板为混色面板，它比传统的调色板方便好用。默认的颜色集是软件提供的，软件可以把一幅图片中的颜色归纳为颜色集，也可以根据作品需要自定义颜色集。使用时只需要单击其中一个色块，就会变成当前用色，如图 4-3-7 所示。

6. 【图层】面板

在透明层上作画是计算机绘画的一大特点，把远、中、近景的景物画在不同的层上，便于绘画、修改、图像处理、复制合成等。根据创作需要，层是可以进行添加、删除、合并、复制、移动上下位置、改变不透明度、不显示图像、锁定不允许操作的，如图 4-3-8 所示。

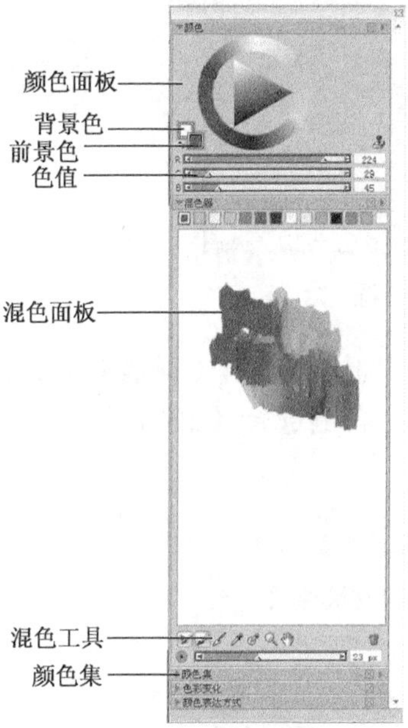

图 4-3-7　颜色面板

图 4-3-8　【图层】面板

7. 快捷键

(1)绘画模式、导视与缩放滑块。界面左下角设有两个快捷键按钮和一个图像缩放滑块，如图 4-3-9 所示。单击左侧绘画模式图标，会弹出三个图标。当画面中有选区时才能使用这种功能，根据需要选择不同的模式，默认状态为选区内绘画。

(2)描图纸按钮、网格按钮、色彩校正按钮、厚涂法按钮，如图 4-3-10 所示。

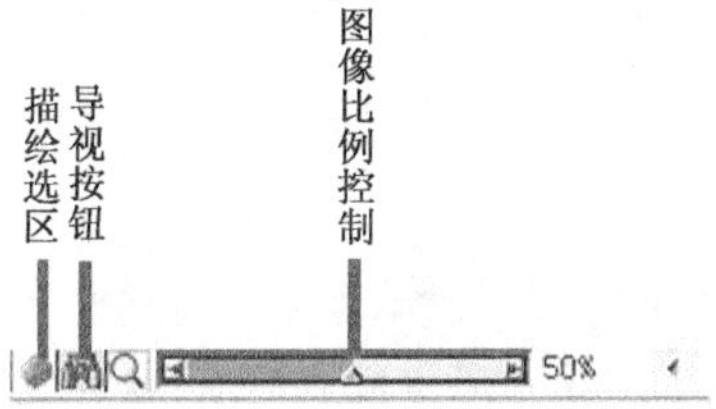

图 4-3-9　左下角快捷键

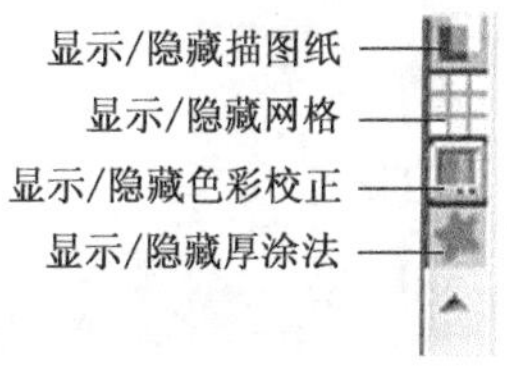

图 4-3-10　右上角快捷键

4.3.3 Corel Painter XI 的实例分析——汽车表现技法

在 Painter 软件中起稿时，需要使用相应的画笔工具。起稿构图时先找准画面的视平线，注意画面四周留多少空间合适，取景时要处理好疏密关系，具体的操作方法如下。

(1)启动 Painter 软件，选择【文件】→【新建】命令，在弹出的对话框中设定尺寸为宽度 20cm，高度 15cm，分辨率定义为 300 像素/厘米，单击【确定】按钮创建新的图像文件，如图 4-3-11 所示。

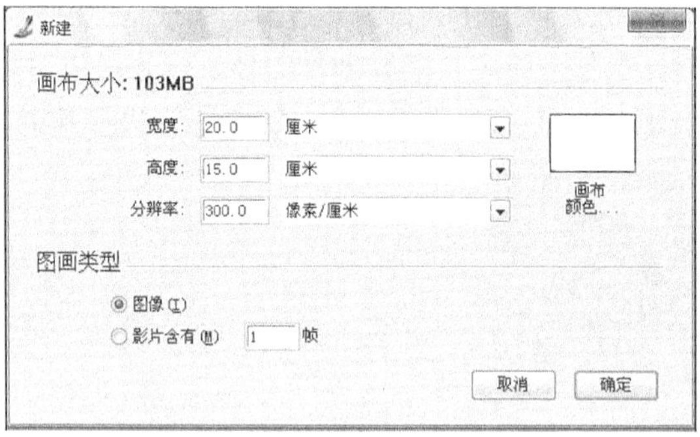

图 4-3-11　【新建】对话框

(2)在【图层】面板中，新建一个图层 01，在工具栏中选中【画笔】工具，或使用快捷键 B。在画笔工具箱中选择【铅笔】选项，在右侧选择【2B 铅笔】变量选项，如图 4-3-12 所示。

图 4-3-12　选择【画笔】工具和变量选项

(3)勾画出汽车的轮廓图，如图 4-3-13 所示。

图 4-3-13　汽车轮廓图

(4) 可以调出【透视网格】工具检验汽车的透视关系是否正确，如图 4-3-14 所示。

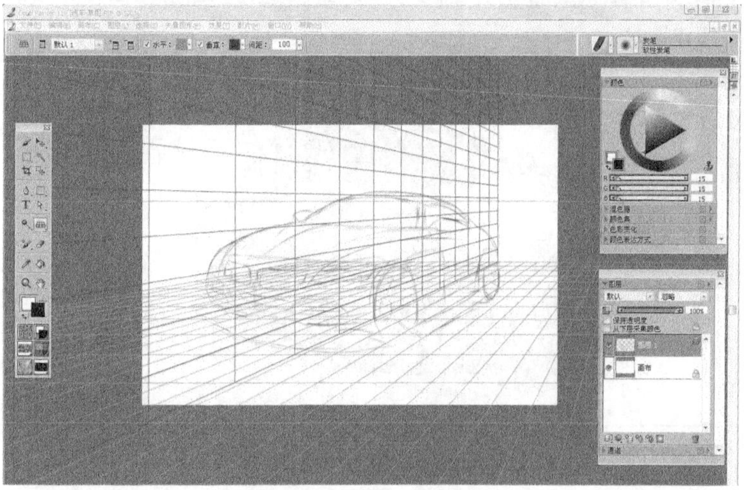

图 4-3-14　开启透视网格

(5) 调节【画笔】变量选项及【笔刷大小】，绘出汽车的明暗光影效果，如图 4-3-15 所示。

图 4-3-15　绘出汽车光影效果

(6) 新建一个图层 02，在【颜色】面板上选取【深蓝色】，对汽车固有色进行涂绘，如图 4-3-16 所示。

(7) 绘制汽车细部，右击图层 02，与图层 01 合并，如图 4-3-17 所示。

(8) 新建图层，将图层的显示模式改为“叠加”，如图 4-3-18 所示。

(9) 对汽车的底部和顶部进行色彩调整，突出环境色变化，如图 4-3-19 所示。

(10) 绘制背景，调整细节，如图 4-3-20 所示。最终效果图如图 4-3-21 所示。

图 4-3-16　描绘汽车固有色

图 4-3-17　描绘汽车细节

图 4-3-18　新建“叠加”图层

图 4-3-19　描绘汽车环境色

图 4-3-20　描绘背景

图 4-3-21　最终效果图

通过以上 Painter 软件实例分析，进一步熟悉如何使用数位板完成一幅汽车效果图。在这一章中，应掌握如何使用画笔、透视网格、图层等工具来绘制工业产品效果图。

参 考 文 献

鲍旭清，陈剑，王建楠，等．2008．常用 CAD 与 CAE 软件及其数据接口技术[J]．机械设计与制造，(08)：82-84

陈利群．2008．电脑工业造型创意制作[M]．北京：人民邮电出版社．

董玉集．CAD 中若干接口问题的研究[EB/OL]．http://bbs.icax.org/ 57930p1p1 [2003-7-31]

蒋志强，郭俐，刘芳，等．2000．计算机辅助工业设计(CAID)技术研究与展望[J]．郑州航空工业管理学院学报，(04)：36-40

刘怡．2007．虚拟现实 VRML 程序设计[M]．南京：南开大学出版社．

盛晓敏，邓朝晖．2003．先进制造技术[M]．北京：机械工业出版社．

王红梅．2008．图像处理与动画设计基础教程[M]．北京：清华大学出版社．

王明旨．2005．工业设计概论[M]．北京：高等教育出版社．

魏峥．2010．UG NX 基础与实例应用[M]．北京：清华大学出版社．

吴昌林，倪笃吸，徐晓．1999．机械 CAD 基础[M]．北京：高等教育出版社．

薛澄岐．2008．工业设计 CAID 技术[M]．南京：东南大学出版社．

杨海成，陆长德，余隋怀．2009．计算机辅助工业设计[M]．北京：北京理工大学出版社．

袁浩，卢章平．2003．基于产品反求工程的产品造型设计方法[J]．工程图学学报，(01)：46-49

翟煜平．2010．Painter 绘画技法完全攻略[M]．北京：清华大学出版社．

张立明，魏延冰．2006．CAID 软件与 CAD 软件应用中的数据接口[J]．机械工程师，(06)：131-132．

张立群．2004．计算机辅助工业设计[M]．上海：上海人民美术出版社．

张淑霞，曾鸣，赵宏林，等．2007．CAD 与 CAE 软件的数据接口及转换方法研究[J]．石油矿场机械，36(2)：4-6．

赵丰年，吕宜宏．2009．网页制作技术[M]．北京：清华大学出版社．

郑丽，王霄，高传玉．2006．产品开发中的 CAID 技术[J]．工程机械，(05)：1-5．

Foxetty．汽车设计制造全过程组图[EB/OL]．http://www.doc88.com/p-11772111056.html［2011-06-15］．

Wallace．计算机辅助技术之一——CAD[EB/OL]．http://www.unnoo.com/exchange/18.html［2010-01-20］．